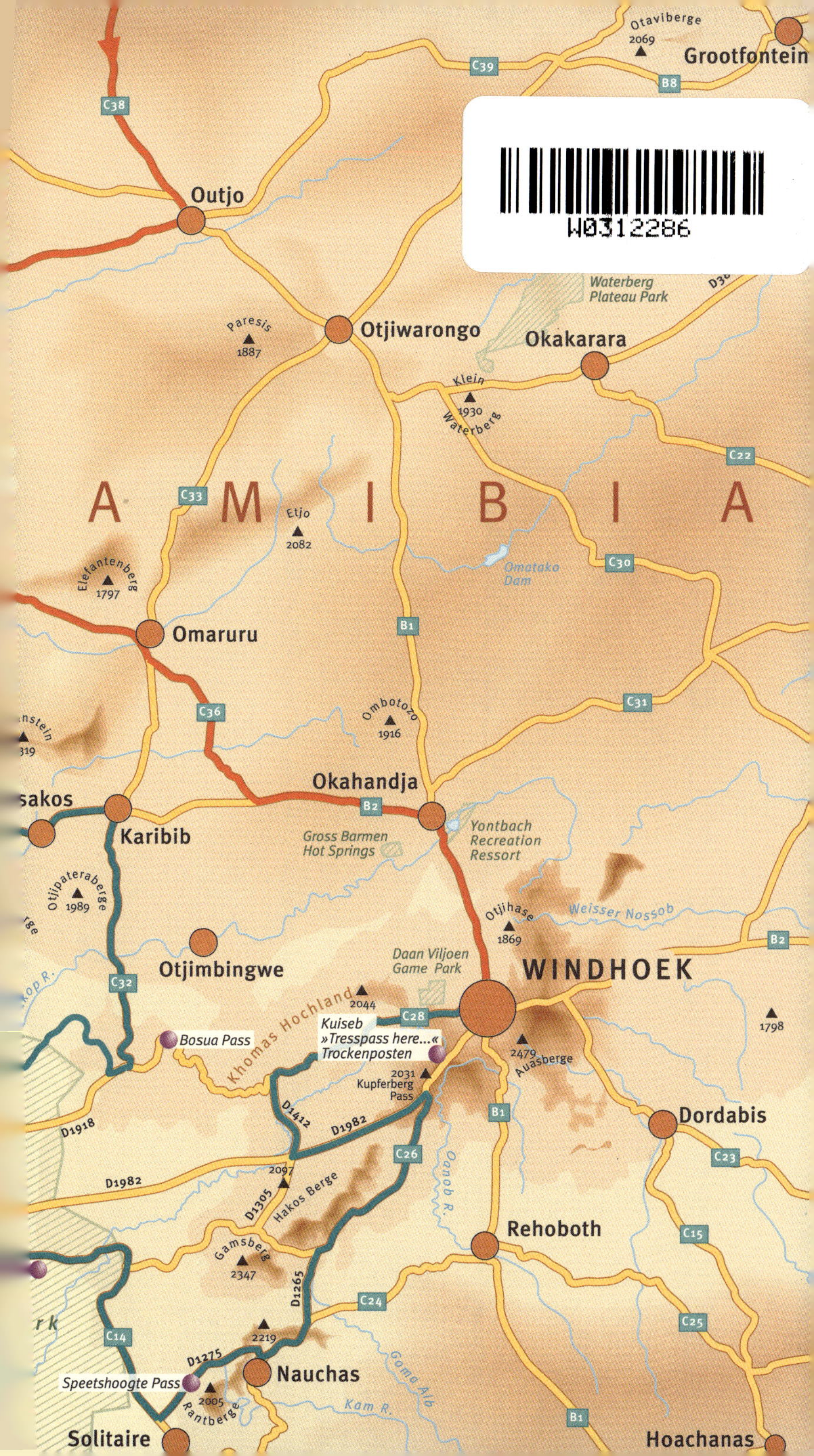
Otaviberge
2069
Grootfontein
C39
B8
C38
Outjo
Waterberg
Plateau Park
Paresis
1887
Otjiwarongo
Okakarara
Klein
1930
Waterberg
C22
C33
A M I B I A
Etjo
2082
Elefantenberg
1797
Omatako
Dam
C30
B1
Omaruru
C36
Ombotozo
1916
C31
Okahandja
sakos
Karibib
B2
Gross Barmen
Hot Springs
Yontbach
Recreation
Ressort
Otjipateraberge
1989
Otjihase
1869
Weisser Nossob
B2
Otjimbingwe
Daan Viljoen
Game Park
WINDHOEK
C32
Khomas Hochland
2044
C28
1798
Bosua Pass
Kuiseb
»Tresspass here...«
Trockenposten
2479
Auasberge
2031
Kupferberg
Pass
D1918
D1412
D1982
B1
Dordabis
C26
Oanob R.
C23
D1982
2097
D1305
Hakos Berge
Rehoboth
Gamsberg
2347
C15
D1265
C24
C14
2219
C25
D1275
Nauchas
Speetshoogte Pass
2005
Rantberge
Goma Alb
Kam R.
B1
Solitaire
Hoachanas

DELIUS KLASING

Detlev Henschel

NAMIBIAS VERGESSENE WELT

Der Brandberg

Delius Klasing Verlag

»Ich erkenne, was ist, aber ich erkenne es nicht an!«
(aus: Sprenger: Der Aufstand des Individuums)

Bibliografische Information Der Deutschen Bibliothek
Die Deutsche Bibliothek verzeichnet diese Publikation in der Deutschen Nationalbibliografie; detaillierte bibliografische Daten sind im Internet über »http://dnb.ddb.de« abrufbar.

1. Auflage
ISBN 3-7688-1788-1
ISBN 978-3-7688-1788-2

Fotos: Detlev Henschel
Satz/Layout: Axel Gerber
Schutzumschlaggestaltung: Buchholz/Hinsch/Hensinger, Hamburg
Druck: Clausen & Bosse, Leck
Printed in Germany 2006

Delius Klasing Verlag, Siekerwall 21, D - 33602 Bielefeld
Tel.: 0521/559-0, Fax: 0521/559-115
E-Mail: info@delius-klasing.de · www.delius-klasing.de

Für den Weihnachtsmann (und alle, die an ihn glauben) und natürlich für Katrin, die bei fast allen Events in Namibia dabei gewesen ist. Selbstverständlich für alle Südwester, die dieses Buch mit ihren und mit unseren gemeinsamen Geschichten gefüllt haben, besonders für »Den Weißen Neger«, Inge, »Cowboy«, Werner, Ulla »Hoffis«, .357 Frank, Enjo, »Black« Sonja, »Blonde« Anja, »Mega Helge«, »Den Über-Hecht«, »Niels«, »Lutz«, »Kufut«, Pat und viele mehr, die mich die letzten zehn Jahre gnadenlos in die Geheimnisse und Riten ihres Landes eingeweiht haben und eigentlich dafür verantwortlich sind, dass ich das alles »gelebt« und überlebt habe. Natürlich darf ich nicht die vielen »Namenlosen« vergessen, die in diesem Land leben und noch nicht an Melanindegeneration leiden, denn viele Dinge im Leben sind tatsächlich nicht nur schwarz/weiß.
Ach ja, dann noch meinen Dank an alle blutrünstigen Yard aufpassenden Kampfhunde, wie an Hummel, Turbo, Stummel und Bruno, die sich von mir kneten ließen, ohne mich zu zerfleischen.

Inhalt

Vorwort

Was treibt einen 80-Wochenstunden-Selbstständigen dazu, nach zehn Jahren Urlaubsabstinenz plötzlich eine fünfwöchige Auszeit in Afrika zu nehmen? Es ist wohl eine Mischung aus »die Gelegenheit beim Schopfe packen« und der vagen Erkenntnis, dass das bisher Gelebte definitiv noch nicht alles sein kann.

Als Detlev und ich lange vor der Tour bei unseren vielen Treffen die Planung gemacht haben, sind bei mir in erster Linie eine riesige Spannung und eine geradezu kindliche Erwartung auf diese neue Erfahrung vorhanden gewesen – mangels Erfahrung mit Afrika, wegen des letzten rund 20 Jahre zurückliegenden Campingurlaubs und der Frage: Wanderungen? Was ist denn das? Durch diese Tatsachen ist natürlich mein Vorstellungsvermögen bezüglich des Bevorstehenden relativ begrenzt gewesen.

Ein weiterer Punkt ist Detlev gewesen – ich habe ihn im Prinzip nur oberflächlich (oder auch gar nicht) gekannt. Natürlich habe ich bei der Planung aus Unbedarftheit niemals wirklich den Ausdruck »ich gebe mein Leben in seine Hand« benutzt, trotzdem ist mir selbstverständlich schon bewusst gewesen, dass dies eine ganz andere Reise sein würde, als ich sie bisher jemals gemacht hatte. Das Wissen darum, wie Detlev seine Baikaltour (seitdem »kannten« wir uns) geplant, durchgeführt und überlebt hat, hat meine Bedenken überdeckt. Ob ich mit ihm fünf Wochen auf engstem Raum zusammen arbeiten und leben konnte … keine Ahnung! Das würde die Expedition zeigen. Die Rollenverteilung musste klar sein: Er Lehrer, ich Schüler – diese Position war ich bereit zu akzeptieren.

Eine der wichtigsten Erfahrungen der gesamten Tour ist Detlevs Klarheit und Konsequenz bei Entscheidungen gewesen. Umgeben von giftigen und vor allem schnellen, manchmal hungrigen Tieren und einer lebensfeindlichen Natur (auf jeden Fall für so ein Greenhorn wie mich), müssen die Spielregeln unbedingt so sein. Doch mir ist ziemlich schnell klar geworden, dass ich mir zu Hause über viele Dinge nicht wirklich Gedanken gemacht hatte. Mir wurde ganz schön mulmig, als mir klar geworden ist, dass »nach Hause fahren« hier etwas ganz anderes bedeutet …

Das Eintauchen in diese völlig andere Welt Namibia und Wüste war dann umso heftiger. Von Faszination konnte am Anfang überhaupt nicht die Rede sein. Ich kam mir eher wie ein kleines Kind vor, welches an die Hand genommen wird, völlig neue Dinge erlebt und diese erst einmal verarbeiten muss.

Vor der Reise dachte ich noch, einigermaßen gute Englisch-Kenntnisse zu haben, hinterher ist mir bewusst, dass diese wohl eher rudimentär sind – das isoliert! Fairerweise muss ich zugeben: Ich hab es so gewollt – keine Sonderbehandlung!

In den ersten Tagen habe ich rein gar nichts unter Kontrolle gehabt. Außerdem bin ich sehr erstaunt gewesen, wie lange ich gebraucht habe, um mich auf diese neue Welt einzustellen und einzulassen. Damit hatte ich nicht gerechnet, und auch das machte mir zu schaffen. Dafür bin ich allerdings mit unvergesslichen Momenten, Empfindungen und Erlebnissen belohnt worden.

Am Lagerfeuer zu sitzen, irgendwo in der Wüste, und nach staubigem Tag herrliches Grillfleisch zu genießen, über mir ein fantastischer Sternenhimmel – einfach traumhaft! Unglaublich übrigens, wie anstrengend Stille sein kann, zumal wenn man sie nicht gewohnt ist! Schlicht göttlich, auf dem höchsten Punkt des Landes zu stehen und in die schier unendliche Weite der Wüste zu schauen. Ich fühlte mich wie auf dem Dach der Welt, und tatsächlich Gott nahe. Ein sprichwörtlich erhabenes Gefühl! Am Strand eines Wüstenlandes zu stehen und die Macht der Natur, das Donnern der Brandung unter den Füßen zu spüren – gigantisch. Ich habe mich auf mich selbst reduziert gefühlt, ohne all den Ballast des Wohllebens im »anderen« Leben. Trotz des vermeintlichen anfänglichen Chaos bin ich froh, diese Reise gemacht zu haben. Ich werde wiederkommen, da ich jetzt weiß: Es gibt tatsächlich noch was anderes!

Stefan B$_1$, der Kameramann

Es gibt da die Deutschen, die kommen von Deutschland in dieses wunderbare Land irgendwo da unten in Afrika – Namibia oder Südwest (jeder, wie er will!) – für einige Tage, Wochen oder gar Jahre, und dann nehmen sie doch tatsächlich in Anspruch, Experten zu sein. Wofür? Na, für alles! Für das Essen, die Kultur, die Geschichte, das Land, die Geologie, die Pflanzen, das Wasser, die Schönheit, die Religion und die politischen Ansichten seiner Bewohner nebst ihrer Philosophie … Vielleicht wird (oder ist bereits schon) einigen (vielen?) der Gedanke beim Lesen dieses Buches gekommen, dass ich auch so einer bin. Kein Problem! Ich jedenfalls sehe mich nicht als den Einäugigen in einem Land von Blinden, der mit Weisheit gesegnet ist. Über nunmehr zehn Jahre durfte ich dieses Land und seine Bewohner als Insider erleben (und darf es noch) und sie manchmal ein *kleines* Stück ihres Weges begleiten. Und genau das soll dieses Buch auch nur sein: Ein kleines Stück Namibia aus der subjektiven Sicht eines Djerries.

Natürlich gibt es da noch viel, viel mehr … aber nicht alles auf einmal!

d.h. (www.ronin-doc.com)

Bosheit sagt, daß Alle, Alle,
Die das Land durchzogen haben,
Schauderhaft gelogen haben. –
»Wunderlichst in diesem Falle.«

Was in diesem Buch zu lesen,
Sind nicht Mords- und Jagdgeschichten.
Wahres nur will ich berichten. –
Selbsterlebtes – dagewesen.

(Aus: Demokritos africanus [1912]:
Im Affenland, Reimereien aus Südwest,
Kolonie und Heimat Verlagsges. m.b.H., Berlin)

Episode I – oder »Alles ist Nichts!«

Eigentlich sollte ein Buch – mein Buch – über Namibia damit beginnen, indem es erzählt, wie faszinierend und einzigartig dieses Land dort unten im südlichen Afrika immer noch für uns hier »in der wirklichen, zivilisierten Welt« ist. Alle diese fremden Völker und Sitten, die letzten noch frei lebenden »wahren« Deutschen und all dieses mystische und für uns doch so schwer zu verstehende Zeug des »Schwarzen Kontinents«.

... Dann las ich diesen Artikel in einer Zeitung über Namibia, und es kam zunächst anders!

In seiner einseitigen Reisedokumentation über Namibia in einer überregionalen Zeitung hat ein Journalist eigentlich alles erklärt, was es in diesem Land zu entdecken, erfahren und erleben gibt. Er hat die Entstehungsgeschichte, Kultur, die Lebewesen und sämtliche Ethnologien dieser einstigen deutschen Kolonie, gespickt mit schwer einzuordnenden Fremdwörtern abschließend diskutiert und sie dann in Stein gemeißelt als erledigt abgelegt. Da anscheinend noch etwas Platz zur Verfügung stand, konnte er sich den obligatorischen Schlenker zum Nationalsozialismus selbstverständlich nicht verkneifen – obwohl das Treffen der Ritterkreuzträger der SS-Angehörigen unter Beteiligung des rausgeschmissenen Kommandeurs der KSK (Kommando Sonderstreitkräfte) 2004 in Hameln stattfand. Vielleicht war Sachsen mit seiner in den Landtag eingezogenen NPD auch einfach zu weit weg. Die Rundreise führte den Journalisten durch die Hauptstraßen von Windhoek und über die weltbekannten Dünen von Sossusvlei zur allerletzten und weltweit einzigen noch verbliebenen wirklichen deutschen Stadt Swakopmund am Atlantik, wo »ein freundlicher Herero am Strand frische Austern und südafrikanischen Sekt kredenzte«. Zurück ging es dann mit einem Abstecher zum Waterberg im Norden Namibias wieder nach Windhoek.

Abgesehen davon, dass der Artikel grottenschlecht war, war's das dann wohl mit meiner Idee, ein Abenteuerbuch über Namibia und die Namib zu schreiben. Alles scheint abgegrast – und das bei einem Land, das mehr als doppelt so groß ist wie Deutschland! Vollkommen frustriert darüber und mit Tränen in den Augen machte ich mir darüber Gedanken, ob noch irgendetwas in diesem einzigartigen, alles dokumentierenden Elaborat über ein so unerschöpfliches, wundervolles Land vergessen worden ist. Mir fiel eigentlich nichts mehr ein. Die Tränen rollten mir über die Wangen, und der nahe Biergarten lockte. Mist! Nichts hatte dieser Reise-Kolumnist vergessen. Neid kam in mir auf, warum kann ich kein Kolumnist bei einer weltbekannten Zeitung sein? – Weite Länder, ferne Galaxien, schöne Frauen … Ich dribbelte mit den Fingern auf der Tastatur herum und grübelte über Bier und nichts nach …

… Nichts klappt mehr! Nichts? … Nichts … *Nichts!* Hmmmm, … hej, aber darum geht es bei doch bei Wüste: um Nichts.

Ein Schreiberling, der zu oft mit schwer verständlichen Wörtern in seinem Artikel brilliert, ist natürlich so gebildet und weiß, dass das Wort Wüste aus dem Lateinischen abgeleitet ist (lat. vastus) und für »öde, leer und weit« steht. Somit ist die Wüste ein leerer Platz. Jemand, der sogar zu einer solchen Assoziation fähig sein kann, wird bei der Namib dann selbstverständlich wissen, dass das Wort Namib von den Nama(qua) (= Hottentotten, Khoi-Khoi = Mensch) abstammt und »enorm, mächtig« bedeutet.

Die Namib ist somit ein »enorm mächtig leerer öder Platz ohne Menschen«, und nur dort kann natürlich Nichts existierten. Warum der Journalist in seinem Traktat Nichts nicht erwähnt hat, war klar, das passt nämlich nicht zu einer Reiseseite. Von Nichts gibt es in Namibia wirklich genug; man muss nur genau hinschauen und es erkennen (wollen).

»Rock ’n’ Roll«, ich war wieder mit meiner Idee, ein Abenteuerbuch über ein »enormes ödes mächtiges leeres Nichts« zu schreiben, im Geschäft! Während ich nach dieser, wie ich fand, tollen Idee wieder zum nahen Biergarten schielte, kamen mir immer mehr Bedenken, dass das vielleicht nicht wirklich ein guter Anfang für ein Abenteuerbuch sei!

Okay, gebt mir eine Chance! Ich fange noch einmal an …

Episode II – Das erste Mal

Mit einem faden Geschmack im Mund erwachte ich nach elf Stunden Flug aus meinem bleiernen Schlaf in der unbequemen »Holzklasse«, als der Jumbo wie ein schwangerer Truthahn plötzlich reichlich abrupt nach rechts abkippte. Mit verklebten Augen versuchte ich mich in der Realität zurecht- und mein Gleichgewicht zurückzufinden: Unter mir war nichts zu sehen außer rotgelbem Sand und verdörrten Büschen – *das* aber schon viel zu nah!

Anscheinend hab ich die Ansage einer Notlandung in der Wüste glatt verpennt, kam mir noch in den Sinn, als die Maschine in der Wüste aufsetzte – und das alles, bevor mein Pulsschlag die »Alarmzone« erreichte.

Erst im allerletzten Moment kam die Runway ins Blickfeld – die Flügel ragten darüber hinaus in die Wüste. Immer noch stark betäubt im Hirn, holte mich schließlich mein Adrenalin ein, und ich hörte die erste Ansage auf afrikanischem Boden.

Welcome to Namibia!

Beim Getöse des Umkehrschubs kam ein Gebäude ins Blickfeld – das Flughafengebäude –, andere Flugzeuge waren nicht zu sehen. Ganz schön komisch war das alles. Als ich bei Affenhitze das erste Mal auf dem kochenden Asphalt des 1800 Meter hoch gelegenen Flughafens quer über das Flugfeld zur Abfertigung hechelte, war ich überrascht, dass es so etwas noch gibt in unserer Zeit, in der »immer höher, immer weiter, immer schneller« gilt:

Absolut tote Hose, keine weiteren Flugzeuge, keine Hektik, kein Stress, kein Krach und »alles Nawa!« wurde mir grinsend von braunen Burschen mit strahlend weißen Zähnen und schnieken Uniformen versichert, die mich mit ständigem Lachen auf dem Gesicht einladend in die korrekte Richtung zur Abfertigung übers Flugfeld bugsierten. Keinen blassen Schimmer, was sie damit meinten, Verlaufen war sowieso nicht möglich – und überhaupt: »Eine andere so große Maschine komme heute nicht mehr«, wurde mir ernsthaft in feinstem Englisch versichert! Alles Nawa? Hm.

Es war der 3. Januar 1994, und zu Hause wurden die Menschen gerade vom Wiedervereinigungsirrsinn nüchtern. Die Republik Namibia war drei Jahre alt, die Walvisbaai gehörte noch zu Südafrika, und die Hauptstraße in Windhuk war noch die Kaiser-Wilhelm-Straße. Die Namib Air hatte nur den einen Jumbo – eben diese Etoscha –, und bei dem lief jedes Mal über dem Kongo das Klo über, sodass die Suppe über den Flur suppte und bestialisch stank.

… schon besser? Okay, nicht wirklich!

Moment! Ich hab noch einen! (Der Biergarten war jetzt komplett vergessen!)

Episode III – »You have a bomb on board«

Ich träume gerade lebhaft von einem großen, eisbereiften Glas Windhoek Lager und einem schönen saftigen Zebrasteak mit Massen von zerstampftem Knoblauch in Joe's Bierhaus, als ich wieder einmal unsanft aus meinem bleiernen Schlaf in der »Holzklasse« auf meinem zum »Was-weiß-ich-wievielten-Male«-Flug nach Namibia geweckt werde. Der fade Geschmack zwischen meinen Kauleisten ist der gleiche wie vor zehn Jahren. Als ich die Augen öffne, glaube ich mich fast im Himmel, denn ich wurde von einem blonden Engel an der Schulter gerüttelt. Nein, ich war nicht im Himmel, und es war auch kein Engel, sondern eine Stewardess der LTU, die mich fragt, ob ich Zigaretten kaufen wolle und angeschnallt sei?

»Moooment mal, irgendetwas läuft völlig falsch!« Mein Puls ist glücklicherweise noch immer unter dem Sitz verschwunden, so kann ich den auf meinen Lippen liegenden Fluch nicht im Gehirn finden, aber ich hätte sowieso nicht hören können, was ich gesagt hätte. Langsam nimmt meine Umgebung Kontur an: laute Musik, Licht und geschäftig hin- und hereilende Flugbegleiter. »Was geht'nhierab!«

Draußen ist es immer noch dunkel, und unter uns toben in der Ferne Gewitter.

2:00 Uhr! Noch mal: Was geht hier denn ab? Das ist erst der Kongo da unten, oder wie das Land jetzt gerade wieder heißt ... bei den ganzen Putschen in Afrika steigt da doch niemand mehr durch ... auf jeden Fall ist es viel zu früh für den Landeanflug auf Namibia.

Ich werde langsam stinkig, außerdem habe ich von der trockenen Luft im Flieger einen höllischen Brand. Jetzt muss erst mal 'ne Cola her.

Mit steifen, Thrombose-verdächtigen Beinen taumele ich zur Küche. Als ich die ängstlichen Blicke sehe, denke ich, dass ich in meinen ausgewaschenen Safariklamotten wohl reichlich fertig und verwegen aussehen muss, sodass die Flugbegleiter es mit der Angst zu tun bekommen. Kein Wunder. 2:00 Uhr ist nicht wirklich meine Zeit. Egal jetzt: »Cola *haben* will!«, nuschele ich, und weiterschlafen will!, denke ich. Als der blonde Engel, der mir vor fünf Minuten noch Zigaretten verkaufen wollte, die Cola in den Plastebecher gießt, verschüttet sie aufgrund ihrer zitternden Hände die Hälfte.

»Hej, alles klar, ich bin nicht mehr sauer wegen der Zigaretten, aber ihr könntet die Mucke etwas runterdrehen, ich würde gern weiterschlafen.« Ich schütte die Cola herunter.

»Geht nicht, neue Firmenphilosophie«, kommt von hinten aus dem Halbdunkel. Langsam werde ich wach und griffig. Ich meine, in einem Land wie unserem, wo Service ein Fremdwort und »Schlange stehen« keines ist, bin ich einiges gewohnt: Aber auf solche Diskussion habe ich in der Regel morgens etwas nach 2:00 Uhr über dem Kongo und in 10 800 Meter Höhe auf dem Weg in den Urlaub überhaupt keinen Bock – und schon gar nicht in Socken. Ich drehe mich langsam um und nehme den Typ in Augenschein. Sieht pilotig aus. Entweder der Pilot oder der Ko. Im Hintergrund werden nach wie vor alle anderen Passagiere mehr oder weniger (meist mehr) drangsaliert, Zigaretten oder Getränke zu kaufen. Anstelle einer ähnlich dummen Antwort von meiner Seite gieße ich mir erneut eine Cola ein. Es baut sich Spannung auf. Bei mir leuchtet jetzt die rote Lampe auf.

»Okay, was ist wirklich los? Ich nehme an, ich sitze nicht im Partyflieger nach Malle?«

»Wir haben ein Problem und checken gerade alle Passagiere. Bitte setzen Sie sich jetzt wieder auf Ihren Platz, und schnallen Sie sich an!«

Alle Augen blicken mich jetzt gespannt an. Ich stelle meinen leeren Becher ab, nicke und schlurfe wieder auf meinen Platz, reichlich nachdenklich allerdings.

Stefan, mein Reisekumpel, stiert mit halb offenen, glasigen Augen auf die Rückenlehne vor sich und scannt die Stofftextur ab; er ist kein wirklicher Diskussionspartner gerade. Der Glückliche!

An Schlaf ist jetzt für mich nicht mehr zu denken. Nüchtern in so einer filigranen Zigarre zu sitzen reicht mir eigentlich schon, und jetzt sitze ich sogar in einer mit Problemen, wie immer diese aussehen. Für mich bekommt das Wort Problem in den nächsten drei Stunden bis zur Landung eine neue Dimension. Was für ein Problem? Für einen doppelten Whisky ist es jetzt zu spät; erst recht für eine ganze Flasche.

Ich krame meinen iPod raus und dröhne mir die Ohren mit Rammstein zu, bezeichnenderweise mit einer Endlosschleife, um mich zu inspirieren, mit dem Lied »Dalai Lama«, denn Asien ist eigentlich wirklich mein Ding. (Schon aus folgendem Grund: Als der Dalai Lama in Deutschland war, wurde er gefragt, was er davon halte, dass die Deutschen so viel Bier trinken. Seine Antwort: »Trinken Sie, trinken Sie!«)

//DALAI LAMA//

Ein Flugzeug liegt im Abendwind
An Bord ist auch ein Mann mit Kind
Sie sitzen sicher sitzen warm
Und gehen so dem Schlaf ins Garn
In drei Stunden sind sie da
Zum Wiegenfeste der Mama
Die Sicht ist gut, der Himmel klar

(Refrain:)
Weiter, weiter ins Verderben
Wir müssen leben bis wir sterben
Der Mensch gehört nicht in die Luft
So der Herr im Himmel ruft
Seine Söhne auf dem Wind
Bringt mir dieses Menschenkind

Das Kind hat noch die Zeit verloren
Da springt ein Widerhall zu Ohren
Ein dumpfes Grollen treibt die Nacht
Und der Wolkentreiber lacht
Schüttelt wach die Menschenfracht

(Refrain)

Aus den Wolken tropft ein Chor
Kriecht sich in das kleine Ohr
Komm her, bleib hier
Wir sind gut zu dir
Komm her, bleib hier
Wir sind Brüder dir
Der Sturm umarmt die Flugmaschine
Der Druck fällt schnell in der Kabine
Ein dumpfes Grollen treibt die Nacht
In Panik schreit die Menschenfracht

(Refrain)

Aus den Wolken tropft ein Chor
Kriecht sich in das kleine Ohr
Komm her, bleib hier
Wir sind gut zu dir
Komm her, bleib hier
Wir sind Brüder dir

Der Vater hält das Kind jetzt fest
Hat es sehr an sich gepresst
Bemerkt nicht dessen Atennot
Doch die Angst kennt kein Erbarmen
So der Vater mit den Armen
Drückt die Seele aus dem Kind
Diese setzt sich auf den Wind und singt:

Komm her, bleib hier
Wir sind gut zu dir
Komm her, bleib hier
Wir sind Brüder dir

(aus der Rammstein-CD »Reise, Reise«: »Dalai Lama«)

Wie gesagt, manchmal bin ich ganz schön irre. In der Psychologie nennt man so eine Situation »erlernte Hilflosigkeit«. Das gibt es zwar eigentlich nur bei Tieren und nicht bei Menschen, aber egal.

Melanindegeneration
Irgendwann vor etwa 6 Millionen Jahren (+/– 1 Jahr) fing die Menschheit auf der Suche nach mehr Nahrung an, Richtung Norden zu laufen. Durch die verminderte Sonneneinstrahlung im Norden verloren wir im Laufe der Jahre unsere natürliche schwarze Hautfarbe und wurden weiß. In der medizinischen Umgangssprache heißt dieser Vorgang Melanindegeneration. Melanin ist der »Farbstoff«, der uns bei zu viel Sonne mehr oder weniger braun macht.

Um 3:30 Uhr gibt es dann Frühstück; Stefan poft immer noch, und sowieso unterhalten uns die Flugbegleiter weiterhin mit unsinnigen Fragen nach Zigaretten, kreischender Musik und lästigem Gefasel. Der blonde, Zigaretten verkaufende Engel kommt irgendwann noch einmal vorbei und raunt mir ein »Alles wieder in Ordnung!« zu.

»Was war denn los?«, will ich wissen, doch sie zuckt nur mit den Schultern und verschwindet wieder.

Als das Teil endlich gegen halb sieben wie üblich auf dem Hosea-Kutako-Flughafen Windhoek die immer noch recht schmale Piste trifft und landet, sacke ich buchstäblich durch den Sitz vor Erlösung.

Nur schnell raus aus der Maschine, ist mein einziger Gedanke. Ungewöhnlich viel Polizei baut sich um die Maschine auf, darunter sogar einige mit Melanindegeneration (also Weiße, was sonst zu dieser frühen Stunde eher ungewöhnlich ist).

Erstaunlicherweise stehen alle nur rum, es gibt kein Geschrei, keine Hektik. Wie gesagt: Alles nawa! – »Eeeeeehhh, alles nawa!« Lachen, weiße Zähne, schnieke Uniformen! Wie immer, eigentlich.

Ich blicke mich um. Es ist ein Flughafengebäude dazugekommen, obwohl die Namib Air immer nur noch einen Jumbo hat – der jetzige heißt Welwitschia, ist neu, und das Klo suppt nicht mehr über dem Kongo aus –, der nächste Flieger kommt in einer halben Stunde, Walvisbaai gehört zu Namibia, und die Kaiser-Wilhelm-Straße in Windhoek (und nicht mehr Windhuk) gibt es nicht mehr; die heißt jetzt Independence Avenue – man schreibt das Jahr 2004, und zu Hause in Deutschland ist die Ernüchterung über die Wiedervereinigung in einen schweren Kater umgeschlagen. Ach ja, und »nawa« bedeutet »alles klar«, »alles in Ordnung«. Nur »nawa, nawa, tjinene« ist noch besser und heißt: »alles extra prima!«.

Nawa
Unter der farbigen Bevölkerung Namibias ist es üblich, dass man sich grüßt und gegrüßt wird, genauso wie man sich ständig bedankt und Dank empfängt, respektiert wird und Respekt zollen muss. Da werden »Touristen« nicht ausgenommen, da sie in der Regel nicht als Fremde wahrgenommen werden (wollen). Das Wort »nawa« (Ovambo oder Kwanyama, wie die Sprache der Ovambos heißt: gut im weitesten Sinne) geht in seiner Bedeutung weit über gut, fein, klasse, genau hinaus. Es gilt als starke Botschaft und Schlüsselwort, welches Türen öffnet. Dieses Wort wird von allen *Bevölkerungsgruppen in Namibia verstanden. In Namibia grüßen die Alten die Jungen zuerst, was nicht heißen soll, dass man nicht zuerst grüßen darf! Ach ja, und dass uns in Deutschland mittlerweile das Lachen vergangen ist, heißt nicht, dass es in anderen Ländern auch so sein muss. In Namibia wird oft, herzhaft und ehrlich gelacht, aber* immer *auf »Nawa, nawa tjinene?« – »Eeeeeehhh, nawa, nawa mmmm!«, ist die Antwort und heißt: »Ja« als Bestätigung. Wenn man ganz besonders gut drauf ist, kann man auch grüßen: »Wa lelepo nawa, tate« – »Hast du gut geschlafen, Vater oder Sir?« »Danke« ist »lyaloo«.*

Die Sonne scheint, und der Duft der nahen Wüste signalisiert mir: wieder zu Hause! Warum das so ist, weiß ich nicht, Gefühle sind nun einmal nicht belehrbar, und sowieso muss nicht immer alles eine Erklärung haben. Ganz besonders nicht, wenn man

Die **Nationalflagge Namibias** *repräsentiert die Farben Rot und Grün der Partei SWAPO (South West African People's Organization) sowie Rot, Weiß und Blau der Partei DTA (Democratic Turnhalle Alliance). Man verwendete zwar die Farben der Parteien, ordnete sie jedoch anders an und fügte die Sonne dazu, die als Symbol für das Licht einer Nation stehen soll, die endlich aus der südafrikanischen Knechtschaft befreit ist. Die goldene Sonne symbolisiert Leben und Lebenskraft, Energie und Wärme. Blau steht auch für den Himmel, Regen und Wasser, Grün steht für die Vegetation und Fruchtbarkeit. Rot für das Blut des Volkes, die weißen Streifen für das friedliche Zusammenleben der Bevölkerungsgruppen in Namibia. (Der weiße Teil der Bevölkerung meint: »Diese weißen Streifen halten alles überhaupt nur zusammen.« Wer die Flagge und das Land kennt, könnte dieser Metapher glauben.)*

sich so wohl fühlt wie ich gerade, wenn die Sonne scheint und der Duft des vom Tau langsam abtrocknenden Grases lau herüberweht. Rechts hängt schlapp die Fahne Namibias herunter.

Hinter mir laufen die Triebwerke des Airbus aus, und vor mir zwitschern die zitronengelben Webervögel (Southern Masked Weaver – *Ploceus velatus*) in den Palmen vor dem Abfertigungsgebäude. Obwohl ich kaum geschlafen habe, ist die Aufregung von heute Nacht für mich sofort Vergangenheit. Selbst die dumpfe Müdigkeit kann meine gute Laune nicht vertreiben. Stefan und ich tapsen zusammen mit den anderen 320 Übermüdeten durch das neuartige Empfangskomitee aus Polizei. Aber eigentlich ist das jetzt zur »Bin-Laden-Ära« normal, wie ich aus meinem letzten Winteraufenthalt in den USA weiß – nur die Kalaschnikows fehlen.

Die Pass- und Zollabfertigung klappen wie am Schnürchen, obwohl wir beide jeweils über 40 kg Gepäck mit uns schleppen – Kamerautensilien und Ausrüstungsgegenstände für unsere geplante Wüstenexpedition auf den Brandberg. Gefilzt werden wir nicht, nur durchgewunken. Da heute Freitag ist und meine Kumpels gerade zur Arbeit unterwegs sind und uns nicht abholen können, nehmen wir den Shuttle zu unserem Gästehaus in Anspruch. Wir haben bei Asco einen 4 x 4 (Geländewagen) für fünf Wochen gemietet, und da ist die Bleibe für zwei Tage inklusive, so brauchen wir meine Freunde mit unseren Expeditionsvorbereitungen und Bergen von noch zu kaufenden Lebensmitteln nicht zu nerven.

Nachdem wir unsere leuchtend roten 130-Liter-X-tremer-Ortlieb-Säcke in den Bully Syncro gerammt haben, geht es mit der aufgehenden Sonne im Rücken zusammen mit einem Pärchen aus Österreich auf der definitiv verkehrten Straßenseite den Trans-Kalahari-Highway (B 6) 40 Kilometer nach Windhoek – in Namibia herrscht nämlich Linksverkehr. Hej, WIR haben schließlich den

Krieg verloren, wie meine afrikanischen Kumpels mit englischen Wurzeln immer frotzeln!

Das Silbergras (Südwesterdeutsch: Einfederiges Federgras, *Stipagrostis uniglumis var.*) steht beidseitig der Straße einen guten Meter hoch und zeigt mir, dass es während der letzten Regensaison massig geregnet haben muss. Heute ist der 23. April, und nur noch ein paar Wolken zeugen von der Regenzeit, die in der Regel von Dezember bis April dauert – mal mit mehr, mal mit weniger Regen. Die letzten elf Jahre war es meistens weniger. Namibia ist Wüstenland!

Stefan fällt wie die Österreicher sofort nach dem ersten Kilometer auf der Asphaltstraße ins Koma. Ich bin dafür viel zu aufgeregt. Eigentlich hätte es andersherum sein müssen, denn für mich ist Namibia ein Heimspiel, da ich schon sehr oft hier gewesen bin. Im Rückspiegel beobachte ich Stefans graues, unrasiertes, müdes Gesicht.

Wir sind beide direkt vom Schreibtisch weg auf diese Expedition gezogen. Ich, der von einer Knie-OP rekonvaleszierende DINK – Double Income No Kids: kein Haus, in wilder Ehe lebend (nie verheiratet), keine Kinder (auch keine unehelichen), keine Schulden, ein geleastes Auto und noch nicht einmal Punkte in Flensburg. Dennoch sagt manch einer, ich sei ganz schön irre. Ich dagegen bin der Meinung, dass ich eher lieber irre Sachen mache, aber dies hier: Das wird Urlaub vom Feinsten, Abenteuer inklusive.

Stefan ist genau das Gegenteil – deutsche DIN-Familie; verheiratet, Haus, zwei Kinder, zwei Autos und als Selbstständiger 'ne 80-Stunden-Woche, um sein aufwändiges, sozial adaptiertes Leben zu finanzieren, wobei der Staat sich immer neue Gemeinheiten einfallen lässt, ihm das Geld wieder aus der Tasche zu ziehen. Für ihn ist diese Expedition etwas, was er noch nie in seinem Leben nur annähernd gemacht hat – sein Traum sozusagen. Das letzte Mal Zelten liegt 20 Jahre zurück, Wandern war sowieso nur zum Shopping angesagt, und das ohne Rucksack, aber mit trendy grünem Lodenmantel samt Lederkragen, die Kreditkarte ein Muss. Ein Leben im Trend, und zu dieser Mode passend die sportliche Leistung des letzten Dublin-Marathons, eine Erfahrung, die mir bisher vollkommen abgeht. Ich hoffe, das hier geht gut mit uns. Seine ständig gute Laune – wenn er wach ist – und eine bedingungslose Entschlossenheit, die er an den Tag legt, wenn er etwas macht, sind allerdings schon zu 99 % die richtige Voraussetzung, die nächsten fünf Wochen einigermaßen heil zu überleben. Traum und Wirklichkeit, so nenne ich ihn insgeheim. Mal sehn, wie viel von was übrig bleibt. Kameramann: Das ist er, wie gesagt, nur wenn er wach ist.

Volker, ein »Rentner« und der Fahrer unseres Bullis, verdient sich jetzt durch den Transport von Touris noch etwas dazu, aber eigentlich ist das eher mehr Leutetreffen als Einkommensquelle. Binnen Minuten bekomme ich das neuste Update vom vergangenen Jahr. Man kennt sich, klar! In einem Land, wo wir definitiv in der Minderheit sind, fallen Mehlsäcke wie wir natürlich sofort auf, und da bleibt es nicht aus, dass bald jeder jeden kennt. Volker ist über 60 und ein Südwester-Original, vom Zusammenkneifen hat er tiefe Falten um die Augen, weil das grelle Licht die Augen reizt. Trotzdem kann man von Karnickelaugen reden – rot, wie nach einer durchzechten Nacht –, denn die Sonne ist gnadenlos. Typisch sind die kurze Hose sowie das kurzärmelige Hemd und die dicke, buchstäbliche Schwarte oben auf den Unterarmen, dort, wo die Sonne die Haut jahrzehntelang malträtiert hat. Elefantenhaut sagt man dazu. Und natürlich die ausgelatschten Fellis, die weichen Kudulederschuhe, in denen man barfuß läuft.

Das Gesprächsthema Nummer eins ist natürlich der Regen, das Wichtigste für das Land, für mich und das Gelingen unserer diesjährigen Expedition. Reichlich soll er gewesen sein dieses Jahr, wie das üppige Grün und die abgegangenen Riviere (Südwesterdeutsch: Trockenfluss, der kurzzeitig Wasser führen kann) entlang dem Highway beweisen.

»Du weißt doch, wenn wir genug Regen gekriegt haben, ist alles orreith (Südwesterdeutsch: alright, okay, nawa). Ansonsten haben wir hier unten keine Probleme, wir leben doch im Paradies.«

»Wohl wahr!«

In sanften Kurven und über flache Kuppen verläuft diese asphaltierte Straße durch das buschige Farmland, welches voller Kameldornbäume (*Acacia erioloba*) und Hackies (Südwesterdeutsch: Schwarzdorn (*Acacia mellifera*)) ist, die schwer an Früchten tragen. Mit der Sonne im Rücken erglühen links die Auasberge auf. Alpenglühen … Auasglühen, Auaglühen, grinse ich glücklich vor mich hin. Endlich!

Knapp vor uns sprintet ein Warzenschwein aus dem hohen Silbergras quer über die Straße. Volker zuckt nicht einmal. Wenig später sitzt die übliche Horde Poviane (Süderwesterdeutsch: Pavian, auch Baboon) auf einem Hügel unmittelbar an der Straße; die wollen wissen, wer neu in der Stadt ist. Stefan und das Pärchen schnarchen leise vor sich hin.

Die etwa einstündige Fahrt geht viel zu schnell vorüber, denn meistens bin ich der Chauffeur, wenn ich in Afrika weile, und jetzt koste ich diesen Luxus des Passagierdaseins gerne aus. Aber auch bei mir verschwindet langsam die Aufregung über dieses wunderschöne Grün, und meine Lider werden immer schwerer.

In unserer Bleibe in Ludwigsdorf, einem dem Flughafen zugewandten Stadtteil von Windhoek, kommen wir gegen halb acht an. Stefan und ich beschließen, erst einmal eine Runde Schlaf nachzuholen. Nach kurzer Begrüßung durch die Eigentümer Anke und Karl und den Mischlingshund Schröder, den ich kräftig kneten muss, verschieben wir das Frühstück auf 12:00 Uhr – denn Frühstück muss sein: Just to make the morning official! Heute Abend ist Party mit meinen Kumpels angesagt, in Joe's Bierhaus – wo sonst –; doch davor steht ein dicker Abarbeitungsplan, wenn wir Montag »auf Pad gehen« wollen (Südwesterdeutsch: in die Wüste/Busch/Safari fahren, Pad = jede Art von befahrbarer Spur).

Deutsch-Afrikanisches Kauderwelsch

Rein spricht in seiner Kolonie
Der Deutsche seine Sprache nie.
Als internationaler Mensch
Schätzt er vielmehr ein Mischragout
Von Englisch, Nama, Kapholländ'sch
Und etwas Herero noch dazu.
Uns kommt dies ganz natürlich vor,
Doch seltsam klingt's dem
heim'schen Ohr.
Damit Du, schöne Leserin,
Des Affenlandes Poesie
Verstehst in ihrem vollen Sinn,
Tisch ich Dir auf ein Potpourri:

Der Becher heißt hier Koppi,
Der Schnaps dagegen Suppi,
Katiti das ist klein,
Kaffo soviel wie nein.
Omufaindu ist das Weib
Und furama heißt bleib.
Man sagt hier schwar statt schwer,
Und banja das heißt sehr,
Sprich Xuffa! Und nicht Prost!
Statt Essen immer Kost.
Vom Bocki sprich statt Ziege,
Vom Orlog statt vom Kriege,
Kanatje nennt man Gören,
Schnell heißt hier Hafahanna,
Die Sachen sind Affären,
Zur Pad wird Weg und Straß'.
Der Herr [»Chef« Anm. des Autoren],
der heißt hier Baas.
Die Mädels meistens Anna,
Frumenscher sind die Frauen,
Statt stehlen sagt man klauen.
Store heißt hier jeder Laden,
Offizier: Offiziersoldaten.
Was sonst an Männern lebt im Land,
Wird schlechtweg Mister zubenannt.

(Aus: Demokritos africanus [1912]: Im Affenland, Reimereien aus Südwest, Kolonie und Heimat Verlagsges. m.b.H., Berlin)

Kaum berührt mein Kopf das Kissen, bin ich bereits eingeschlafen … Drei Stunden später gönne ich mir den Luxus einer Dusche. Wasser ist immer Luxus in Namibia, egal wo. Das sieht man schon daran, dass der weiße Teil der Bevölkerung tagein, tagaus die Rasensprenganlage laufen lässt, einen Swimmingpool hat und natürlich standesgemäß samstags den Wagen wäscht. Namibia ist Wüstenland: für die einen mehr, für die anderen weniger. Danach geht's raus zum Buffet. Stefan sieht zwar noch genauso faltig wie ich aus, aber schon frischer.

Als wir uns zu einem afrikanischen Gesundheitsfrühstück niederlassen und gerade anfangen wollen, Eier, Speck, Boerewors (Afrikaans: fette Würstchen) und andere Dickmacher in uns hineinzuschaufeln, kommt Karl und schmeißt grinsend den *Windhoek Observer* auf den Tisch.

»Ihr hattet ja wohl anscheinend Spaß, heut Nacht im Flieger?«

Auf der Titelseite prangt das Bild unserer landenden LTU-Maschine, daneben steht in riesigen Lettern:

»You have a bomb on board«

Stefan und mir gefrieren regelrecht die Kaubewegungen. Auf unsere erste Reaktion folgt gemeinsames, nachdenkliches Lesen, jetzt wieder mit vollem Mund mampfend. Endlich habe ich eine Erklärung für das Chaos heute Nacht an Bord, das Stefan so generös verpennt hat. Aber, egal: Wir sind erst einmal hier!

Kauend pöbeln wir über diesen Event rum, und selbst Karl und Anke tauchen mit frischem Kaffee auf und diskutieren heftig mit. Schröder, angelockt durch die aufgeregte Unterhaltung, steht wedelnd vor dem Tisch und hypnotisiert mein Rauchfleischbrot. Willkommen in der ›Bin-Laden-Ära‹, denke ich und sinniere darüber nach, wie diese Idee, ausgerechnet mit Stefan auf dem Brandberg herumzukraxeln, überhaupt zustande gekommen ist.

WINDHOEK OBSERVER

FLAGSHIP OF NAMIBIA'S NEWSPAPER TRADITION

YOUR WEEKEND MIRROR AT 06H00

SATURDAY APRIL 24 2004 REGISTERED AT THE POST OFFICE AS A NEWSPAPER NUMBER 1118

Distress call to Hosea-bound jetliner

'You have a bomb on board'

STAFF REPORTER

A Windhoek-bound jetliner received a radio communication from the Munich air control tower. It was an urgent distress call to inform the commander of the jetliner, Captain Guehring, that the tower at Munich had received a curt telephone communication. The caller simply stated that an Africa-bound jetliner of the LTU airline had a bomb on board.

The details are scanty. No newspaper reporter could penetrate the aprons at Hosea Kutako Airport yesterday (Friday) because of security.

It is understood though, but not confirmed, that the jetliner, an A320 airbus, was at an operational altitude of 33 000 feet and some 2 000 kilometres from Hosea Kutako. Information received second-hand at Hosea Kutako from a number of sources was that upon receiving the urgent communication from Munich, Captain Guehring remained cool. In fact, said one source, ice cold.

He told the cabin crew and passengers over the intercom system of the aircraft to be seated, and to have their safety belts on.

Nothing in his voice, according to those knowing him, betrayed the least trepidation. The aircraft, moving at close to 900 kilometres an hour ground speed, continued straight for Hosea Kutako and did not deviate from its coordinates.

It was still dark and the unsuspecting passengers seemingly thought that the instruction to remain seated and to have their seat belts on was that bad weather was ahead, which was not the case.

Captain Guehring though, made contact with radio control at Hosea Kutako to inform them of the call which the Munich tower had received. Personnel at Hosea Kutako immediately alerted the airport security systems and personnel.

The aircraft touched down at Hosea Kutako on scheduled time and rolled to its assigned apron where all doors were opened, inclusive of safety doors, to allow for quick exit by passengers and cabin crew.

The call to the Munich tower though, had serious consequences for Hosea Kutako where orders were issued to four other cross-border aircraft that departures were prohibited. One of the aircraft was a South African Boeing 737 which had to leave for Johannesburg.

A systematic search was carried out, not only of the airbus of LTU but also of the other aircraft, their cargo and passenger belongings. The delay stretched over a number of hours, but nothing unto-ward was found.

Turn to page 3

Die Brandbergexpedition

Irgendwann im Frühjahr 2003 stolperte ich mehr zufällig in einen Fotoladen, um einen Sponsor für eine TV-Kamera zu finden, die mich auf meiner Kajak-Baikalexpedition begleiten sollte.

Nie zuvor war ich in dem Laden gewesen, geschweige denn hatte ich irgendwann einmal den Chef kennen gelernt. Gemäß der deutschen Mentalität – wissen wir nicht, haben wir nicht, wollen wir nicht, können wir nicht und außerdem sind wir alle sowieso vollkommen überlastet und wollen endlich Feierabend haben – rechnete ich mir kaum Chancen für eine Unterstützung meines Projektes aus.

Wer weiß denn schon, wo Sibirien liegt? Umso mehr war ich erstaunt, dass der Geschäftsführer – eben dieser Stefan – von der Idee, allein im Kajak um den Baikalsee zu paddeln, so angetan war, dass er mir glattweg eine TV-Kamera für meinen Trip zur Verfügung stellte. Ohne viel Trara und sofort konnte ich das Teil mitnehmen. Ich komme immer noch kaum darüber weg. Aber wenn ich so resümiere, dann ist das immer so gelaufen mit den Sponsoren. Entweder waren sie sofort von der Idee des jeweiligen Projektes begeistert und für eine Unterstützung bereit oder glotzten mich, den vermeintlichen Loser, verständnislos kopfschüttelnd an, ohne überhaupt zu einer Reaktion fähig zu sein. Allein die Anmaßung dieser einfachen unerwarteten Frage um Sponsoring warf die Leutchen, meist im Delirium ihres Alltags gefangen, komplett aus der Bahn.

Da ich die 1700 Kilometer Solopaddeln am Baikal in Sibirien (»Abenteuer Baikal« als Buch und DVD bei Delius Klasing, Bielefeld) tatsächlich überlebte und tausende von Bildern und zwölf Stunden TV-Material abdrehte, ergab sich verständlicherweise nach meiner überlebten Rückkehr eine Zusammenarbeit mit dem Fotoladen, die sich mit der Zeit immer mehr vertiefte. Stefan, der Geschäftsführer, konnte mit seiner eigenen Faszination für das Projekt am Baikal sogar das Interesse der Kultmarke Leica wecken, die mich seitdem sponsert.

Bei stundenlangen Gesprächen über Baikal, Natur und die Welt kamen wir dann zwangsläufig auf Namibia zu sprechen, wo ich schon seit etlichen Jahren in der Wüste herumkroch. So driftete

Stefan immer mehr von der Theorie des Bildchenbetrachters in die reale wirkliche Welt ab – allerdings bislang nur in seinen Träumen, die dann schließlich und letztendlich irgendwann nicht mehr ausreichten. Er wollte sehen, »wo die Bilder laufen«.

Natürlich war es für ihn als deutschen pflegeleichten, sozialverträglichen Steuerzahler mit Familie und Verpflichtungen wie einer 80-Stunden-Woche ohne Urlaub nicht gerade leicht, seine Familie und sich selbst von einem »gefährlichen Urlaub« in Namibia zu überzeugen. Er hatte noch nie annähernd auch nur Ähnliches gemacht.

Namibia war weit weg, und in Filmen über Afrika wimmelte es von Gefahren und schwarzen Menschen, von denen wir ja so gänzlich verschieden aussehen.

Abgesehen davon kannte er mich nicht. Allerdings geisterte diese Idee weiter in seinem Kopf herum und ließ ihm keine Ruhe. Nun ist es so, dass ich die Erfahrung gemacht habe, dass eigentlich die meisten Menschen gern einmal etwas Außergewöhnliches machen wollen und ihr Leben lang davon träumen. Meist bleibt es aber dabei, sich ein neues Auto auf Pump zu kaufen und weiter von der Idee zu träumen, wenn sie mit einem V 8 mit 398 kW Geländewagen mit VA-Auspuff und Chromleisten zum nächsten Eiscafé mit unbefestigtem Parkplatz fahren (allerdings nicht, wenn dieser nass ist, dann wird ja das kostbare Auto dreckig).

Bei Stefan war das anders, denn er nervte weiter und löcherte mich so lange mit Fragen, bis ich schließlich an seine Ernsthaftigkeit glaubte, einen Film über Afrika abzudrehen. »Da muss es doch noch etwas anderes geben als immer nur die Sossusvlei-Dünen.« Und zwar das, was er auf meinen Bildern gesehen hatte und noch nie im Fernsehen: Da wollte er hin. Ich klärte ihn darüber auf, dass es einen Grund gebe, warum es noch nie im TV gezeigt worden sei. Denn dort hinzukommen, sei schwer und noch schwerer mit TV-Kamera, aber er gab nicht auf.

Auf meine Bedenken hin, warum er mit einem relativ Unbekannten in ein Land weit weg und »dunkel«, mit vielen wilden Tieren fahren wollte, meinte er nur, dass es eine Bauchentscheidung sei. Ich meinerseits hatte ganz andere Bedenken. Wenn ich schon außer der Reihe um die halbe Welt fliege und dann noch mit einem »Greenhorn«, wollte ich auch endlich einmal wieder etwas für mich Einzigartiges dort unten machen. Meine Wunschliste war lang, aber bei einer Expedition alleine, oder noch schlimmer mit einem vermeintlichen »Klumpen am Bein« erübrigten sich die meisten Dinge schon im Vorfeld. Jene, die nur mit zwei komplett ausgerüsteten »Offroadern« machbar waren, wie unsichtbare Pads im Buschmannland, Kaudom, Van-Zyls und dem Kaokoveld, wie zum alten Flugplatz beispielsweise.

Allein deshalb, weil die meisten Menschen nur nach Afrika wollten, um eben dies sagen zu können: »Ich war auf einer Safari in Afrika!« Mit diesen Safaris, die im Grunde einen Erholungscharakter wie ein Clubaufenthalt, Frühstück ans Bett, schöne Dusche und livrierte Diener nach dem Motto »Afrika in heimatlicher Atmosphäre erleben« aufweisen, würde unsere Expedition eher nichts gemeinsam haben.

Mir schwebte eher eine schöne Wanderexpedition auf den Brandberg vor. Dies Gebirge thront bis 2000 Meter hoch ziemlich isoliert als 600 km² großer ovaler Granitklotz inmitten der Zentralen Namib. Mit der geplanten Ausrüstung hätten wir so um die 60 kg pro Person zu tragen, da wir alle Lebensmittel mitschleppen müssten und eventuell auch noch Wasser. Das war nicht wirklich möglich, und so musste ich mich darauf verlassen, irgendwo zwei Träger anzuheuern, die uns beim Schleppen helfen.

Eine solche Safari bedeutet einen 16-Stunden-Tag voller Strapazen, Hitze, Staub und Einsamkeit zu Fuß zwischen wilden Tieren, und da war ich mir eben ganz und gar nicht sicher, wie das bei Stefan in der Praxis aussehen würde. Nix mit Frühstück ans Bett und temperierter Dusche.

Nicht, dass ich auch nur im Entferntesten daran dachte, dass etwas passieren könnte, aber wenn er, egal aus welchen Gründen, »abkackt« (aufgibt), hätte ich den Kak (Südwesterdeutsch: Ärger) und die Arbeit.

Mit der Planung hatte Stefan überhaupt nichts zu tun, denn aus Mangel an Erfahrung musste er in jedem Fall sein Leben in meine Hand geben – zumindest fiel dieser Begriff einmal von ihm –, was mir natürlich die Aufgabe eines Kindermädchens zuspielte. Und das war nun etwas, das mir nicht gerade zusagte, gerade deshalb habe ich ja keine Kinder. Die Rollenverteilung war somit klar, ich der Oberlehrer, er der Grundschüler. Eine Rolle, von der ich nicht so sicher war, ob ein gestandener Selbstständiger mit Familie bereit war, sie zu akzeptieren, und ich hatte kein Interesse auf Spannungen postpubertärer Art: nicht bei mir zu Hause.

Zu Hause deshalb, einmal weil ich mich dort so fühle (und

Gefühle sind nun einmal nicht belehrbar) und dann noch, weil ich schon etliche Male in Namibia war und natürlich Freunde dort habe, die ich bei einem Besuch des Landes nicht einfach nicht besuchen könnte. Ich klärte Stefan darüber auf, aber er missverstand mich. Er hätte nichts dagegen, allein für zwei Tage im Hotel abzuhängen, bis ich meinen sozialen Verpflichtungen nachgekommen wäre.

»Gänzlich falsch«, unterbreitete ich ihm wiederum. »Du kommst mit, allerdings sind die Leutchen etwas anders als hier!« Was denn so anders sei, ließ ich erst einmal offen, denn das würde er selbst erleben.

Stefan beteuerte, dass er gerne das Land so kennen lernen möchte, wie ich es einst erlebte. Zwar war ich nicht ganz so sicher, ob das eine gute Idee sei, aber ich gab seinem Drängen nach, und wir einigten uns darauf, dass ich ihn so nahe an Namibia heranbringen könnte, wie es meine Freunde einst mit mir taten – mit allen Feinheiten und der eben liebenswerten Südwesterart, denn die ist ja bekanntlich so hart wie Kameldornholz.

Das Südwesterlied

Hart wie Kameldornholz ist unser Land [und seine Bewohner]
und trocken sind seine Riviere.
Die Klippen, sie sind von der Sonne verbrannt,
und scheu sind im Busche die Tiere.
Und sollte man uns fragen:
Was hält euch denn hier fest?
Wir könnten nur sagen:
Wir lieben Südwest!

Doch uns're Liebe ist teuer bezahlt,
trotz allem, wir lassen dich nicht,
Weil unsere Sorgen überstrahlt
der Sonne hell leuchtendes Licht.
Und sollte man uns fragen:
Was hält euch denn hier fest?
Wir könnten nur sagen:
Wir lieben Südwest!

Und kommst du selber in unser Land
und hast seine Weiten geseh'n,
Und hat uns're Sonne ins Herz dir gebrannt,
dann kannst du nicht wieder gehn.
Und sollte man dich fragen:
Was hält dich denn hier fest?
Du könntest nur sagen:
Ich liebe Südwest!

Erleben werde er es allerdings auf seine eigene Art. Wie das liege bei ihm. Afrika könne man nur lieben oder hassen, etwas dazwischen gebe es nicht. Ob das denn so für ihn akzeptabel sein würde? Es war!

Als ich dann schon eher (aber noch weit entfernt von sicher) bereit war, mir über ein Projekt Gedanken zu machen, merkte ich, inwieweit Stefans Theorie eines Traumes immer mehr einer geplanten Zukunft in der Wirklichkeit wich. Und das sah etwas anders aus. In der Vorbereitung (sprich Theorie) des Traumes eines Abenteuers hatte er sich über viele Dinge nicht wirklich Gedanken gemacht, beispielsweise über die Tiere, die tatsächlich laufen konnten und giftig waren. Das Land, das tatsächlich trocken und lebensfeindlich war, wenn man(n) sich nicht an die Regeln hält usw. usw. usw. Erste Unsicherheiten mit all dem Neuen und Unbekannten vermittelten ihm ein dummes Bauchgefühl. Man(n) ist umgeben von giftigen und schnellen Tieren und einer Natur, die einen schon einmal als Abendessen oder Feind betrachten können. Wenn man(n) sich in der Wüste falsch verhält, ist in der Regel im wahrsten Sinne des Wortes Überlebenskampf angesagt. Und ich war nicht bereit, es für uns so weit kommen zu lassen. Deshalb müssen auf einer solchen Tour die Spielregeln absolut klar sein. Es kann nämlich passieren, dass zum mitteleuropäischen Diskutieren, bis der Arzt kommt, keine Zeit mehr bleibt, und dafür war ein gewisses Vertrauen in meine Entscheidungen unbedingt existenziell.

Afrika und die Wüste wiederum sind für den gemeinen Durchschnittsbürger nicht einfach zu fassen und schon gar nicht, wenn er gemütlich auf der Bank in einer Kneipe sitzt, mit Verschwörermiene vermeintlich gefährliche Abenteuer Marke »Harry Potter« plant und am Bier schlabbert. Die Wüste ist weit weg, und meine erzählten Storys waren eben nur Geschichten in einer warmen gemütlichen Kneipe.

Jetzt aber sind wir hier, und die nächste Kneipe unter freiem Himmel liegt heute Abend an. Es ist auch warm, aber jetzt sind wir ein Teil dieser Geschichten, und Stefan ist mittendrin!

Klein Großdeutschland oder Afrika?

Mit Stefan habe ich schon zu Hause einen Deal gemacht: In den ersten drei Tagen in Namibia soll er mich nicht mit Fragen löchern, da wir in den nächsten fünf Wochen noch massig Zeit dafür haben werden. Stattdessen soll er sich während der Wirren und Vorbereitungen für die Safari erst einmal alles ganz entspannt anhören und wenn irgend möglich, nicht die typisch deutsch-politisch-touristischen Besserwisserdiskussionen mit irgendwelchen Leuten über Probleme ganz gleich welcher Art anfangen, die eigentlich keine sind, aber in Deutschland seit 130 Jahren wild und weltfremd wie alles andere auch diskutiert werden. Am besten ist es, zunächst alles zu vergessen, was man zu Hause über Afrika gehört, gelesen und gedacht hat – keine Präjudizierung lautet mein Vorschlag. Und ganz besonders keine »dummen« Fragen stellen, wenn es um Afrikaner geht. Auch Weiße sind Afrikaner, und das hat schon manches dicke Auge und manche »Kongolippe« (dicke Lippe) in Kneipen mit Touris gegeben.

»Ach ja, und angeblich abwertende Titulierungen wie Kaffer über den farbigen Anteil der Bewohner … schluck's erst einmal einfach runter. Erklärung folgt für alles … in der Wüste! Nur die Dreier-Regel musst du dir für die Wüste gleich merken, das kann wichtig sein:

Drei Minuten keine Luft,
drei Tage kein Wasser
und drei Wochen nichts zu essen,
dann bist du tot.

…und ›Never mix with the locals‹«, füge ich hinzu. (Ame-

Kolonialschwärmer

Jüngst kam mit der Eisenbahn
Ein fideles Sumpfhuhn an,
Wollte in der Kolonie
Sich persönlich informieren,
Und ich sollte ihn allhie
Als getreuer Mentor führen.
[...]
Dieser Mann war nicht zu leimen,
Denn er wusste alles schon.
[...]
Diamantenkursberichte,
Waren ihm 'ne Kleinigkeit,
In Kolonialgeschichte
Wußt' er fabelhaft Bescheid.
Alle Siedlungsprobleme
Sei'n von Anfang an vertapert,
Im Besteuerungssysteme
Gäb' es Punkte, wo es hapert.
Auch die Eingebor'nenfragen
Seien noch nicht ganz im Lot,
Und auf den Otaviwagen
Sei die Sicherheit bedroht.

Mein Versuch, die ep'sche Würze
Einzudämmen, ließ ihn kühl.
Meine höchst lakon'sche Kürze
Weckte neuer Blüten Stil.
[...]

1 *Der Autor.*

2 *Commiphora-Busch mit Zentraler Namib – oder umgekehrt!*

3 *Die Pad D 2342 am 16. Februar 2002 kurz vor dem Brandberg nach einem zehnminütigen Wolkenbruch – einen Monat später sah die Wüste aus wie ein Golfplatz (Abzug vom Papierbild).*

1

2

3

4 Treibsel vor der Gaubbrücke nach einem sanften Frühjahrsregen.

5 Ein Wrack an der Skelettküste.

4

5

6

6 Auch der Kameramann kann wieder lachen, wir sind knapp vor dem Gipfelplateau bei Longipoolis.

7 Springbock im Grasland der Etosha-Pfanne.

8 Die letzte noch verbliebene wirkliche deutsche Stadt: Swakopmund.

7

CHARLY'S
DESERT
TOURS

9

10

1

12

9 »Schwarzkäfer« (Onymacris sp.) halten mit ihren Stelzenbeinen Abstand vom heißen Wüstensand.

10 Flechten auf den »Schwarzen Bergen« bei M(ile) 72 (Zentrale Namib).

11 Die Seehundkolonie beim Kreuz Kap. Hier rollen 5 bis 7 Meter hohe Wellen heran.

12 Auf den Dünen bei Torra Bay an der Skelettküste.

13 Das Deutsch-Südwester »Matterhorn«: die Spitzkoppe (1728m).

14

15

14 »Left overs« einer Giraffe im Aub im Kaokoveld (Palmwag).

15 Abendlicht in den Flächen der Zentralen Namib bei Sossusvlei.

16 Zebras im Kaokoveld.

16

17

18

19

17 Lagerfeuer, Poitjie und Boerewors: Braai!

18 Die berühmten roten Dünen bei Sossusvlei.

19 Lageridylle mit Wasser auf dem Brandberg bei den »Oberen Kaskaden«.

rikanisches Englisch für »Niemals mit den Einheimischen Ärger anfangen.«) »Dann kommst du wunderbar klar.«

Klar, Stefan ist noch nie hier gewesen und alles ist neu und der Leidensdruck ziemlich immens, doch ich brauche meine Konzentration für die Vorbereitungen. Irgendetwas vergessen darf nicht passieren, denn dann haben wird Kak in der Wüste.

Erschwerend kommt hinzu, dass in Windhoek, einer ehemaligen deutschen Kolonie, Ladenschlusszeiten groß geschrieben werden, und heute ist schon Freitagnachmittag. Wir *dürfen* nichts vergessen, und unser Zeitplan ist proppevoll – für heute und morgen, von den sozialisierenden Verpflichtungen ganz zu schweigen.

Er war stark antisemitisch.
(Mancher ist doch auch ein Jud,)
Über Suppi sprach er kritisch,
(Ach! Wie schmeckt er doch so gut!)
Schwärmte für's Logis im Freien,
(Ist zuweilen ja ganz schön.)
Lobte sehr Klein Windhuks Neuen,
(Hab schon besseres gesehn)
Sagte, Gold lieg' auf der Straße,
(Wenn das bloß der Fall sein möcht')
Windhuks Jungbier reiz' die Blase,
(Darin hat er leider recht).
Als er mit erhöhter Suada
Uns Sinalco anpries und
Selters uns empfahl und Frada,
Ward die Sache mir zu bunt,
Und ich fragt', er sei notorisch
Ein Phantast und Idealist –

Er beschimpft' mich apriorisch
Misanthropen-Pessimist. –
Kriegten uns dann in die Haare,
Er schrammt' ab, ich ließ ihn ziehn;
Dieses ist die wunderbare
Mär vom Onkel aus Berlin.

(Aus: Demokritos africanus [1912]: Im Affenland, Reimereien aus Südwest, Kolonie und Heimat Verlagsges. m.b.H., Berlin)

Karl will uns zu meinem Kumpel ins südliche Industriegebiet bringen, da er sowieso in die Stadt muss, dann können wir das Taxigeld sparen. Schröder will natürlich mit, steht wedelnd vor dem Bulli und sieht mich mit feuchten Augen an. Doch Karl bleibt hart, Schröder muss den Yard aufpassen (Südwesterdeutsch: auf das Grundstück aufpassen). Als wir losfahren, frage ich Karl, ob sein letzter Hund Kohl geheißen hat, aber er schüttelt nur mit dem Kopf und meint mit einem Riesengrinsen: »Adolf, aber dieser wollte darauf nicht hören.« Karl karrt uns vorbei an der Klein Windhoek Schlachterei.

»Da kaufen wir morgen früh unser Braaifleisch!«, schreie ich Stefan bei offenen Fenstern über das Geknattere des Syncro zu.

»Was für Fleisch?«

»Grillfleisch! So heißt das hier!« (Afrikaans: Braai[vleis] = Grillsachen.)

»Ja, die haben das beste Fleisch, da kaufen wir auch immer ein«, bestätigt Karl. Dann geht's links den Berg hoch und vorbei an der südafrikanischen Botschaft und wieder hinunter zum Freibad, am

Ausspannplatz vorbei und zum südlichen Industriegebiet. Windhoek ist wie Rom auf Hügeln gebaut und auf Quellen, nur viel schöner als die italienische Metropole. Umweltverschmutzung ist hier eigentlich noch nicht existent. Die Fahrt führt entlang der Villen auf den Hügeln, vorbei an hundertjährigen Kolonialbauten auf der Independence Avenue und den Neubauten aus Beton, die von einigen Autoren einschlägiger Zeitungen als »eklektizistische Mahnmale« tituliert werden, mir aber gefallen sie. Was haben die denn nach 130 Jahren aufoktroyierter »Entwicklungshilfe« in Windhoek erwartet, Hütten mit Kuhscheiße beschichtet (die »normale« Behausung in abgelegenen Gebieten Namibias)?

Was natürlich sofort auffällt, sind die dicken, hohen Mauern mit Glassplittern auf der Krone, Stacheldraht und Elektrozaun um die Grundstücke und Gitter vor den Fenstern. Werden dort eigentlich Menschen aus- oder eingesperrt? Diese Frage stelle ich mir jedes Mal aufs Neue, wenn ich hier bin.

Schüler jeglicher Couleur in traditionellen englischen Schuluniformen kommen vom Unterricht. Stefans fragenden Blick beantworte ich nur kurz: »Wir haben den Krieg verloren. Zweimal!« Karl grient, sagt aber nichts.

Die Sonne knallt vom wolkenlosen Himmel. Stefan kommt aus dem Staunen nicht mehr raus.

»Das ist Afrika?«

»Es gehört dazu!«

»Genieß es!« Karl und ich grinsen uns einen.

Karl lädt uns vor Heinos Schmiede ab, wo über 50 Typen unterschiedlichster Schattierung kloppen, schweißen, fräsen und einen Höllenlärm machen. Heino stürmt aus seinem wie Fort Knox gesicherten Yard heraus, schüttelt mir die Hand und meint: »Na, Deutscher, alles orreith!«

Heino ist ein Freund der ersten Stunde und ein Urtyp von Mensch. Blond, blaue Augen und im üblichen Südwester-Outfit mit kurzärmeligem Hemd, kurzer Hose und den obligatorischen Fellis. Ein Manko hat er allerdings: Er hat so gut wie nie Zeit und arbeitet sieben Tage die Woche, zwölf Stunden am Tag, elf Monate im Jahr, hat aber selbstverständlich nie Probleme, wie alle hier. So ist das eben in Namibia. Das Land boomt. Trotzdem hat er eine Familie mit zwei Kindern, zwei Autos, ein paar Häuser, Land … Stefan und er verstehen sich sofort. Wenn jemand Bekanntes einen anderen mitbringt, ist das sowieso schon die Eintrittskarte. Der Händedruck ist heftig, wie ich an Stefans Gesicht ablesen kann.

»Komm, wir gehen erst einmal Fleischsalatbrötchen essen, drüben beim VW-Autohaus, da wird der neue Touareg vorgestellt.«

»Moment, sind meine Kisten noch da?«

»Logisch!«

Endlich komme ich aus den Docksides raus und kann meine alten Fellis anziehen. »Diese Schuhe sind so etwas wie der Lodenmantel mit Lederkragen in Bremen«, erkläre ich Stefan, während ich in die weichen Leisetreter schlüpfe, »ohne die geht gar nichts.«

Wir tapern über die Straße. Das Vorstellungsritual der Djerrys (Süderwesterdeutsch: Deutsche, die in Deutschland geboren sind) wiederholt sich: Kräftige Händedrücke, jeder versucht dem anderen das Blut unter den Fingernägeln herauszudrücken.

Es gibt frischen Bohnenkaffee, in dem der Löffel stehen bleibt, und Fleischsalatbrötchen. Salate essen wird in Namibia groß geschrieben, man lebt ja gesund: Fleischsalat, Wurstsalat, Eiersalat, Geflügelsalat – natürlich mit selbst gemachter Mayonnaise ... und ohne EU-Norm, wie man schmeckt! Der Kaffee treibt mir den Schweiß auf die Stirn. Immerhin sind wir hier 1800 Meter hoch, Gebirge also!

Händedruck
Das ist allerdings nur unter den Deutschen und den Farmern der Fall. Alle anderen ethnischen Gruppen bevorzugen den leichten »Dreier-Händedruck« ohne Schütteln. Der Dreier-Händedruck zeigt dem Einheimischen, ob er es mit einem Touri zu tun hat oder nicht. Dabei gibt man sich normal wie bekannt die Hand, drückt kurz und nicht zu fest zu, dann rotiert eines jeden Hand um den Daumen des anderen ohne richtig loszulassen und drückt kurz und nicht zu fest um den Daumenballen zu. Die Hand rotiert in die Ausgangsposition zurück, und den Abschluss bildet ein erneuter kurzer, nicht zu fester Händedruck. Begleitet wird das mit entsprechender ethnischer Begrüßungsformel. Kompliziert? Nur zu Anfang! Wirklich!

Ich werde langsam nervös. Es ist Freitag, und bestimmt kommt bald die Einladung zum Bier, und ich nerve rum, von wegen einkaufen und so. Stefan wird von einem Verkäufer abgeschleppt, um sich den neuen Tuareg anzuschauen. »Komm, nimm noch ein Brötchen mit, Mett oder lieber Fleischsalat?«

Als Stefan abgelenkt ist, meint Heino: »Komm, Alter, du bist jetzt in Afrika, lass uns erst einmal ein Bier trinken, wie lange warst du nicht hier, ein Jahr?«

»Ich muss den 4 x 4 abholen und einkaufen!«

»Ach komm, nimm eine meiner Karren, dann reicht die Zeit für ein Bier, und du sparst einen Tag Wagenmiete!«

Zögernd gebe ich nach, und *Plöp* und *Zisch* ist die erste Runde

Bier auf dem Tresen, auch für Stefan, selbstverständlich. Ist ja Freitag und Nachmittag …

Nach dem so genannten Auflockern und Erzählungen aus der Heimat mit unseren Problemen werden wir gnädig entlassen. Wir nehmen einen von Heinos Pick-ups und fahren zum nächsten Shoppingcenter. Heino grölt lautstark »Bis nachher bei Joe's!« hinter uns her.

Stefan ist komplett perplex: »Ich bin in Afrika, und alles redet Deutsch, ich bin völlig fertig.« Ich grinse mir wieder einen. Zwischendurch rufe ich Paddy an, um ihm mitzuteilen, dass wir das Auto erst morgen brauchen.

»Okay, see you at Joe's!« So ist das hier, in Afrika.

Einkaufsbummel und Zebrasteaks

Zuerst geht's zum Liquor store, denn der hat Samstag zu. Auf dem Parkplatz in Pioneers Park kommt sofort ein Ovambo mit leuchtend roter Gummiweste auf mich zu, der Parkwächter. Weitere 20 Farbige lungern vor dem Liquor store rum. In Pioneers Park, einem Stadtteil von Windhoek, habe ich vor fast sechs Jahren gelebt, es war fest in Burenhand. »Alles sicher«, beantworte ich nun Stefans flackernden Blick. Ausruhen hat hier eine zwei Millionen Jahre alte Tradition, nix Hektik, das ist Afrika! Die Begrüßung mit »Alles nawa!« – »Eeeeeh, nawa, nawa!« verläuft ritualmäßig und signalisiert dem Wächter, dass wir keine wirklichen Touris sind.

Er klemmt einen Zettel unter die Windschutzscheibe, was wiederum seinen Kumpels, die Autos aufbrechen, signalisiert: Diesen nicht! Dafür gibt man dann später einen Namibia-Dollar (in 2004 ca. 12 ct). Ein geringes Salär, um Kak zu vermeiden. ABM auf Namibisch.

Die wenigen Sachen sind schnell von flinken farbigen Angestellten in Kartons verpackt. Stefan will helfen, ich schüttele unmerklich den Kopf und meine: »Keine Angst, die Sklaverei ist abgeschafft, du nimmst ihnen nur ihre Einkommensquelle weg, wenn du hilfst.« Allerdings ist klar zu erkennen: Das Kapital ist unzweifelhaft noch weiß. Ich zahle mit Kreditkarte. Unsere Helfer bringen sich fast um, als sie die Getränke zum Wagen schleppen. Beim Stapeln auf der Ladefläche muss ich allerdings höllisch aufpassen, dass kein Karton Beine bekommt. Flinke Hände eben.

Nam-$ wechseln den Besitzer, und alle sind zufrieden. Die 20 anderen

Das Bantu-Volk der **Ovambo** *ist das zahlenmäßig stärkste Volk Namibias und eines der Völker Angolas. Sie leben vorwiegend im traditionell als Ovamboland bekannten Gebiet zwischen Angola und dem Etoscha-Nationalpark.*
Die Ovambo werden in zwölf Stämme eingeteilt. Die acht namibischen Stämme sind die Kwayama, Ndonga, Kwambi, Ngandjera, Mbalanhu, Kwaluudhi, Eunda und Kolonkdhi, die 1994 etwa 670 000 Angehörige ausmachten.
Den Bantu oder Kaffern, wie sie tatsächlich heißen, hingegen sind über 400 verschiedene Ethnien Afrikas zugeordnet, die gemeinsamen Ursprungs sind und die allesamt Sprachen sprechen, die zur gemeinsamen Sprachfamilie der Bantu-Sprachen gehören.
Die einzelnen Bantu-Gruppen waren zur Zeit der Kolonialisierung Afrikas im 17. Jahrhundert über ein weites Territorium verstreut, das unter anderem das heutige Südafrika umfasste. Einige gemeinsame physiognomische Merkmale sowie gewisse Bräuche verbinden die Gruppen.

verfolgen jede unserer Bewegungen mit Blicken. Stefan fühlt sich nicht wohl.

»Hej, alles im grünen Bereich. Hej, Mehlsack, jetzt denk mal dran, wie sich die Schwarzen in Deutschland fühlen! Hierher verirren sich normalerweise keine Touris wie du!« Erleichtert lacht Stefan auf. Der Ovambo fragt, was mein Begleiter so lustig finde, ich erkläre es ihm. Er lacht und ruft irgendetwas zu den 20 Wachen hin. Jetzt lachen alle, was Stefans Bedenken endgültig zerstreut.

Weiter geht's zum Shopping Centre im südlichen Industriegebiet, eine etwas sicherere Gegend, trotzdem muss ich einen Spezialpreis machen, damit beim Einkaufen unsere Kisten nicht verschwinden. Fünf Nam-$ (60 ct).

Ich hole eine Riesenliste raus, auf der Getränke, Lebensmittel und Wasser für unsere fünf Wochen Wüste berechnet sind. Vier Einkaufswagen voll, nicht die winzigen Hilfskörbe, die wir aus Deutschland kennen. Riesenteile, denn wenn die Farmer aus der Wildnis zum Einkaufen kommen, laden sie heftig ein. Das Shopping Centre ist kaum von denen zu Hause zu unterscheiden, nur dass es nicht so winzig ist wie daheim. Stefan staunt und kriegt sich gar nicht ein. Außerdem ist das Angebot wesentlich größer und angepasst, um alle ethnischen Gruppen zu befriedigen. Bei uns ist es genau umgekehrt, *wir* müssen uns dem Angebot anpassen. Ich grinse vor mich hin. Nur zehn Minuten von hier fangen die Wüste und die Wildnis an: Stefan wird sich noch wundern!

Ich habe mir vorgenommen, auf dieser Tour wieder für alle Fälle alles dabei zu haben. Zwar können wir vielleicht unterwegs noch etwas kaufen, aber es ist besser, autark zu sein.

Natürlich schaffen wir es nicht, alles einzukaufen, was auf der Liste steht. Die Zeit vergeht in Afrika anders als zu Hause. »Wenn man Langeweile hat, dann dauert eine Stunde zwei. Wenn man unbedingt etwas schaffen will, nur eine halbe, weil alles langsamer abläuft … und überhaupt, bei 1800 Meter über dem Meeresspiegel und der Hitze ist zwar jeder Tag auch nur 24 Stunden lang, manchmal allerdings unterschiedlich breit«, meine ich zu Stefan, »jedes Bier zählt bei der Höhe doppelt!« Als wir den Laden verlassen, wird es schon fast dunkel, und wir müssen uns sputen, zu unserer Unterkunft zu kommen. Natürlich ist der Wagen nicht aufgebrochen, und natürlich ist alles nawa. Ich packe noch eine Cola und einen Apfel auf das Bewachungsgeld und ernte ein herrliches, ehrliches Lachen.

Der Weg nach Klein Windhoek ist nicht länger als fünf Minuten, Windhoek ist nur etwa 260 000 Einwohner groß und der Verkehr eine wahre Erholung – nix mit Stau oder so. Den beladenen Pickup entladen wir dann doch lieber, bevor wir zu Joe's fahren, denn wir wollen niemanden in Versuchung führen, mit all den Leckereien auf der Ladefläche.

Joe's Bierhaus ist von einem Djerry aus Hameln gegründet worden und eigentlich die bekannteste Kneipe im südlichen Afrika. »Fotografieren und filmen verboten!«, meint Stefan enttäuscht, als er die Schilder überall sieht. »Nicht für uns!«, entgegne ich. Aber nicht alles heute schon. Joe's ist wie ein Fort mit Palisaden gebaut. Unter den angeschmiegten Strohdächern sitzt man bequem auf langen Holzbänken an Tischen – biergartenmäßig. Ein kleiner Teich, eine etwa 30 Meter lange Theke und ein zwei Meter hohes Feuer in der Mitte des weiter hinten gelegenen Rondells runden das Ambiente ab. 600 Plätze gibt es und selbstverständlich ist der Laden bis auf Monate ausgebucht, aber meine »eingeborenen«, nicht gerade unbekannten Freunde regeln das mit dem Tisch. Vor etwa zehn Jahren, als die Republik noch jung und die Farbigen »arm« waren, sah man hier nur Weiße. Jetzt hält sich das die Waage. Ein Zeichen des beginnenden Wohlstandes in allen Bevölkerungsgruppen. Das Interieur ist mit sämtlichen Utensilien gespickt, die man in der Wüste finden kann. Überall hängt und steht etwas rum, was wahrscheinlich Joe bei seinen fotografischen Exkursionen gefunden, gesammelt oder geschenkt bekommen hat – von alten Wasserflaschen der Schutztruppe vom Hereromassaker über das wunderschöne alte dunkelblaue Glas 100 Jahre alter Cognacflaschen, komplett abgenutzte »Goldgräberschaufeln«, Gehörn, Skelette, Trockensträuße von Pflanzen bis hin zu uralten Farmergeräten. Das Ambiente ist herrlich entspannt, und das gedämpfte Licht der offenen Feuer und die indirekte Beleuchtung durch Laternen lassen mich gleich wie zu Hause fühlen. »Mensch, habe ich hier schon Partys gefeiert«, denke ich. Stefan stolpert fasziniert im Halbdunkel hinterher.

Paddy und Heinos family lümmeln sich bereits an der Bar und prosten sich mit dem obligatorischen Sundowner zu – Gin, Tonic und Lemon, wobei in Afrika, da ja Entwicklungsland, nicht mit elektronischen Einschenkkontrollen hantiert wird: »Da sollte man aufpassen«, raune ich Stefan zu, der sich mit runden Kinderaugen umschaut und das alles um ihn herum noch überhaupt nicht so richtig fassen kann. Einmal um die halbe Welt und dann das! Gin muss, Tonic kann und Lemon braucht nicht drin zu sein im Gin-Tonite, wie ich ihn nenne. Heino hat seine Frau Uschi und seine beiden Kinder, den siebenjährigen Martin und die vierjährige Eva, mitgenommen, die Saft trinken. Uschi hält zierlich den trockenen Martini – ein Hauch Kolonialzeit weht herüber.

Paddy ist da, ein quadratischer Typ mit einer Hippie-Matte der 70er, er hat einst bei den Special Forces im Kongo gekämpft und ist dann irgendwie hängen geblieben – wie so viele andere schillernde Gestalten. Daneben hängt ein mir unbekannter Südafrikaner mit englischen Wurzeln am Tresen, der zu Paddys Kumpeln zählt (England hat die Buren 1899 platt gemacht. Einige Engländer blieben, er ist einer der Nachkommen). Die Begrüßung ist herzhaft, und nachdem wir uns die ziemlich heftigen Gins reingezogen haben, wird sich bei Bier über Löwen unterhalten. Uschi wechselt von Martini auf Whisky on the Rocks. Hier kümmern sich die Frauen noch standesgemäß um die Kinder, und die Männer unterhalten sich übers Trinken, die Pad und die Jagd. Probleme gibt es nicht!

Stefan ist reichlich genervt, da er bei dem afrikaans-englisch-deutschen Kauderwelsch kaum dem Gespräch folgen kann, und hält sich am Bier fest – das eine halb voll in der einen, das andere überlaufend in der anderen Hand. (Rücksicht wird hier eher nicht genommen, da man annimmt, jeder verstehe das.)

Nachdem die V_0 stimmt (V Null ist die Mündungsgeschwindigkeit einer Kugel, wenn sie den Lauf verlässt. Hier: der Dun-Level, der gehal-

Der Begriff **Rehobother Baster** *(Rehobother Bastarde, wie sie sich selbst nennen) bezeichnet eine Gruppe afrikanischer Mischlinge, die 1869/1870 von der südafrikanischen Kapprovinz nach Rehoboth kamen. Im Wesentlichen entstammen sie einer Verbindung von europäischen Vätern und Nama-Frauen. Die Rehobother Baster bezeichnen sich als »das Schlechteste, was von allen Sippen übrig geblieben ist«, entsprechend ist ihr Ruf in Namibia. Die Rehobother Baster sind fast so weiß wie Nordeuropäer, haben negroide Gesichtszüge, rote Haare und Sommersprossen. Unter ihnen gibt es relativ viele Albinos.*
Die Nama der Kapregion Südafrikas beinhalten die San oder besser Buschmänner, wie wir sie kennen. Sie waren die ersten Bewohner Afrikas und haben eher eine gelbliche bis rötliche Hautfärbung und sind sehr zierlich gebaut. Die Angaben der Erstbesiedlung sind recht unterschiedlich und reichen von vor etwa 1000 bis 25 000 Jahre zurück. Alle diese San- oder Nama-Ethnien werden auch als Khoisan (Khoi-Khoi oder neuerdings Khoekhoen [gesprochen Kukun]) zusammengefasst, was so viel wie »Mensch der Menschen« bedeutet. Sie lebten als Jäger und Sammler und wurden ab dem 15. Jahrhundert von Bantu sprechenden Gruppen (Ovambos und Kavangos) bis in die Kalahari zurückgedrängt. Entsprechend weißer weltweiter Kolonialpolitik dieser Zeit wurden sie versklavt und fast ausgerottet.

ten werden muss), geht es über zum Diner an eine der Bänke, wo wir die Tafelrunde der Jünger des Letzten Abendmahls spielen. Über dem Tisch thront ein altes Emailleschild aus der Kolonialzeit – über 100 Jahre alt –, auf dem das Konterfei eines dicken, breit grinsenden Negers mit Kongolippen wirbt: »Neger haben weiße Zähne, nimm Zahnpasta!« Ich sehe Stefans Blick. Gerade holt er tief Luft, um etwas zu sagen, doch ich schüttele unmerklich den Kopf. »... oder wie die Welt Afrika vor 100 Jahren sah«, kürze ich die Diskussion ab. Rassismus total, klar, doch daran stört sich niemand mehr. Afrika ist selbstbewusst geworden. Die Bedienung, Saha, Mischling zwischen einem »Rehobother Baster« und einer »Nama«-Frau, erkennt mich gleich wieder: »Auch wieder da, min Herr?«, werde ich begrüßt. Stefan ist völlig fertig, da er es einfach nicht fassen kann, dass wir einmal so eben um die halbe Welt geflogen sind und mich hier so viele Leute kennen.

»Hej, Namibia ist ein kleines Land, das ist wie aufm Dorf, und überhaupt bin ich ja öfter zum Essen hier als im Hofbräuhaus!« Die anderen haben diese kleine Episode kaum registriert und konzentrieren sich auf das Menü.

Für mich gibt es das bereits im Flieger erträumte Zebrasteak mit Knoblauch auf Windhoek-Lager-Bier, Stefan geht mit. Die beiden anderen Männer nehmen nach der arbeitsreichen Woche, dem heutigen Tag und dem Wissen um das beginnende Wochenende das Steak für den hungrigen Mann – ein Kilo plus Bratkartoffeln. Wer dann noch Hunger hat, so sagt die Speisekarte, bekommt ein weiteres – umsonst, wohlgemerkt. Uschi und die Kinder halten sich an die Bushman Sossitee, ein Schaschlik mit Krokodil-, Zebra-, Strauß-, Kudu- und Stringbockfleisch sowie Paprika- und Zwiebelstreifen. Wie schon gesagt, in Afrika wird gesund gelebt.

Dumm gelaufen

Die mehr oder weniger glaubhaften Geschichten des letzten Jahres kreiseln um unseren Tisch, und es wird viel und noch mehr gelacht. Die Stimmung um uns herum brodelt, und das riesige Lagerfeuer prasselt im Hintergrund. Endlich wieder »zu Hause«!

Stefan hört mit glasigen übermüdeten Augen zu und glaubt kein Wort, wie auch! Heino erzählt erneut die Story vom letzten Oktober, bei der er nur knapp überlebt hat.

»Mann, ich komme gerade vom Sport nach Hause, und du weißt doch, ej Mann, ich hab' doch dieses automatische Stahltor vor meinem Yard. Ich mach das Ding auf und fahre rein, als plötzlich ein Wagen noch versucht, hinter mir aufs Grundstück zu kommen. Ich mein', niemand, den ich kenne, kommt so schnell um die Ecke und will noch auf meinen Yard. Aber der Wagen bleibt stehen und blockiert das Tor so, dass es nicht mehr zugeht, allerdings auch die Türen der Beifahrerseite bei der Kiste. Ich sehe noch, wie ein Schwarzer aus dem Wagen springt und 'ne Pistole in der Hand hat. Ohne nachzudenken, haue ich den Rückwärtsgang rein, Mensch, und lass den V 8 auf 7000 Umdrehungen aufheulen. Mit meinen zwei Tonnen ramme ich dieses Auto von meinem Tor weg über die Straße und gegen die Mauer des Nachbarn auf der anderen Straßenseite. Als ich wieder vorwärts fahren will, steht dieser Schwarze mit der Knarre neben meinem Fenster, zielt auf meinen Kopf und drückt ab. Ich höre das Klacken des Laufes am Fenster und denk', jetzt bin ich tot. Aber der Trottel war durch meine Reaktion mit dem Rückwärtsfahren so verdattert, dass er vergessen hat zu entsichern. Ich wieder den Vorwärtsgang rein, Mensch, hatte ich Schiss. Der andere Wagen haut ab, ich hinterher und ramme ihn schräg von hinten und quetsche ihn gegen meine Mauer. Mensch, Detlev, du kennst doch die Mauer, 30 Zentimeter dick, und die verschob ich um zehn Zentimeter, so hart war der Aufprall. Aus den Augenwinkeln sehe ich den Schwarzen mit der Knarre rumhantieren. Ich dachte nur noch an meine family. Was passiert, wenn sie mich erwischen? Ich wieder aufs Gas, umgedreht und hinterher. Mann, irgendwo scheppert und schleift was an meiner Karre, zu dem Zeitpunkt dachte ich sowieso, dass der Wagen nur noch Schrott sei. Du, Alter, der Kaffer sprintet über die Straße und versucht immer noch, auf mich zu schießen, der Scheißkerl. Und ich denke mir: Du

Sau, dich krieg ich. Ich komme zwar nicht mehr an dem Baum und der Mauer vorbei, aber dich krieg ich. Rums, Mann, Detlev, hat das geknallt, als ich meinen V-8-Pick-up zwischen Mauer und Baum gerammt habe.«

Uschi hat Tränen in den Augen, Paddy, Alan und ich nicken nur – sie kennen die Story bereits aus den News der *Allgemeinen Zeitung*.

»Und«, frage ich, »haste ihn gekriegt?«

»Nee, verdammt. Nur sein Scheißfuß und die Knarre lagen da! Als die Polizei kam, waren die anderen schon mit ihrer Schrottkiste geflohen, ich saß noch mit den Nachbarn auf der Mauer, hatte weiche Knie.«

»Und?«

»Den ohne Fuß zu finden war nicht schwer, er hat's dann noch bis ins nächste Krankenhaus geschafft und ist dort verblutet. Die anderen drei hat die Polizei am nächsten Tag bei einem Shoot-out in der Nähe von Omaruru umgelegt. Mann, weißt du, Detlev, hatte ich vielleicht Schiss; nicht um mich, was hätten die mit meiner family gemacht? Mann, Alter, das war alles ganz schön frott (Afrikaans: schlecht) und überhaupt keine mooie (Akrikaans: schön, gut, klasse; in diesem Fall: witzige) Sache. Am nächsten Tag kam der Polizeichef vorbei und lud mich zum Innenminister ein, um mir dort einen Orden zu verpassen. Scheiße, 140 000 Rand Schaden an meinem V 8 und keinen Cent Ersatz. Das waren die vier meistgesuchten Terroristen im südlichen Afrika.« (Die meisten Südwester rechnen noch in südafrikanischen Rand, der Währung vor der Unabhängigkeit. So etwa wie die meisten bei uns noch in DM rechnen anstelle von Euro. Doch im Gegensatz zu uns ist 1 Rand = 1 Nam-$, und alles ist gleich teuer geblieben!)

Ich frage Uschi, ob sie den Krach draußen nicht gehört habe. »Doch, doch, Heino kam ja gerade vom Sport, und ich dachte nur, der macht Kak mit dem Wagen und dreht Kreise auf der Straße. Zu viel Bier und so.«

»Ja, Stefan, früher begann der Tag mit einer Schusswunde!«

»Unser Heino ist schon ein verdammtes Einmannschlachthaus!«, lästert Pat.

Stefan sieht blass aus, und alle lachen. Ich meine trotzdem, dass Stefan kein Wort geglaubt hat. Wir bestellen noch eine Runde und diskutieren, was wohl in Deutschland mit Heino passiert wäre. Wahrscheinlich lebenslängliche Haft für Heino und 'ne Therapie für die Gangster, da sie eine schlechte Kindheit gehabt hätten oder so ähnlich ...

So wechseln wir uns ab, Geschichten zu erzählen: Unsere Bombengeschichte kommt auch gut an, aber Heino hat gewonnen. Immerhin bleibt seine Story die einzige, die von solchen Überfällen handelt – glücklicherweise, denn sonst wäre Stefan wohl mit dem Schiff nach Hause gefahren. Aber so etwas ist in Namibia eher selten, sonst drehten sich die Storys standesgemäß nur um die Pad, die Wüste, Bier und die Jagd. Denn: Probleme gibt es nicht!

Heinos Sohn schläft mitten beim Kauen ein, ein Stück Fleisch hängt noch aus seinem Mund. Vollkommen unbeeindruckt legt ihn Uschi auf der Bank ab und deckt ihn mit einer Jacke zu. Es ist Herbst hier in Namibia, und es wird frisch. Die kleine Tochter mümmelt noch fleißig weiter und legt sich dann selbstständig neben ihren Bruder.

»Du weißt doch, Detlev, wir haben hier keine Probleme«, meint Uschi, »wenn ich das bei euch so im ZDF oder auf RTL auf Satellit sehe, das mit den Kindern und so, schrecklich!«

Es wird ein langer, langer Abend, aber morgen ist Karneval, und da müssen wir unbedingt zum SKW (Sport Klub Windhoek) kommen. Alle werden dort sein!

Oh Mann!, denke ich.

Paddy bringt uns nach Hause, und Uschi nimmt »unseren« Pick-up mit. Als ich mich endlich im Bett ablege, ist nichts mehr.

Nach einer Nacht mit totenähnlichem Schlaf ist der Flug komplett aus unseren Knochen gewichen, und nach dem obligatorischen Gesundheitsfrühstück holen wir unseren Wagen bei Paddy ab. Der sieht noch reichlich verknittert aus, denn er ist gestern Abend noch um die Häuser gezogen.

»Mann gönnt sich ja sonst nichts«, meint er in bestem Deutsch und schließt, »It was just another fucking day for white people in Africa gestern! Ich muss nach Hause, mir geht's nicht gut!«

Wir bekommen einen nigelnagelneuen 2,4 l Pick-up 4 x 4, der für die nächsten Wochen unser Zuhause sein wird. Die Ladefläche ist zu einem geschlossenen Laderaum umgebaut, zusätzlich sind ein 60-l-Wassertank und ein Tank mit 180 l Sprit eingebaut worden, um die Reichweite zu erhöhen. Auf dem Dach befinden sich zwei aufklappbare Dachzelte. Bettwäsche wie frische Laken, Kopfkissen und saubere Schlafsäcke sind genauso an Bord wie ein »Engel Freezer«, ein Kühlschrank also, Kochutensilien, ein Tisch, Faltstühle, Gaslampen, Axt, High-Lift-Jack, Schaufel, Säge, Flickzeug, Luftpumpe, Repairset, Wasserkanister und zwei Ersatzreifen.

Nach dem Generalcheck düsen wir erneut zum Shopping Centre, um die restlichen Sachen zu erwerben, anschließend zur Tanke, um das bereits zurechtgeschnittene Feuerholz zu kaufen, dann zu Cymont, dem hiesigen Campingausrüster, um Kleinersatzteile wie Glühstrümpfe zu besorgen. Abschließend geht's zum Waffenschmied, da ich noch Schrot für Schmitt kaufen will.

Dann haben wir endlich Feierabend.

Nachdem wir alles bei unserer Bleibe abgeladen haben, düsen wir zum Windhoeker Karneval, der dem Münchner Oktoberfest gleicht. Wies'n-Bier, gebraut in Windhoek. Alle meine Kumpels sind da, und wieder einmal wird es eine lange Nacht. Stefan wird quasi adoptiert und kann diesmal auch alles verstehen, denn der SKW ist altdeutsches Kolonialterritorium: Man spricht Deutsch.

Zen und die Kunst des richtigen Packens

Einkaufsliste für fünf Wochen Pad und sechs bis neun Tage Bergwandern

Fleisch

Klein Windhoek Schlachterei	*(Freitag bestellen, Montag tiefgefroren abholen)*
4 kg	Boerewors, getrocknet
4 kg	Biltong
2 kg	Braaipack für den ersten Abend
1 kg	Straußensteaks
1 kg	Zebrasteaks
1 kg	Kudusteaks
1 kg	Springbocksteaks
1 kg	Oryxsteaks
2 kg	Bocki(Ziegen-)keule
0,5 kg	Speck

Boerewors *oder* **Boeries** *(Bauernwurst) ist genauso südafrikanisch wie Biltong und wertvolles Kulturgut. Die ersten Pioniere, die Hack, Fett und Gewürze zusammen mit Essig während ihrer Jagdrasten in Därme quetschten und als Wurst grillten, vererbten diese Tradition. Alles, was nicht gleich im Magen verschwand, wurde einfach an den Treckwagen zum Trocknen aufgehängt: Es entstand dann die »Droë Wors« oder Trockenwurst.*
(Wer schon im südlichen Afrika gewesen ist und beides nicht kennt, war niemals wirklich dort! Nichts schmeckt so gut auf diesem Planeten wie Boerewors und Biltong. Anm. des Autors.)

*Das Wort »***Biltong***« ist ein Konglomerat der Worte »Bil« (Afrikaans: Hintern; hier Fleisch) und »Tong« (Streifen). Biltong wurde von den ersten südafrikanischen Siedlern erfunden, um Fleisch haltbar zu machen, als sie den Kontinent besiedelten. Die Grundgewürze zum Einlegen und anschließenden Lufttrocknen waren Essig, Salz, Zucker, Koriander und andere, meist »geheime« Zutaten des Einzelnen.*

Fusel (Getränke)	*Liquor store (Freitag)*
5 Flaschen	Rotwein »Alles verloren« fürs Diner
3 Flaschen	Gin für den täglichen Sundowner
1 Flasche	Brandy (mit Wasser bei Durchfall)
5 Paletten	Bier (= 100 Dosen). (Nach Südwesterregel für die Pad werden eigentlich 15 Dosen/Tag/Person kalkuliert, also bei zwei Personen mal fünf Wochen ca. 52 Paletten! Nur so zur Information)
2 Paletten	Tonic für den Sundowner
2 Paletten	Diet Coke (Coke Light)
200 Liter	Wasser zum Trinken

Shopping Centre	*(Freitag)*
2 Stück	Batterien für die Autolampen
12 Stück	Batterien für die Maglites (Taschenlampen)
24 Stück	Batterien für GPS, KW-Radio
24 Stück	Batterien für Walkie-Talkie
6 Säcke	Feuerholz, für die ersten drei Tage
1 Rolle	Silberfolie
1 Liter	Olivenöl
1 Packung	Servietten
12 Rollen	Toilettenpapier
1 Flasche	Spüli
1 Stück	Abwaschschwamm
1 Dose	Curry, lau
1 Dose	Curry, scharf
1 Mühle	Meersalz
1 Mühle	Pfeffer
1 Mühle	Kräuter
5 Flaschen	»Blatjang« Chutney
10 kg	Kartoffeln
8 kg	Reis
10 Stück	Butternuts (Kürbisse)
30 Stück	Pampunen (Kürbisse)
3 Stück	Avocados
5 kg	Zwiebeln
5 Stück	Auberginen
20 Dosen	Nachtisch
20 Dosen	Eingedickte Kaffeesahne fürs Müsli

2 Gläser	Kaffee
2 Pakete	Rooibos-Tee (Rotbusch-Tee)
2 Dosen	Waterblomtjes (Wasserliliensprossen für die Ziegenkeule)
2 Gläser	Honig
2 Stück	Brot
1 Glas	Marmelade
6 Stück	Eier (fürs erste Frühstück)
1 Glas	Marmate (Vit.-B-reicher Brotaufstrich)
5 Knollen	Knoblauch
1 Glas	Senf
15 Dosen	Corned Beef
1 Packung	kleine Pampunen
1 Packung	Möhren
5 kg	Äpfel
5 kg	Trockenobst (für den Grabbesack)
3 kg	Erdnüsse (für den Grabbesack)
3 kg	Rosinen (für den Grabbesack)
15 Stück	Zitronen für den Sundowner
1 Paket	Streichhölzer
1 Säckchen	Tabak (zum Tauschen)
2 Stück	echte Havannas (nach der Expedition)
1 Packung	Camel ohne (zum Tauschen)
5 Packungen	Blättchen (zum Tauschen)
6 Dosen	grüne Bohnen
18 Dosen	div. Bohnen
2 Liter	Saftkonzentrat
6 Dosen	Tomatensauce
18 Dosen	Gemüse
8 Packungen	Wittbrix (Pressmüsli)
28 Packungen	Fertigmahlzeit für den Berg (4 Personen x 7 Tage)

frisches Obst
Salat

Schon in den Safarikisten vorhanden:

- Sämtliches Kartenmaterial für den Berg als 1:50 000 sowie für die Pad 1:250 000
- Verlängerung für die Gaslampen sowie Glühstrümpfe
- Potjie (ein Dreibeintopf. In der größeren Variante wurden früher die Missionare gekocht.)

- Flugschar (Riesenbratpfanne)
- Grillrost
- Windschutz
- Thermoskannen zum Kühlen
- Starke Scheinwerfer
- 4 Isomatten
- 4 Zelte
- Mein Freund Schmitt (.357 Magnum Smith & Wesson 386PD 2½ Lauf »Stupsnase«, Finish: Grau/Titan-Trommel; 7 Schuss!!!), zu verstehen wie die »Susi« bei der Kultserie »Sledge Hammer«
- Munition
- Sonnencreme

Nach der morgendlichen Begrüßung durch Schröder und dem opulenten Sonntagsfrühstück mit Steak und Spiegelei und ohne Salat ist ein ruhiger Tag mit Packen angesagt. Die Kunst zu packen besteht darin, erst einmal alles überhaupt in den Wagen zu bekommen. Das Schwere unten, damit er im Gelände nicht kopflastig wird und umkippt, das Leichte oben. Alles rüttelt sich auf den ersten 100 Kilometer Gravelpad (Südwesterdeutsch: Schotterpiste) sowieso zusammen, durch und kaputt und ist von einer mehlgleichen Patina überzogen. Wüstenstaub: weiß bis hellgelb in der Namib; rot bis violett im Damaraland – und der kommt überall durch. Schlimmer als Wasser.

Bevor wir mit dem Packen ins Detail gehen, packen wir alles aus und verteilen es auf dem Yard. Schröder beobachtet alles aus dem Schatten, wenn man ihn anblickt, wedelt er. Klar, ich habe das schon etliche Male gemacht, aber auch gemäß dem Essensplan sollten die Dinge so verstaut werden, dass man so wenig wie möglich in der Wüste rumrödeln muss. Rausräumen, Aufbauen, *Plöp* und gut. Suchen ist schlecht. Was über den Tag benötigt wird, kommt in den Fahrerraum. Ich erkläre das ganze Procedere Stefan, da langsam Schluss ist mit lustig; die Wüste versteht kaum Spaß. Falls mir etwas passiert, muss auch er sofort wissen, wo was ist.

Am wichtigsten sind die Getränke über den Tag: Minimum 5 l Wasser oder Bier pro Person. Da wir unsere Kondition brauchen, bleibt es bei Wasser oder Tee.

Die Kameraausrüstung: Wichtig dabei ist, dass sie immer aus der Sonne genommen wird, denn wenn die Sonne in das Auto glüht, geht alles vor die Hunde, sogar der Hund. Im Auto kann man sogar jetzt noch im Herbst auf schwarzen Teilen Spiegeleier braten. Die Sonne ist gnadenlos! Schwierigkeiten macht wie immer der Tisch, der irgendwie ständig übrig bleibt und niederträchtigerweise als Erstes beim Öffnen aus dem Wagen fällt. »Der Zehenbrecher schlechthin«, warne ich Stefan und demonstriere es ihm. Ich öffne die hintere Tür, und mit einem Knallen fällt guillotinemäßig der Metalltisch heraus. Und natürlich das Snowboard. Ja, richtig gelesen! Sandboarden auf den Dünen bei Swakopmund: Düne Nr. 7 oder Amphitheater, ein Heidenspaß.

Wir bewundern unsere Arbeit, als wir den Wagen fertig gestaut haben: Bis unter die Dachkante beladen, jeder Quadratzentimeter ist mit Ausrüstungsgegenständen und Verpflegung bepackt.

Fünf Wochen Wüste, geil! Nur die Patina fehlt noch!

Die Räumerei dauert den gesamten Tag, und abends gibt es nur noch ein ruhiges Essen in kleiner Runde im SKW. Vermisste vom Vortag werden geborgen und die Reste getrunken, aber das passiert ohne uns. Wir machen noch einige Dates mit meinen Kumpels ab, wo wir uns in der Wüste treffen könnten, um vielleicht die eine oder andere Pad noch zu probieren, die allein ein EdeKa-Fall (Ende der Karriere) wäre, jetzt nach der Regenzeit. Aber das sehen wir ja dann, über Satellitentelefon. Wir legen uns relativ früh ab.

Das Ende der Zivilisation und der Anfang der echten Welt

Ich bin schon etwa 25- bis 30-mal am Brandberg gewesen und weiß aus Erfahrung, dass es überhaupt keinen Zweck hat, mit Newcomern, wie Stefan ja nun einmal einer ist, sofort an den Berg zu fahren, um sich dort bei Hitze, Busch, Klippen und fiesen, unbekannten Viechern in der Hitze mit 30 kg Gepäck auf dem Rücken hinaufzuquälen. Da ist einmal die klimatische Umstellung, die einem zu schaffen macht, und dann selbstverständlich der Kulturschock.

Hier in Windhoek, das vielleicht wie eine deutsche Kleinstadt mit hohem Asylantenanteil verfolgter Sudanesen, die eigentlich aus Nigeria kommen, aussieht, erscheint das alles noch wie Spaß. Doch zehn Minuten vom Stadtzentrum, egal in welche Richtung, beginnt die Wildnis – mit allem, was dazugehört. Aber am Brandberg, hej, das ist die Zentrale Namib, da ist es richtig heiß, trocken, weit weg von allem, vor allem von den Menschen, dafür aber voll mit Tieren.

Aus diesem Grund habe ich die Route so gelegt, dass wir alles relaxt angehen lassen und Richtung Namib Naukluft Park auf der Hauptpad C 26 fahren, alles Weitere wird sich entwickeln. Ich kenne die Gegend besser als meine Jackentasche (denn ich habe gar keine Jacke).

Nach dem letzten deftigen Frühstück und einem kurzen Abschied schwingen wir uns in die Kiste. Schröder sitzt verträumt da und würde wohl gern mit, doch Hunde in der Wüste sind Leckerlis für die Hyänen, genau wie kleine unbeaufsichtigte Gören für Leoparden, sie haben kaum eine Überlebenschance. Als ich losfahren will, denke ich, dass wir irgendwo festhängen oder dass etwas schleift. Ich steige sofort aus und kontrolliere, aber der Wagen ist nur schwer, sehr schwer beladen. Die Reifen sehen reichlich platt aus, aber nicht kaputt. Also langsam und vorsichtig fahren. Sowieso. Wir holen das Fleisch vom

Buschmänner

Vor 2000 Jahren gab es noch etwa 300 000 bis 400 000 San (Buschmänner, Khoi-Khoi) – Menschen, wie sie sich selbst nennen. Heute sind es im gesamten südlichen Afrika noch etwa 100 000, die in Botswana (49 000), Namibia (38 000), Südafrika (4500), Angola (6000), Sambia (1600) und Simbabwe (1200) leben, wobei sie nur noch eine Minderheit darstellen. Ein Großteil von ihnen ist als Arbeiter auf Farmen angestellt. Nur wenige leben heute noch auf traditionelle Art und Weise.

Schlachter ab. Dort bedient uns eine winzige Buschmannfrau mit einem monströsen Hintern. »Fettsteiß (Fettdepot, med. Steatopygie, Hottentottenschürze) wird das genannt«, erkläre ich Stefan: Bei gutem Essen wird dort Fett als Depot gelagert. Stefan kann es gar nicht fassen, dass man oder besser Frau damit überhaupt laufen kann.

»Auf dem Brandberg siehst du tausende alter Felszeichnungen mit einem solchen Gesäß. Das ist eine Speisekammer nach Buschmannart, so wie unsere Bierbäuche. Allerdings ist das bei Buschmännern durchaus ein Schönheitsideal und zudem eine Art Sparkasse.«

»Bei uns ist ein Bierbauch wohl eher das Gegenteil«, grinst Stefan.

Um das Fleisch zu verstauen, muss ich leider den halben Wagen auf der Straße auspacken, sonst komme ich nicht an den fest eingebauten Freezer. Nicht zu ändern.

Stefan bekommt die erste »Reality«-Einweisung. Mit dem Wagen sind wir jetzt als Touris zu erkennen, wie der Aufdruck beweist: ASCO Car Hire, Windhoek, und das signalisiert wieder dem wachsamen Auge eines Jägers und Sammlers: leichte Beute! Also positioniere ich Stefan an der vorderen Beifahrerseite, damit er das Meiste vom Wagen überblicken kann. Ich räume so viel aus, bis ich an den Kühlschrank komme, stopfe die tiefgefrorenen Delikatessen in den Freezer und räume die übrige Ausrüstung in der richtigen Reihenfolge wieder rein. Die fragenden Blicke von Stefan beantworte ich damit, dass ich keine Lust habe, schon wieder einen Reifen zu flicken. Ich kann nicht unbedingt behaupten, dass mein Kumpel nun zufriedener dreinschauen würde. »Gleich!«, bescheide ich ihm. Zunächst muss ich mich mit zwei ziemlich heruntergekommenen Kavangos herumnerven, die ein Stück Biltong haben möchten. Alles geht gut, ich spendiere zwei Stück Biltong und garantiere damit den nächsten Schlachterbesuchern ebenfalls Stress mit den Clochards.

Kavangos
Der Kavango-Fluss im Nordosten Namibias bildet eine Art Grenze zwischen Namibia und Angola und markiert das Stammesgebiet der 140 000 Kavangos in Namibia. Man kann sie in fünf Gruppen einteilen: Mbukushu, Sambiyu, Kwangari, Mbunza und Geiriku. Traditionell wird ihr Leben vom Fischen, Farming sowie Ackeranbau von Mais und Hirse bestimmt. In neuer Zeit kommt das Anfertigen von Schnitzereien dazu. Kavangos sind eng verwandt mit den Ovambos. Man nimmt an, dass beide Stämme ihre Wurzeln in Ostafrika haben.

Als wir auf unserem Weg durch die Stadt am Geografischen Institut halten, um fehlende Karten für unseren Trip zu kaufen, erzähle ich Stefan die »Reifenflickstory«:

»Das Ding mit dem Reifenflicken, das war 'ne Sache, die mir bei Uis passiert ist, vor drei oder vier Jahren. Ich war gerade mit so einer Truppe Mittzwanziger Millionärlümmels von Sylt auf dem Weg zu einer Farm im Norden. Wir kamen gerade aus Botswana und frühstückten in Uis beim Brandberg Restcamp und wollten zu einer Farm im Norden. An der Junction Hentiesbaai Uis (C 36) und Khorixas (C 35) lungern immer so ein paar Damaras rum und wollen Klippen verkaufen (Südwesterdeutsch: Kristalle, Halbedelsteine). Als wir dort anhielten, fielen sie natürlich wie ein Schwarm afghanischer Basarhändler über uns her. Die Klippen waren Schund, und so wollten die Surferboys mit ihren ›No Fear!‹-T-Shirts nichts kaufen.

Ich versuchte mittlerweile, darauf aufzupassen, dass nichts vom Wagen abmontiert oder aus dem Wagen geklaut wird. Einer von den Damaras fragte, ob er Wasser haben könne.

Wenn dich einer in der Wüste nach Wasser fragt und du welches hast, musst du etwas abgeben. Das ist so etwas wie ein Gesetz.

Als ich den Wassertank hinten am Wagen aufschloss, musste der mir in diesem unachtsamen Moment den anderen hinteren Reifen innen aufgeschlitzt haben, die anderen waren durch die Traube Klippenverkäufer abgelenkt und merkten sowieso nicht viel. Ein richtiger Klassejob von dem Damara, muss ich neidlos zugeben. Der Reifen hielt noch genau einen Kilometer, dann war der platt.

Die ***Damara*** *zählen zu den ältesten Einwohnern Namibias. Da das Volk später durch die Nama unterdrückt wurde und diese den Damara ihre Sprache aufdrängten, ist heute nicht mehr die Rede von Damara und Nama, sondern von Khoekhoegowab. Damara zählt wie die Klick-Sprache der San auch zu den Ton-Sprachen und verfügt ebenfalls über mehrere Klicklaute. Es ist sehr schwer, die Sprache zu lernen, jedoch sind die Wörter auch ohne Klicklaute für Damara verständlich, da auch Kinder diese Laute erst mit ca. fünf Jahren lernen. Die Damara sind vermutlich überwiegend schwarzafrikanischen Ursprungs, auch wenn über ihre Herkunft viel spekuliert worden ist, da sie wohl nicht zur Bantu-Einwanderungswelle gehören, die sich seit der Zeitenwende über den südlichen Teil Afrikas ergoss. Auch von den Khoi-Khoi (»Hottentotten«) und den San (»Buschmänner«) unterscheiden sie sich äußerlich so sehr, dass nur schwer ein gemeinsamer, nicht allzu weit in die Vergangenheit zurückreichender Ursprung angenommen werden kann. Historisch waren die Damara, soweit sich dies rekonstruieren lässt, nie eine dominante Ethnie, sondern immer den anderen Völkern dieses Raumes untertan. In Namibia stellen sie etwa 8 % der Bevölkerung (Schätzung 1994: 132 000). Wegen ihrer Klicksprache wurden sie von den ersten weißen Siedlern »Hottentotten« oder »Stotterer« genannt.*

Sofort stürzten andere Damaras aus dem Gebüsch, die Lümmel zogen schon nervös und ängstlich ihre Rambomesser und hatten Muffen. Aber die Damaras wollten nicht unser Leben, sondern nur gegen ein Salär den Reifen flicken helfen. Also hab ich 10 Nam-$ locker gemacht und je einen Apfel und habe sie den Reifen wechseln lassen. Danach sind wir zum Brandberg Restcamp zurückgefahren. Ich habe dort die Geschichte erzählt, die haben die Polizei gerufen, und die hat die Damaras eingesammelt. Seitdem herrscht dort Ruhe.«

Wir halten vor dem Geografischen Institut, wo eine Horde Elitesoldaten in ihren Kampfanzügen und mit den Kalaschnikows auf dem Bauch im Schatten ruht. Stefan passt den Wagen auf (Südwesterdeutsch), während ich versuche, Karten vom Brandberg im richtigen Maßstab zu bekommen. Ich habe Glück. Weiter geht's vorbei am Tintenpalast und runter auf den Parkplatz vor der Deutschen Botschaft. Stefan will noch einen Hut und Fellis kaufen.

Tintenpalast
Die Regierung der ehemaligen Kolonie Deutsch-Südwest-Afrika residierte im so genannten »Tintenpalast« im Zentrum von Namibias Hauptstadt Windhoek. Das Gebäude wurde im Jahre 1913 eingeweiht und erhielt den Spitznamen »Tintenpalast« als Anspielung auf die Tätigkeit der zahlreichen Schreiberlinge und Beamten, die in der Verwaltung beschäftigt waren.

»Die Metamorphose hat begonnen«, frotzele ich rum. »Letzte Chance, etwas zu kaufen«, erkläre ich Stefan.

Nur noch die Permits, und dann geht's endlich raus hier – in die Wüste. Ich besorge Permits für den Namib Naukluft Park – inklusive Federvogelberg, Blutkuppe und Tinkas, was insgesamt sehr gut und relaxed als Einsteigerwüstennächte durchgehen kann. Was dann passiert, bestimmt die Wüste. Auch diese Aktion geht schnell und reibungslos über die Bühne. Der Parkwächter bekommt 5 Nam-$ und wir keinen Ärger mit seiner Aufbrecher-Gang.

Ich merke, dass ich langsam ruhiger werde, der Stress der Vorbereitungen lässt langsam nach; bei Stefan ist es genau umgekehrt, und er fingert nervös an seiner TV-Kamera herum. Bei Wolfgang Ambros' »Der Watzmann ruft« lockt der Berg, uns ruft die Wüste.

Eine viertel Stunde noch.

Der Offroader quält sich heulend durch den Verkehr und das pulsierende Leben von Namibias Hauptstadt auf der Independence Avenue. Die Massen strömen in die Restaurants, um die Mittagspause zu verbringen. »Es könnte jede andere Stadt in der ›wirklichen Welt‹ sein«, sinniere ich, »L.A.; N.Y. 'n büschen kleiner, aber trotzdem!« Eigentlich wollte ich Stefan noch den Leberwurstbaum (*Kigelia africana*) beim Kudu zeigen, aber hier ist alles gejamt (Südwestdeutsch: traffic jam), also verschieben wir's, wir haben auf der Rückreise noch genug Zeit.

Ich biege in den Sam Nujoma Drive ein – fahre zwei Minuten, drei Minuten, dann wird der Verkehr dünner. Wir folgen der C 28 für zehn Minuten, die Häuser bleiben zurück, und plötzlich sind wir übergangslos im Khomas-Hochland.

Stefan hantiert weiter nervös an der TV-Kamera.

»Voilà, die Wüste! Warte noch einen Moment, da kommt noch 'ne Straßensperre, danach ist die Teerpad zu Ende.«

Hinter dem nächsten Hügel steht ein Armyzelt, davor sitzt eine dicke Ovambofrau im Kampfanzug und mit einer Kalaschnikow. »Stefan, sieh mal, ob du an das Stück Biltong rankommst und an die Cola, die ich extra irgendwo zwischen den Kamerautensilien deponiert habe.«

»Bestechung?«

»Nö, einfach nur so, hier kommen so viel Leute durch, die nichts geben, dann wird sie sich vielleicht irgendwann irgendwo an uns erinnern. Namibia ist klein.«

Sie will uns durchwinken, doch ich halte an und reiche nach den üblichen Fragen übers Wetter, den Regen, das Befinden und viel Gelächter in Ovambo-Afrikaans-Kauderwelsch das Biltong und die Cola rüber und denke, als wir weiter in das Nichts fahren: »Yeeaahh, make my day!«

Safari! – Is there life after death? Trespass here and find out!

Kurze Zeit später ist die Teerpad zu Ende, und es fängt die eigentliche Hauptstraße an, die C 28 nach Swakopmund, eine Schotterpiste. Staubig, steinig und saugefährlich, wenn man sich nicht an die Fahrregeln hält. 1998 sind in Namibia allein 27 Deutsche tödlich verunglückt, seitdem ist es ein Kreuz mit den Kfz-Versicherungen für Touris. Wir haben keine, da wir keinen Unfall bauen!

Sobald wir die Schotterpiste erreicht haben, lasse ich den Wagen ausrollen. Gleißende Sonne von vorn auf hellgelber Straße blendet uns. »Pause! Siehst du den Stumpen da rechts?«

»Klar!«

»Früher stand hier ein Schild:

Is there life after death?
Trespass here and find out!

(Gibt es ein Leben nach dem Tod? Fahr' doch weiter und find's heraus!)«

Stefan wird immer unsicherer, als er die Bedeutung dieses Satzes erkennt. Ich haue noch weiter in die Wunde: »Stefan, ab jetzt gibt es drei Meere: das Sandmeer, das Steinmeer und das Nichts mehr!« Nachdem Stefan merkt, dass ich ihn zum was-weiß-ich-wievielten Mal verscheißert habe, lachen wir.

»Kleinen Moment, ich habe hinten was im Wagen vergessen«, bittet Stefan.

»Na dann, steig mal aus, und vergiss die Mütze nicht«, meine ich, als ich mir auf die Platte kloppe und Plattenbrand sage. Ich rödele das Sixpack eisgekühltes Bier heraus, das ich heimlich für diesen Event versteckt habe. *Plöp,* und reiche Stefan eines rüber: »Ab jetzt gibt es keine Verarschung mehr, Stefan. Ab hier stimmt alles, was ich erzähle! Das ist jetzt Reality-TV ohne ›Hilfe, holt mich hier raus!‹. Willkommen in der Wüste, schön, dass du dabei bist, und ›Goed Pad‹ (Afrikaans: gute Straße, hier ›Hals und Beinbruch‹)!«

So stehen wir im Khomas-Hochland in der brennenden Sonne auf einer staubigen Straße vor einem Stumpen von Schild, auf dem einst ein Kudu einen regen Wildwechsel anzeigte und das ein Besoffener umgefahren hat. Kein Stück Verkehr, nur das Summen der Insekten, Vögel zwitschern, manchmal knackt der Auspuff des

Autos, und wir trinken entspannt unser Bier. Jeder hängt seinen Gedanken nach. Es ist herrlich! Es ist ein ganz normaler Montag, irgendwann am Rande des »Nichts«.

»Safari!«, rufe ich.

Das Wort **Safari** *stammt aus dem Arabischen: رفس = safar die »Reise« und wurde ursprünglich für eine Jagdreise in Ostafrika benutzt, bei der gewöhnlich Großwild erlegt wurde. Heutzutage wird es für touristische Aktivitäten in Afrika benutzt (bei denen in der Regel allerdings keine Touristen erlegt werden).*

Ich krame die Karte raus, um Stefan zu zeigen, wo wir jetzt sind – zehn Minuten von Windhoek weg – und wo wir heute unser Nachtlager aufbauen, wenn nichts dazwischenkommt. Bei Zeitplanungen in Afrika kommt man in der Regel gut mit folgender Kalkulation hin: Man multipliziert die geschätzte Zeit mit zwei und legt dann noch zehn Prozent drauf. Plattfüsse, Pannen, Pausen und kurze Exkursionen sind die Regel. Ich will heute zum Großen Namibrand, wo das Khomas-Hochland in einer schroffen Kante plötzlich 700 Meter in die Namib abfällt. Es führen diverse Pässe vom Hochland hinunter in die Wüste, sie haben alle Namen, zurzeit weiß ich noch nicht so recht, welchen wir nehmen: den Bosua- oder den Spreetshoogtepass? Beides wäre sinnvoll von Windhoek aus. Außerdem kann Stefan dabei entspannen und die Landschaft genießen, die Viecher sind um diese Zeit sowieso alle bei den Wasserstellen und in den Tälern verschwunden. Abends und morgens hingegen ist »Showtime« angesagt. Wir werden außer ein paar Pied Crows (Witborskraai, *Corvus albus*) kaum etwas sehen. Poviane vielleicht noch, die wieder in die an der Straße liegenden Wasserstellen kacken, damit sie kein anderes Tier mehr genießen kann. Die Sonne knallt vom Himmel, und wir entern wieder unsere Karre und fahren langsam weiter das Hochland über die relativ gute Pad hinauf, die sich in achterbahnmäßigen Kurven durch das Hügelland windet.

Wenn man so mit 70 bis 80 km/h dahinschliddert, dann kommen unvermittelt Weidegatter ins Blickfeld, denn das ist noch Farmland hier. Diese Weidegatter sind Zäune, die eine etwa drei Meter breite Lücke auf der Straße freilassen, die halbe Straßenbreite. Auf der Straße befindet sich ein Rost aus Stahlrohren über den die Bockis nicht gehen können. Sie bleiben somit auf der eigenen Weide. Begrenzt wird das Ganze von zwei weißen Betonpfeilern. Als ich da so mit 75 km/h auf der Schotterpiste um die Kurve drifte, muss es für Stefan wohl so ausgesehen haben, als ob die Passage nicht breit genug ist: Er zieht scharf die Luft ein und verkrallt sich im Plastesitzpolster. Genauso ist es mir auch ergangen, als ich das erste Mal mit Heino zur Schwiegervaterfarm gedüst bin; allerdings fuhr der damals 120 km/h. »Alles wird gut«, zitiere ich unser aller Ex-Bundeskanzler, »willst'n Bier?« Er klaubt sich eines aus dem Cooler hinter dem Sitz. Ich lehne das Angebotene ab, da ich sonst zu müde und unkonzentriert werde. Die Pad ist nicht zu unterschätzen.

Wir halten immer wieder an, um das von der letzten Regenzeit noch relativ grüne Hügelland zu bewundern. Ich probiere mein neues 15er-Weitwinkelobjektiv aus und werde von dem Motiv fast erschlagen. Die herrlichen weißen Wolken auf dem blauen Himmel werden buchstäblich wie von einem Trichter in die Linse gezogen. Wow! Das Silbergras macht seinem Namen alle Ehre, indem es sich im recht starken heißen Wind wie Wellen auf einem Ozean bewegt. Ein Gedanke an Hemingways »Die grünen Hügel Afrikas« flashed durch mein Hirn. Als ich näher darüber nachdenke, füge ich im Stillen hinzu: »Aber ohne die Schmeißfliegen, die überall reinkriechen!« Denn dafür ist der Wind zu stark. Stefan schleppt seine Kameraausrüstung umher und stiefelt ohne zu schauen durch das hohe Gras. »Hm, Zeit für die erste Lektion«, murmele ich und streife auf Stefan zu, immer wieder den Boden beobachtend – der Schlangen wegen. Ich laufe »auf Pad« tagsüber die meiste Zeit barfuß. Das ist bequemer und gut gegen Schweißmauken.

Wir sind beide überwältigt von dem Ambiente. Stefan, weil er so etwas Schönes, wie er mir versichert, noch nie gesehen hat, und ich sowieso immer wieder aufs Neue – und immer gibt es etwas Neues zu entdecken. Noch nie habe ich beispielsweise so viel Gras hier gesehen. Ich versuche zusammenzustoppeln, was ich über die Gegend noch weiß. Die Entstehungsgeschichte des Hochlandes begann vor etwa 750 Millionen Jahren, na gut: plus/minus einiger Tage natürlich. Zu der Zeit bestand das südliche Afrika aus zwei getrennten Festlandsbereichen, die durch ein Meer getrennt waren. Irgendwann 100 Millionen Jahre später stießen diese beiden »Platten« auf ihrer Reise durch die Zeit zusammen und bildeten das Damara-Gebirge (Khomas-Hochland). Die Sedimente des ehemaligen Meeresbodens wurden aufgeworfen und zu einem Faltengebirge aufgetürmt. Diese sandig-tonigen Ablagerungen wandelten sich in hell-dunkel gebänderten Glimmerschiefer. Die Verwitterung der vergangenen 650 Millionen Jahre zusammen mit einer parallel verlaufenden Landhebung formten das heute nur noch sanft gewellte Terrain. Allerdings gibt es überall sehr tiefe Canyons und natürlich den Kuiseb, den wir später über eine Brücke passieren, vielleicht ist dort sogar noch etwas Wasser drin. Zur Namib hin fällt das Khomas-Hochland über die Große Randstufe etwa 700 Meter steil in die Wüste ab – und genau da soll unsere erste Bleibe sein.

»Weißt du, Stefan, eigentlich heißt das Khomas-Hochland ja nur ǀKhomas. ǀKhomas kommt aus der Namasprache, die der der Buschmänner ähnlich ist, und heißt ›Berg‹. Das ist ›nur Bergland‹ und das ist irgendwie immer hoch.«

»Mach das noch mal«, bittet Stefan.

ǀKhomas, das ist der Nama- oder Buschmann-Sound. Wir lachen uns halbtot, als Stefan die Laute versucht, mir geht es auch kaum besser!

Die Wolken schmeißen bei dem grellen Licht mit extrem scharfen Schatten, die über das Land gleiten und unter ihnen wie schwarze Löcher alles zu verschlingen scheinen. Ich geselle mich neben Stefan, der mit der TV-Kamera alles aufnimmt.

»Stefan«, (Räusper), »als ich einst vor unendlich langer Zeit in Japan lebte, da war mein Nachbar Goutam-*san* (hier san jap. [ßann] für Herr), ein Inder, und wir hockten oft nächtelang zusammen und kochten. Als ich ihn einmal fragte, wie man sich am besten gegen Schlangenbisse schützt, meinte er: ›barfuß laufen‹«.

»Barfuß laufen?«

»Klar, dann guckst du, wo du hintrittst! Da ich vorhin gesagt habe, es gibt hier das ›Nichts mehr‹, muss ich dir jetzt 'n paar Dinge erklären. Das ›Nichts mehr‹ sind beispielsweise jede Menge Schlangen, und wenn du aus Unachtsamkeit gebissen wirst, dann geht ›nichts mehr‹. Hier in der Gegend gibt es die Puffotter (*Bitis lachesis*). Das Problem mit dem Viech ist, dass sie nicht flieht wie die meisten anderen Schlangen, sondern liegen bleibt. Der Name Puffotter kommt von dem *Pffffft, Pfffft*, was sie zur Warnung macht, wenn sie sich aufbläst. Wie eine Klapperschlange, deren Klapper schlapper klingt.«

Schnalzlaute

Es gibt bei den Khoekhoegowab diverse Grundschnalzlaute:
ǀ *– Die Zungenspitze wird an die Vorderzähne gebracht. Das klingt etwa wie das deutsche »tsss«, wenn ganz alte Leute mit dem Kopf schütteln und tsss, tsss, tsss machen.*
ǁ *– Die Zungenspitze wird seitwärts an die rechten Backenzähne gebracht und knallend gelöst. Das hört sich so ähnlich an, wie wenn man einem Pferd einen Befehl gibt. Der Ton ist eher hoch.*
ǂ *– Die Zungenspitze wird an die Vorderseite des harten Gaumens angepresst und dann so rasch wie möglich zurückgezogen. Das klingt etwa wie ein knallender Korken. Der Ton ist eher tief, tiefer als* ǁ.
! *– Die Zungenspitze wird möglichst weit nach oben an die Decke der Mundhöhle gebracht. Noch höherer Ton als* ǁ*; irre schwer.*
(Viel Spaß beim Üben!)

Er grinst. »Is ’n Witz, ne?«

»Bedauerlicherweise nicht! Keine Verarsche mehr, sagte ich bereits, das ist jetzt alles echt kein Netz mehr, oder ›nichts geht mehr‹, wie beim Roulette, wobei der Einsatz hier dein Leben ist!«

»Echt?«

»Der Biss der Puffotter tut zwar wahnsinnig weh, ist aber nicht besonders gefährlich. Es ist nur ein Zellen zerstörendes Gift, du hast als gesunder Mann so um die acht Stunden.«

»Acht Stunden für was?«

»Bis du tot gegangen bist!«

Er grinst schon wieder. »Tot gegangen, witzig.«

»In Namibia stirbst du nicht, du gehst tot! Ist Südwesterdeutsch. Das ist so!«

Wir schlendern zum Wagen zurück und fahren weiter. Stefan scheint jetzt langsam über Afrika, die Wildnis und das hohe Gras nachzudenken, da seine Kamera plötzlich unwichtig geworden ist. Draußen zieht die herrliche Landschaft vorbei, die mich tatsächlich an ein Land vor unserer Zeit erinnert, irgendwie urzeitlich. Fehlt nur noch der T-Rex. Die rötliche Schotterpiste windet sich Hügel rauf, Hügel runter durch diese urtümliche Landschaft. Kein Auto kommt uns entgegen. Ein Hauptgrund für die vielen deutschen Todesfälle hier. Nach einiger Zeit auf einsamen Straßen vergisst man, dass Linksverkehr herrscht, und dann rums.

»Dann gibt es noch die nicht wirklich lustigen Schlangen, die Kobras, in der Gegend wohl hauptsächlich die Kapkobra (*Naja nivea*), die verschwindet mit ihrem Tongelb im Silbergras komplett. Die hauen eigentlich ab, wenn du richtig rumtrampelst. Schlangen sind zwar taub, aber sie fühlen die Erschütterungen, außerdem riechen sie durch ein Organ im Gaumen (Jacobson’sches Organ), mit der gespaltenen Zunge ›schmecken‹ sie durch das Züngeln den ›Ge-

Die ***Puffotter*** *gehört zu den Vipern oder Ottern, relativ kurze, dicke Schlangen (bis 1,6 m) mit großen, dreieckigen Köpfen und langen, gebogenen Giftzähnen. Das Gift wirkt als Zellgift auf Blut und Gewebe zersetzend. Blutungen an der Bissstelle oder sporadisch irgendwo am Körper sind möglich. Das Problem dieser aggressiven Schlange ist, dass sie durch ihre Tarnfarbe denkt, nicht gesehen zu werden und deshalb liegen bleibt. Das ist auch der Grund, warum in Namibia so viele Menschen von ihr gebissen werden. Die Färbung ist gebietsspezifisch, wechselt also. Die Schlange beißt in den Knöchel, Fuß oder sehr gerne auch in Hände und Finger, wenn man auf der Suche nach Holz oder Steinen für die Feuerstelle nicht aufpasst.*
(Wenn man von einer Schlange in Namibia gebissen wird und sofort irrsinnige Schmerzen an der Bissstelle bekommt, so kann man sich freuen. Man wird überleben!)

ruch‹, der als feinste Partikel in der Luft ist. Das Problem ist das ›Sehen‹ bei den Schlangen, sie sehen nämlich im Infrarotbereich, das heißt sie sehen Wärmemuster über ein spezielles Grubenorgan an der Spitze der Schnauze. Für uns heißt das, auch nachts ist keine Gnade zu erwarten. Wenn sie überrascht werden, stellen sie sich auf und spreizen den Hals. Das ist erst einmal eine Drohung. Am besten lässt du es gar nicht darauf ankommen und verduftest ohne Hektik ganz langsam rückwärts. Reicht das noch nicht, können sie dir ihr Gift auf zwei bis drei Meter zielgenau in die Augen spritzen – auch nachts! –, weil die Giftöffnungen vorn am Zahn sitzen. Das Gift sieht aus wie Schnodder – so 'n richtig schöner grüngelber –, und du denkst, dir werden mit glühenden Kohlen die Augen aus den Höhlen gebrannt.« An Stefans Blick sehe ich, dass er mir kein Wort glaubt. »Stefan, ich glaube, es ist Zeit, mir zu glauben! Wenn dir so etwas heute Abend passiert, hast du keine Chance, echt! Wenn du dann immer noch nicht verduftest oder, vom wahnsinnigen Schmerz in den Augen getrieben, auf sie zustolperst, beißen auch sie.«

»Und wie lange, bis du … tot gehst?«

»Kommt drauf an, wo sie dich beißen: Finger wohl ein bis zwei Stunden, Körper nahe dem Herzen oder Gesicht zwei bis fünf Minuten. Als erste Symptome nach einem Biss stellen sich Sprachstörungen, Schluckbeschwerden und hängende Augenlider ein. Neben Herz-Kreislauf-Störungen treten fortschreitende Lähmungen auf, die auch die Atmungsmuskulatur betreffen und dadurch zum Tod durch Ersticken führen. Lokal können Schmerzen, Schwellungen, Blutblasen und Absterben des Gewebes auftreten. Die Wunden brauchen auch bei operativer Behandlung Monate, um abzuheilen. Du bekommst richtig mit, wie du tot gehst!«

»Echt?«

»Echt! Ach ja, nur wenn sie dich beißen, das Gift in den Augen muss sofort ausgespült werden, sonst wirst du blind. Die Schlangen werden von den Südwestern auch ›Milksnake‹ genannt – Milchschlange, weil sie glauben, dass man das Gift am besten mit Milch aus den Augen waschen kann, das ist Aberglaube. Wasser, Bier, Urin: Alles funktioniert.«

»Und woher weißt du das?«

»Ich habe den berühmten Schlangendoc ›Buys‹ in Windhoek irgendwann einmal besucht.«

»Schlangen mochte ich noch nie, jetzt noch weniger!«

»Sein Buch habe ich auch dabei.«

Khomas-Hochland, Trockenposten und der Spreetshoogtepass

Wir kommen an einem herrschaftlichen, verfallenen Kolonialhaus vorbei, welches etwas entfernt links auf einem Hügel thront. Verlassen. Das Geisterhaus, wie es unter den Einheimischen genannt wird. Warum, weiß ich nicht; es gehörte einem Manager des Erfinders der Rindfleischbrühwürfel aus Berlin um die vorvergangene Jahrhundertwende. Wenig später erreichen wir den so genannten Trockenposten. Eine Klippenruine aus der Zeit der Deutschen Schutztruppe. Trockenposten deshalb, weil die Säufer hierher abgeschoben worden sind, die es in Windhuk zu schlimm getrieben haben. Trockener Posten. Gleich danach ist die Brücke über den Kuiseb. Es ist noch Wasser im Rivier. Ich halte an.

»Dann ist da noch die Schwarze Mamba (*Dendroaspis polylepis polylepis*), sie wird bis fünf Meter lang und so dick wie dein Unterarm. Der Kopf ist nur so groß wie dein Daumen. Schwarze Mamba deshalb, weil der Rachen komplett schwarz ist, wahrscheinlich angeborene Mundfäule oder so. Das Problem mit dieser entzückenden Schlange ist, dass sie meistens schlecht drauf ist – anders als Nashörner, die sind immer mies drauf. Es reicht schon, wenn du ihren Weg kreuzt. Sie hat außerdem durch ihre großen Augen ein hervorragendes Sichtfeld. Sollte das passieren und sie nicht gleich blitzschnell angreifen wie ein abgeschossener Pfeil, ist es ratsam, langsam und bedächtig den Rückzug anzutreten. Auf Angriffe mit Steinen oder Stöcken reagieren die Schlangen prompt und ohne Drohgebärden. Gift in die Augen spritzen können sie nicht. Die Mamba richtet sich auf und kann wahnsinnig schnell mit aufgerichtetem Kopf auf dich zukommen. Die beißt dich in Bauchhöhe, und zwar so kräftig, dass du umfällst.«

»Wie lange?«

»Keine Ahnung, zwei Minuten?« Eines der schlimmsten Gifte überhaupt in Afrika; auch sehr geringe Mengen sind übel und tödlich.

»Weglaufen?«

»Keine Ahnung, ob das hilft. Ich habe einmal gehört, dass keine Schlange so schnell ist wie ein laufender Mensch. Am Kunene habe ich einmal eine Mamba wie eine Spirale durch das hohe Grass

›schweben‹ sehen und bin mir seitdem nicht mehr so sicher. Die Mamba ist tagaktiv. Einen Knüppel dabei zu haben ist jedenfalls nie verkehrt.«

»Was ist mit Schmitt?«

»Okay, ich habe als erste Patrone immer Schrot gegen Schlangen geladen, aber ich kann nicht die ganze Zeit mit dem Finger am Abzug rumstolpern, da erschieße ich mich noch selbst!«

»Und wenn man gebissen wird, was dann?«

»Wie gesagt, bei der Puffotter ist das nicht so schlimm, außerdem habe ich eine Saugpumpe dabei und immer am Mann.« Ich zeige Stefan die giftgrüne Verpackung in meiner Gürteltasche. »Heute Abend zeige ich dir, wie das funktioniert. Das Gift wird so weit wie möglich abgesaugt. Bei Kobra oder Mamba hat ein Gebissener im Veld (Afrikaans: hier Wildnis) wohl eher keine Chance, meine ich. Abbinden und gegen Schock behandeln und beten, dass nicht so viel Gift injiziert worden ist. Außerdem, wie Jean Luc Picard von der Enterprise schon sagte: ›Energie‹ zum nächsten Gegengift.

Wenn mir das jemals passieren sollte und mich beißt eine Mamba in den Finger oder die Hand, ich weiß nicht, abhacken wäre wohl das Beste. Aber jetzt komm, let's go, zum Wasserloch da drüben. Letztes Jahr habe ich dort Armleuchteralgen (*Characeen*) gefunden, und einmal lag ein kleiner Felsenpython (*Python sabae*) in dem Wasserloch. Nimm die Kamera mit.« Stefan zögert. »Komm schon, ein Felsenpython ist nicht giftig! Das ist eine Würgeschlange, die im Wasser darauf wartet, dass die Viecher zum Trinken kommen. Mal sehen, ob wir Spuren finden.«

Als ich einen meiner Leki-Wanderstöcke ausziehe, um ihn offensichtlich als »Snakeslammer« zu benutzen, sieht Stefan endlich ein: Kein Witz mehr! Orreith! Angekommen! Ich grinse und mache den anderen Leki-Stock für ihn fertig.

Wir streifen durch das hohe Gras hinunter zum Wasser, der Zaun zeigt mir, dass das eine »Weide« ist. Trotzdem finden wir einige frische Kudu- und Povianspuren. Schlangenspuren – auch eine Mamba muss trinken – finden wir nicht. In einem Baum nahe dem Wasser befindet sich eine riesige Kolonie von Webervögeln (Sociable Weaver – *Philetairus socius*), die teilweise kubikmetergroße Brutkolonien bauen, die aussehen, als ob jemand Strohballen in die Bäume gehängt habe. Wenn es regnet, werden oft tonnenschwere Gewichte daraus, und der Baum bricht zusammen.

Kudu (Tragelaphus strepsiceros): *Kudus sind große, majestätisch anmutende Antilopen. Sie sind grau bis blaugrau mit weißen Streifen, und die Männchen haben korkenzieherartige Hörner. Gewicht: bis 300 kg. Feinde: Tüpfelhyäne, Gepard, Leopard, Löwe, Afrikanischer Wildhund. Sie bevorzugen dichte Savannetypen, mit Vorliebe in hügeligem oder bergigem Gelände in der Nähe von Wasser. Sie leben in Herden von 5 – 12 Tieren. Kudus haben ein unglaubliches Sprungvermögen für ihre Größe und Gewicht. Ich selbst habe sie aus den Stand über Wildzäune (>2 m) setzen sehen. Nahrung: Blätter, Tiere, Schoten, Gras. Laute: als Schrecklaut ein tiefes Bellen.*

Neben den Vögeln fühlen sich eben auch Mambas dort drin wohl, zumal es so dicht am Wasser ist – ich erzähle es Stefan lieber nicht. Manche Sachen weiß man besser nicht. Wir arbeiten uns durch das Gras zurück zur Straße.

Ich breite noch einmal die Karte auf der Motorhaube aus, und wir mümmeln an Droë Wors und Biltong rum, während wir die beste Stelle für die Aufnahmen des zu erwartenden wolkenlosen Abendlichts an der großen Abbruchkante zur Namib diskutieren. Ich entscheide mich für den Spreetshoogtepass, da dort eine kleine flache Stelle für den 4 x 4 ist und die Sicht noch weiter als am Bosuapass reicht. Wir biegen links ab in die D 1412, eine kleinere Schotterpiste. Immer noch begleitet uns Farmland. Nach etwa 34 Kilometern geht es ein kurzes Stück auf der D 1982 wieder Richtung Windhoek und dann südlich auf der C 26 Richtung Sossusvlei. Eigentlich will ich die D 1305 endlich einmal ausprobieren, doch dafür haben wir heute wieder keine Zeit, da der Sonnenuntergang ruft. Weiter geht's Richtung Gamsberg, ein charakteristischer abgeplatteter Berg (2347 m) in der Ferne, den wir jedoch rechts liegen lassen. Der Berg hat übrigens nichts mit Gämsen zu tun. Von der Nama-Sprache hergeleitet heißt »Gams« einfach »flacher Berg« – so wie Khomas-Hochland eben Bergland bedeutet. In Nauchas, einer Ortschaft mit 3½ Häusern und einem riesigen Kaktuswald, biege ich westlich in die Zielgerade ein, es ist sowieso kein Mensch zu sehen. Ein paar Kilometer noch, dann sind wir da. Ich schmunzele vor mich hin. Irgendwann einmal, ich war hier mal wieder unterwegs, fuhr ich nicht gerade langsam um eine Kurve, und da sah ich so etwa 100 Meter vor mir mitten im langsamen Lauf eine Afrikanische Wildkatze »gefrieren«. Die muss sich dermaßen verjagt haben. Jedenfalls machte sie sofort einen Buckel, alle Haare im rechten Winkel abstehend – so wie in den »Fat Freddys Cat«-Comics. Doch offensichtlich machte das auf diese näher kommende Bedrohung keinen Eindruck. Ich fuhr nämlich weiter. Also versuchte sie sich zu verstecken, indem sie Kuhfladen auf der Straße spielte. Als auch das nicht funktionierte, sprang sie kurz vor dem anhaltenden Wagen hoch und verschwand mit rotierenden Beinen im Gebüsch. Als ich laut auflache, weil das so verdammt witzig gewesen war, muss ich Stefan diese Geschichte erzählen. Wir lachen uns beide halbtot. »Spielt Kuhfladen …« Sah tatsächlich so aus.

»Was die Schlangen angeht, so hab ich noch einen. Das ist wichtig. Eine fünf Meter lange Mamba ist irre giftig, wenn sie dich beißt, stirbst du in fünf Minuten. Wie lange dauert es, bist du tot gehst, wenn dich eine 50 Zentimeter lange Mamba kriegt? – fünf Minuten, beide sind gleich giftig!« (Das ist natürlich abhängig von der Giftmenge, die injiziert wird, dem Ort des Bisses sowie dem Gewicht und der Fitness des Gebissenen. Ich will damit nur verdeutlichen, dass eine frisch geborene Giftschlange genauso giftig ist wie eine erwachsene! Mehr dazu im Anhang Seite 297.) »Nichts anfassen und immer schön Respekt haben!«

Afrikanische Wildkatze (Felis lybica), *Syn. Falbkatze: eine schlanke Katze, die einer Hauskatze ziemlich ähnlich sieht, allerdings mit anderem Temperament! Die Beine sind länger als bei einer Hauskatze und sie hat eine rötliche Färbung hinter den Ohren. Gewicht bis 6 kg. Feinde: Löwe, Leopard. Beute: Kleinsäuger, Vögel und Insekten. Afrikanische Wildkatzen sind sehr schlaue und scheue Tier. Während des Tages sind sie recht selten zu entdecken, kommen überall vor, wo es hohes Gras und genügend Felsen zum Verstecken gibt. Laute: Winseln, Fauchen, Schnurren. Ich sah sie oft auf dem Brandberg, auf Palmwag und in der Namib in der Nähe von Wasser.*

Vor dem Pass wird es noch einmal heftig hügelig, und ich muss mit dem schwer beladenen Wagen sogar einmal in den ersten Gang runter. Dann, hinter einem kleinen Einschnitt zwischen zwei Hügeln, erreichen wir den Pass. Unvermittelt und übergangslos öffnet sich plötzlich die endlos erscheinende Namib direkt vor uns. Es ist, als ob man aus einem Trichter kommt. Ein überwältigender und erhabener Anblick, von dieser Loge auf die Wüste zu blicken, und dazu dieses Licht. Irre.

Der Platz, den ich ausgesucht habe, ist so etwas wie ein Rastplatz mit Betontisch und -stühlen. Ein einziger Baum steht verlassen auf diesem sonst freien Platz, und momentan fetzt noch der heiße Wind von den Bergen herunter in die Wüste unter uns. Der Tag ist schon reichlich weit vorangeschritten, und da wir das richtige Licht für Aufnahmen einfangen wollen, biete ich Stefan an, dass ich zunächst schnell alles selbst mache, damit er alles begutachten kann. Wir sind jetzt ein Team und brauchen eine gewisse Routine. Jeder soll seine Aufgabe für die nächsten Wochen haben, wenn wir das Lager aufschlagen, und da dachte ich, dass Stefan das Lager aufbaut, während ich den Kocher anschmeiße und koche. Stefans Hand ist scheinbar mit der TV-Kamera verwachsen. Er filmt einfach alles – ein Umstand, an den ich mich erst noch gewöhnen muss. Ich erkläre, wie wichtig es ist, den Wagen gerade hinzustellen, damit wir nicht während des Schlafes aus den Dachzelten rutschen und von hungrigen Hyänen gefressen werden. Dann klappe ich die Dachzelte auf und arretiere die Leiter. »Wenn die wegbricht – warum auch immer –, klappt das halbe Dachzelt nach unten.«

»Schon klar, Hyäne«, antwortet Stefan. Ich nicke.

Dann öffne ich die hintere Tür, und mit einem explosionsartigen Geräusch knallt der Tisch auf den steinigen Boden, der Knorpelbrecher. Erst das Geräusch verdeutlicht uns die Stille um uns. Zwischen den Aluleitern der beiden Dachzelte platziere ich den Tisch. Auf einen Stuhl kommt die Armykiste mit den Küchenutensilen wie Geschirr, Marke »unkaputtbar«, Besteck, Gewürze usw. Warum ich nichts auf den Boden stelle? Wegen der kleinen Viecher wie Skorpione, Spinnen, Hundertfüßler, die verstecken sich nachts nämlich unter der Kiste. Morgens dann, wenn du die Kiste hochhebst, hast du Kak. Ich räume zwei andere Stühle um den Tisch, den vierten vor die noch entstehende Feuerstelle. Stefan will helfen, ich winke ab: Da ich in Windhoek keine Zeit für ein Briefing gehabt habe, muss ich das später nachholen, das mit den Schlangen reicht meiner Meinung nach für heute, wenn ich jetzt noch von den Skorpionen und anderen Krabbeltieren unter den Steinen anfange, wird das für den Moment zu viel. Ich hole ein Bier für ihn und für mich. »Anlegerbier!« – »Prost!«

Die Gaslampe bekommt die Verlängerung, damit ich sehe, was auf dem Tisch los ist und nicht darunter. Die Taschenlampen werden griffbereit gelegt sowie Spaten, Axt und Feuerholz, Fressalien für Dinner, Gin, Tonic und Zitronen für den Sundowner. Alles passiert natürlich mit umfangreichen Erklärungen. Ich bin ein Routinefetischist, und alles muss immer an der gleichen Stelle liegen, denn wenn einmal etwas Unvorhergesehenes passiert, weiß ich immer, wo was wann und wie ist.

»Ich habe fertig. Lass uns eben noch die Betten machen.« Die Schlafsäcke und Kopfkissen – ja, luxuriös, genau –, werden in den Dachzelten ausgerollt. Trinkflasche für die Nacht ins Zelt, zweite Taschenlampe und Schmitt unter mein Kopfkissen, dazu Schlafklamotten und Lesestoff.

Da noch etwas Zeit ist, bevor die Sonne rot und das Licht warm wird, rolle ich herumliegende Klippen (die ohne Skorpione darunter!) für die Feuerstelle in einen Kreis, schneide einen Sack Holz auf und drapiere den Inhalt so, dass ich es gleich anzünden kann, wenn wir von unserer Fotosession wiederkommen. Selbst ich mache im Dunkeln nicht wirklich gerne solche Dinge.

Stefan macht mich auf das Licht aufmerksam, und wir schnappen unsere Ausrüstung, um uns einen geeigneten Platz zum Beobachten zu suchen.

Der Platz, den wir uns für unsere erste »Wüstenübernachtung« ausgesucht haben, thront im wahrsten Sinne des Wortes über der Namib. Die Große Randstufe liegt unmittelbar vor uns. Links führt die steile Passstraße hinunter in die Ebene. Unser Blick reicht von unserem Camp über 100 Kilometer weit. Tief vor uns beginnt die Namib, die eigentlich nur ein schmaler Streifen unwirtlichen Landes zwischen dem Khomas-Hochland und dem Meer ist. Sie ist etwa 100 Kilometer breit an dieser Stelle, und wir werden die Sonne über dem Nebel des Meeres untergehen sehen, das ist klar. Kein Wölkchen trübt die Szenerie.

Stefan schnappt sich einen Stuhl und zockelt nicht zu weit weg in die Pampa, um die Kamera aufzubauen. Ich hocke mich auf einen Stein und beobachte, wie die Farben vom grellen blassen Nachmittagslicht zum Rot hin wechseln und die Farben satter werden. Leise säuselt der Wind im Silbergras. Ich weiß nicht, wie oft ich solche Sonnenuntergänge schon beobachtet habe, für mich ist es immer wieder so schön wie beim ersten Mal. Das Spiel der Farben unten in den sonst so gleißenden Flächen der Wüste. Die Schatten lassen erahnen, dass diese von oben so homogen erscheinende Fläche in Wirklichkeit unglaublich zerklüftet ist. Leicht rosa, dann orange und zinnober wird das Licht, die alles verschlingenden Schatten breiten sich wie eine Amöbe aus und bedecken das Land unter mir. Stefan filmt mit offenem Mund und dreht sich ab und an kopfschüttelnd um, auch das glaubt er nicht, und doch ist er jetzt ein Teil des Ganzen. Naukluft, so heißen der unten in der Wüste beginnende 50 000 km^2 große Park und die Gegend. »Nau« bedeutet in Afrikaans eng, und »Kloof« ist die Schlucht, daraus wurde wohl mit der Zeit Naukluft – enge Schlucht. Eine unglaublich schöne Stein- und Sandwüste, die sogar dem Land ihren Namen gab: Namibia – ein Land, in dem nichts existiert, oder großes ödes, weites, leeres Land könnte man davon ableiten. Eigentlich komplett falsch. Die Sonne verschwindet in einer Explosion von

Rosa bis tief Violett hinter dem Nebel der 100 Kilometer entfernten Atlantikküste, sofort hüllen uns die Schatten ein, und zehn Minuten später verschluckt uns die Dunkelheit.

Zurück am Camp zelebriere ich den so genannten Sundowner, eine Tradition, die ich von den Eingeborenen gelernt habe, um den Sonnenuntergang und damit den Feierabend zu begrüßen. Dazu mische ich Gin mit Tonic und frisch ausgepresstem Zitronensaft in den unkaputtbaren VA-Bechern (Nirosta), und »Stößchen!«

Eine himmlische Atmosphäre. Das Feuer lodert langsam höher, und der Wind schläft ein. Kameldornholz, welches hart wie Eisen ist und dieses auch zum Schmelzen bringen kann, brennt sehr lange. Heute gibt es Braai, Gegrilltes: nicht EU-konforme Riesensteaks ohne Zusatz von Konservierungsstoffen (für die Rinder) wie Penicillin, Zink und anderen Nahungsergänzungsmitteln, die dem Profit dienen und nicht dem Geschmack. Boerewors und Schwarte, Abfall bei uns zu Hause, hier eine Delikatesse, dazu spanische Kartoffeln im Potjie. Dabei wird Wasser mit echtem namibischem Meersalz zusammen mit den Pellkartoffeln so lange gekocht, bis das Wasser verkocht ist und die Salzkruste auf den Kartoffeln haftet. Selbstverständlich werden diese nicht gepellt, dazu gibt es Pampunen, die grünen Kürbisse. Bei den Pampunen ist es wichtig, dass sie angestochen werden, sonst kann es explodierende Kürbisse geben wie bei nicht angestochenen Eiern! Der Potjie kommt sogleich auf das Feuer, das Grillen erfolgt selbstverständlich erst, wenn nur noch wenig Glut übrig ist, damit das Fleisch nicht verbrennt. Wir nippen, jeder seinen eigenen Gedanken nachhängend, an unseren Sundownern. Die Dämmerung so dicht am Äquator ist praktisch nicht existent und weicht auch ohne Mond einer nicht wirklichen Dunkelheit. Die Luft ist so klar, dass das Sternenlicht hell genug zum Sehen ist. Das und diese Ruhe, der Wind ist nur noch ab und an ein leichtes Säuseln, lassen die Seele zur Ruhe kommen. Während des gesamten Tages haben wir kein Auto getroffen. Schön. Das Feuer brennt prasselnd runter, und der Potjie blubbert lustig vor sich hin.

»Was ist eigentlich Natur für dich?«, fragt Stefan unvermittelt. Da ich ihn noch nicht so gut kenne und meine, ein Lacher unter Kerlen passt jetzt gut, zitiere ich aus Noah Gordons »Medicus«: »Viel frische Luft, rülpsen und furzen, wo und wann es einem beliebt und ohne dass jemand rumpöbelt, und wann immer ich will, im Stehen pinkeln können.« Ich stehe auf und untermale das Ganze mit einem Beweis meiner Meterorismusfähigkeiten. Wir lachen beide prustend los, und damit ist die sensible Frage fürs Erste vom Tisch. »Apropos pullern, nicht zu weit weggehen und immer eine Taschenlampe mitnehmen und auf den Boden leuchten.«

Ich mache die Gaslampe an, und vorbei ist es mit der Stille, fauchend kommt sie auf Umdrehungen, dann ziehe ich meine Fellis an und erkläre Stefan, warum: »Jetzt ist die Stunde der Krabbeltierchen, und die kommen zum Licht und zum Feuer. Manchmal trittst du drauf, da die Spinnen schnell wie Ferraris umherwetzen, und dann hast du Kak.«

»Giftig?«

»Ja, irgendwie ist alles giftig, hier ist echt noch Überlebenskampf angesagt! Ich hatte mal 'ne Walzen-Spinne (Sunspider (*Solifugae*), keine echte Spinne!) vor mir – unten in der Wüste bei einem Freund auf der Farm – und wollte sie gerade platt treten, und die Sau springt mir doch aus einem Meter Entfernung ans Knie. Ich konnte sie gerade noch weghauen, ehe sie mich beißt.«

»Groß?«

Ich halte meine offene Hand hoch: »Der Biss ist zwar nicht tödlich und tut auch nicht weh, du bekommst aber eine fiese Infektion bis hin zur Blutvergiftung, und es bildet sich nekroses (schwarzes, totes, faul stinkendes) Gewebe – es stirbt ab und läuft aus, und dann hast du ein schwer verheilendes Loch in der Pelle –, es dauert Monate, bis das Loch wieder dicht ist.«

Eine Geschichte in »Südwest« (Namibia) besagt, dass diese »Spinnen« nachts menschliches Haar sammeln und sich ihre Nester damit bauen. Und ich möchte so ein Vieh nicht auf meinem Kopf herumkriechen haben.

»Ich glaube, die giftigste, tödlichste Spinne gibt es in der Ecke, wo wir morgen Nacht pennen, in der Namib. Das ist die Six-Eyed Sand Spider (*Sicarius sp.*), auch das weiß niemand so genau, da nichts Genaues wieder einmal nicht bekannt ist. Die ist sehr schwer zu sehen, da sie sich unter Sand versteckt und sich manchmal wochenlang nicht bewegt, is ja Afrika – viel ausruhen ist wichtig und hat Tradition. Legst oder setzt du dich drauf ...«

»... hast du Kak«, ergänzt Stefan.

»Bei einem Biss kann man heißes Wasser über die Bissstelle laufen lassen, das zerstört das Gift ... vielleicht ...! Ach ja, und um die Sache abzurunden, es gibt einige Parabuthus-Arten – Skorpione –, die verspritzen Gift, ... und einige Spinnen auch ... und natürlich die Bombardierkäfer sowieso!«

Walzen-Spinnen *oder* **Sunspider** (Solifugae) *sehen etwas anders aus als ihre Verwandten, die »normalen« Spinnen* (Aranaea), *außerdem haben sie keine Spinnfäden. Ihre Haare glitzern in der Sonne – daher der Name –, sie haben nur zwei Augen – »normale« Spinnen und Skorpione haben acht –, und es sieht so aus, als ob sie zehn Beine hätten* – Aranaea *haben acht. Das erste Paar der »Beine« jedoch ist eine Art Fühler und Futterhilfe; sie können sogar damit saugen. Die Viecher sind unglaublich verfressen und greifen alles an, was ihnen im Weg ist. Sie killen sogar Eidechsen und fressen so viel, dass sie fast platzen. Ihr Metabolismus ist sehr schnell, und so stehen sie nie wirklich still, sondern wetzen Ferrari-gleich umher. Oft werden sie vom Feuer angelockt. Obwohl ihr Biss eine schlimme Infektion, die mit Antibiotika behandelt werden muss, hervorruft, sind sie nicht giftig.*

Stefans Blick: ohne Worte! Auf jeden Fall sah ich ihn nie wieder auf unserer Tour ohne Schuhe rumlaufen!

Ich räume den Potjie aus der Glut und lege die Braaisachen auf, sofort verbreitet sich ein herzhafter Duft gebratenen Fleisches im Lager. Uns läuft das Wasser im Mund zusammen. Ich klaube Blatjang, Geschirr, Besteck, Gewürze und kühles Bier aus den Kisten und decke den Tisch. Fünf Minuten später sitzen wir schmatzend am Tisch und prosten uns zu. Die Schwarte ist einfach köstlich, braun, knusprig und Gott sei Dank nicht von einem Eber. Ich zeige Stefan, wie die Pampunen angemacht werden. Halbieren, die Kerne mit einem Löffel herausnehmen – ab damit ins Feuer, nichts in die Natur – und einfach nur etwas Butter oder Olivenöl einträufeln und auslöffeln. Göttlich …

»Kaum zu glauben«, meint Stefan mampfend, »wie alt diese Wüste ist. Wenn du einen Stein umdrehst, steht da bestimmt drunter ›Made by Gott‹.«

»… Und wenn es der verkehrte ist, liegt da ein Skorpion oder eine Mamba drunter und dann triffst du Gott«, antworte ich.

Sein Kauen gefriert. »So schlimm?«

»Kann sein. Ich zeige dir morgen, wie man das vor dem Umdrehen sieht, ob da etwas drunterliegt oder nicht. Und das mit den Skorpionen ist ebenfalls ganz einfach zu merken – wie alles. Es gibt so um die 140 verschiedene Arten in Namibia, alle sind giftig. Zwei Gattungen aus dieser Ecke sind besonders giftig, *Hottentotta*, die sind gelblich-braun, und die schwarzen *Parabuthus* (wobei es auch bei dieser Art gelblich-braune gibt), und je kleiner die Scheren, desto giftiger ist das Viech. Die sind nicht so schnell wie die Spinnen, aber …«

»Schmerzhaft?«

»Sehr, aber in der Regel nicht unbedingt tödlich, obwohl das

Gift stärker ist als das der Giftschlangen, nur haben sie nicht so viel davon. Dein Bein sieht nach einem Stich aus wie das eines Elefanten.«

Das Problem bei den Skorpionen, die übrigens auch Spinnentiere sind, ist, dass sie Erschütterungen durch »Sensoren« an den Beinen aufnehmen. Da sie acht davon haben, orten sie die Richtung der Erschütterung durch Laufzeitunterschiede der Geräuschwellen im Boden und rennen darauf so lange zu, bis sie die vermeintliche Beute sehen. So kommt es schon einmal vor, dass man gestochen wird, wenn man nachts barfuß am Feuer sitzt. Skorpione sehen grottenschlecht, sie machen manchmal Geräusche, indem sie mit dem Schwanz über die ersten zwei, drei Körpersegmente reiben – ein feines *Chick-chick*. Geil ist auch, dass Skorpione mithilfe einer Schwarzlichtlampe neonhellblau im Dunkeln leuchten, so kann man sie nachts gut finden. Leider habe ich eine solche Lampe in Windhoek nicht bekommen.

Skorpione
Jeder von den so genannten Wüstenkennern Namibias, die ich dort in den letzten zehn Jahren traf, sagte mir, dass die schwarzen Skorpione die giftigsten sind, doch das ist vollkommener Blödsinn, die Farbe gibt keinen Aufschluss über die Giftigkeit. Der Parabuthus granulatus *beispielsweise, der normalerweise dunkelbraun bis schwarz ist, ist in der Kalahari orange! Man sollte immer (!) vorsichtig sein. Auch sah ich einmal eben genau diesen* Parabuthus *übers kurze Gras staken, was angeblich ebenfalls unmöglich ist, weil Skorpione so etwas nicht tun. Einzig die Breite des Schwanzes und die Größe der Scheren beweisen die Giftigkeit eines Skorpions. Skorpione mit kleinen Scheren töten ihre Beute mit ihrem Gift, solche mit großen Scheren zerquetschen ihre Beute mit den Klauen. Logisch, oder?*

»Die flachen Hundertfüßler (Gürtelskolopender) sind nicht so giftig, aber extrem aggressiv. Die greifen schon einmal an und verbeißen sich im Schuh … wenn du einen anhast. Tut nur weh, schwillt an und geht nach Stunden von allein wieder weg, man muss nur auf eine Infektion achten.«

»Und? Bist du schon einmal gebissen worden?«

»Noch nie!«, antworte ich und klopfe auf Holz.

Wir beenden das Essen mit den Beweisen unserer naturbelassenen Freiheit. Stefan räumt ab und macht das Geschirr sauber. Das ist fair, endlich kann ich abhängen. Alles muss gereinigt werden und hyänen- und povianfest weggeräumt und gesichert werden, um unliebsame Überraschungen zu vermeiden. Hier ist das noch nicht so schlimm wie später auf dem Brandberg und im Damaraland. Das Wasser holt Stefan aus dem Tank. Tankwasser zum Abwaschen und für die Hygiene: 60 l für vier Wochen.

Ich lege frisches Holz auf und lasse somit das Feuer hoch lodern, die Schatten spielen einen Veitstanz auf dem Boden. Krabbeltiere schleichen sich noch nicht an. Es ist 19:30 Uhr am Großen Namibrand, und das Kreuz des Südens schiebt sich über den Horizont links hinter uns.

Stefan kommt ans Feuer und bringt zwei neue Bierchen mit, *plöp,* und fragt:

»Wie bist du eigentlich das erste Mal hierher gekommen und hast die Leute wie Heino, Paddy und Konsorten kennen gelernt?«

Nach einem Schluck kühlen Bieres und einem tiefen Seufzer antworte ich:

»Die lange oder die kurze Fassung?«

»Okay, lass mal sehen, ich hab noch drei Termine heute … die lange selbstverständlich!«

»Ja, es war einmal …

Just bevor 1989 das Wiedervereinigungsirresein anfing, verließ ich Deutschland Richtung dem Land meiner Träume: Japan. Genau jenes Land, wo man nicht einmal das Zeichen für Klo an der Tür lesen kann …

… 1991 verließ ich Japan wieder in umgekehrter Richtung nach Deutschland …

Mittlerweile konnte ich natürlich in Japan einiges mehr lesen als dieses Zeichen an der Toilettentür. Wieder zurück in dem jetzt anderen Deutschland, verstand ich hier nun wiederum gar nichts mehr so richtig, gemäß einem Gedicht Goethes über diesen seltsamen zweihäusigen Nadelbaum mit Blättern, den Ginkgo.

Dieses Baumes Blatt, der von Osten
Meinem Garten anvertraut,
Gibt geheimen Sinn zu kosten
Wie's den Wissenden erbaut.

Ist es Ein lebendig Wesen
Das sich in sich selbst getrennt?
Sind es zwei, die sich erlesen,
Dass man sie als Eines *kennt?*

Solche Frage zu erwidern,
Fand ich wohl (NICHT!!!) *den rechten Sinn.*
Fühlst du nicht an meinen Liedern
dass ich Eins und doppelt bin?

(»Gingo biloba« v. J.W.v.G.)

Alte Gewohnheit aus der Schulzeit«, entschuldige ich mich auf Stefans entsetzten Blick hin, einen tiefen Schluck Windhoek Export gluckernd die Kehle runterlaufen lassend. »Mein Studium, meine Dissertation, alles für nix. Das Geld für einen adäquaten Job verließ das alte Deutschland in Richtung ehemalige SBZ, nun das ›Neue Deutschland‹.

Aus Frust über die Unmöglichkeit, Arbeit zu finden, machte ich nach der ›Diss‹ erst einmal Urlaub. Mit einer Mitfahrgelegenheit zum Gardasee, von dort aus wollte ich quer durch die Alpen nach Hause laufen, um den Kopp klarzukriegen, Japan raus und das ›Neue Deutschland‹ wieder rein.

Ich hatte die Alpen von Riva am Gardasee aus beim Zuckerhütl in der Nähe von Sölden und später über die Zugspitze überquert und war mittlerweile schon kurz vor Utting am Ammersee. Eines schönen Tages nach 50 Kilometer Straße zog ich meine total durchgelaufenen Schuhe aus und blickte auf meine Füße oder das, was sie einmal waren – die waren durch mit dem Thema, genau wie ich.

Ich konnte bei allen zehn Zehen durch die unten aufgeplatzte Haut die schneeweißen Gelenke und Sehnen sehen.

Aus! – Übrigens, zu dem Zeitpunkt wusste ich noch nicht, dass es ganz in der Nähe eine Ortschaft gibt, die so heißt: Aus.« Ein Schluck Bier folgt.

»Egal, der nächste Zeltplatz war für mich unerreichbar, und so musste ich dorthin trampen. So, wie ich aussah, war das nicht gerade einfach, doch es gelang mir.

Abends zog ich mir beim nahen Biergarten, in den ich barfuß und mit bandagierten Flunken spazierte, drei Maß dunklen bayerischen Altbiers rein; fatal nach sechs Wochen Abstinenz. Mit dunigem Schädel zog ich mir gerade eine Cola aus dem Zeltplatzautomaten – prophylaktisch gegen den morgendlichen Brand –, als mich ein Holländer um Kleingeld bat. Ich schüttete mein Kleingeld in die Hand und wechselte, das Portemonnaie mit den Scheinen und Papieren ließ ich liegen.

Das Erste, was mir morgens nach den Kopfschmerzen durch den Kopf schoss, war der Gedanke an meine Börse. Weg war se, klar! Bankcard, Kreditkarte, Ausweise, Geld.

Vollkommen entnervt über meinen ersten Tag wieder zurück im ›Neuen Deutschland‹, abgerissen aussehend wie ein Penner oder eben wie jemand, der sechs Wochen durch die Alpen gelaufen ist, taperte ich zur gerade öffnenden Zeltplatzbar und bestellte frustriert vom letzten Kleingeld einen doppelten Whisky. Es war neun Uhr morgens.

Ich muss schlimm ausgesehen haben. Vollkommen abgerissen, in einer zehn Jahre alten ausgewaschenen Tokaido-Karatehose, barfuß, mit offenen Füßen unter schmutzigen Verbänden auf den Hacken humpelnd. Doch die beiden Keeper freuten sich über meine Erscheinung und fanden nix Besonderes daran, was im konservativen Bayern nun wiederum mich erstaunte.

Sie meinten nur: ›Kommst wohl gerade ausm Busch?‹

›Klar!‹, erwiderte ich und dachte mir nichts dabei. Nachdem der Whisky anfing zu wirken, fiel mir auf, dass sie eigentlich für Bayern ein recht passables Deutsch sprechen. Als ich sie daraufhin ansprach, grinsten sie und meinten: ›Bayern, Deutsche?! Nee, wir kommen aus Windhuk – Deutsch-Südwest-Afrika!‹

... und das waren Heino und Matthes, Bernd, Zulu und Dimmi, die hast du ja alle auf dem Karneval vorgestern kennen gelernt, später kamen noch zwei Mädels, ›Black‹ Sonja und ›Blonde‹ Anja dazu, die treffen wir nach unserem Brandberg-Abenteuer in Swakop(mund) ... wenn wir überleben. Sie alle zusammen schmissen den Campingplatz. Ein halbes Jahr sehen, wo ihre Wurzeln liegen oder so hieß das Motto. Tja, und so fing alles an mit diesem Namibia.«

»Und was war mit deinem Portemonnaie?«

»Ach, das hatte der Holländer morgens an der Rezeption abgegeben, nix fehlte!«

»Irre, wa?«

»Ich blieb zwei Wochen auf dem Zeltplatz, bis ich wieder laufen konnte, und tingelte weiter nach Bremen. Nachdem meine Sozialisierungsversuche im neuen Deutschland Früchte trugen und ich in Brot und Lohn stand und natürlich Urlaubsanspruch hatte, besuchte ich die Truppe in Namibia.

Auf der ersten Expedition kurz nach Silvester 1994 zusammen mit Matthes im ›Rhino‹, einem Landrover /9, beim Leopardenfelsen in der Numas-Schlucht am Brandberg wusste ich dann vor ziemlich genau zehn Jahren, dass mich das Land nicht mehr loslassen würde. Und so isses bis heute.«

»Leopardenfelsen, wo ist denn das?«

»Am Brandberg, wir kommen da auch noch hin. Aber nicht alles auf einmal. Was ist mit Sternegucken«, lenke ich ab. Wir holen die Leica-Ferngläser 10 x 42 raus, und ich zeige Stefan das mittlerweile komplett aufgegangene Kreuz des Südens. Keine Wolkenreflexion, keine Luftverunreinigung, kein Restlicht trübt den Blick draußen auf die Sterne, Orion mit seinen drei Gürtelsternen, und direkt vor uns über dem Horizont taumelt der Große Bär rum. Stefan ist platt, klar, so etwas sieht man so in Deutschland nicht. Unten liegt die scheinbar endlose Namib im fahlen Licht. Hinter uns geht der Mond auf. Die Gaslampe stört. Wie immer.

»So, ich lege mich ab, ich bin für heute durch mit dem Thema. Wenn du heute Nacht pinkeln musst, wecke mich bitte, wenn ich nicht sowieso wach werde, oder nimm die leere 5-l-Wasserflasche mit ins Dachzelt. Geh lieber noch nicht alleine raus.«

Nach einem fragenden verständnislosen Blick von Stefan füge ich an: »Nicht in der ersten Nacht schon alleine draußen rumtaumeln. Nicht gut, überhaupt nicht!«

Immer noch ein fragender Blick.

»Okay, okay, noch eine Gutenachtgeschichte, die letzte, ich bin fertig für heute und kann kaum noch die Augen offen halten«, sage ich, die Beine schon vom Dachzelt herunterbaumeln lassend:

»Es war einmal ein Gorillababy, welches das erste Mal von seiner Mama allein gelassen worden war. Das Gorillababy schaute neugierig in eine überaus interessante neue Welt und begab sich allein auf Exkursion. Sofort wurde es von einer Herde Büffel fast zu Tode getrampelt. Kaum hatte es sich davon erholt, konnte es sich bei einem Löwenangriff auf einen nahen Baum retten, und als es ausrutschte und drohte in die nahe Wasserstelle zu fallen, hätte es fast ein Krokodil erwischt. Als es sich gerade einmal so nach Hause retten konnte, wo die Mama schon Alarm schlagen wollte, stotterte es weinend zur Mama: ›Du, Mama, du, das … das da draußen … das ist ja ein Dschungel!‹«

Während der Geschichte ziehe ich ostentativ meine Fellis aus und lege sie umgedreht auf das Dach des Zeltes, mit dem Finger darauf zeigend und Skorpione sagend.

»Aber hier ist doch nichts«, meint Stefan, »es ist totenstill!«

»Eben, und das Nichts ist hungrig! Ich möchte nicht wissen, wie viele hungrige Augen uns jetzt aus der Dunkelheit beobachten. Das ist nicht unser Yard, wir sind nur zu Besuch, und wenn einer nachts bei dir aufm Hof rumlatscht, schaust du doch auch nach, oder? Außerdem wird es nachts kalt, und Schlangen liegen bevorzugt unter dem Wagen, da der Motor Wärme abstrahlt. Kann sein, muss nicht. Ach ja, wenn du heute Nacht ein Auto hörst und ich nicht sowieso schon längst wach bin, wecke mich sofort und dann raus aus dem Zelt!«

»Warum?«

»Das ist jetzt was zum Nachdenken«, sage ich. »Das ist die allerletzte Frage, ich kann kaum noch die Augen aufhalten«, nuschele ich: »Trifft ein Wolf im Wald einen Wolf, was denkt der Wolf?«

»Keine Ahnung!«

»Ei gucke mal da, ein Wolf! Weiter: Trifft ein Mensch im Wald einen Menschen, was denkt der Mensch?«

Stefan antwortet: »Ei gucke mal da, ein Mensch!«

»Überhaupt nicht, nee: Oh, Mann, Shit, ein Mörder! – Autos gehören hier nicht her des Nachts! Gute Nacht, bis morgen. Eine Stunde vor dem Sonnenaufgang reicht, so gegen 6:00 Uhr.«

»Gute Nacht!«

Das Fauchen der Gaslampe erstirbt und macht der Macht der Dunkelheit und Stille der Wüste Platz.

»Du, Stefan, ich habe die gleichen Fragen gestellt, damals vor zehn Jahren, keine Panik, ich bin eben ein Klugscheißer …«

Frischer Apfelkuchen, ein Bad in der Wüste und der Kuiseb

Kurz vor Sonnenaufgang schäle ich mich aus dem Schlafsack. Natürlich ist kein Auto in der Nacht gekommen, wer sollte hier auch nachts rumdüsen, außer Wilderern vielleicht. Ich tausche die Hohlmantelpatrone bei Schmitt wieder gegen den Schrot aus.

Noch ziemlich verschlafen lege ich Feuerholz auf und stelle den Kaffeekessel auf das Feuer. Dann wecke ich Stefan. In unserem Rücken verblassen gerade die Sterne, und unter uns wird die Wüste in Dämmerlicht getaucht. Frühstücken wollen wir heute ausnahmsweise einmal bei Solitaire auf einer Farm, Kreuzung, Tankstelle und Kneipe Richtung Sossusvlei, dort gibt es immer phänomenalen Apfelkuchen, wie gesagt, mitten in der Wüste. Nur einen Kaffee genehmigen wir uns am Feuer, nachdem wir die Wüste im Lichte des Sonnenaufganges auf »Zelluloid« gebannt haben.

Während wir unseren kochenden Kaffee schlürfen und die Verwandlung der Wüste in der aufgehenden Sonne beobachten, gehe ich noch einmal auf die nächtlichen Spaziergänge und die hungrigen Augen ein.

»Auf einer früheren Tour unten bei Tinkas in der Namib ging es nach einem voluminösen Diner ebenfalls um einen kleinen nächtlichen Verdauungswalk in die Gegend. Ein Gast wollte unbedingt noch in der dunklen Wüste einen Spaziergang machen. Dazu musst du wissen, dass Tinkas im Namib Naukluft Park in der Nähe einer Wasserstelle ist und dort sämtliches Getier nachts zum Trinken kommt – und zum Fressen natürlich. Ich meinte nur zu dem Abenteurer in spe, dass er sich wundern werde, wenn ich jetzt die Taschenlampe rausholen würde, wie viele ›hungrige Augen‹ ihn sehnsüchtig anhimmeln würden. Dieser war aber unnachgiebig und wollte unbedingt alleine los.

Er war also gerade aus dem Sessel hoch und wollte loszockeln, als ich den Suchscheinwerfer lässig, von rechts beginnend, im Halbkreis streifen lasse. Rotgoldene Augen und ein böses Fauchen folgten unmittelbar: Ein Rotluchs checkte uns ab. Sein Yard hier! Damit war die Exkursion für den Touri beendet, und er ließ sich nur einfach wieder zurück in den Faltstuhl plumpsen – und damit war diese Episode erledigt.

Rotluchs (Felis caracal), *Syn.: Wüstenluchs, Karakal: Die größte von Afrikas Kleinkatzen ist ein kräftiges Tier mit hellrotbrauner bis ziegelroter Farbe. Bauch und Brust sind weiß. Charakteristisch sind die Büschel an den Ohren. Gewicht: bis 20 kg, relativ große, bis 6 cm lange Pranken. Feinde: Löwe und Krokodil. Er ist in halbtrockenen bis trockenen Baumsavannen anzutreffen und relativ selten. Laute: Schnurren und vogelähnliches Zwitschern. Tag- und nachtaktiv. Beute: Vögel, Kleinsäuger, Reptilien. Ich habe so ein Tier erst zweimal gesehen, bei Tinkas und im Kaudom. Mit seiner Größe (er reicht bis zum Knie) macht der Rotluchs schon ganz schön Eindruck!*

Ich meine, dass da gerade ein Rotluchs war, das war natürlich Zufall, nichtsdestotrotz war es aber ein gutes Timing!«

»Eine andere Story passierte viel weiter oben im Norden am Rand vom Kaokoveld auf einer Farm namens Palmwag – da kommen wir auch noch hin: Nach einer feuchten Familienfeier auf dem Zeltplatz wollte der Papa ohne Taschenlampe Sterne gucken gehen, obwohl überall Schilder herumhingen: *Achtung! Elefanten streifen nachts zwischen den Zelten zum Swimmingpool und trinken!* Na ja, der Typ stieß dann wahrhaftig gegen eine Elefantenkuh, unter der ein Kalb stand. Die Viecher sieht man im Dunkeln nämlich kaum. Die Kuh riss ihm ein Bein und den Kopf ab. Und wegen dieses Idioten wurden am nächsten Tag die Kuh und bedauerlicherweise auch das Kalb erschossen. Dumm gelaufen für alle. 1998 muss das gewesen sein, glaube ich.«

Stefan glaubt mir wieder kein Wort, das sehe ich sofort. Egal, es dauert eben etwas, bis die Leute merken, dass das hier tatsächlich »der Dschungel« ist und eigene Gesetze hat: Nämlich *seine*!

Nach dem Kaffee gibt es noch eine Einweisung für Stefan, was den Spatengang angeht (Soldatenjargon: Kacken gehen). Das Toilettenpapier darf auf keinen Fall in der Wüste herumwehen, deshalb soll er es mitbringen. Es gehört schon etwas Übung dazu, und der Beweis für einen Fehlschlag liegt ohne das den Politikern so eigene Rausreden auf der Hand. Wir wollen ja die wunderschöne Gegend nicht in ein zweites Griechenland verwandeln, in dem die Zeugen eines guten Essens in den Hackies festhängen, gell. Vergraben funktioniert meistens auch nicht, wegen des steinigen Untergrundes und Klippen darüberrollen ist auch nicht immer ohne, wegen der Viecher, die darunter wohnen. Außerdem dauert es wohl eine Million Jahre, bis das Papier bei der Trockenheit vergammelt ist. »Also gönne den Hyänen, Schakalen und anderen Koprophagen (biol.: Kotfressern) auch ein bisschen Freude«, schließe ich.

Ich fange an, den Wagen zu packen, und Stefan faltet die Dachzelte zusammen, danach verteile ich die Steine der Feuerstelle in der Gegend und verwische die Asche, damit unser Lager wieder so einigermaßen jungfräulich aussieht. Stefan kommt fluchend vom Spatengang wieder, eine Hand voll Ekel mit dem Klopapier voraus haltend.

»Wie gesagt, der Beweis liegt auf der Hand!«

»Und jetzt?«

»Die Feuerstelle ist schon weg – also Streichhölzer raus und *wusch!* weg ist es, das Papier«, sage ich und werfe ihm eine Schachtel zu. »Gut, dass wir den Wassertank und genügend Seife dabei haben«, lache ich. »Das genau ist das Wüstenleben. Auf dem Berg wird's richtig hart … da haben wir vielleicht kein Wasser zum Waschen!«

Wir entern unsere Kiste und fahren im Donkey (Südwester-Slang: Low Range = kleinster Gang im Untersetzungsgetriebe) den Pass und großen Namibrand in die Wüste hinunter, immer wieder anhaltend, um die Eindrücke zu genießen.

Die Namib ist eine Küstenwüste und gilt mit ihren 80 Millionen Jahren als die älteste Wüste der Welt. Sie ist eigentlich nur ein verhältnismäßig schmaler Landstreifen, der sich vom Olifantsfluss etwa 2000 Kilometer gen Norden bis nach Angola erstreckt. Zwischen dem Atlantik mit seinem eisigen Benguelastrom und der Großen Randstufe, die wir gerade herunterzockeln, ist sie kaum ein-

Schabrakenhyäne (Hyaena brunnea), *Syn.: Braune Hyäne, Strandwolf: Diese Hyäne sieht aus, als ob sie einen braunen, langhaarigen Umhang um die Schultern trägt. Zudem hat sie spitze Ohren. Die Beine sind braun-weiß geringelt. Gewicht: bis 60 kg. Feinde: Leopard, Löwe. Sie bevorzugt offenes Buschland mit Sträuchern und hohem Gras als Sichtschutz. Schabrackenhyänen leben in Gruppen und graben auch Wohnhöhlen. Sie sind nachtaktive Tiere. Laute: Jaulen, Schreien, Grunzen und Knurren. Beute: größtenteils Aas, auch Vögel, Kleinsäuger, Reptilien. An der Skelettküste recht häufig zu sehen und auf dem Brandberg zu hören.*

Die **Tüpfelhyäne** (Crocuta crocuta) *ist schmutzigweiß bis gelblich, mehr oder weniger gepunktet und hat einen massigen Vorderkörper. Deshalb fällt die Rückenlinie auch nach hinten ab. Die Vorderpfoten sind größer als die Hinterpfoten. Sie hat runde Ohren. Gewicht: bis 90 kg! Auch Tüpfelhyänen leben in Rudeln bis zu zwölf Tieren, die von einem Weibchen angeführt werden. Tüpfelhyänen sind nachtaktive Jäger und nehmen es sogar mit Löwen auf! Feinde: Löwe, Krokodil. Habitat: offene Buschsavanne und Steppe. Beute: Alles, und alles wird mit Haut, Knochen und Zähnen gefressen! Laute: charakteristische afrikanische »Gänsehaut«-Nachtgeräusche* Huuuuh-huuuup *zusammen mit furchterregenden Schreien und schrillem, menschenähnlichem, hysterischem Gelächter. Im Kaokoveld, Kaudom und auf Palmwag ein häufiger Gast.*

mal breiter als 200 Kilometer und liegt im Westen immer noch etwa 1000 Meter hoch. Aus den Flächen erheben sich mehrere Hügel, Berge oder unser angepeilter heutiger Rastplatz, der Vogelfederberg, ein massiver Granitklotz (Inselberg). Diese Erhebungen sind stehen geblieben, als der Rest um sie herum wegerodierte. Die Namibfläche wird von so genannten Linearoasen durchzogen, den meist trockenen Flussläufen (Südwester: Riviere) wie Kuiseb, Swakop, Omaruru, Ugab, Huab, Uniab usw., die versuchen nach Westen in den Atlantik zu fließen, was meist durch zu wenig Niederschlag oder von den Dünen des großen Sandmeeres verhindert wird. Diese Riviere halten das Grundwasser und hauchen damit der Flora und Fauna dieser Wüste Leben ein. Der Niederschlag ist in der Namib recht unterschiedlich, und es ist schwer, Schätzungen abzugeben. Es gibt Gegenden, die die letzten 20 Jahre überhaupt keinen Regen gesehen haben. Ich selbst stand 2002 mitten in der Wüste vor dem Brandberg nach einem Regen mit meinem 4 x 4 50 Zentimeter im Wasser, und der Ugab war zwei Meter tief. Einige Buchquellen nennen 7 bis 64 mm Niederschlag im Jahresmittel. Viel wichtiger jedoch sind die jährlichen 161 mm Wasser (bis zu 100 Kilometer im Inland), die durch den Nebel in die Wüste gebracht werden. Er ist die Basis des Lebens auf den Flächen der Namib.

Unten erwartet uns die blendende Wüste – in der Ferne klotzt der Svaagberg in freier Fläche. Unmittelbar überfällt uns die Hitze, und über unsere Ausrüstung legt sich ein weiß-gelber Staubfilm. Am Rand der Pad leuchtet rot eine Stinkepflanze, wie ich die *Hoodia gordonii* nenne. Wir halten an, und ich bringe Stefan dazu, sich kurz an dem umwerfenden Duft zu ergötzen. Stefan riecht, würgt und sieht mich böse an.

»Aas!«

Damit meint er zwar mich, aber die Hoodia stinkt auch nach Aas, um Fliegen anzulocken. Wir fahren weiter. Stefan, anscheinend langsam nachdenklich geworden (ob das jetzt an dem »Beweis auf der Hand« und in der Nase liegt oder nicht, steht in den Sternen), fragt mich nach den Viechern aus, und da ich natürlich nicht alles hundertprozentig weiß, antworte ich nach einer Weile: »Die komischen Platten dort hinter meinem Sitz, die nennt man Bücher, und die machen Geräusche beim Blättern, da steht alles drin. Fang doch einfach mit dem über Schlangen an, und dann auf den letzten Seiten, da sind Fotos von Schlangenbissen drin. Geil!«

Seitdem ich dieses Buch gelesen habe, bin ich natürlich erst richtig vorsichtig.

Stefan ist jetzt eine Weile ruhig gestellt, als er das Schlangenbuch durchblättert, und sieht mich öfter einmal von der Seite her an. Ich genieße das Ambiente der aufsteigenden Sonne. Es wird heißer, die Klimaanlage ist tabu. Afrika ist ein heißes Land, und Schwitzen gehört zum Feeling – Wüste (er)leben – unbedingt dazu, genauso wie dieser unvergleichliche Duft der Hitze – staubige Trockenheit. Riecht so Freiheit?

Der Apfelkuchen lockt. Die ausgezeichnete Hauptpad (C 14) führt am großen Namibrand entlang Richtung Solitaire, rechter Hand sind vereinzelt die ersten roten Sanddünen zu sehen, die das südliche große Sandmeer begrenzen, in dem Sossusvlei liegt und in dem so viele Flüsse auf Nimmerwiedersehen einfach verschwinden.

Schon bald erreichen wir Solitaire, wo wir tanken und den Morgen nach einem deftigen Gesundheitsfrühstück mit einem Stück noch warmen Apfelkuchen zum Abschluss »offiziell« machen.

Jetzt kann der Tag beginnen. Solitaire ist eigentlich nur ein Gebäudekomplex mit Tankstelle, Campingplatz in sandiger Wüste und Treffpunkt für alle Durchreisenden sowie den »News«-Austausch.

Zwei Millimeter Regen gab's nur dieses Jahr, nicht gerade viel, aber wie gesagt, das ist jetzt die Wüste. Verfallende Trecker, Pick-ups und Trucks vergangener Tage gammeln vor sich hin, Zeugen einer bewegten Vergangenheit.

Wir fahren zurück zum Pass, lassen ihn rechts liegen und fahren die C 14 Richtung Junction C 26. Beim Durchqueren des fast unsichtbaren Tsondab (Riviers) halten wir, um einem einsamen Oryx zuzusehen,

Oryx (Oryx gazella), *Syn. Gemsbock, Spießbock: Charakteristisch sind die langen, spießartigen Hörner des Oryx, die es zu einem wehrhaften Wild machen. Die Farbe ist leicht braun bis grau. Der Schwanz ähnelt dem eines Pferdes und ist schwarz. Das Gesicht ist weiß mit einer »Zorro-« oder »Panzerknacker-Maske«, die aus einem Kehlstreifen, einem Streifen von der Hornbasis und seitlich bis in die Mundwinkel verläuft. Gewicht: bis 250 kg. Feinde: Tüpfelhyäne, Löwe, Afrikanischer Wildhund. Nahrung: hauptsächlich Gras, Tsammamelonen (die Urform unserer Wassermelone* (Citrullus lanatus)), *Früchte und Wurzeln. Vor 100 Jahren gab es hier noch Herden von bis zu 8000 Tieren! Ihr Habitat sind die offenen, trockenen Savannen und Halbwüsten sowie das offene Buschfeld. Sie leben in Herden. Bullen streifen einsam auf der Suche nach einem neuen Harem umher. Laute: rinderähnliches Brüllen. Häufig zu sehen. Sehr gut auch nachts zusammen mit Zebras bei Gai-As und Aub zu beobachten.*

(Schabracken-) **Schakal** (Canis mesomelas): *fuchsähnlicher Fleischfresser. Das kennzeichnende Merkmal ist die schmutzig schwarze Rückenfärbung auf sonst rotbraungelber Färbung. Sie kommen in ganz Namibia vor, meiden aber feuchte Gebiete. Gewicht: bis 15 kg. Feinde: Leopard und Löwe. Tag- und nachtaktiv. Einzelgänger. Sie sind schlau und scheu und klauen schon einmal nicht weggeräumte Nahrung aus dem Lager oder Zelt. Nahrung: Aas, kleine Säugetiere, Vögel, Insekten und wilde Früchte. Laute: ein langes, unheimliches Nyaaaa oder gar ein Lachen na-ha-ha-ha-ha sowie das aus Cowboyfilmen bekannte klägliche Bellenheulen. Man sieht sie sehr häufig, noch öfter jedoch wird eigentlich jedes Camp von ihnen beobachtet!*

der gemächlich durch das hohe Gras der Farm »Abendruhe« streift und in sicherer Entfernung von einem Schabrackenschakal verfolgt wird. Seine Spieße, wie die Hörner genannt werden, stolz nach oben gereckt. Er gehört zum wehrhaften Wild und geht zur Not auch schon mal auf Menschen los; einen Schakal braucht er nicht zu fürchten. Ein unglaublich zähes und starkes Tier.

Es herrscht ziemlich starker Wind, der uns die Sandkörner gegen die nackten Beine weht, sodass ich das Gefühl habe, mit Nadeln malträtiert zu werden. Im Windschatten des Trucks scanne ich die offene Wüste. Rotgelber Sand, darüber wie ein leichter Schleier das vereinzelnd stehende, schon komplett verdörrte Silbergras.

Ein geschlossener Rasen heißt in der Wüste drei, vier Büschel pro Quadratmeter. Wie ein Riesengebirge erhebt sich ein Granitklotz aus der Fläche. Davor stehen verlassen drei einzelne Kameldornbäume. Indiz für Wasser und wohl oft auch schattiger Rastplatz für jedes Getier. Eine kleine Herde Springböcke grast in der Nähe dieses Ruheplatzes. Es ist Farmland, wie mir der schnurgerade Zaun beweist. Rechter Hand liegt die Farm Rostock, alles alte deutsche Namen. Irgendein Kaiser hat dieses Land verteilt, als Dank für unzählige Tote im Ersten Weltkrieg oder so, egal; alle Kriege sind gleich. Alte Männer beschließen einen Krieg. Junge Männer sterben. Mist.

Der Pflanzenwuchs ist spärlich, ganz ohne Leben ist es nicht, man muss nur raus aus der Kiste und laufen. Ich fahre von der Straße ab und parke den Truck in der Nähe einer Kolonie Erdhörnchen, die wir beobachten. Die sind kaum ängstlich und noch mehr neugierig. Putzige kleine eichhörnchenähnliche Nager, die in der Wüste umherwetzen und Nahrung suchen. Trotzdem immer darauf bedacht, sich nicht zu weit von einem der zahllosen Eingänge ihres unterirdischen Baues wegzubewegen.

»So ein kleiner Verdauungsmarsch in der Hitze schadet nicht«, beschließen wir gemeinsam. Wir lassen »unseren Kaffee in der Wüste stehen«.

Beim Pinkeln meint Stefan plötzlich: »Hast Recht mit der Natur!«

Ich grinse mir einen.

Kapborstenhörnchen (Xerus inauris), *Syn. Squirrel, Erdhörnchen: hellzimtfarben mit weißer Unterseite und weißen »Rallyestreifen« an den Seiten. Kaum sichtbare Ohren und ein buschiger Schwanz, den es während der heißen Tageszeit als Schattenspender über seinen Kopf legt. Gewicht: bis 1 kg. Feinde: Schabrackenschakal, Hyänen, Leopard, Löwe, Karakal, Adler, Schlangen. Nahrung: Blätter, Grasstängel, Wurzelknollen, Samen, Wurzeln, Insekten. Es bevorzugt weite, offene Flächen mit kalkigem Untergrund und spärlichem Gebüsch. Erdhörnchen sind tagaktiv und leben in Kolonien um die 30 Tiere in einem Tunnelsystem, das bis 1 m in den Boden reicht, weit verzweigt ist und viele Ausgänge besitzt. Laute: hohes Pfeifen (Alarmschrei) und aggressives Knurren. Wenig scheu und neugierig. Kommen sehr häufig vor.*

Eigentlich findet man immer wieder etwas von Interesse, man muss nur genau hinschauen. Alles ist unauffälliger in der Wüste – tarnfarben. Mit unseren Schlangenstöckchen schlendern wir auf einen nahen Hügel, die Sonne knallt und versucht uns die Platte durch die Hüte zu verbrennen. Ich möchte in das dahinter liegende Tal, vielleicht gibt es dort etwas zu entdecken. Überall liegt Geröll unterschiedlicher Größe herum. Es ist gleißend hell. Kaum Bewuchs, geschweige denn Schatten. Und siehe da, unten auf der Talsohle liegt direkt ein Suchbild vor mir. Ich mache Stefan auf den Kies vor mir aufmerksam, aber er hat nur GEFAHR: SCHLANGE, SPINNE UND SKORPION vor seinem inneren Auge und erkennt nicht, was ich meine. Es ist ein flügelloser Grashüpfer. Dessen einzige Waffe ist seine Tarnung, und er spiegelt uns in seiner Art Mimikry vor, dass er zu den Kieseln gehört. Aus dem Augenwinkel mache ich eine ruckhafte Bewegung aus, mein Kopf fliegt sofort herum, aber es ist nur ein Wüstenchamäleon (*Chamaeleo namaquensis*), äußerst selten. Es bewegt sich in ruckhaften Bewegungen fort, wie wogendes Gras oder Blätter im Wind. Als es merkt, dass wir es entdeckt haben, verharrt es erst, um uns unablässig mit seinen unabhängig voneinander drehenden Augen anzustarren. Dann plötzlich keift uns das kaum zehn Zentimeter lange Tier mit einem blutroten Rachen an. Zitternd vor Angst knien wir nieder und machen Aufnahmen.

»Stefan, das Ding mit den Schlangen und Skorpionen unter Steinen läuft wie folgt: Wenn ein Stein am Boden liegt und nur ein Millimeter Luft ist unter ihm zu sehen, ein Riss oder eine winzige Spalte, ist die einfachste Regel Nummer eins: Es liegt eine stinkige Mamba darunter!«

»Aber…?«

»Kennst du Lara Croft?«

»Mensch, ich habe zwei Kinder!«

»Okay! ›Game over!‹ geht, ›try again‹ läuft nicht, geh immer vom Schlimmsten aus, besser noch: Geh weg von dem Stein! Nicht anfassen, draufkloppen oder zum Ärgern draufpinkeln! In der Regel, die ich nicht mache, sind runde Löcher mehr Schlangenlöcher, ovale mehr Spinnen- oder Skorpionlöcher, aber es kann auch umgekehrt sein. Also: ›Mu ni vad ni!‹«

»Hä?«

»Nicht anfassen auf Afrikaans!«

Die Sonne schmirgelt auf unserer Haut, und wir beschließen, zum Auto zurückzugehen. Überall in dieser Schotterwüste liegen Fragmente von Bergkristallen, Halbedelsteinen und ein Sammelsurium von unterschiedlichsten Mineralien herum: eine wahre Klimax für Geologen. Wir fahren ein kurzes Stück, Stefan bestimmt immer wieder: »Anhalten! Ich muss ’ne Aufnahme machen!« Deshalb sind wir ja hier. Plötzlich und unvermittelt tut sich ein riesiger, tiefer Riss vor uns auf: der Gaub-Canyon, der später in den Kuiseb-Canyon mündet. Es ist eine abgefahrene Szenerie, wie sich in der scheinbar endlosen platten Landschaft übergangslos diese unwirtliche Gegend von tiefen Schründen präsentiert. Ich kenne eine kleine Oase, wo wir ’ne Runde schwimmen können, zumindest hoffe ich, dass zu dieser Jahreszeit noch Wasser vorhanden ist.

Wir schlängeln uns in den Canyon hinunter, und unten wird klar, wie es hier zur Sache geht, wenn es einmal irgendwo oberhalb am Flusslauf regnet. Berge von losgerissenen Wurzeln und Baumstämmen liegen vor der betonierten Brücke. Die Wucht und der Druck haben sie etwas aus der Waage gedrückt, aber das ist kein Problem. Ich folge dem Rivier mit unserem Offroader im Geländegang Strom aufwärts. Zehn Minuten später, die wir uns mit heulendem Motor durch den hohen Sand gequält haben, erstrahlt es in saftigem Grün. Hohes Schilf und grün schillerndes klares Wasser. Ein winziger, ein Meter hoher Staudamm wird es wohl noch eine gute Weile ins Jahr hinein halten. Ehe Stefan aus dem Wagen ist, liege ich schon in der lauwarmen Suppe. Herrlich. Gewusst wo! Um mich herum sind Prachtlibellen, die sich offensichtlich durch mich gestört fühlen. Stefan traut der Brühe noch nicht so ganz. Die Schlangengeschichten haben anscheinend

Eindruck hinterlassen. Im Vertrauen, irgendwo lauern bestimmt Python, Leopard und anderes Getier, aber nicht jetzt. Es ist die größte Mittagshitze, und die einzigen Lebewesen, die so blöd sind, sich zu bewegen, sind die Menschen. Also keine Panik.

Meine Annahme, dass an dieser Wasserstelle nachts »der Bär« tanzen muss, wird durch die vielen unterschiedlichen Spuren bestätigt.

Nach einem Bad, welches in der Wüste schon mehr rituellen als erfrischenden Charakter hat – das Wasser ist so um die 35 °C warm –, und einem kleinen Biltonsnack fahren wir weiter in den Namib Naukluft Park, aber zuvor geht es noch einmal über den Kuiseb. Hier wurde eine große sichere Brücke gebaut. Es ist ein riesiges Rivier, und ich erzähle Stefan meine Geschichte über die erste Nacht in der Wüste nicht weit Stromauswärts kurz hinter der Farm »Niedersachsen« am 7. Januar 1994.

Leopard (Panthera pardus): *Leoparden sind weiß bis leuchtend goldbraun mit schwarzen Punkten und Rosetten, die aus vier bis sechs Punkten in einem engen Kreis angeordnet sind. Allerdings sah ich auf dem Brandberg einen, der beigefarben mit kaum zu erkennenden Punkten gezeichnet war, mehr so wie ein junger, schlanker Löwe. Nirgendwo habe ich bislang über so ein Tier etwas Geschriebenes entdeckt. Gewicht: bis 90 kg. Feinde: Löwe und Krokodil. Bevorzugt Dickicht, Berghänge, Schluchten nahe dem Wasser. Er ist in der Nacht, frühmorgens und spätabends aktiv. Einzelgänger. Nahrung: Lauer- und Pirschjäger, von Kleinsäugern wie Klippschliefern auf der Brandberg bis zu mittelgroßen Antilopen (Springbock), die sie in die Bäume hochschleppen, wird alles gejagt. Sie ruhen tagsüber schon einmal auf Bäumen, also nicht nur auf Puffottern achten. Laute: trockenes »asthmatisches« Husten, nächtliches »Sägen«. Der ultimative Jäger und das gefährlichste Tier Afrikas neben dem Nilpferd!*

***

»Matthes und ich hatten uns mit unserem späteren Landi /9 bis hierher gequält. Nicht dass die Straße schlecht war, das Auto war es. Ein Landrover ist das einzige Fahrzeug der Welt, welches eine Garantie dafür gibt, dass man sein Ziel erreicht – früher oder später und meist nicht ohne Reparatur. Ich saß mit genauso großen Kinderaugen wie du rum und bestaunte Afrika und wie es Matthes schaffte, den Wagen auf der Straße zu halten, da er ein riesiges Spiel in der Lenkung hatte. Matthes musste das Lenkrad ständig 30 Zentimeter hin und her drehen, um nicht von der Straße abzukommen. Es war Weltuntergangstimmung, denn schwere Regenwolken hingen zum Greifen nah über dem Khomas-Hochland. Nun denn, Camping war schon immer mein Ding, und so machten wir ein herrliches Essen im Potjie am offenen Feuer. Also so ein Luxus mit Dachzelt und so war zu der Zeit noch nicht erfunden. Ich wollte ein genauso harter Kerl sein wie Matthes, der nur mit einem Schlafsack – wie alle richtigen Deutschen – unter freiem Himmel schläft – Viechzeug hin, Viechzeug her – alles nicht gefährlich, und sowieso machen wir das in Südwest immer so. Trotzdem legte Matthes seinen »Rote Tasche« (Smith & Wesson .38 S&W Special, 6 Schuss, 4"-Lauf) auf das Rad, neben dem er schlief. Ich sah mir gerade stolz ob meines Mutes die pechschwarze Nacht an, als plötzlich ein Heidenlärm etwa 100 Meter entfernt losging. Ein Leopard hetzte eine Horde Paviane durch den Canyon, bis ein schriller Todesschrei die Szenerie beendete. Mein gesamter Körper war nur eine einzige Gänsehaut. Matthes griff nur müde zu seinem Freund und wechselte die Patronen gegen Dumdumgeschosse aus, ›für alle Fälle‹, meinte er. Die Tiere sind nicht gefährlich. Aha. Ich jedenfalls schlief seit dieser Nacht nie wieder auf dem Boden nur mit einem Schlafsack, sondern auf dem Dach des Landi. Es passierte nichts, wie die letzten zehn Jahre auch, denn die Tiere sind ja nicht gefährlich … eigentlich.«

***

Ein Wildzaun und ein großes Schild markieren den Eingang des Namib Naukluft Parks, Kontrollen vor Ort gibt es nicht, es wird auf jeden Fall ein Permit benötigt, da man die Zahl der Camper in dem 50 000 km^2 großen Park in Grenzen halten will. Die Campingplätze sind markiert und limitiert. Wieder erwarten uns die weiten Flächen der Namib, nur die Pad führt geradeaus. Parallel rechts und links der Straße sind die kleinen Erdwälle, die beim Planieren der Straße stehen bleiben. Genau diese kleinen Hümpel sind es dann, die bei einem Regen das Wasser nicht von der Pad abfließen lassen. So kann es passieren, dass sich ein richtiger, heftig fließender Fluss bildet. Bricht dann das Wasser durch den kleinen Damm, entsteht ein winziges Bachbett auf der Straßenoberfläche. Trocknet später alles wieder ab, bleibt diese Vertiefung zurück. Wenn man so etwas übersieht und mit 80 km/h oder noch schneller auf der vermeintlich tollen Piste entlangbrettert und durch so einen »Dip« knallt, schaukelt sich der Wagen auf. Verreißt man dann auch noch das Steuer, ist das ein EdeKa-Fall (Ende der Karriere) und die »Offroader« überschlagen sich. Übrigens die häufigste Todesursache deutscher Touris in Namibia.

Wie kurz zuvor der Gaub eröffnet sich plötzlich der Kuiseb-Canyon vor uns. Noch tiefer und gewaltiger als der eben noch durchquerte Gaub-Canyon. Ich biege von der Hauptpad links ab, um endlich einmal wieder die Höhle zu besuchen, in der sich die beiden deutschen Geologen Henno Martin und Hermann Korn einen Teil des Zweiten Weltkriegs versteckt gehalten haben. Ich erkläre Stefan, wer die beiden waren. Henno und sein Kumpel Hermann hatten zwar fernab von der Heimat Deutschland die Entwicklung und die Unabänderlichkeit des nahen Krieges verstanden, aber nicht akzeptiert. Südwest-Afrika war zu der Zeit ja unter südafrikanischer Kontrolle (wie gesagt, den Ersten Weltkrieg hatte Deutschland ebenfalls verloren), und im Falle eines Krieges mit Deutschland würden sie als »feindliche Ausländer« interniert werden. So stellten sie fest: »Wenn es Krieg gibt, gehen wir in die Wüste« (und schrieben darüber später ein unbedingt lesenswertes gleichnamiges Buch). Im Kuiseb-Canyon beim Karpfenkliff versteckten sie sich und harrten fast zwei Jahre aus, bevor einer von ihnen schwer krank wurde und sie aufgeben mussten. Und genau zu diesem alten Lager führt jetzt ein Trail, den wir eigentlich runterwandern wollten, um diese Höhle zu besichtigen. Allein schon der Parkplatz, der direkt über dem Canyon thront, ist ein Gedicht. Leider ist das Übernachten dort verboten. Es ist ein überwältigender Anblick von der Höhe, die ja eigentlich ein Hochplateau ist, hinunter in den zerfurchten Kuiseb. Die unterschiedlichen Stein- und Sedimentformationen in Farben von Gelb über Braun zu Dunkelviolett dokumentieren eine bewegte geologische Vergangenheit der Gegend.

Die Entstehung des **Kuiseb** *(Proto Kuiseb) geht so an die 30. Mio. Jahre zurück, als er noch eine Breite von etwa 20 km hatte. Die großen Wassermassen, bedingt durch diverse Eiszeiten und häufigere Niederschläge, schnitten diesen tiefen Canyon in den Jahren durch »die geologischen Zeitalter«. Die Sandsteinformationen (Tsondab und Etjo) der farblich attraktiven Landschaft ergeben die gelben Farben, die Rehoboth-Sinclair-Sequenz und das Karpfenkliff-Konglomerat die Braun- und Violetttöne. Bei Wanderungen im und in den Kuiseb kann man eine Reise durch die Zeit machen.*

Der Kuiseb fungiert in der Namib als natürliche Grenze zwischen dem großen Sandmeer und den Schotterflächen der Namib. Die Regenfälle des Sommers spülen den Sand von den Dünen, der sich im Flussbett angesammelt hat, davon, das ist der Grund dafür, dass die Dünen den Fluss seit mehr als zwei Millionen Jahren nicht überqueren konnten. Nur an der Küste bei der Svartbank schafften sie es und formten so die roten Dünen zwischen Swakopmund und

Laub

Bei zu wenig Regen können die Wüstenbäume vermehrt Blätter abwerfen, um so einer übermäßigen Transpiration, die zu viel Wasser verbraucht, vorzubeugen.

Walvisbaai. Momentan fließt natürlich kein Wasser im Rivier, es muss allerdings in der letzten Saison gut geregnet haben. Bäume wie Tamarisken (*Tamarix usneoides*), Kameldorn (s.o.) und der Löwenbusch (*Salvadora persica*) stehen in vollem Laub und saftigem Grün.

Der schmale Pfad hinunter zur Höhle ist sehr gut zu erkennen, und ich weiß, dass sogar noch die Schlafmulden der beiden in der Höhle zu erkennen sind, trotzdem fehlt uns leider die Zeit, um dort hinunterzuwandern. Die Höhle klebt auf halber Höhe hinunter zum Canyongrund »an der Wand«. Schade, aber man kann nicht alles haben – zumindest nicht auf einmal. Wir haben noch einen ziemlichen Weg zum Vogelfederberg vor uns, und da gibt es bestimmt noch einiges zu entdecken. Wir sollten vor Sonnenuntergang dort sein, um das Licht »einzufangen«, denn das ist mitten in der Namib und damit nur 70 Kilometer von der Küste entfernt, die mit ihrem Nebel oft spektakulär farbige Sonnenuntergänge bietet. Also ziehen wir schweren Herzens weiter, denn wir wollen ja zum Brandberg. Doch zuvor krame ich aus den Tiefen unserer Bagage das eben zitierte Buch von Martin raus, um es Stefan zu schenken. Dies Buch ist eigentlich ein Muss – besonders, wenn man sowieso zufällig in der Gegend unterwegs ist.

Der Vogelfederberg

Die Namib ist an dieser Stelle platt wie das heimatliche Küstenland, wo man montags schon sehen kann, wer freitags zu Besuch kommt. Alle Viecher haben sich gerade versteckt. Durch den heftigen Wind entstehen immer wieder kleine Windhosen, »Windteufel« genannt, die wild über die Wüste tanzen. Nur ganz vereinzelt sind grüne Inseln in dem Hellgelb der Wüste zu erkennen. Dort ist etwas Regen gefallen, und ein grüner Teppich verfärbt das monotone Hell der Flächen. In einer flachen Senke überraschen wir einige Zebras, die neugierig zu uns herüberspähen und auf so einem »Namib-Golfplatz« äsen. Wir halten an. Es sind Bergzebras (Hartmanns Bergzebras), die wie Pferde mit einer Speziallackierung aussehen, wenn auch nicht schwarz-weiß, sondern ocker-schwarz gestreift. Ich erkläre Stefan, dass die Zebrasteaks, die wir mit dabei haben, je nachdem, ob das Fleisch unter einem weißen oder schwarzen Streifen lag, mehr oder weniger zäh seien. Das Fleisch unter den schwarzen Streifen sauge mehr Sonne auf und sei somit zarter, weil vorgekocht. Er sieht mich unsicher an. Leider zucken meine Mundwinkel verdächtig. Der Witz ist, dass viele die Story glauben. Es sind Stefans erste Zebras in der freien Wildbahn, und so besteht seine Welt momentan nur aus dem Tunnelblick durch das Okular der TV-Kamera. Dadurch verpasst er leider die Strauße, die von rechts über die Fahrbahn schießen. Sie rennen exakt wie der Tyrannosaurus Rex aus dem Film »Jurassic Parc«. (Die Motorik für die Kunst-Dinos ist in der Tat diesen langbeinigen Laufvögeln entlehnt worden.) Riesenteile, diese Vögel, und das sieht so extrem dämlich aus, wenn sie sich im vollen Lauf mit fast 50 km/h in die Kurve legen. Der kugelförmige Rumpf scheint dann aus der Kurve getragen

Hartmanns Bergzebra (Equus zebra hartmannae): *Die »Speziallackierung« dieser Tiere macht sie bekannter als unseren Bundeskanzler. Vom normalen Steppenzebra (*Equus zebra zebra*) unterscheiden sie sich dadurch, dass die Streifen deutlich an den Beinen bis zu den Hufen herunterlaufen, außerdem haben sie keine blassen Zwischenstreifen zwischen den schwarz-weißen. Sie leben in Gruppen beisammen, nehmen gerne ausgiebige Sandbäder und ruhen in der Regel über Mittag im Schatten von Bäumen. Gewicht: bis 300 kg. Nahrung: Blätter, Baum- und Strauchknospen, Gräser, die sie aus dem Boden ziehen und nicht abbeißen. Sie schütteln dann den Sand ab und fressen die Wurzel mit, die in der Regel mehr und länger Wasser speichert als der Rest der Pflanze. Feinde: Tüpfelhyäne, Löwe, Leopard. Laute: Schnauben und ein schriller Warnruf. Relativ häufig zu sehen in Namibia.*

zu werden, die Beine und der vergleichsweise winzige Kopf verbleiben auf einer Linie, während der schwere Körper schwerkraftmäßig zur Seite driftet. Ich stupse Stefan an, der überrascht aufkeucht und sofort die Einstellung wechselt. Nur 15 Meter vor uns schwebt die Straußenfamilie im vollen Trab über die Pad.

Trotzdem ist vergleichsweise wenig Wild unterwegs. Selbst unter den Kameldornbäumen der Senke mit Rastplatz »Kriess se rus« stehen keine Zebras. Ein kurzer Rundgang zeigt uns, dass die sonst so verbrannte Erde in dieser flachen langen Senke doch ein wenig Wasser bekommen hat in der letzten Regenzeit.

Kriess se rus: *Name eines früheren naturliebenden Einwohners von Swakopmund.*

Die unteren Stängel des Silbergrases sind noch grün, und die zusammengewehten Samen an den Büschelbasen zeugen von einer guten Frucht. Recht deutlich kann ich die Abflussrinnsale erkennen – noch hat kein Sandsturm alles verweht. Im weichen Sand dieser Senken krabbeln die mir bestens bekannten, schwarzen dicken Käfer mit den langen Beinen umher – immer einer vorweg und ein anderer hinterher. Paarungszeit ist angesagt bei den *Physosterna,* den dicken Tageskäfern mit dem knubbeligen Panzer. Ich hebe einen auf und lege ihn Stefan auf die Hand. Er hat keine Angst. Gut.

»Irgendwann einmal zu Weihnachten hatten wir in der Nähe bei der Blutkuppe einen Gänse-Weihnachtsbraten mit Rotkohl und Kartoffeln zelebriert, da haben wir mit den Viechern Rennen veranstaltet.« Ich knie nieder und greife mir einen: »Komm, mal sehen, wer gewinnt!«

Die Käfer haben allerdings andere Pläne und laufen in entgegengesetzten Richtungen.

»Schlangen?«, fragt Stefan.

»Ich glaube, keine Kobras mehr, aber Sandvipern (*Bitis peringueyi*) könnte es hier geben, das Gift ist in der Regel nicht tödlich, tut nur weh, und die gebissene Stelle wird dick, denk an Lara Croft: besser immer mit allem rechnen! Manchmal, wenn der Wind nicht die Spuren verweht hat, kann man sie entdecken, indem man die Spuren verfolgt. Sie liegen dann unter dem Sand versteckt.«

Ich deute auf eine weiße Eidechse, die einen »Sonnentanz« veranstaltet. Sie hebt immer abwechselnd ein Vorderbein und ein Hinterbein hoch, um so wenigstens zwei Flunken zu kühlen.

»Viel gefährlicher sind die unter dem Sand versteckten Kameldornbaumdornen.« Ich hebe einen Ast auf und halte ihn hoch. »Die gehen glatt durch die Fellisohlen durch. Einmal nagelte ein Dorn meinen Fuß im Schuh fest und brach ab, sodass ich den Schuh nicht mehr aus bekam. Matthes musste das Teil mit der Leathermanzange herausreißen. Reichlich Schmerzen mit Humpeln für 'ne Woche!«

Sandvipern (Bitis peringueyi), *Syn. Sidewinder: Sie kommen in der Namibwüste bis Süd-Angola vor und erreichen nur eine Länge von 20 bis 30 cm. Leben hauptsächlich in Wanderdünen. Der Körperbau ist stämmig und untersetzt – puffottermäßig; eher wie eine Pygmäenpuffotter. Auffällig ist der sehr kurze Schwanz mit der schwarzen Spitze, die unter dem Sand hervorlugt und sich als Köder bewegt. Die Körperfärbung variiert zwischen graugelb und rotgelb. Auf dem Rücken befinden sich drei Reihen schwarzer Flecken mit verschiedenen Formen. Auf der porzellanweißen Bauchseite sind sie rotbraun bis dunkelbraun getupft. Sie bewegen sich sehr flink durch seitliches Winden fort und hinterlassen dabei Spuren, die parallelen Linien gleichen. Das Einwühlen beginnt unter seitlichen Schaufelbewegungen der Bauchschilde am Schwanz, setzt sich zum Vorderkörper fort und endet am Kopf. Tagsüber halten sie sich meist im Sand verborgen. Dabei kann man nur die Augen, Nasenöffnungen und gelegentlich die Schwanzspitze sehen. Bei Gefahr zischen sie laut und beißen blitzartig zu. Das Gift ist ein Hämatoxin – ein Blutgift, das nicht besonders giftig ist, dafür aber unglaublich weh tut. Als Nahrung dienen Echsen, Geckos und Nagetiere.*

Auf unserem Rundgang finden wir noch ein von Hyänen angekautes Springbockhorn. Wenn man solche »left overs« findet, ist es in der Regel eine ergiebige Regenzeit gewesen, ansonsten bleiben nur die von den Hyänen wieder ausgekackten Zähne von einem Springbock über.

Richtung Vogelfederberg ist das Land jedoch komplett ausgedörrt, und kein grüner Grashalm ist mehr zu sehen. In der Ferne »schweben« in wabernder Hitze wieder einige schwarze Kugeln über die weiße Wüste – Strauße (*Struthio camelus*), denen die Hitze auf diese Entfernung scheinbar die Beine gestohlen hat. Stefan döst vor sich hin, und ich genieße die Weite und natürlich die Pad ohne Verkehr, der ist nämlich gleich null.

Die Sonne hat die Nasenschleimhäute vollkommen ausgetrocknet und brutzelt im Führerhaus auf meiner rechten Schulter und dem Oberschenkel. Mein Schweiß sickert durch den Sitz. Ich tanke literweise Rooibos Tee (Rotbusch Tee (*Combretum apiculatum*)) in mich rein, Stefan sitzt im Schatten.

Auf den ersten Blick sieht die Wüste um uns herum einfach platt aus, doch ich weiß, dass überall Leben in den »unsichtbaren« Senken und winzigen Rivieren herrscht, das in der Nacht erwachen wird. Linker Hand ein anderer Granitklotz in der Ferne, der

Chungochab. Es ist nicht mehr weit zum Vogelfederberg. Ich wecke Stefan, dem tatsächlich die Gesichtszüge entglitten sind. Ja, für manche Leute ist das alles hier einfach Nichts, und nichts macht so müde wie das Nichts. Ich erinnere mich an den Zeitungsartikel und schüttele den Kopf.

Ein kleiner Granitrücken erscheint, und die schnurgerade Straße macht einige gefährliche seitwärts abschüssige Kurven. Immer schön links bleiben, es hat schon etliche Unfälle gegeben.

Am höchsten Punkt dieses nur 50 Meter hohen, in dieser platten Gegend mächtig erscheinenden Passes stehen einige abgefahren aussehende Bäume, deren Stämme so weich sind, dass man ein Loch hineintreten könnte. Die Stämme verzweigen sich nach oben hin immer weiter, sodass es im Dunkeln aussieht, als ob sich eine Hand dem Himmel entgegenstreckt. ||garas nennen ihn die Khoekhoegowab oder übersetzt Köcherbaum (*Aloe dichotome* [lat. verzweigt]), weil die verfaulten alten Bäume die äußere Rinde wie ein Rohr stehen lassen und die San daraus ihre Köcher für die fies vergifteten Pfeile bauten. (|| – war das Ding mit der Zungenspitze, die seitwärts an die rechten Backenzähne gebracht und knallend gelöst wird, Seite 59). Und dann, Mensch, da ist er wieder! Dieser rosa blühende Busch, dem ich vor fast genau zehn Jahren den Namen »der brennende Busch« gegeben habe, frei nach der Bibel: genau der »brennende Busch«, der Moses in der Wüste alle Fragen beantwortet hat. Damals vor zehn Jahren brauchte ich einen »brennenden Busch«, denn auch ich hatte so viele Fragen. Die sind zwar bis jetzt noch nicht weniger geworden, aber ich finde die meisten Antworten selbst, da ich den Trick von Moses nicht wirklich drauf habe. Außerdem weiß ich jetzt, dass der »brennende Busch« ein Flügelfruchtstrauch (*Phaeoptilum spinosum*) ist – ja genau, wie langweilig! Dieser Strauch fällt – wie mir – den meisten nur auf, wenn er blüht, und er gehört zur Familie der wohl allen bekannten Bougainvillea. Zum Üben noch der Damaraname: ||aris oder ||kharwis – iiiihhhh, wie gemein.

Die Karawane zieht weiter, und wir halten erst wieder in der immer noch flachen mit weißem Gips-Schotter ausgelegten Wüste an einem nur zwei Meter hohen Riff, welches die Pad im rechten Winkel durchschneidet. Ein schwarzes Band bis zum Horizont in der weißen Wüste. Überbleibsel des Basaltbodens des einstigen Damarameeres, welches hier vor Äonen existierte: Allerdings, und das ist das Faszinierende an dieser Ridge, muss es durch tektonische Kräfte im rechten Winkel geknickt worden sein, deshalb steht der witterungsresistente Basalt jetzt als schwarzer Zeuge im »weißen Meer« der Wüste.

Direkt an der Pad steht immer noch der einsame *Commiphora*-Baum (Balsambaumgewächse). Wie immer ohne Blätter – manche Dinge verändern sich halt nie …

> *Diese* **typischen Schotterflächen** *der Namib sind Gips- und Kalkkrusten (Calcrete), die den Ursprung ihrer Bildung im nahen Meer haben. Zur Gipsbildung (Ca SO_4 * $2H_2O$) wird Sulfat (SO_4^{2-}) benötigt, welches aus dem Meer kommt. Bei der Zersetzung biogener Stoffe am Meeresboden wird unter anderem Schwefelwasserstoff (H_2S) frei und kann manchmal sogar als Schwefeleruptionen mit dem üblichen Gestank von verfaulten Eiern an der Küste beobachtet werden. (Das ist recht häufig und auch später noch erkennbar an dem gelben Schaum am Strand). Zusammen mit dem häufigen Nebel (Wasser) wird der Schwefel ins Landesinnere getragen und reagiert zu Gips bzw. Kalkkrusten, die die Namib bis zu 4 m Mächtigkeit bedecken.*

Links, weit voraus, schiebt sich vorsichtig der Vogelfederberg über die Kimm. Erst nur als winziger dunkler Streifen in der weißen Fläche, dann aber unmissverständlich als Fakt, der nicht mehr zu übersehen ist. Ein 80 Meter Doppelkoloss aus Granit, der die Erosion bislang überlebt hat – unser Lagerplatz für heute Nacht. Um uns herum gibt es bis an den Horizont in jede Richtung nur die Wüste. Die Straße führt schnurstracks 500 Meter an ihm vorbei. Ein kurzer Abzweig, und wir sind da. »Permit required« steht an der Pad; wir haben einen! Wir umkurven die beiden massigen Granitteile, um uns einen günstigen Lagerplatz zu suchen, und beschließen, ganz oben unser Camp einzurichten. 45° Steigung, der 4 x 4 macht da noch lange keine Zicken. Knirschend schiebt sich der Wagen im Donkey die Granitplatten hinauf. Direkt unter der Kuppe hat sich durch die ständigen mineralhaltigen Südwestwinde und die täglichen immensen Temperaturunterschiede durch Windschliff eine Höhle gebildet, und genau dort schlagen wir unser Lager auf. Ich parke unsere Karre neben einem einsamen Baum, der genau dort unter dem natürlichen Dach steht, wo bei Regen das Wasser vom »Dach« heruntertropft. Wir kleben jetzt wie in einem Schwalbennest über der Wüste. Ein Logenplatz in der ersten Reihe, ganz ohne Fernsehgebühren!

Ich strecke mich erst einmal und gähne ausgiebig, dann gebe ich Entwarnung für Stefan, der vorsichtig über unseren Lagerplatz stakt und angriffslustige Viecher sucht.

»Hej, Mann, wir sind fast alleine, Schakale vielleicht, sonst wird kaum etwas herumkriechen … denk an die Six-Eyed-Spinne«, ergänze ich gehässig.

Schnell sind die Zelte aufgeklappt, die Utensilien aus dem Wagen geräumt und entsprechend aufgebaut, dann machen wir uns für einen »Zug um die Häuser« zurecht: Sonnenbrille, Hut und den 15-kg-Ortlieb-Kamerarucksack. Volles Programm steht auf dem Plan: Expedition, bis der Arzt kommt, und überall herumkriechen, bis die Sonne verschwindet; erst dann ist Lagerleben angesagt. Wir zockeln los, kommen aber kaum voran, da es überall Neues zu sehen gibt. Gleich hinter unserem Lagerplatz im Halbdunkel der nächsten Höhle entdecke ich einen Eulenschlafplatz und Fledermäuse, die in einer Felsspalte unter der Decke hängen. »Heute Nacht müssen wir die Zelte zumachen: Vampire!«, frotzele ich herum.

Wir steigen zur ebenen Fläche der Wüste hinunter, und die losen Granitschuppen, die sich durch die Jahrmillionen dauernde Erosion gebildet haben, knirschen unter unseren Füßen, ansonsten herrscht eine Totenstille. Ich latsche wie immer barfuß umher und genieße die raue Struktur des Granits. Sie wirkt wie eine Fußreflexzonenmassage. Die Sonne brennt gnadenlos auf uns herunter. Unten an der Basis dieses Riesenklotzes liegt der erodierte Schottermüll (Exfoliation) in Haufen, und ich sehe jede Menge Geckos und Eidechsen umherflitzen. Ich meine nachdenklich zu Stefan, dass wir doch besser auf Schlangen aufpassen sollen, wegen der Geckos. Ich erwarte keine Kobras, aber die Namib-Sandschlange (*Psammophis leightoni*) oder so etwas in der Art könnte es hier geben.

Exfoliation *ist eine Verwitterungsart von Granit, die auf der unterschiedlichen Struktur des Granits basiert. Durch die Hell-/Dunkel-Maserung wird der Stein unterschiedlich durch die Sonne aufgeheizt, entsprechend unterschiedlich kühlt er ab, dehnt sich aus oder zieht sich zusammen. So passiert es, dass sich ganze Platten des Steins ablösen.*

Unten an der Basis des Trumms, dort, wo das Wasser oder die Feuchtigkeit des Nebels im Wüstensand versickert, sind einige Büsche wie der in der Nebelzone übliche Blumenkohlbusch (*Salsola tuberculata*) und die Bleistiftpflanze (*Arthraerua leubnitziae*) vorhanden, und zwischen ihnen laufen Käfer in den abenteuerlichsten Konstruktionen herum. In einer nur millimeterbreiten Felsspalte blüht eine mir unbekannte Pflanze mit winzigen gelbroten fünfstrahligen Blüten.

»Hm, verholzter Stängel, ein Strauch? Abgefahren das Ganze«, murmele ich mir in den Bart. »Irre, wie das Leben sogar hier immer wieder einen Weg findet.«

In den letzten Jahren musste ich immer wieder Diskussionen mit Mitreisenden führen, was denn so Besonderes an so einer blöden Pflanze sei, oder sie trampelten ignorant souverän alles nieder – nur Elefant, Löwe und Rhinozeros zählten. Stefan allerdings kauert neben mir und taxiert interessiert dieses einzige blühende Kleinod im Nichts. Damit hat er meine Hochachtung, denn ich kann mich auch an den kleinen Dingen des Lebens erfreuen, außerdem laufen Pflanzen nicht weg! Ich meine, einen Elefanten zu sehen ist keine Besonderheit, aber so etwas Winziges wie das hier überhaupt zu registrieren …

Ich fühle mich wie Livingstone (David Livingstone, 1813–1873), als ich da so herumkrieche und Interessantes suche, oder vielleicht doch eher wie ein Student, der auf die wichtigsten Fragen nicht verzichten will.

Langsam kommt Wind auf, der sich bedenklich zu einer strammen Brise entwickelt. Hoffentlich kein Sandsturm, denke ich, der würde uns in dieser Ecke kalt erwischen, doch der Windmesser bleibt bei Windstärke 6 stehen.

Wir stehen plötzlich vor der Höhle, in der ich mein zweites Camp überhaupt in Namibia verbracht habe, damals nach der läuternden Nacht mit dem Leoparden und den Baboons, mit Matthes und dem alten Landi.

Wir setzen uns auf die rauen Platten und starren in die Unendlichkeit, als ich loslache und Stefan eine witzige Kurzgeschichte dieses damaligen Abends erzähle.

»Also, als Matthes und ich nach getanem Tageswerk da so satt und zufrieden in der Höhle am Feuer vor uns hin verdauten, hörte ich direkt neben mir ein leises Geräusch. Matthes konnte es nicht hören, da er auf der anderen Seite des Feuers saß und scheinbar einen Elefantenoberschenkelknochen verdaute oder mit offenen Augen pennte. Meine Nackenhaare stellten sich auf, und alle Nerven lagen blank. Vor meinem inneren Auge hing ein Zettel: Mamba, Speikobra, und jetzt bist du tot! Ätsch!

Jedenfalls behielt ich die Nerven und drehte unendlich langsam meinen Kopf, um die vermeintliche Schlange nicht zu reizen. Ich wollte die Schlange sehen und sah … eine Wüstenspringmaus, kaum fünf Zentimeter groß! Erleichtert ließ ich die angehaltene Luft wie aus einem Dampfkessel entweichen. Ich wedelte mit der Hand, um sie zu verscheuchen, aber das freche Vieh ließ sich überhaupt nicht bei ihrem Mahl zwischen unseren Resten stören. So stand ich auf, und was tat das Tier? Diese Maus stellte sich tatsächlich ebenfalls auf die Hinterbeine, nahm beide Vorderpfoten hoch und fauchte mich an. Ja, der Anschiss lauert eben überall. Eigentlich müsste unser Gelächter selbst nach zehn Jahren noch in der Wüste kreisen.«

Stefan und ich erneuern es auf jeden Fall.

»Ich plumpste wieder zurück auf meine Kiste, die Maus knabberte weiter an unseren Resten herum. Ich stand wieder auf, und sie stellte sich wieder auf die Hinterbeine, mich anfauchend, also ließ ich sie zufrieden weiterfressen. Irgendwann war sie verschwunden.«

Wir wandern weiter und umrunden den anderen massigen kuppelförmigen Granitklotz. Eigentlich wollen wir noch da rauf, aber viel Zeit bleibt nicht mehr, denn die Sonne steht schon bedenklich tief, und so kraxeln wir von der Rückseite her unseren Brocken rauf Richtung Lager. Oben auf dem Grat fliegen uns die Schweißtropfen um die Ohren, so stark ist der Wind geworden.

»Egal, das wird ein genialer Sonnenuntergang, baust du die Kameras auf, ich hole die Sundowner?«

Wenig später sitzen wir beide zusammen und doch jeder für sich allein mit einem Stativ zwischen den Beinen, den Auslöser in der einen Hand, den Sundowner in der anderen, auf einem 80 Meter hohen Granitknubbel mitten in der Namib und genießen den unbeschreiblichen Sonnenuntergang, der in allen Farben des Spektrums buchstäblich explodiert.

Beladen mit unserem Krimskrams und den leeren VA-Bechern, trotten wir zurück zum Lager. Wir sind die Einzigen an dieser offiziellen Campingstelle geblieben, und die Chance steht gut, dass dies auch für die nächsten 100 Kilometer in jede Richtung der Fall ist. Während Stefan den Knorpelbrechertisch aufbaut und ihn deckt, mache ich das Feuer an. In der Wüste wird wieder ein einfaches Essen zur Freude aller Vegetarier bereitet: Straußenfilet, denn wir essen die Tiere, die den Vegetariern das Grünzeug wegfressen. Doch erst kommt ein kühles Anlegerbier, denn die Latscherei hat Durst gemacht. Man merkt gar nicht, dass die Luftfeuchtigkeit in der Wüste um die 5 % liegt, und so verliert der Körper bei jedem Atemzug eine Menge Wasser. Alkohol ist zwar nicht der richtige Ersatz, aber wenn man genug Wasser dazu trinkt, geht das schon. Das Feuer kommt schnell in Gang, wir diskutieren die Beilagen zum Steak und bleiben bei Curry-Gemüsereis stehen. Also dann ...

Der Reis ist fast fertig, und ich lege die Straußensteaks auf den Grill, die brauchen nur je Seite zwei Minuten und werden so zusammen mit dem Reis fertig. Dieses zarte Fleisch ohne Cholesterin ist ein wahrer Genuss, und wir lassen uns das Essen nach einem anstrengenden heißen Tag in der Wüste schmecken, während sich um uns herum die Nacht über die Wüste legt.

Der Wind ist mittlerweile eingeschlafen, und die Gaslampe faucht vor sich hin. Das Himmelszelt spannt sich generös und klar über uns auf. Die »Vampire« schwärmen zirpend in der Gegend rum, weit, weit weg jault schaurig ein Schakal wie aus einem kitschigen B-Movie. Der hat uns schon erspäht, geht mir durch den Kopf.

Wir schweigen einen Moment.

»Komm, lass uns mal die Biere mitnehmen, wir steigen noch einmal auf die Kuppe hoch. Sterne gucken und was sonst noch so auftaucht.«

Als ich mir die Tasche mit Schmitt schnappe, flackern Stefans Augen schon wieder verdächtig.

»Keine Panik, aber selbst hier bleibt keine Waffe im Lager liegen. Nie nich' und überhaupt gar nicht!«

Heute ist die Sicht noch besser als gestern, denn wir stehen auf einem Hügel in der Wüste, dem einzigen weit und breit.

Wir hocken uns hin und beobachten mit unseren Test-Ultravid-Ferngläsern (10 x 42, Leica) die Sterne. Stefan kriegt sich gar nicht mehr ein, der Schakal jault wieder. Viel näher, und mir fällt ein: *Das* ist Natur!

Die Nacht verläuft ruhig, ich höre zwar den Schakal unter dem Wagen nach Resten suchen, aber das gehört dazu. Nicht der Rede wert.

Verrostete Dünen und Pferdeskelette

Schon wieder sind wir vor dem Tagesanbruch aus den Schlafwürsten raus, um die Sonne »anzubeten«. Oben auf der Kuppe erwarten wir den Sonnenaufgang; zuvor habe ich das Feuer wieder in Gang gebracht und den Kessel draufgestellt. Die Sonne wird über dem großen Namibrand aufgehen, und nichts trübt den Blick in diese Richtung. Mit dem Hellerwerden frischt der Wind auf, und als sich schließlich die Sonne über die Kimm schiebt, bläst uns eine ganz schöne Brise ins Gesicht. Die Sonne taucht in einer Sekunde zur anderen die gesamte Wüste in flüssiges Gold. Für mich ist es nach zehn Jahren Afrika wieder das erste Mal, dass ich mich bewusst nur auf dieses Ereignis konzentrieren kann, ohne andere Dinge verrichten zu müssen. Leider sind es nur wenige Minuten, in denen das Licht diese Klarheit und Brillanz verschwendet: Dann bricht das beißende helle Licht durch, welches die Konturen und Kontraste verwischt.

Wir haben schon gestern Abend beschlossen, auf ein afrikanisches Gesundheitsfrühstück zu verzichten, und machen nur eine Dose Dickmilch, gemischte Früchte und Wittbrix, eine Art Pressmüsli, auf, dazu Kaffee, in dem der Löffel steht. Beim Mampfen besprechen wir den Tag und beschließen, eine Marathontour direkt zum Brandberg zu machen, ohne das Snowboard auf den Dünen auszuprobieren und in Swakopmund meine Freunde »anzulaufen«. Das würde uns zu viel Zeit kosten, zu viel von unserem eigentlichen Vorhaben ablenken, und wir sind beide ziemlich heiß auf den Berg. Die Dünen und Swakop laufen uns nicht weg, alles nach dem Brandberg, dann können wir dort unsere Wunden lecken.

Das Lager ist schnell zusammengebaut, und ich sehe gerade noch, wie Stefan zum Spatengang Richtung Klohäuschen unten an der Felsbasis verschwinden will.

»Weißt du, wo ich mich verstecken würde, wenn ich als fieses Tier in der Wüste überleben müsste?«, rufe ich ihm hinterher.

»Hä?«

»In einer schönen trockenen Höhle mit einem dunklen fantastisch riechenden Loch in der Mitte!« Unsicher sieht sich Stefan um: »Wo denn?«

»Egal, ich meinte nur, wo ICH mit Sicherheit nicht hingehen würde! Einmal lag in so einem Klo nämlich eine Zebraschlange drin und konnte nicht weg, weil das Klo falsch gebaut worden ist – unten zu, und da hätte es fast den Hartmut erwischt, aber hier gibt es keine Zebraschlangen!«

Stefan stakt in einer andern Richtung in die Wüste davon – mit freier Sicht für freie Bürger. Das mit dem Beweis auf der Hand klappt schon besser. Routine spielt sich ein – nach zwei Tagen. Klasse.

Langsam fahre ich im Donkey die glatten Granitplatten zur Pad hinunter. Sollte der Wagen ins Rutschen kommen, knallt er unten an der Basis des Granits auf, und das gibt Kak. Ich bitte Stefan, den Freiraum zu checken, und er liegt neben dem Wagen auf dem Boden. Kein Problem. Ein letzter Blick und stiller Dank an unsere Lagerstelle, die uns so schön beherbergt hat, und wir biegen auf die Zielgerade der Hauptpad Richtung Küste ein.

Der Vogelfederberg liegt etwa 70 Kilometer von der Küste entfernt, die in diesem Bereich der Namib das Klima bestimmt. So hat die Küste indirekt diesen »Berg« geformt. Fast ausschließlich starke südwestliche, relativ kalte Winde werden unter die warme Wüstenluft gedrückt, sodass sich Inversionsschichten (Trennschichten zwischen unterschiedlichen Luftkörpern) bilden, die eine Vermischung der beiden Luftmassen verhindern. Dies wäre wiederum notwendig, um Niederschläge hervorzubringen. An deren Stelle treten die häufigen, dichten Nebel. Morgens ziehen diese Nebel oft bis zu 50 Kilometer in die Namib (ich sah sie sogar schon in der Hungorob-Schlucht am Brandberg und auf dem Huabplateau bei Gai-As, und das liegt 120 Kilometer Inlands). Dieser Nebel verdunstet durch die Sonne bis spätestens mittags, und in dieser Zeit müssen alle Lebewesen in der Namib ihr Lebenselixier – Wasser – daraus beziehen.

Durch den vermehrten Nebel und die damit zumindest morgens verbundene Feuchtigkeit wird die Vegetation um uns herum wieder häufiger, allerdings sehe ich aus dem Auto nur den Blumenkohlbusch.

Schon nach kurzer Zeit tauchen die Spitzen des bis zu 200 Meter hohen und acht Kilometer langen roten Dünengürtels von Walvisbaai bis Swakopmund vor uns auf und wachsen ständig in die Höhe. Es sind Dünen, die auf der Wanderschaft vor dem beständigen Südwestwind vom Großen Sandmeer um Sossusvlei gen Norden sind. Der Kuiseb konnte sie nicht mehr aufhalten, und jetzt stehen sie vor dem Swakop-Rivier und Swakopmund. Die rote Farbe rührt vom hohen Eisenoxidanteil auf den Sandkörnern her; ein »Verrosten« der Sandkörner, wenn man so will. Die unregelmäßigen dunklen Schattierungen auf der Dünenoberfläche hängen wiederum mit dem Magnetitanteil oder/und Schwermetallanteilen im Sand zusammen.

Ich biege vor den Dünen rechts auf eine schlechte Pad ein. Sie ist nicht in die Karten eingezeichnet, quert rüber zur C 28. Auf den Kuppen erkennen wir, wie eine lange Sandfahne davongetragen wird. Da oben wird man ganz schön »sand blast« (Südwesterdeutsch: sandgestrahlt), es weht ein höllischer Wind aus Ost. Der Albtraum eines jeden Autobesitzers hier in der Wüste. Wenn man in einen Sandsturm kommt, ist das Auto hinterher sandgestrahlt und die Scheiben matt. »Wir machen besser, dass wir wegkommen«, sage ich zu Stefan. Als wir allerdings schon fast an den Dünen vorbei und auf Höhe von Swakopmund sind, kann ich es mir nicht verkneifen nach links mitten in die Dünen hinein zum Pferdefriedhof zu fahren. Wir lassen die Luft aus den Reifen, denn die »Spur« besteht nur aus metertiefem roten Sand. (Viele denken, dass die Luft abgelassen wird, damit der Reifen dann dicker, sprich breiter wird, doch das ist falsch. Der Reifen liegen dann einfach nur länger auf!) Ich drehe die Hubs rein (Verdrehschalter an den Vorderradachsen, die den Vorderradantrieb zuschalten), und mit 5000 U/min heult unsere schwer beladene Kiste in die Dünen. Stefan sieht mich entsetzt an, als der Wagen schreit und vibriert, aber die Umdrehungen brauche ich, um die 30 bis 40 Grad steilen Dünen mit Schwung hochzubrettern, sonst wühle ich mich ein. Es ist zwar noch morgens, doch unten zwischen den Dünen ist es völlig windstill und schon kochend heiß wie in einem Parabolspiegel. Einen Weg gibt es bei dem Wind nicht; er ist buchstäblich vom Winde verweht. Stefan will den deutschen Macho-Traum eines jeden Geländewagenfahrers im Film festhalten, denn bei uns zu Hause wird der Statuswagen aller Jäger und Pferdebesitzerinnen ja meistens gerade einmal für eine Fahrt zum Eiscafé genutzt – sofern der Parkplatz befestigt ist.

Stefan steigt aus, und ich fahre von dannen: Der Sand fliegt meterweit von allen vier Rädern in die Luft, und der Motor schreit weiter vor Schmerzen. Wild gestikulierend kommt Stefan über den Sand hinterhergehüpft. Ich grinse, doch er schimpft wie ein Rohrspatz. Die »Südwest«-Schuhmacher haben nämlich bei der Konstruktion der Fellis einen hinterlistigen Fehler eingebaut: die Nieten. Böse Falle bei Sandtemperaturen über 80 °C. Selbstverständlich brennen diese Nieten dem gemeinen Deutschen Löcher in den Pelz. Aber, hej, warum sollte es Stefan besser ergehen als mir und allen anderen Neulingen? Ich habe schließlich die gleichen Brandmale! Stefan zieht die Schuhe aus und zeigt mir mit schmerzverzerrtem Gesicht die roten Löcher in der Haut. Ich hebe meinen linken Fuß auf das Armaturenbrett und weise auf die dunklen, zehn Jahre alten Narben. Wir grinsen beide, als er mich Arschloch nennt.

Ich halte Ausschau nach der Damara-Seeschwalbe (*Sterna balaenarum*), die hier irgendwo brüten soll. In den letzten zehn Jahren war mir das Glück, sie zu sichten, nur zweimal hold – kein Wunder, von der Spezies gibt es angeblich nur noch 2000 Exemplare. Der Motor kreischt, und wir schieben uns schlingernd mit platten Reifen (1 bar) durch das kochende Sandmeer, bis wir endlich hinter einer Düne die ausgeblichenen Knochen der Pferdekadaver in der Sonne liegen sehen.

»Dash wäscht so weiß, weißer geht's nicht!«, kommentiere ich die makabre Szenerie. Es ist immer wieder ein gruseliger Anblick, die Skelette von den Viechern mit dem Loch in der Stirn zu sehen. Stefan steigt jetzt vorsichtiger aus und stakt im kochenden Sand herum, ohne dass der Sand die Nieten berührt.

Nachdem wir genug geschwitzt haben, eiern wir mit den platten Reifen durch die Dünen zum Strand und springen am Lang-Strand ins eisige Wasser, um den Sand abzuwaschen. Meine rechte Schulter ist durch die permanente Besonnung im Auto trotz der Sonnecremen krebsrot und unser beider Nasenschleimhäute trotz Nasenöl nur noch rohes Fleisch, wie mir

Pferdefriedhof

Im November/Dezember 1915 sind 1695 oder 1694 Gäule und 944 Maultiere der südafrikanischen Truppen in den Dünen erschossen worden. Sie hatten eine bakterielle Pferdeseuche (Pseudomonas mallei)*, und man wollte nicht, dass sämtliche Pferde in Deutsch-Südwest angesteckt werden. So nietete man sie eben einfach um, was die runden Löcher in den Totenschädeln belegen. Fast hundert Jahre waren sie unter den mächtigen Sanddünen verschwunden, bis ein Sandsturm sie wieder freigab.*
Die ewiggestrigen Deutschen in Namibia beharren allerdings darauf, dass es sich um die Pferde der Deutschen Schutztruppe handelt. Allerdings sind nie so viele Pferde der Schutztruppe in Swakopmund gewesen, und die meisten Schutztruppen hatten sich zudem zu diesem Zeitpunkt schon aus Swakop abgesetzt. Außerdem spricht gegen die deutsche Theorie, dass die Pferde erst ein halbes Jahr nach der Unterzeichnung des »Friedens« in Khorab am 9. Juli 1915 erschossen wurden – es die Deutsche Schutztruppe zu diesem Zeitpunkt also gar nicht mehr gab!

die tränenden Augen beim Baden beweisen. Die gnadenlose trockene Wüstenluft hat sie komplett ausgetrocknet. Das Wasser ist nach der Hitze ein richtiger Schock und dennoch unglaublich erfrischend. Da wir einen langen Tag vor uns haben, halten wir uns leider nicht lange auf und schlingern zur nächstbesten Tankstelle in Swakop. Service total: Drei Ovambos umspringen uns, machen die Scheiben sauber, die Reifen wieder schön prall, tanken Wasser und Sprit nach und schwatzen und lachen und kriegen sich gar nicht ein, dass ein offensichtlicher Tourist auf Ovambo nach Wasser fragt. Wir gönnen uns eine eiskalte Diet Coke, wie hier die Coke Light heißt, und schauen zu, wie die Jungs das Feuerholz zum Wagen schleppen. Fertig gespaltenes Feuerholz kann überall in Namibia erworben werden. Es ist überaus sinnvoll, dieses Angebot anzunehmen, da sich in dem selbst gesammelten Holz oft giftige Viecher befinden, die dieses als Lebensraum nutzen, den man sonst zerstören würde. Dann fahren wir auf der Hauptpad gen Norden an der Küste hoch. Stefan sitzt mit offenem Mund neben mir und meint, dass das jede beliebige spießige deutsche Kleinstadt sein könne.

»Das ist nicht irgendeine beliebige, das ist *die* letzte wirklich existierende deutsche Kleinstadt überhaupt, das wirst du schon noch merken, wenn wir hier unsere Wunden lecken – nach dem Brandberg! Ich habe hier viele Kumpels, und es ist nicht so heiß wie Windhoek«, erwähne ich.

Nach zwei Minuten sind wir aus der Stadt raus, fahren ein Stück die B 2 Richtung Windhoek und biegen dann hinter dem 100 Jahre alten Dampftraktor mit dem schönen Namen »Martin Luther« südlich ab auf die C 28 (ebenfalls Richtung Windhoek). Der Namib Naukluft Park hat uns wieder. Diese Dampfmaschinen waren ursprünglich natürlich nicht als eine Art Hinweisschild geplant, vielmehr sollte einst mit ihnen die Wüste erschlossen werden. Dummerweise drückte ihr Gewicht dieses Wahnsinnsteil einfach in den Sand. »Martin Luther« blieb dort stehen – bis zum heutigen Tag.

Mondlandschaft, Poviane und Kalaschnikowsalven

Die Wüste nimmt uns unmittelbar auf, und die Einsamkeit hat uns wieder. Nach wenigen Kilometern biege ich nach Norden in eine kleine Straße ein, die uns zunächst zur Mondlandschaft bringt: Kleine Dellen in der sonst glatten Plaine sind mit Blumenkohlbüschen bewachsen, und Schotter rechts und links neben dem Weg markiert die Pad. Mondlandschaft: Der Name sagt eigentlich alles. Denn wie zuvor der Kuiseb-Canyon aus dem platten Land auftauchte, so tun jetzt der Khan und Swakop ein Gleiches. Er ist ein mächtiges, tiefes Rivier, welches sich im Laufe der Jahre gebildet hat. Staunend stehen wir am »Ufer« und beobachten die zerrissene Mondlandschaft vor unseren Füßen, die sich bis an den Horizont auftut.

In einigen von diesen Senken stehen wir wenig später in der nunmehr glühenden Sonne vor einem »Blattsalat«, so zumindest ist der erste Eindruck für Stefan. Grüne, lederartige Blätter, die aus einem »Hauklotz« von Stamm hervorbrechen, der unter der Erde liegt. Es ist nur schwer vorstellbar, dass wir mitten in einem Nadelwald stehen. Die Pflanze gehört zu den Nadelbäumen, hat aber nur zwei gegenständige Blätter, die ständig aus dem Stamm der »Schüssel« hervorwachsen. Meistens hat der Wind sie allerdings in mehrere Streifen zerrissen. In guten Regenjahren können diese Blätter bis zu 30 Zentimeter wachsen. *Welwitschia mirabilis* ist eine Pflanze, die nur in der Namib und in keinem anderen Teil der Welt vorkommt, also endemisch ist. Der Stamm reicht bis in drei Meter Tiefe, und diese Pflanze ist zweihäusig, das heißt die männlichen und weiblichen Blüten wachsen in zwei unterschiedlichen Pflanzen (»Häusern«). Man nimmt an, dass sie mit den Blättern ebenso wie mit der gut angepassten Wurzel Feuchtigkeit aufnehmen kann.

Wir fahren weiter auf der Kante des Canyons entlang und schließlich direkt in das Rivier hinein, wo heute, versteckt zwischen Dünen und einem riesigen, uralten Kameldornbaum, das Nachtlager sein wird. Ich kenne die Stelle sehr gut, und so ist das Lager schnell aufgebaut, Stefan hat den Knorpelbrechertisch bislang überlebt. Wir bereiten uns auf eine zweistündige Wanderung im Swakop zu einer mir bekannten Bitterquelle vor. Voll beladen

Klippschliefer (Procavia capensis), *Syn. Klippdachs, (Rock) Dassi: Kleine, dunkelbraune, biberähnliche Tiere ohne Schwanz. Das wohl auffälligste unverkennbare Merkmal dieser Tiere sind ihre Füße. Die sehen nämlich genauso aus wie die eines Elefanten, und man mag es glauben oder nicht: Genau das sind ihre nächsten Verwandten – und die kann man sich bekanntlich nicht aussuchen! Dassis leben in Kolonien und sind hauptsächlich in den Morgen- und Abendstunden aktiv, bei hellen Mondnächten auch nachts. Gewicht: bis 5 kg. Nahrung: Gräser, Gesträuch, Kräuter und auch Früchte und Samen aus den Bäumen. Feinde: Schabrackenschakal, Tüpfelhyäne, Löwe, Leopard, Python. Laute: ein scharfes Alarmbellen, Knurren, Schnauben, Schreien, Schnarren und das obligatorische »Auslachen«.*

mit Kamerautensilien, Wasser, den Slammern und Schmitt stapfen wir los. Ich bewundere Stefan, der scheinbar keine Angst kennt. Ich hatte welche, als ich damals vor zehn Jahren das erste Mal in der Dämmerung hier herumgestolpert bin. Kaum aus unserem Dünen-Coral heraus, wetzt ein Klippschliefer vor uns in den Büschen umher, stoppt und sieht uns unsicher an. Die Viecher leben normalerweise in den Felsen über unserem Camp, kommen zum Fressen herunter und klettern sogar in Bäumen umher. Es ist offensichtlich, dass wir ihm den Rückweg in die Klippen versperren, und das passt ihm gar nicht. Da er allein ist, bleibt er zitternd sitzen und wartet ab. Gut, denn so ist Zeit für Film und Foto, danach machen wir einen weiten Bogen um das Teil.

»Morgen ganz früh ist der gesamte Berghang voll«, sage ich, »die sonnen sich morgens immer wie die Maden auf den Felsen.«

Kaum sind wir aus dem Kameldornwald heraus, entdecke ich den einsamen Wachsoldaten der Poviane auf einem Felsen sitzen. Ein schriller Schrei zeigt an, dass er und nunmehr seine ganze Herde weiß, dass wir unterwegs sind – und der Rest der Viecher in der Gegend, dass etwas Unbekanntes unterwegs ist. Es ist eine stattliche Horde von über 20 Affen, die marodierend fressend durch das Unterholz der Löwensträucher zieht. Jetzt sind schon zwei Soldaten zu unserer Beobachtung abgestellt, die auf exponierten Felsen sitzen und uns nicht aus den Augen lassen. Klar, auch sie wollen zur Quelle und trinken, wie alle Viecher um diese Uhrzeit. Dicht am Rand der Felsen drücken wir uns weiter. Das etwa bis zu 500 Meter breite Rivier ist von Kameldornbäumen vereinzelt bewachsen. Im Geäst, auf sechs Metern Höhe, hängen die Reste der letzten Flut. Man kann sich vorstellen, dass es hier zur Sache geht, wenn das Rivier abkommt (Südwesterdeutsch: wenn ein Fluss kurzzeitig Wasser führt). In 200 Meter Entfernung entdecke ich einige

Strauße, Springböcke und zwei Oryx. Wir werden also nicht wirklich allein sein heute Nacht. Dichter als 100 Meter lassen uns die Baboons nicht an sich heran, sie haben wohl mit Menschen keine guten Erfahrungen gemacht. Sie werden von den Farmern gnadenlos gejagt. (Ich selbst war einmal dabei, wie eine Herde von einem Farmer mit einer Kalaschnikow platt gemacht worden ist. Paviane haben nämlich die dumme Angewohnheit, alles zu zerlegen – auch Farmhäuser – und zudem alles vollzukacken, um ihre Marke zu setzen. Das macht sie natürlich nicht wirklich populär.)

Eine steile Klippe zeigt mir die Richtung der Quelle. Auf der gegenüberliegenden Seite schwirren zirpend jede Menge Schwalben vor einer Felswand (Little Swift – *Apus affinis*). Vor Jahren habe ich beides hier entdeckt, als ich verbotenerweise den Swakop mit meinem zweiten Landi »Mfu« (Ovambo: Nilpferd) von Tinkas kommend heruntergefahren bin. Die Quelle kommt eigentlich irgendwo vom oberen Rand der Klippe her und fließt unter dem Sand den Hang herunter. Unten, wo alle Tiere trinken müssen, tropft ein einziger steter Tropfen in ein lehmiges Becken, das etwas größer als ein Kochtopf ist. Überall sind Spuren zu sehen, hauptsächlich von Pavianen, Straußen, Oryx, Schakalen, Hyänen. Leopardenfährten finde ich nicht. Allerdings dreht ein einsamer Adler (Booted Eagle – *Hieraaetus pennatus*) seine Runden über uns.

Bärenpavian (Papio ursinus), *Syn. Baboon, Povian: Die Hinterpartie weist rosa Schwielen auf sowie einen Sichelschwanz, der im großen Bogen herabhängt. Paviane haben ein längliches Gesicht. Die Farbe wechselt von Graugelb über Brauntöne bis fast Schwarz bei älteren Männchen. Bärenpaviane haben bei Geburt ein rosa Gesicht. Gewicht: bis 45 kg. Feinde: Leopard und Löwe. Habitat: sehr anpassungsfähig, bevorzugen aber bergige, baumreiche Gebiete. Eigentlich bevölkern sie die meisten Reviere in Namibia. Leben in Gruppen bis 70 Tieren mit ausgeprägter Hierarchie. Wachposten werden verteilt, wenn andere fressen. Tagaktiv, die Nächte verbringen sie auf hohen Felsen und Bäumen. Nahrung: wilde Früchte, Beeren, Insekten, Skorpione. Laute: Knurren, Bellen, Schreien und Schnattern. Die Männchen können ziemlich aggressiv sein und scheißen schon einmal auf einen runter!*

»Scheint eine interessante Nacht zu werden«, raune ich zu Stefan hinüber, der bewegungslos die Baboons filmt. Wir beobachten noch eine ganze Weile die Poviane, die in den Felsen oberhalb der Quelle rumturnen, bis ich beschließe, dass es wohl besser sei, sich auf den Heimweg zu machen. Mit dem letzten Licht erreichen wir unser Lager, und ich schmeiße sofort das Feuer an. Wir haben den ganzen Tag nichts gegessen und dementsprechend beide einen

Mörderhunger. Stefan mixt die Sundowner und macht die Gaslampe an. Lagerleben! Wir lehnen uns reichlich kaputt in den Segeltuchstühlen zurück und genießen, geschützt durch schroffe Felswände und eine weiße Sanddüne, die Totenstille unten auf dem Swakopgrund.

Während das Feuer höher aufbraust, fällt mir die letzte Expedition zum Brandberg ein und die Leute, mit denen ich den letzten Abend in der Wüste verbrachte. Die Stimmung zwischen Stefan und mir ist momentan so entspannt, dass ich lieber nicht rede.

Das war vor zwei Jahren, und ich hatte gerade so gegen Mitternacht alles zusammengeräumt. Die Gäste hatten sich schon in die Dachzelte verkrochen und schliefen: Ich war bereits halb eingeschlafen, als plötzlich hinter der Sanddüne eine Salve aus einer Kalaschnikow losging. Sofort öffnete ich die Augen und suchte – es war Vollmond – die Löcher im Zelt. Ich war offensichtlich nicht getroffen worden. Automatisch griff ich zu Schmitt, der damals eine brasilianische Taurus (132 B Millennium .32 ACP, 10+1, RDS, DAO, Blue), also eigentlich ein besseres Luftgewehr war, lud durch und glitt aus dem Dachzelt. Zunächst dachte ich, es seien Wilderer im Naturschutzgebiet. Die würden mit uns wahrscheinlich kurzen Prozess machen. Ich wollte die Gäste gerade aus den Zelten in die Felsen treiben, als ich Kindergelächter hörte; also machte ich den schon gegebenen Befehl wieder rückgängig. Verschlafen, mit schlechtem Geschmack im Mund und der durchgeladenen und entsicherten Taurus in der Hand schlich ich auf die Düne, legte mich in den Sand und beobachtete die Szenerie. Zwei farbige Familien mit vier Kindern waren besoffen und schossen mit Schnellfeuergewehren einen Rastplatz weiter auf Flaschen. Sie konnten uns in unserem Versteck nicht sehen, sonst hätten sie das nicht veranstaltet. Um Schiss zu haben, war ich zu müde. Na, jedenfalls ging ich zu ihnen rüber, die Taurus in der Hand, man weiß ja nie … Als sie mich in den vollkommen verdreckten Klamotten (14 Tage Pad lagen bereits hinter mir) aus den Büschen kommen sahen, Schuhe offen, Hemd verkehrt zugeknöpft und die Automatik in der rechten Hand an der Seite baumelnd, wurden die beiden Männer wahrlich grau im Gesicht. Die dachten bestimmt, ich sei der Geist der Wüste. Die Kinder liefen zu ihren Müttern. Alle schwiegen. Da keiner Anstalten machte, mit der Waffe auf mich zu zielen, machte ich auch keine Bewegung, sondern meinte nur: »Hej, hört mal auf mit dem Kak, ihr macht meine Leute ängstlich, orreith!« Die Waffen flogen sofort in die offenen Kofferräume, und ein »Sorry Mister!« beruhigte mich. Nachdem ich die Waffe gesichert und sie ostentativ in die Hosentasche gesteckt hatte, ging ich näher ran, um mich mit ihnen zu unterhalten. Vorher allerdings drehte ich mich um und tat so, als ob ich meinem Partner beruhigend zuwinkte: »Alles orreith!«, rief ich. Den Partner gab's natürlich nicht, aber das wussten die ja nicht. Eine Begrüßung fiel nach meiner »wüsten Erscheinung« aus, und ein Bier lehnte ich ab. Sie versprachen, nicht mehr rumzuballern. Ich zog mich rückwärts in die Büsche zurück, aus denen ich gekommen war, schlich im Bogen zum Lager zurück und gab Entwarnung. Als ich mich wieder hinhaute, konnte ich mich nur über die Gäste wundern. Die lagen immer noch in den Zelten. ICH wusste, was ich in der gleichen Situation gemacht hätte. Egal was, aber bestimmt NICHT mehr ruhig im Zelt liegen. Als ich die Story später meinen Kumpels erzählte, meinten die das Gleiche, hatten aber noch nie so etwas erlebt. Kurz vorm zweiten Einschlafen ging mir noch durch den Kopf: »… und wenn die aus Angst, dass ich mir die Nummernschilder gemerkt habe, nur mal so prophylaktisch auf die Zelte halten?« … Dann bin ich wohl eingeschlafen, denn erst morgens weckte mich das heftige Kopulieren der Tauben über mir im Baum.

Ich luge zu Stefan rüber: Nein, diese Geschichte will er bestimmt nicht hören!

»Prost!«

»Zebrasteaks oder Ziegenkeule?«

»Zebra!«

»Welches Steak, das von den weißen oder schwarzen Streifen?«

»Die zarteren!«

»Gut, ich mag es eher fester!«

»Dazu Pampunen und Kartoffeln und die Bananen oder lieber das flambierte Vanilleeis?«

»Nö, das ist für den Brandberg!«

»Shit don't stink« und Springhasenjagd

Ich schiebe den Potjie mit den Kartoffeln und Pampunen in die Glut und mache mich gerade an die Vorbereitung der Steaks, als Stefan mich fragt, wo ich das alles gelernt habe.

»Och, zu Anfang von Matthes, dann immer mehr selbst, viel gelesen! Mit Matthes und den weißen Deutschen ist das so eine Sache. Selbst mit Matthes als Partner ist es schwer gewesen, irgendetwas in Erfahrung zu bringen. Erinnere dich nur an deine Brandblasen von heute Morgen, so etwa läuft das hier. Die Jungs haben ein großes Problem.«

»Ich denke, die haben keine Probleme!«

»Na, das eine vielleicht doch!«

»Und ...?«

»Sechs Milliarden Feinde! Man muss sich die Deutschen hier so vorstellen wie das Dorf der Gallier bei Asterix und Obelix – umzingelt von einer Welt aus Feinden. Aus denen Informationen rauszubekommen, ist so gut wie unmöglich. Die Plätze, die ich kenne, habe ich alle selbst gefunden, keiner rückt mit brauchbaren Infos freiwillig raus! Stell dir das so vor: Angenommen, du bist in der Wüste kurz vorm Verrecken, weil du kein Wasser mehr hast, und ein Weißer kommt daher. Natürlich fragst du ihn nach der nächsten Quelle. ›Die ist 100 Meter in der Richtung‹, wird er sagen. Du denkst, du brauchst dann ja nicht noch nach Wasser zu fragen und kriechst weiter zur Quelle ... Du überlebst, was erstaunlich ist, denn Wasser hattest du nicht entdecken können. Aber irgendwann triffst du den Typen wieder und schnauzt ihn an: ›Du Scheißkerl, da war kein Wasser!‹ Er wird sagen: ›Nö, du hast ja nicht nach Wasser gefragt, sondern nur nach einer Quelle! Die war tatsächlich am angegebenen Ort, doch sind Quellen in Namibia meistens ausgetrocknet!‹ – Genauso ist das!

Nach solchen Episoden habe ich Matthes einmal den Beinamen gegeben: ›Shit don't stink!‹«

Das Fragezeichen in Stefans Gesicht besagt alles.

»Der amerikanische General Sherman ist ›Shit don't stink‹ von den Apachen genannt worden, ›Scheiße, die nicht stinkt‹, da er sich nie an seine Absprachen gehalten hat ... man wusste nie, was in Matthes' Kopf wirklich vorging und was er wollte.

Da gibt es noch den ›alten Mann‹ vom Brandberg, der mich hasst wie die Pest. Er besteht darauf, dass der Brandberg ihm gehöre, weil er dort 20 Jahre prospektiert hat. Der hat sogar ein maßstabsgerechtes Gipsmodell im Keller, was weiß ich, warum. Er hasst jeden, der ohne ihn auf ›seinen‹ Berg geht.

Ich habe einmal zusammen mit Matthes bei ihm zu Hause am Tisch gesessen und über eine Kooperation diskutiert, allerdings hat er gemauert ohne Ende – die Deutschen hier, das sind schon irre Auckies!«

»Auckies?«

»Typen! Immer mal wieder versuchen sie einen zu reizen, da nur sie die Helden der Wüste sind. Sie können besser Auto fahren, schießen, wandern, und sowieso kann keiner irgendetwas, wenn er nicht hier geboren ist. So 'n Gefasel muss man sich dann antun. Es ist für mich ein hartes Brot gewesen die Wüste zu entdecken und das hier machen zu können, aber eine harte Schule hat mich noch nie von irgendetwas abgehalten.«

»Also, das Gefühl hatte ich aber gar nicht, die Leute, die ich kennen gelernt haben, waren doch cool drauf dir gegenüber!«, entgegnet Stefan.

»Klar! Über die Jahre ist dann das Vertrauen, nein, Zutrauen ist besser, der Leute mir gegenüber gewachsen. Da wirst du dann einmal auf eine Farm eingeladen, dann wird sich der Schädel regelrecht weggesoffen bis fünf Uhr morgens und dann geht's mit einem Landrover Baujahr 1956 auf die Zebrajagd … im Vollrausch. Die wollen einen nur antesten. Plötzlich hast du ein Messer in der Hand und musst an dem Zebra herumsäbeln (Hoden abschneiden). Danach wird das Zebra auf den offenen Landrover geschleppt und zurück zur Farm gebracht, zerlegt, und dann gibt es ein Gesundheitsfrühstück. Anschließend eine lustige Wanderung durch die Berge, mit Schädel und ohne Wasser. Da muss man durch. Zum Abschluss kommt dann eine Springhasenjagd, und wenn du dazu eingeladen wirst, hast du es geschafft.«

»?«

»Ja, da ist erst einmal die Farm, 100 000 ha oder so. Im Farmhaus wird festlich gespeist und getrunken. Abends, wenn es fies dunkel ist, leert man eine halbe Flasche ›Klippdrift‹, das ist übelster südafrikanischer Kognak, der blind macht. Und genau das muss er tun, denn dann entert man irgendeine Farmschrottkiste, beispielsweise einen 69 Datsun, und düst querfeldein in die Bundus (Afrikaans: Busch). Alle sind stramm wie 'ne Axt, und dann gibt es da

Springhasen (Pedetes capensis): *Diese Nager haben durch ihre kurzen Vorderbeine und die langen, kräftigen Hinterbeine Ähnlichkeit mit Kängurus und hüpfen ähnlich durch die Gegend. Sie sind hell- bis dunkelbraun gefärbt. Der lange Schwanz hat eine schwarze Spitze. Sie haben lange schwarze Barthaare und Kaninchenohren. Gewicht: bis 4 kg. Feinde: Schakale, Hyänen, Gepard, Leopard, Löwe. Habitat: an Flüssen oder bei Pfannen mit sandigem Untergrund. Sie meiden felsiges Land und sind nachtaktiv. Sie verlassen erst bei Dunkelheit den Bau. Als Nahrung dienen ihnen Gräser, Blätter, Wurzeln. Laute: In der Regel sind sie stumm, nur ein schriller Angst- oder Todesschrei ist manchmal zu vernehmen. Ansonsten stirbt es sich lautlos und einsam in der Wüste!*

diese Springhasen, die sehen so aus wie ein kleines Känguru. Du springst dann in voller Fahrt in Slippies (Jesuslatschen) und kurzer Hose von der Ladepritsche runter und sprintest voll breit hinter den Springhasen hinterher, um sie zu fangen.«

»Beißen die nicht?«

»Und wie, und kratzen können die vielleicht! Da du halb bewusstlos gesoffen bist, merkst du das alles nicht, außerdem greift man die Tiere mit einer Hand am Nacken und mit der anderen hält man die Hinterbeine fest, dann geht das schon. So weit, so gut, du sprintest also im Lichtkegel des Autos hinter dem Vieh her, aber wenn der Wagen um einen Stein oder zu großen Busch kurvt, tja, Alter, dann stehst du im Dustern und fällst auf die Fresse. Nach so einer Springhasenjagd siehst du aus wie ein rohes Steak: blutig.«

»Und was soll das?«

»Einfach so, Kak machen!«

»Und wenn du in eine Schlange läufst?«

»Alles schon passiert!«

»Tote?«

»Klar! Jou, so sind se. Beliebt ist auch ›bush diving‹. Du hast die Dornen an den Büschen ja gesehen: Anlauf nehmen und hineinspringen!«

»Und was soll das?«

»Machoscheiße! Bei uns in Deutschland ist ja alles verboten, hier nicht, und Platz ist auch genug da für so ’n Kak. Heino war mal so besoffen, dass er sich seiner guten Schule erinnert hat, an Goethes letzten Worte: ›Mehr Licht!‹ Er ist aufgestanden, eine Jerrycan (Englisch, Slang: 25-l-Benzinkanister der Deutschen im Krieg) in der einen, eine Schrotflinte in der anderen Hand. Dann ist er auf den nächsten Kameldornbaum zugetaumelt, hat die 25 l Benzin ausgekippt, mit der Schrotflinte draufgehalten und fumm: ›Der Herr sprach: Es werde Licht … und es ward Licht!‹ – Du weißt doch, wir haben keine Probleme hier im Paradies!«

Ich lege die Steaks auf. In fünf Minuten gibt's Essen. Und Bier.

Bald riecht es verführerisch nach gebratenem Fleisch. Als es durch ist, lege ich mehr Holz auf, und die Flammen malen geisterhafte Silhouetten an die Felswände vor uns, die einen wilden Reigen tanzen. Außer unserem Schmatzen ist nichts mehr zu hören, es ist wieder totenstill.

Geschichten: Strychnin und blaues Licht

»Während der Besatzung von Südwest-Afrika wurden ja von den Schwarzen viele Autos geklaut, die alten Landrover konnte man nicht abschließen, und die Lenkersperre konnte man leicht durchsägen und tschüss … Heinos erstes Auto war dran, dann das zweite. Dann wurde es ihm zu bunt und er legte eine Flasche Whisky in das Handschuhfach. Am nächsten Tag war das dritte Auto weg. Wenige Tage später kam die südafrikanische Polizei zu ihm: Sie hätten sein Auto gefunden! Es gäbe da nur ein kleines Problem … es lägen vier Leichen drin. Heino hatte nämlich Strychnin in den Whisky getan.«

Stefan hat mitten im Kauen wohl eine Backenmuskellähmung erlitten.

»Allerdings, und das rettete ihm den Mors: Er hatte Strychnin auf die Flasche geschrieben! O-Ton bei der Gerichtsverhandlung: ›Fock, was kann ich dafür, wenn die Kaffer nicht lesen können.‹

Es war knapp, aber er wurde freigesprochen. Das nächste Mal, mittlerweile sein fünfter Wagen, legte er eine dicke Puffotter rein, der Wagen war zwar wieder aufgebrochen, aber nur 100 Meter weiter ›geparkt‹. Beim sechsten Wagen legte er ein Brett mit zehn Zentimeter langen Nägeln unter den Schonbezug, aber das mache er nicht wieder, sagte er, denn der Sitz war total von Blut versaut. Dann war der ›Krieg‹ vorbei …«

»Das ist doch alles nicht wahr!«

»Selbstverständlich nicht! Wüstenlaberei«, erwidere ich mit vollem Mund. Ich öffne ein Bier, nehme einen Zug und mache mit dem rechten Arm flügelartige Bewegungen und sage: »Nick, nick, nick …«

Stefan erwidert: »Pfffft, pffft, Indianer!« Wir fangen an, uns richtig gut zu verstehen. Wo gibt's das schon, dass zwei die gleiche Szene aus einem der zu tausenden existierenden Filme – in diesem Fall »Easy Rider« – derartig kultig finden?

Ich stehe auf und sage: »Jetzt hänge ich ein ›blaues Licht‹ in den Kameldornbaum!«

»Warum?«

Ich bleibe stehen und drehe mich um: »Rambo, den musst du doch auch kennen!«

»Klar!«

»In Rambo III fragte ein afghanischer Freiheitskämpfer Rambo, was das ist« – ich halte mein noch farbloses chemisches Leuchtelement hoch –, »Rambo nahm dem afghanischen Freiheitskämpfer das Teil aus der Hand und brach es«, ich mache das Gleiche, und zwei Flüssigkeiten vermischen sich, »und es leuchtete fluoreszierend blau.

Der afghanische Freiheitskämpfer fragte: ›Und was macht das blaue Licht?‹

Rambo antwortete mit der geballten Weisheit von Laotse, Plato und Aristoteles in einem: ›Es leuchtet blau!‹

Besser ist keine je bekannte Philosophie, das Extrakt des Wissens des Universums«, lache ich, »es leuchtet blau, klar, was denn sonst.«

So stake ich steif weiter rüber zum Baum und werfe ein blaues, fluoreszierendes Leuchtelement in die Äste, und schon haben wir einen bunten Stern … er leuchtet blau!

Wir lachen uns halbtot.

»… Deshalb?«

»Deshalb!«

Abgesehen von dem Fauchen der Gaslampe ist es immer noch stockdunkel, wind- und totenstill. Stefan räumt zusammen, und ich plane die Tour für morgen.

»So wie es aussieht, erreichen wir morgen den Brandberg. Bist du bereit?«

»O…rreith! Hast du noch mehr Geschichten?«

»Klar, aber: matthesmäßig … nicht alles auf einmal!«

Stefan steht am Betontisch und wäscht ab, dies ist ein offizieller Permitzeltplatz. Ich höre das leise *Chick-chick* und grinse mir einen über meinen alten englischen Mitbewohner Paul auf Maui, der immer »chick, chick« raunte, wenn geile Bräute nahten (Englisch, Gossensprache: Chick = Hühnchen = Mädchen).

Ich leuchte mit der Maglite unter Stefan rum, um nach *Chick-chick* zu suchen. Keine geilen Bräute, es ist nicht Hawaii, sondern die Wüste. Skorpione erzeugen dieses *Chick-chick*. Allerdings rufen sie so ihre Bräute. Ich sage nichts, da Stefan so schön entspannt ist und ich auch. Ich bin angekommen, das fühle ich. Der Berg ruft, die Zeit ist reif!

Philosophie der Wüstennacht oder gelallte Schwüre im Dämmerlicht

»Noch ’n Bier!«
»Woll!«
Plöp!

Ich mache die Gaslampe aus, als Stefan das Geschirr wegräumt, ziehe mir Stiefel an und lege die Füße auf den Tisch. Wir hängen unseren Gedanken nach und genießen ... ja, was eigentlich im Nichts? Stockdunkel, totenstill und einsam, kann man denn so etwas überhaupt genießen?

Eine halbe Stunde später geht der Mond auf und erhellt dies Tal mit bleichem, gespenstigem Licht. Urplötzlich ist es so hell, dass man Zeitung lesen könnte. In der Ferne mehren sich die ersten Geräusche. Eines davon hört sich an, als ob ein an Kehlkopfkrebs erkrankter Esel ganz langsam erwürgt wird und dessen Würger mit Sadismus Töne aus dem Viech drückt. Stefan sieht mich an.

»Mutierter Truthahn!«

»Hä?«

»Strauße!«

Etwas später kichert irr eine Hyäne, gleich danach jault schaurig ein Schakal. Stefan sieht mich noch mal an. Ich schüttele nur den Kopf. Zu viel reden zerstört die Stimmung im gelebten Jetzt.

Ich drifte ab in meine Welt, wo alles eins ist.

Ich bin wieder zu Hause. Das »Nichts« ist wunderschön. Niemand dröhnt einen ständig mit unsinnigen Werbungen voll, Krach und Gestank sind meilen- und weltenweit entfernt. Hier kann man sich noch für winzige Dinge sensibilisieren.

Nach einer halben Stunde, wo wir beide bewegungslos abhängen, die Seele baumeln lassen und die Gedanken in den Himmel schicken, beginnt das Leben um uns herum zu pulsieren. In den nahen Klippen raschelt und klickert es, kleine Steinchen rollen, im uralten Kameldornbaum knistert es, und irgendein Viech galoppiert hinter unserer Düne herum. Ich lege ein paar Scheite aufs Feuer. Obwohl Stefan und ich satt und todmüde sind, können wir uns nur schwer von der harmonischen Stimmung lösen, die dieser Rastplatz in uns ausgelöst hat.

»Komm, Stefan«, flüstere ich, »lass uns die Mikros rausräumen und die Geräusche der Wüste aufnehmen!« (Vor Beginn unserer

Reise hatten wir uns an die relativ unbekannte Firma Brüel & Kjær herangemacht und uns extrem sensible Mikrofone »besorgt«, mit denen man im Umkreis von 4 π – 360° also – Geräusche aufnehmen kann.) Leise bauen wir unsere Technik auf und hängen das Mikro in den Kameldornbaum, dann kriechen wir in die Kojen und lassen die Aufnahmeapparatur laufen. Mal sehen, was morgen so drauf ist. Oben in den Felsen kommt Leben auf, als die Dassis rauskommen und sich totlachen, zumindest hört es sich so an.

Kaum berührt mein Kopf das Kissen, schlafe ich schon. Es ist mir immer wieder ein Rätsel, wie gut ich doch draußen schlafen kann. Ist allerdings ein Geräusch da, das hier nicht hingehört, bin ich ebenso schnell wieder wach.

Kopulierende Tauben und das Südwesteredelweiß

Heute Nacht haben scheinbar alle Geräusche hierher gehört, denn ich werde erst durch das heftige Kopulieren der Felsentauben (Rock Pigeon – *Columba guinea*) im Kameldornbaum über mir wach. Wie gewohnt bleibe ich bewegungslos liegen und versuche meine Umwelt bewusst wahrzunehmen, bevor sie mich »entdeckt«: Der Geruch von unserem Feuer liegt noch in der Luft, über mir sehe ich den Baum durch das Mückennetz, aber die Tauben turteln woanders im Geäst. Leises Rascheln von den Klippen zeigt mir, dass die Dassis schon wach sind; auf unserem Tisch läuft ein Vogel herum und pickt die Krumen auf, was ich aus dem leisen *Klick, Klick* der Krallen auf dem Metall und dem *Ponk* des Schnabels deute. Ich strecke mich und wecke leise Stefan, der die Tontechnik hat. Sofort ist er wach und lamentiert nicht rum, sondern wechselt leise die Digi-Kassette und startet die Aufnahme. Ich wälze mich langsam herum. Auf dem Tisch stelzt tatsächlich ein schwarz-weißer Bergstar (Karoo Chat – *Cercomela schlegelii*) herum, er ist aber bereits alarmiert.

Nach einigen Minuten Beobachtung durch die Gläser sage ich: »Showtime« und mache die Reißverschlüsse auf. Der Bergstar fliegt sofort auf einen nahen Felsen, die Tauben unterbrechen ihre sexuellen Bemühungen, und die Dassis schmeißen ihre Hintern rum – Gesicht uns zugewandt.

Ich mache Feuer, stelle den Kessel auf und bereite das uns heilige Müslifrühstück vor. Stefan wankt verschlafen mit der schweren TV-Kamera umher und versucht halbherzig, die Dassis einzufangen.

»Komm, lass uns den Morgen offiziell machen, bevor die Sonne in das Tal fällt.« Dann wird es nämlich affenheiß.

Die Routine nimmt ihren Lauf, und beim Müsli besprechen wir den heutigen Trip. Ich erkläre Stefan, was wir wahrscheinlich zu sehen bekommen werden.

»Die Pad über Tinkas ist lang und schlecht, aber die Möglichkeit, auf Wild zu treffen ist groß. Wir werden etwa eine Stunde zur Blutkuppe brauchen, eine weitere nach Tinkas, dann nehmen wir die Hauptpad (C 28) Richtung Windhoek, biegen bald auf die C 32 nach Karibib ein, folgen der B 2 bis zum Abzweig Spitzkoppe D 1918 (zwei Stunden) und fahren an der Spitzkoppe vorbei direkt wieder an die Küste nach Hentiesbaai (eine Stunde).

Wir nehmen dann die Küstenstraße über Cape Cross, wo eine riesige Kolonie von 250 000 Robben (Cape Fur Seal – *Arctocephalus pusillus*) vor sich hin stinkt. Wenn wir dort Zeit haben, schauen wir uns das noch einmal an, die Pad (C 34) ist mit Salz asphaltiert wie eine Autobahn, das klappt schon. Wir fahren bis an den Skelettküsten-Park rauf (zwei Stunden) und suchen dann eine ›geschlossene Pad‹, die direkt zum Brandberg führt. Das allerdings ist eine Straße, wo dir die Plomben aus dem Zähnen fallen (zwei plus X Stunden), zur Not übernachten wir einfach noch einmal irgendwo in der Wüste. Wir haben ja alles dabei. Lass mal sehen: neun Stunden, könnte klappen, wir haben noch zehn Stunden Licht.«

»Was ist mit deiner Rechnung mal zwei plus 10 %?«

»Habe ich schon gemacht, allerdings ist das große X bei der geschlossenen Pad die Unbekannte. Wenn ein Regen die Straße weggespült hat, müssen wir eben improvisieren. Ab morgen müssen wir das sowieso ständig, denn Straßen sind dann genau genommen eigentlich nicht mehr existent.«

Wir räumen schnell zusammen und fahren wieder auf die Hochfläche hinauf, raus aus dem Swakop-Tal. Oben glüht schon die Sonne und hat die Wüste erneut in Gold getaucht. Die Pad ist so klein, dass sie nicht einmal eine Bezeichnung hat. Ihre Schlaglöcher sind so tief, dass sie fast das Grundwasser erreichen.

»Stefan, siehst du die tiefen Spuren dort rechts neben der Pad in der Wüste? Die bleiben über Jahrhunderte zu sehen. Schon allein deshalb sollte man so etwas nicht machen!«

»Und welcher Arsch macht so etwas?«

»Meistens Touris, aber das bin ich gewesen. Vor zwei Jahren bin ich genau hier von der Mutter aller Regen auf einer Tour zur Blutkuppe überrascht worden. Die Straße hat einen halben Meter unter Wasser gestanden, und da ich die Dips unmöglich sehen konnte, wollte ich den Wagen nicht gerade unbedingt hier versenken, deshalb bin ich von der Straße auf die Fläche ausgewichen. Der gipshaltige Boden ist total aufgeweicht gewesen, und ich quälte mich im Donkey bis zu den Achsen eingesunken durch den Matsch. Pures Glück, dass ich da wieder herausgekommen bin. Hätte ich anhalten müssen, hätte ich einen Presslufthammer gebraucht, um den Wagen wieder frei zu kriegen. Du siehst, wie schlimm das ist mit den Spuren, man fährt tatsächlich die Wüste kaputt, und so etwas sollte man nur in Notsituationen machen.«

Es geht nur mit maximal 10 bis 20 km/h voran, und so bleibt genug Zeit, die Umgebung wahrzunehmen. Mitten in der ausgedörrten Fläche stehen an Felsen geschmiegt einige »Bonsai-Gnubbelbäumchen«. Ein einzelnes frisches eichenartiges giftgrünes Blatt hängt daran und zeigt mir, dass es sich um *Commiphora wildii* handelt. Ich steige aus und versuche Fotos von dem Motiv zu machen, das Licht ist schon wieder viel zu grell und macht die ganze Sache schwierig. Außerdem liege ich auf dem kochenden Boden, und mir läuft die Subbe (Plattdeutsch: Schweiß) in die Augen. Ich krieche um die Büsche und finde haufenweise Früchte an einzelnen Ästen anderer Büsche (*Commiphora saxicola*).

Am Horizont taucht eine dunkelviolette Bergkette auf, die Blutkuppe müsste bald in Sicht kommen, links einen halben Kilometer weit weg stehen einige Köcherbäume, zu denen wir laufen wollen. Vielleicht entdecken wir außer schönen Motiven noch etwas Neues, aber es ist womöglich schon zu heiß für Viecher; nur ein verstörter Springbock steht mitten in der Fläche zu Salz erstarrt, bis er plötzlich die Bürste machend mit einem Katzenbuckel auf allen Vieren in die Luft schnellt. Außerdem glitzert die gesamte Fläche vor uns im Licht und ist voller Kristalle, vielleicht finden wir einige interessante. Etwas weiter weg blüht in einer kleinen Senke tatsächlich noch eine Aloe (Raublättrige A. – Kraalaalwyn – *Aloe asperifolia*) neben zahllosen Euphorbien (Geelmelkbos – *Euphorbia mauritanica*). Das Gelände ist wild zerklüftet. Ein bis zwei Meter tief reichen die Risse in die Erde. Bei Regen müssen sich überall Rinnsale bilden, wie das Relief zeigt. Einige schneeweiße Wolken hängen vor uns bewegungslos in der Luft. Da muss die Blutkuppe sein. Die Blutkuppe ist an sich nichts Besonderes, ein so genannter Inselberg aus hartem, nicht verwittertem Granit. Den Aufsehen erregenden Namen hat er, so die Sage, weil die besiegten Feinde dort hinuntergeworfen worden sein sollen … angeblich.

Ich will da eigentlich nur hin, um dort hoffentlich und endlich nach so vielen Jahren das Südwesteredelweiß (Namib-Edelweiß – *Helichrysum roseo-niveum*) blühend vorzufinden. Es ist für mich das Sinnbild einer wunderschönen Wüstenpflanze. Zart und in unterschiedlichen Rosatönen leuchtend und mit weichen, feinen Haaren ausgestattet, ist sie perfekt an das Leben in der Wüste angepasst, indem sie in ihrem dichten Haarpelz ein feuchteres Mikroklima aufbauen kann, welches sie vor übermäßiger Transpiration sowie vor UV-Strahlung schützt. Gottlob kann Stefan mit meinem Fetisch gut klarkommen, denn auch er kriecht unermüdlich herum und filmt, was die Kamera hergibt. Die Blätter des Südwesteredelweiß sind einst sogar von den ersten deutschen Siedlern als Kopfkissenersatz benutzt worden, denn das Leben ist ansonsten anscheinend doch schon hart genug gewesen …

Vor uns taucht die Blutkuppe als spitzer Monolith aus der Fläche auf. Ein riesiger Trumm und von der südlichen Seite her ziemlich steil. Wir umrunden ihn auf der jetzt besseren Pad und fahren in das auf der Rückseite liegende Tal hinein. Von weitem sehe ich die Bewegung im Steinfeld. Es sind Nama-Flughühner (Namaqua Sandgrouse – *Pterocles namaquà*), die im Flachgang – Hals dicht über den Boden gestreckt – davonschleichen. Stefan hat noch nichts gesehen, zu perfekt sind die Vögel getarnt. Meistens bemerkt man sie erst, wenn sie direkt vor einem mit schwirrenden Flügeln hochfliegen. Allerdings fixiere ich mit starrem Blick etwas anderes direkt auf der Spur: ein sich bewegender Stein, der plötzlich »gefriert«. Ganz langsam rolle ich mit dem Wagen heran und bitte Stefan, das 560er-Teleobjektiv zu montieren. Direkt vor uns auf der Pad, auf einem hühnereigroßen Stein, hockt, kaum zu erkennen, ein Flughuhnjunges und mimt einen Stein. Bewegungslos verharrt es. Als wir aussteigen, schließt es gar die Augen. Niemand kann mich sehen! Ich bin ein Stein. Mitten auf der Straße sitzt das winzige Teil und hat die Angst seines Lebens. Leise machen wir Fotos und rollen dann, ohne den Wagen zu starten, weiter hinunter ins geschützte sandige Tal der Blutkuppe.

Hier unten in dem relativ kleinen, einen Kilometer und vielleicht 100 Meter breiten mit Bäumen bewachsenen Tal zwitschert das Leben. Ameisen-Termitenschmätzer (Southern Anteating Chat – *Myrmecocichla formicivora*), Rostschwanzschmätzer (Chapped Wheatear – *Oenanthe pileata*), Bergstar (Palewinged Starling – *Onychognathus nabouroup*) lärmen in den dichten Bäumen herum, und im Gebüsch wetzen Perlhühner (Helmeted Guineafowl – *Numida meleagris*) umher. Auch in diesem Tal bin ich schon sehr oft gewesen, aber wie jedes Mal ist es immer wieder eine neue Erfahrung. Nie sind die Eindrücke, Tiere und Pflanzen gleich, die man hier antreffen kann. Momentan haben wir das Gefühl, von der kargen Wüste in den Garten Eden hineinzurollen. Wir stoppen und machen uns für eine kurze Wanderung bereit. Etwa 500 Meter über einen Granitrücken befindet sich ein kleiner Damm, und auf dem Weg dorthin habe ich diverse Male das Südwesteredelweiß gefunden, leider immer schon ver- oder noch nicht aufgeblüht.

Wir stiefeln los. Kaum 100 Meter weit glüht es rosa aus den Klippen hervor. »Tagesziel erreicht«, freue ich mich, und schon liege ich im Dreck und mache Fotos. Sogar das Licht spielt mit, da es erst kurz nach 8 Uhr morgens ist. Das Licht ist wunderbar und lässt den roten verwitterten Granit orange erscheinen. Knirschend platzt der poröse Stein unter unseren Füßen weg, als wir hinüber zum Damm wandern. Immer wieder sind Bänder von weißem Quarz in den Granit eingebettet, der kleine, schnurgerade Grate im Granit gebildet hat, da er noch härter als der Granit ist und somit noch langsamer verwittert. Am Damm sind die Tiere schon wieder verschwunden, wir sind zu spät dran. Egal, nächstes Mal.

Auf dem Rückweg zum Wagen zeige ich Stefan noch die größte Euphorbia (*E. virosa*), die ich je gesehen habe. Ein »Kaktus« (Euphorbien sind Wolfsmilchgewächse und keine Kakteen!) mit dunkelroten, knochenharten Dornen. Ich erkläre ihm, dass der weiße Milchsaft megagiftig ist und dass Rhinos das Zeug gerne wegmampfen. Er ist beeindruckt. Wir gehen zurück zum Wagen, und die Sonne knallt schon wieder erbärmlich heiß auf uns herunter.

Weiter geht's aus dem Tal heraus Richtung Tinkas, wo zu dieser Jahreszeit der Damm sicherlich noch voll Wasser ist. Die nächste Stunde ist es 4 x 4 vom Feinsten. Ich muss höllisch aufpassen, dass ich nicht die Reifen an den scharfen Steinen aufschlitze, mehr als der erste Gang ist nicht drin. Die letzte Regensaison hat den Sand weggespült und nur die Klippen zurückgelassen – bei offenem Mund klappern die Zähne, so sehr wackelt und rumpelt die Karre. Der Körper ist ständig in Bewegung. Ich bin mir sicher, dass uns heute Abend wie nach einem guten Training die Knochen wehtun werden. Ich muss mich jetzt voll auf den Trail konzentrieren und sehe die plötzlich aus dem Gebüsch auftauchenden

Warzenschwein (Phacochoerus africanus), *Syn. Warthog: Der graue Körper ist spärlich mit langen Haaren bewachsen. Zudem haben sie eine pferdeähnliche Halsmähne. Die dicken Warzen seitlich unter den Augen gaben den Namen. Charakteristisch sind die gefährlichen Hauer, die seitlich im Bogen nach oben aus der breiten Schnauze wachsen. Gewicht: bis 100 kg. Feinde: Löwe, Gepard, Afrikanischer Wildhund. Warzenschweine sind wehrhaftes Wild! Sie lieben die Savanne mit Lichtungen um Pfannen und Wasserlöcher. Es sind Familien bildende Tagtiere. Vereinzelt leben sie in alten Erdferkelbauten, in die sie sich rückwärts hineinschieben. Schaut der gemeine Tourist unvorsichtig in so ein bewohntes Loch – richtig, dann gibt es Kak, wenn es hervorstürmt. Nahrung: Gras, Fallobst, Wurzeln. Laute: Schnauben, Knurren, Grunzen.*

Schweine fast zu spät: Ehe Stefan die Kamera hoch hat und ich den Wagen langsam gestoppt habe, sind sie hinter den nächsten Brocken verschwunden. Eine Familie Warzenschweine mit Jungen. Sie sähen aus wie Bodybuilder-Pitbulls, wenn die zehn Zentimeter langen Hauer nicht wären. Die Schwänze wie Antennen steil in die Höhe gestreckt, verschwinden sie vor Muskeln strotzend in den Bouldern. Die Pad wird immer schlechter, und zweimal muss Stefan sogar aussteigen und mich einweisen. Bei der klopsigen Motorhaube kann ich schlecht alles überblicken und will natürlich nicht das Risiko eingehen, auf der Beifahrerseite die Reifen zu zerschneiden.

Das Schwein, das mein Freund sein wollte

Die Pad wird etwas besser, und ich radeduisburger (radebreche) zu Stefan rüber: »Ejjj, hö' ma, ich hab da 'ne Schweinestory!

Heino holte mich eines Morgens um 4:00 Uhr aus meiner Wohnung in der Schlettweinstraße in Pionierspark, Windhoek, ab, denn er wollte etwas auf der Farm seines Schwiegervaters am Namibrand erledigen. Ich hatte Bock mitzufahren. Er kachelte zunächst mit 160 km/h auf der B 2 Richtung Swakopmund, dass mir Angst und Bange wurde. In Karibib nahmen wir ein Gesundheitsfrühstück zu uns und kauften 24 Ballen Heu für die Farm. Der normale Pick-up war so hoch beladen, dass ich schon eine Gänsehaut vor ungutem Gefühl hatte, aber Heino bretterte die Schotterpiste bei Tsaobis zur C 20 am Bosuapass ungerührt mit 120 km/h entlang. Nur Kraft meines Willens kippte der Wagen nicht um, zumindest glaube ich das noch heute. Der Tag auf der Farm war wie immer extrem entspannend und die Geschichten des Schwiegervaters nicht zu überbieten, denn seine Familie ist eine der ersten Deutsch-Südwester-Stunde, aber das vielleicht heute Abend. Jetzt ist erst mal die Schweinestory dran. Am späten Nachmittag brachen wir wieder auf, nahmen aber die C 20 über den Bosuapass zurück nach Windhoek, um Wild zu beobachten. Auf der Höhe des Kuiseb, dort wo wir neulich die Kuduspuren nahe dem Wasser gefunden haben, sprintete eine Familie Warthogs direkt vor uns über die Straße. Mama, die Rute steil in die Luft, und acht kleine Ferkelchen in Reihe dahinter. Heino ging natürlich voll in den Anker und schaffte es noch rechtzeitig anzuhalten. Die Familie verschwand auf der anderen Seite im hohen Gras. Alle? Nein, nicht alle! Das letzte Ferkelchen machte eine Vollbremsung und sah mich einfach an. Ich mein', dass Hunde auf mich stehen, das weiß ich schon lange – erst recht nach ›14-Tage-nicht-waschen-Trips‹, aber Schweine? Hm. Das Ferkelchen sah mich richtig verliebt an, ich mein, das war ein Warzenschweinjunges! Heino war genauso sprachlos wie ich. Also fing ich an – jetzt anscheinend der Schweineflüsterer – mit dem Schwein zu reden und machte die Tür auf. Das Teil war etwa so groß wie ein Kaninchen, stand einen halben Meter neben mir auf der Straße und wollte eindeutig zu mir auf den Schoß. Es beschnupperte meine Hand und ich wollte ihm schon in den Wagen helfen, als Heino meinte: ›Lass man, Detlev, die Mama ist sonst traurig‹, und auf die Sau am Straßenrand deutete. Da hab ich's gelassen, obwohl Katrin sich bestimmt gefreut hätte. So fuhr er langsam los. Hinter uns die glückliche Bache und das traurige Ferkelchen, das anscheinend mein Freund sein wollte und tatsächlich immer noch mitten an der Pad stand und uns nachsah …«

Stefan sieht mich komplett verständnislos an. »Ja, Stefan, du bist mit einem Hunde- und Schweineflüsterer unterwegs! Wahrscheinlich treffe ich deshalb so viele davon zu Hause. Es gibt tatsächlich einige Familien in Namibia, die sich ein Warzenschwein als Haustier halten. Sauberer, intelligenter und wachsamer als ein Köter sind sie allemal.«

Wir kommen auf eine kleine Fläche, wo die Reste eines Steinhauses stehen. Einfach die flachen Klippen übereinander gestapelt, Balken drüber, Klippen drauf, fertig. Ich krame zwischen den heruntergefallenen Steinplatten rum und kann Stefan seinen ersten Skorpion zeigen.

»Ein gelber, nur zehn Zentimeter lang; kleine Zangen …«, doziere ich …

»… und du hast Kak«, beendet Stefan, »orreith!«

»Das ist auch so ein Posten gewesen, um das Deutsche Reich zu beschützen«, erkläre ich, als ich vor zwei Gräbern stehen bleibe. Beide sind hübsch zurechtgemacht, erhaben über dem Boden angelegt und mit weißen Kieseln ausgelegt. Auf einem eisernen Grabmal steht:

Hier ruhet
der Unterofficier
Robert Kirchgatter
Gest. am 27. Juni 1895
Seid getrost, ich habe die
Welt überwunden

»Na, das hätte er einfacher zu Hause haben können«, pöbele ich weiter. »Scheiß Kriege!« Der andere hat zumindest eine billige, ruhige Wohnung gefunden, wie auf dem Schild zu lesen steht.

Hier ruhet
der Reiter
Ferdinand Zarp

Gest. am 26. Juni 1895
In meines Vaters Hause
sind viele Wohnungen

Stefan filmt die Szenerie, und ich trabe kopfschüttelnd von dannen und denke über alle Soldatenfriedhöfe dieser Welt nach. Ich zeige Stefan eine schon früher entdeckte und versteckte Karabinerpatronenhülse aus der Zeit der Schutztruppe.

»1905 ist die gemacht worden, fast 100 Jahre alt.«

Wir laufen noch ein Stück in die Senke runter, da es geregnet haben muss, und ich zeige Stefan noch die vermeintlichen »Schlangenspuren« im Sand, als mich wieder so ein Flachgangvogel im Gras ablenkt. Eine Rüppels Trappe (Rüppel's Korhaan – *Eupodotis rueppellii*) setzt sich gerade ab, wenig später entdecke ich die zweite – sie sind meistens zu zweit … ischa ganz schön einsam heutzutage. »Vielleicht liegen deshalb auch zwei da hinten«, denke ich.

»Die Schlangenspuren sind übrigens Straßen der Ernteameise (*Messor denticornis*). Das hat mir Lukas erzählt, der Chefguide auf Palmwag. Den lernst du noch kennen – in drei Wochen … vielleicht. Ich bin vor zwei Jahren einmal allein mit ihm auf einem Gamedrive (Engl.-Afrikaans: Wildbeobachtungsfahrt) gewesen, als er angehalten und mich gefragt hat, ob ich wüsste, was das für Grassamenberge seien.

›Keine Ahnung‹, sage ich wahrheitsgemäß.

›Also das sind Grassamen, die die Ernteameisen über diese Straßen schleppen und in ihrem Bau verstauen‹, er zeigt auf die sternförmig von dem Loch ausgehenden, einen Zentimeter breiten Ameisenwege, aus dem offensichtlich die Samen wieder an die Oberfläche gebracht worden sind. ›Die Ameisen sind nicht dumm und sehr fleißig und bringen ihre Vorräte jeden Morgen wieder aus dem Bau an die frische Luft, um sie in der Sonne zu trocknen. Aus diesen Grassamen brauen wir Damara-Bier. Und da wir Neger‹, er grinst mich dabei an wie ein Honigkuchenpferd,

| hari: *Die Grassamen werden durch hochwerfen gereinigt, da der Wind Staub usw. mitnimmt, dann werden sie auf Steinen zermahlen oder in einem Stampfmörser zertrümmert. Etwas Wasser und Honig von Wildbienen dazu, und schon kann man sich bei der Hitze nach drei bis vier Tagen damit betrinken. Brennt man das Zeug, hat man Schnaps:* | hou |*. Gegen den Schädel danach nimmt Mann dann gern einen »Kaffee« – den Frau dann aus den gemahlenen Früchten des Blutfruchtbaumes –* || *kheeras – oder der Wurzel des Weißstammbaumes (*Boscia albitruna*) –* | *hunis – braut und die roten Beeren als erfrischendes Getränk gegen die Kopfschmerzen bereitet.*

›auch nicht dumm sind, aber faul, schicken wir morgens immer unsre Frauen los, um diese Grassamen einzusammeln. Wir trinken dann später lieber das Bier!‹«

Stefan fragt: »Hat der wirklich Neger gesagt?«

»Klar!«

»Was heißt denn das auf Englisch?«

»Negro, aber Lukas ist kein Neger, sondern Damara und spricht besser Deutsch als ich! Den kenne ich auch schon seit zehn Jahren, da konnte er kein Wort Deutsch und jetzt Damara, Englisch, Deutsch, Afrikaans, Französisch und gerade lernt er Italienisch. So weit das Ding mit dem dummen Neger auf der Emailleplatte in Joe's Bierhouse – erinnerst du dich?«

Schweigend nickt Stefan. Ich beschließe, die Dinge noch weiter zu erklären.

»Zu Matthes ist mal ›Du bist auch nur ein kleiner weißer Kaffer‹ gesagt worden. Das ist bei einem Trinkwasseraufbereitungsprojekt oben in der Nähe von Tsumeb gewesen, 1995, so um den Dreh rum. Wir sind dort oben von der Bürgermeisterin eingeladen und gerade mit ihr, ihrem Fahrer und einem Leibwächter in der Nähe ihres Kraals unterwegs gewesen. Matthes wusste ganz schön viel von der Lebensweise der Ovambos, da seine Mutter dort oben 20 Jahre lang Krankenschwester war, und das hat Meme Susan (Ovambo: Frau) richtig imponiert. Für Matthes ist das ein Lob gewesen, über das er mächtig stolz ist. Sein Spitzname ist ja der ›Weiße Neger‹. Hier sieht man das alles nicht so verbissen wie bei uns.«

Stefan schweigt immer noch, und ich beschließe, es erst einmal dabei bewenden zu lassen.

Todeskampf

Wenig später kurven wir von den Klippen herunter in eine wild aufgewühlte Sandfläche – muss das geregnet haben. Am Rand bleibe ich stehen und fixiere die tiefen Löcher der schon vor uns dort stecken gebliebenen und wieder frei gegrabenen Autos. Stefan meint besorgt. »Na, das war's dann wohl heute mit dem Brandberg.«

Ich frage ehrlich nichts verstehend zurück: »Wieso, willst du den Trail laufen?«

»Trail, welchen Trail?«

Ich zeige auf den den Berg rückwärts an den Klippen hoch führenden Trail. »Schöne Wanderung, drei bis fünf Stunden!«

»Nein, ich dachte, wir müssen umkehren«, und er zeigt auf das Sandchaos vor uns.

Ich kann nur überheblich »Touris« schnauben, als mir plötzlich die Pöbeleien meiner deutschen eingeborenen Freunde über mich einfallen, und so verschlucke ich den Rest.

»Quatsch, ich überlege nur, ob ich durch die Grablöcher brettere oder drum herum fahre, dann muss ich nämlich Luft ablassen.« Ich deute auf die andere Seite »... und da müssen wir wieder aufpumpen. Mit Bauch können wir keine Steine fahren.«

»Bauch?«

Ich strecke meine Wanne raus: »Bauch, Reifen machen einen Bauch ohne Luft, und die Seitenwand der Reifen ist ziemlich dünn« ich knie nieder, schaue mir die Reifen an und ergänze »bei diesen Reifen auf jeden Fall und eigentlich bin ich zu faul zum Pumpen ... steig ein!« Mit heulenden 5000 U/min jaulen wir durch die Löcher, und ohne die geringste Schwierigkeit erreichen wir das andere Ufer.

Das muss richtig zur Sache gegangen sein beim letzten Regen, das halbe Rivier ist verwüstet. Überall liegen Baumstämme herum.

In der Nähe rufen die Trappen mit ihrem schnarrenden Gesang. Kurz nach dem Rivier erreichen wir den Stausee bei Tinkas. Er ist voller Wasser, aber wir sind für die Tiere viel zu spät dran. Verständlich, denn die Sonne schmirgelt schon wieder reichlich. Als ich ganz langsam von Stefan zwischen den Klippen hindurchlaviert werde, höre ist ein verdächtiges Klimpern unter dem Wagen, das da nicht hingehört. Ich halte sofort an und liege unter dem Wagen. Die Karre ist erst 2500 Kilometer gelaufen, brandneu also. Ich entdecke nichts. Es klimpert weiter. Ich schicke Stefan allein zum Filmen an den See und suche den Wagen in Ruhe noch einmal ab. Ich finde die Ursache schließlich. Die Halterung des Lenkungsdämpfers hat sich verabschiedet und ist aus der Karosserie gebrochen. Man, müssen die beim Einfahren geaast haben. Nicht ein einziges Mal kommt mir der Gedanke, dass mir das passiert sein könnte, nicht nach dem Stückchen Autobahn bisher, keine Chance! Ich schraube die Reste der klappernden Halterung ab, wozu braucht man schon in der Wüste einen Lenkungsdämpfer? Wir fahren schließlich nicht mit unserem Porsche Cayenne mit 240 km/h zum Eiscafé.

Da es wenig Interessantes zu entdecken gibt und die Mittagshitze jetzt gegen halb elf beginnt, fahren wir gleich weiter. Nach Tinkas beginnt plötzlich übergangslos grünes Land, und dort steht Wild ohne Ende. Zig Strauße, Zebras und Oryxe sowie hunderte von Springböcken. Ich fahre langsam weiter. In einer Herde Springböcke kommt Unruhe auf, als wir direkt daneben sind. Zwei Böcke gehen sich an und kämpfen direkt neben dem Wagen. Ich mache den Motor aus und schnappe mir fasziniert die Leica. Erst 15 Meter, dann zehn Meter, jetzt fünf Meter neben uns kämpfen die Springböcke. Stefan spult Meter um Meter ab. Ich wechsele das Objektiv und den Film. Keuchend schieben sich die Viecher im Gras umher. So etwas habe ich noch nie so dicht erlebt. Das erste Blut fließt, als der eine dem anderen mit seinem 25 Zentimeter langen Gehörn fast ein Auge aussticht. Ich bin fassungslos, es scheint ein Kampf auf Leben und Tod zu sein. Der andere reißt dem einen eine blutige Schmarre in die Seite. Der wiederum hackt seinem Gegner ein Loch in den Kopf. Das Keuchen wird lauter, und einer fängt an, schwächer zu werden. Sofort nutzt der Stärkere die Gunst der Stunde, hebelt seinen Kontrahenten aus und bearbeitet den am Boden Liegenden jetzt mit gezielten Stößen. »Das war's wohl«, geht

Springbock (Antidorcas marsupialis): *Die oberen Körperteile sind hell- bis dunkelbraun mit einem sehr dunklen »Rallyestreifen«, Gesicht, Kehle und Hals sowie der Bauch sind weiß. Bei Erregung wird eine Hautfalte mit langen weißen Haaren auf dem Rücken aufgestülpt, und die Haare werden fächerartig zu einer Bürste gesträubt. Im wahrsten Sinne des Wortes können Springböcke eine Bürste machen und Sprünge mit allen Vieren gleichzeitig veranstalten, als wären sie buchstäblich in die Luft geschleudert worden. Gewicht: bis 50 kg. Nahrung: Gräser, Blätter, Triebe, Zweige von Karoo-Sträuchern (Karoo – »Buschmann« für »Trockener Plat«, hier zentral gelegene Wüstensavanne Südafrikas), Laute: tiefes Grunzröhren, bei Gefahr hohes, schnaubendes Pfeifen. Sehr häufig.*

mir durch den Kopf. Mir war bis jetzt nie bewusst, dass Springböcke derart brutal aufeinander losgehen. Gnadenlos hämmert der Sieger immer noch auf den am Boden Liegenden ein, bis der den Kopf gar nicht mehr hoch bekommt. »Gott ist gnädig«, die Natur nicht. In dem Moment, wo sich der lädierte Sieger von dem Toten – so glaubte ich – abwendet, taucht urplötzlich ein Schakal aus dem Gras auf und versucht ein Stückchen Springbock zu ergattern, indem er einfach einen Bissen nimmt. Sofort ist der »Tote« wieder lebendig und nach dem zweiten Häppchen auch wieder auf den Beinen. Der Sieger springt hinzu und hilft dem Unterlegenen. Zusammen gehen sie jetzt auf den Schakal los. Wir jedenfalls sind mächtig beeindruckt von diesem für uns einmaligen Schauspiel und dankbar für die Aufnahmen, die wir schießen konnten.

Die Pad wird nach einiger Zeit besser, und wir erreichen bald die Hauptstraße. Wir lassen den Namib Naukluft Park endgültig hinter uns zurück. Unterwegs zeige ich Stefan noch die Farm von Heinos Schwiegervater, der leider nicht da ist. Nach einer weiteren Stunde auf der C 32 sind wir in Karibib auf der asphaltierten B 2 und wenig später in Usakos, wo wir tanken, Feuerholz laden und ein kühles Bier zischen, außerdem sind die Scheiben wieder sauber. Die Tanke ist ein Busknotenpunkt, und es ist die Hölle los, deshalb halten wir uns nicht lange auf. Die Straße Richtung Swakop (-mund) geht ziemlich bergan, und ich merke, wie schwer unser Wagen immer noch ist: Mehr als 80 km/h bringt er nicht, aber das sogar ohne Lenkungsdämpfer.

Die Skelettküste und heranrollende Särge

Aus dem »Tal« endlich heraus, biege ich nördlich in die D 1918 ein, und wir düsen an der Spitzkoppe und noch dichter an der Kleinen Spitzkoppe vorbei die 100 Kilometer nach Hentiesbaai. Ich zitiere Jean Luc Picard von der Enterprise mit der typischen Armbewegung in eine Richtung zeigend: »Energie!«, und hänge pöbelnd in Anspielung an unseren Bombenflug Rammstein an: »Weiter, weiter ins Verderben, Menschen müssen leben, bis sie sterben!«

Nachdem die beiden »Koppen« mit ihrer savannenähnlichen Landschaft hinter uns liegen, wird die Wüste eine ziemlich langweilige Strecke, aber auf diesem Stückchen wird einem das klimatische Gefälle zur Küste hin erst richtig bewusst. Namib pur, nur Flächen ohne irgendetwas, zumindest so lange man mit 120 km/h fährt. Zehn Kilometer vor der Küste fahren wir in den Hochnebel hinein, der die meiste Zeit des Jahres über der Küste liegt und so vielen Schiffen zum Verhängnis geworden ist: Deshalb wird diese Küste auch Skelettküste genannt. Einmal wegen der unzähligen Wal- und Robbenskelette und dann auch wegen der über 500 Wracks, die hier im Nebel ihre letzte Ruhestatt fanden. Eine graue Suppe wie zu Hause empfängt uns. Es ist merklich kühler, und die Fenster bekommen schmutzige Schlieren, die die Feuchtigkeit zusammen mit der salzigen Luft bildet.

Die letzte Einsiedelei an der Küste, Hentiesbaai, liegt mitten im wirklichen Nichts vor uns. Es sind alles waschechte Buren, die hier wohnen. Wir halten kurz an, trinken ein frisch gezapftes Bier in der Kneipe bei der Tankstelle, und ich kaufe noch schnell ein Pfund (!) bereits klein geschnittenen Knoblauch.

»Heute Nacht sind wir in der wirklichen Wüste am Brandberg, weit weg!« Ich rieche in die Tüte, verdrehe die Augen und meine: »Gut gegen Vampire und Leoparden und mit Bier und der Ziegenkeule eine Delikatesse! Allerdings ist so ein Essen nicht gesellschaftsfähig, wir werden stinken ohne Ende, hoffentlich zersetzen sich die Dachzelte nicht!«

Stefan kramt Biltong und Droëwors zum Mittag raus, dazu die üblichen Liter Rooibos-Tee. Die C 34 können wir locker mit 120 km/h auf der Salzpiste nach Norden nehmen, auch ohne Lenkungsdämpfer. Ich mag diese Straße nicht besonders.

»Die Pad ist bei Regen die Hölle und glatt wie Schmierseife – sie ist tatsächlich aus Salzsand gebaut und wird ab Meile 108 immer schlechter. Dann kommt der Skelettküsten-Naturpark, irgendwann Torra Bay, dann Terrace Bay und dann nichts mehr, danach schließlich Möwe Bay und Cap Fria«, erkläre ich Stefan, »und da will ich noch irgendwann einmal hin – zu Fuß. Dann kommt ’n Fluss, der Kunene, und dann Angola!«

Ohne zu zögern explodiert Stefan: »Ich komm mit!«

Jetzt bin ich es, der mit offenem Mund sprachlos guckt.

Die markanten Punkte an dieser geschichtsträchtigen Küstenstraße sind von Swakopmund aus Meile 14, Wlotzkasbaken, Meile 72, Meile 108, Torra Bay und Terrace Bay. Überall dort kommen Felsen an der Küste zu Tage, und dort sind die besten Fischgründe. Alles andere ist Sand, Gipswüste oder Niemandsland.

»Bei Wlotzkasbaken ist eine kleine ›Feriensiedlung‹ der Deutschen aus Swakop entstanden. Rudimentäres Wohnen, kein Wasser, kein Strom, nur Wüste und Fische. Auf der anderen Seite der Straße, der Wüste entgegen, befindet sich ein einzigartiges ›Weltkulturbiotop‹: Aus dem Nichts ist ein quadratkilometergroßer Pflanzenteppich einfach so durch die feuchten, salzhaltigen Nebel entstanden«, erkläre ich Stefan. »Üppige Flechten finden dort ihre Heimat, und genau die schauen wir uns noch einmal kurz in den Bergen bei Meile 72 an. Das Biotop da ist ähnlich, nur kennt es dort niemand. Wir sind gut in der Zeit.«

Nachdem wir das Omaruru-Rivier auf der Brücke überquert haben, folgen noch einige alte Läufe des Flusses, die nur noch als Senken zu erahnen sind. In diesen alten Senken stehen viele Sträucher (*Salsola*-Arten, Bleistiftpflanzensträucher, *Psilocaulon kuntzei, Zygophyllum clavatum, Zygophyllum stapfii* – Dollar-Busch). Durch diese Vegetationsinseln kann sich etwas Sand fangen, und diese »Sandfänger« sind verantwortlich für die kleinen, ein bis zwei Meter hohen Hügelchen längs der Straße.

Durch die vorherrschenden südwestlichen Winde konnten sich von Swakopmund bis Torra Bay keine Dünen mehr bilden. Der Benguela-Strom spült den Sand vom Orange River gen Norden und wird irgendwann und irgendwo an Land geschwemmt. Vom Strand wird der Sand durch den Wind aufgenommen und so weit nach Norden transportiert, bis das Relief der Landschaft Dünenbildung zulässt – wie beispielsweise südlich von Torra Bay.

Rechts und links der Salzpad gehören Salzpfannen als charakteristisches Merkmal dieser Gegend dazu. Überbleibsel von Lagunen, die einst mit dem Meer verbunden waren, als der Meeresspiegel noch höher war. Bei Sturm drückt das Wasser einfach von unten hoch. Als wir an einer vorbeifahren, zeige ich auf Spuren eines Autos, die in die Salzpfanne führen und abrupt in einem riesigen Loch enden. Daneben viele Fußspuren.

»Touris, falscher Weg zum Eiscafé«, pöbele ich, »hier sind schon viele Autos versenkt worden.«

An dem Zeltplatz Meile 72, der den Flair des Ground Zero eines Atomwaffentestgeländes ausstrahlt, düsen wir souverän vorbei. Ein Wasserturm, ein Shop, wo es jetzt außerhalb der Angelsaison kaum etwas außer Fusel zu kaufen gibt, eine Zapfsäule und bunkerähnliche Klos – standesgemäß aus Beton – sowie Strand, tausend Kilometer Strand. Ein Stück weiter biege ich östlich in die Wüste ab und besuche noch eine Metallstange, die einen Claim absteckt. Seit zehn Jahren beobachte ich die Stange schon. Der ständige Wüstenwind treibt die Sandkörner teilweise mit enormer Geschwindigkeit wie Schrot vor sich her, und so hat der Sand diese Stange in fünf Zentimeter Höhe über der Wüstenoberfläche wie ein Eieruhrenglas abgeschmirgelt. Zuerst finde ich sie nicht, später dann doch – der Sand hat es geschafft, die Stange ist durchgefeilt worden. Zeit hat hier eine andere Dimension – die Wüste hat sie! Scheinbar ist dieser ehemalige Fixpunkt von diversen Tieren als Markierung genutzt worden, denn es kreuzen mehrere zehn Zentimeter breite Wildwechsel – nur eine kleine Vertiefung im Wüstenboden, der auf seiner Gipsfläche noch weißen Quarzkies liegen hat. Die Schakale und Hyänen laufen von ihren Ruheverstecken auf Patrouille zum Strand – Kadaver suchen: Wale, Haie, Fische, Robben, Vögel.

Wir fahren die schwarzen Berge so weit rauf wie nur möglich, Spuren gibt es ja genug, denn 1997/1998 ist der totale erlaubte Wahnsinn ausgebrochen. Mit so genannten Quad-Bikes, dick bereiften Vierrad-Motorrädern, durfte man in dieser »Skeleton Recreation Area« herumgurken, wie man wollte. Die Spuren bleiben die nächsten 1000 Jahre zu sehen. Mit den Teilen kann man nämlich fast überall hinkommen, aber ob das so gut gewesen ist? Die feine, gewachsene Kruste des originären Wüstenbodens besteht aus kleinen, dunklen Steinchen und bricht beim Befahren ein. Diese Eindrücke werden später durch vom Wind transportierten helleren Sand aufgefüllt. So hat die Wüste Zebrastreifen bekommen.

Wir halten. Stefan stelzt vorsichtig umher, und ich liege schon auf dem Bauch, das Makroobjektiv vor der Birne. Zwischen den Brocken schmiegen sich Pflanzen und Flechten. Die Form und Farbe der Flechten sind sehr verschieden. Manche sind als Krusten über Steine oder den Gipsboden erkennbar, andere sehen gar blättrig aus und wieder andere rollen einfach, getrieben vom Wind, lose umher (*Xanthomaculina convoluta*), bis sie sich in Senken und an Steinen sammeln, weil sie dort hängen bleiben. Die orange, buschige, zehn Zentimeter hoch stehende *Teloschistes capensis* sieht wie ein an Land lebendes Korallenriff aus. Die wundersamsten Formen laden zum Betrachten ein. Zwischen den Klippen entdecke ich weitere Pflanzen, »Blutige Finger« (*Mesembryanthemum hypertrophicum*), *Hoodia* und mir unbekannte Arten, die ich sofort mit ablichte. Mein Element! Manchmal hat sich wenig weißer Sand vom Strand angesammelt, auf dem ich unzählige Spuren von Krabbeltieren ausmache. Auf den ersten Blick erscheint der Platz vielleicht verlassen, besonders aus dem Auto heraus. Doch das täuscht! Skorpione und Tenebriden, Onimacris (beides Käfer), Eidechsen und anderes Getier haben hier ihren Lebensraum.

Sogar etwa einen Kilometer von der Küste entfernt hören wir das Donnern der Brandung. Es ist ein wunderschöner Kontrast: die schwarzbraunen Steine der Felsen und der schneeweiße Strand, als störender Fleck unsere weiße Kiste im dunklen Steinfeld. Stefan kriecht mittlerweile auf allen Vieren herum und macht Makroaufnahmen. Ich deute auf einen weißen Stein. »Fensteralgen!« Ich hebe den faustgroßen Stein vorsichtig auf. An der Unterseite, vier bis fünf Zentimeter unter der Geländeoberkante, hat sich eine blaugrüne Algenflora an dem Stein gebildet.

Das Licht fällt durch den Stein, und peng! ist das Leben da, geschützt vor der mörderischen Sonne und den UV-Strahlen. Das Leben findet immer einen Weg, so wie wir.

Ich könnte den gesamten Tag herumkrabbeln, doch leider sind wir in anderer Mission unterwegs. Als wir weiterfahren, klart es kurz auf, und ich deute zum 80 Kilometer entfernten dunklen Komplex des Brandberges, der über der Wüste zu schweben scheint. »Wir sind heute spät abends bei der Dämmerung da, nicht früher.«

Denn zunächst muss ich Stefan noch eine Sache zeigen. Selbstverständlich hat er sich belesen, bevor er den Trip hierher gewagt hat, und selbstverständlich hat er von Cape Cross gelesen, und ebenso fraglos will er da hin. Ich biege westlich zu diesem berühmten Punkt an der Küste ein. Nach zwei Kilometern sind wir an der Naturschutzstation und zahlen unseren Obolus. Der Parkplatz ist voller Safarigäste, die in klimatisierten Bussen hierher gekarrt werden, glücklich im Gestank der Exkremente von 150 000 Robben herumlaufen und sich die Finger wund fotografieren. Na ja, interessant ist das schon, aber dieser Geruch! Hinter der flachen Mauer wälzen sich die Seehunde in ihrer Kacke herum und sonnen sich oder brüten scheinbar Steine aus. Verwesende Junge liegen genauso herum, wie Schakale und Möwen umherstreunen, um den Strand sauber zu halten. Stefan baut die Kamera auf und dreht ab.

Für mich sind die Wellen interessanter, die ununterbrochen sisyphusmäßig das felsige Ufer bearbeiten. Die Robben schwimmen in der gischtenden Brandung umher wie Korken. Ich würde gern einmal mit einem Kajak die Skelettküste hoch paddeln: Südafrika bis Angola oder so. Ich träume von dieser möglichen Tour, als Stefan von hinten raunt:

»Mann, die Wellen sind ja fünf Meter hoch!«

»Eher sieben! Und, Stefan, dass sind keine Wellen, das sind Särge – jedenfalls aus der Sicht des Kanuten, da sie ihn gnadenlos zerquetschen würden.«

»Detlev, lass uns verschwinden!«

»Stinkt, ne?«

»Deshalb nicht. Die Touris nerven!«

Ich glaub, ich werd' weich, drei Tage Wüste und mosert schon wie ein Alter! Stefan macht das bislang alles wirklich extraprima.

»Jetzt schau dir wenigstens noch das Denkmal dort an: Eigentlich ist das ja alles portugiesisch hier.«

Im Jahre 6685 nach
der Schöpfung der Welt
und 1485 nach Christi
Geburt beauftragte der
hervorragende, voraus-
schauende König Johann II.
von Portugal einen
Ritter seines Hofes Diogo
Cão, dieses Land
zu entdecken und das
Padrão (Denkmal) hier zu
errichten.

Wir setzen unseren Weg zum Brandberg fort, und ich grübele darüber nach, wie man einfach losgeschickt werden kann, um ein Land zu entdecken, und tatsächlich eines findet. »Das waren noch Zeiten! Wie wird man eigentlich König von Deutschland? ›Weiter, weiter ins Verderben‹«, singe ich dann, als wir mit 120 km/h auf der Hauptpad in den Norden hetzen.

Der Abzweig D 2303 taucht vor uns auf, und ich halte an, um mit Stefan über die Route zu diskutieren.

»Schneller Weg über Uis zum Brandberg oder lieber die Pad mit den Schlaglöchern bis auf das Grundwasser?«

Stefan entscheidet sich für das »Grundwasser«.

Links taucht der Campingplatz Meile 108 auf. Das gleiche Flair wie Meile 72, doch ich halte kurz an, um David, meinen alten Ovambo-Naturschutzkumpel, nach Rhino-, Löwen- und Elefantensichtungen im Ugab-Flussbett zu fragen. David ist in Torra Bay, aber Joseph, ein Naturschutzkumpel von ihm, gibt mir bereitwillig Auskunft über das Wild im Ugab, nachdem ich etwas Tabak, Zeitungspapier zum Drehen und eine Dose Bulli Beef dagelassen habe.

Stefan sieht mich gespannt an, als ich wiederkomme.

»Tanken fällt aus, der Wagen ist schon schwer genug, außerdem ist ab jetzt Schluss mit lustig! Im Ugab sind Löwen gesichtet worden und am Brandberg Rhinos in der Hungorob-Schlucht, Elefanten auch. Wir sollten also mit allem rechnen ab jetzt!«

Stefan sagt nichts.

»Das Viehzeug ist das erste Mal wieder seit langer Zeit so weit nach Süden gewandert. Der Naturschutz greift tatsächlich, allerdings müssen wir jetzt vorsichtig sein. Sicherheit geht vor.«

Stefan montiert das 800er-Objektiv an die TV-Kamera.

»Nee, nee, das ist das Problem, genau das brauchst du nicht!«

»Ich will die Viecher doch aber voll draufkriegen!«

»Wenn wir etwas sehen, brauchst du das Tele nicht. Wir fahren ein enges Tal hoch, und bete, dass dort keine Rhinos oder Elefanten sind, sonst gibt's ziemlich sicher Schrott. Verduften geht mit der Kiste nicht. Erstens ist der Wendekreis des Wagens zu groß und zweitens ist nur die eine Spur befahrbar, daneben sind scharfe Steine. Du bist also ohne Tele dicht genug dran.«

Der erste Platten überhaupt

Wir entern den Wagen, nachdem wir vier kühle Bier aus dem Freezer geklaubt haben. Ich lasse meine Dose noch stehen und krame das GPS (Global Positioning System) raus. Die Pad, die ich suche, geht zwar direkt vor dem Lauf des Ugab in die Wüste, aber die ist schwer zu finden, da nur zwei Spuren dort hineinführen. Sofern Regen oder ein Sandsturm sie nicht verwaschen haben. Um das Ganze noch zu erschweren, ist sie außerdem auch nicht von der Hauptpad einsehbar. Ich suche die Koordinaten raus und fahre weiter nach Norden, bis das GPS Alarm gibt. Trotz genauer Position finde ich die Pad nur nach einiger Herumkurverei 50 Meter neben der Hauptpad in der Wüste.

Ich halte an und nehme mein Bier aus dem Halter. Direkt vor uns steht mitten in der Wüste ein Schild:

PAD GESLUIT GEEN TOLGANG
ROAD CLOSED NO ENTRY
PAD GESCHLOSSEN

Altes, verwittertes Holz, verwitterte Schrift. Ich sinniere darüber nach, dass es wohl zu einer Zeit gefertigt werden ist, als den Deutschen mehr zugetraut worden ist. Von Deutschen hat man wohl erwartet, dass es klar ist, dass »KEIN DURCHGANG« ist, wenn die Straße geschlossen ist. Heute ist das leider umgekehrt. Ich mache mein Bier auf und nehme einen sehr tiefen Schluck, um die bedrückenden Gedanken aufzuhellen, dann öffne ich die zweite Dose. Die Anschnallgurte unserer Dachzelte klatschen frenetisch gegen die Plastikverkleidung, der Wind treibt die Sandkörner mit Vehemenz gegen meine nackten Füße, und vor uns führt die Spur in die endlos erscheinende weiße Gipswüste.

»So, die Hetzerei ist jetzt vorbei! Schneller als 10 bis 15 km/h kann und will ich nicht fahren.«

Dann steige ich an der Beifahrerseite ein und mache es mir bequem. Stefan steht ratlos eine Weile rum und erklimmt dann den Fahrersitz.

»Die Hubs sind drin.« (Vierradantrieb eingeschaltet.) »Energie! Warpantrieb raus!«

Ruckelnd setzt sich das Gefährt in Bewegung. Die Pad ist so dermaßen grottenschlecht, dass sich kaum die Sonnenbrille auf der Nase hält, so wackelt, vibriert und schaukelt der Wagen. Alles von uns so sorgfältig Gepackte fällt durcheinander. Die platte Plaine in der Zentralen Namib ist kristallweiß und glitzert wie mit Diamanten ausgelegt. Am Horizont tauchen dunkle Hügel auf.

»Ist das 'ne Scheißstraße«, schimpft Stefan. Ich nuckele an meinem Bier und denke an die Pad nach unserer Wanderung auf dem Brandberg durch den Huab – dagegen ist das hier 'ne Autobahn.

Der Brandberg ist wieder im Dunst verschwunden. Ich bin unruhig. »Halt mal bitte an, ich will noch einmal alles kontrollieren, ob alles noch zu und belegt ist.« Ich renne um unseren 4 x 4 und checke die Dachzelte, Reserveräder, Holzsäcke, lege mich unter den Wagen, schaue, ob da etwas runterhängt, was da nicht hängen soll. Alte Landrover-Angewohnheit, da muss man jeden Abend die Schrauben nachziehen, sonst hat man nach drei Tagen Pad alles verloren. Kaum fünf Kilometer von der Küste weg ist es jetzt wieder richtig heiß.

»Alles klar, Energie!«, gebe ich schließlich Entwarnung.

Vor uns kommen pechschwarze Berge in Sicht, zwischen denen die Spur verschwindet. Wir haben nur noch 50 Kilometer zu fahren – drei bis vier Stunden ... vielleicht. In engen Kurven schlängelt sich die Pad durch die wild zerklüftete Landschaft. Nach der »schwarzen Phase«, wie ich die Hügel nenne, schließt sich die »rotbraune Phase« an, die als verblassende Schatten im Hintergrund zu erahnen sind. Aufmerksam beobachte ich die Gegend und den Sand in der Spur. Genau dort laufen nämlich Löwe, Rhino und Elefant mit ihren zarten Samtpfötchen gerne. Nichts, bislang. Stefan hat vor lauter Konzentration Schweißperlen auf der Stirn und fährt den 4 x 4, als ob es ein Schwertransporter sei, aber fürs erste Mal macht er die Sache richtig klasse. Leider ist der Entspannungswert für mich nicht wirklich groß, da ich die Pad, die Spuren und die richtigen Gänge, die er benutzt, immer im Auge behalten muss. Ab und an tauchen noch Salzpfannen auf, nur als dunkle feuchte Flecken im hellen Sand zu entdecken, und um Tiefenprofile anzulegen bin ich zu faul.

»Don't bogart your beer my friend!«, singe ich in Anlehnung an das Lied von »The Fraternity of Man«: »Don't bogart the joint my friend«; Stefan sollte sein Bier nicht in der Hitze verdunsten lassen. Doch mein Kumpel hört mich nicht einmal. Der Wagen macht einen Höllenlärm auf der Waschbrettpiste. Lose Plomben darf man nicht haben. In der »zweiten schwarzen Phase« deute ich einen sandigen Canyon hinunter:

»Da rein, wir wollen doch einmal sehen, ob im Ugab einige Viecher rumwetzen. Die Mittagspause ist vorbei, und vielleicht kriegen wir Spuren.« (Südwesterdeutsch: in der Bedeutung von zu sehen bekommen.)

Stefan kurvt in den Canyon und bleibt nach 100 Metern stehen. »Das schaffe ich nicht, der ist zu eng.«

»Okay, wir tauschen.«

An der engsten Stelle sind an jeder Seite lediglich fünf Zentimeter Platz. Die Spiegel müssen eingeklappt werden und Stefan muss mich durch diverse Schmalstellen lotsen, bis wir endlich unten am Flussbett des Ugab sind. Der Ugab ist an dieser Stelle fast 500 Meter breit, und auf der anderen Seite beginnt der Skelettküsten-Nationalpark. Unheimlich drohen die dunklen Berge mit ihren hellgelben Sandsteinbasen. Jede Menge Spuren von Zebras, Oryx, Hyänen, Schakalen, aber keine von Elefanten, Löwen oder gar vom seltenen (Spitzmaul- oder) Schwarzen Nashorn.

Ich deute auf das Kliff 200 Meter hinter uns in der »rotbraunen Phase«: »Dort oben habe ich mit Matthes genau vor zehn Jahren ein Lager gebaut. Direkt über dem abkommenden Ugab. Wasser ohne Ende. Mal nachsehen, ob die Pad, die wir gebaut haben, noch da ist.«

Ich kurbele wie wild, um den Wagen auf dem schmalen Uferstreifen umzudrehen, und wir fahren zurück. Stefan hält die Kamera raus und filmt. »Pfft, pfft, pfft«. Beim Runterfahren hat sich ein Stein in genau die richtige Position gedrückt, um mir die Seitenwand des hinteren Reifens auf der Beifahrerseite aufzuschlitzen. Stefan kriegt nichts mit, er wird nur etwas unruhig, als ich die Gänge hochziehe, damit ich noch aus diesem Canyon herauskomme. Dies ist definitiv kein guter Platz zum Reifenwechseln! Oben bei unserer alten Spur stelle ich den Wagen in Positur und meine: »Da werden jetzt in Windhoek einige Wetten gewonnen.«

»Wieso?«

»Weil das mein erster Plattfuß in Afrika nach zehn Jahren ist! Wenn du dich beeilst, kannst du die letzte Luft noch filmen.«

Stefan springt aus dem Wagen und filmt die letzte Luft, dann ist der Reifen platt. Ich lasse mir dann die Kamera geben, spule etwas zurück und zeige Stefan den Stein auf dem Film, der uns die Seite aufgeschlitzt hat. Stefan hat den Stein gefilmt, statt mich vor ihm zu warnen, aber er ist ja auch Kameramann, während ich der Fahrer bin.

»Das ist die Zeit, die wir eigentlich für die Besichtigung des alten Rastplatzes haben wollten«, murmele ich, als ich die Wechselutensilien hinter der Rücksitzbank hervorräume und den Wagen aufbocke.

»Sieh mal, ein schöner Schnitt, den Reifen können wir noch flicken lassen, das ist an jeder Tanke Routine, außerdem haben wir ja zwei Reservereifen!«

Nach 13 Minuten ist die Sache erledigt, und wir sind wieder auf Pad (Südwesterdeutsch. Hier: auf dem Weg). Gleich darauf stehen zwei wunderschöne Welwitschia (!kharos) an der Spur, die ich schon seit zehn Jahren beobachte. Ein wirkliches Wachstum konnte ich nie entdecken, aber jetzt blühen sie. Es handelt sich um eine männliche Pflanze mit kleinen federförmigen Zapfen und eine weibliche mit dicken Zapfen. Etwas weiter stehen Buschmannskerzen-Sträucher (*Sarcocaulon marlothii* – Gobasoros) in voller rosa Blüte. Die Sträucher werden so genannt, weil eine dicke Harzschicht dafür sorgt, dass man sie als regelrechte Kerze benutzen kann, welches die San tatsächlich gemacht haben. Wir bewegen uns langsam durch eine abenteuerlich zerklüftete »Anthrazit Phase«.

Die »violette Phase« wird durch eine Ridge, eine verwitterte Basaltfelswand, eingeläutet, die quer zur Pad verläuft. Dahinter erstreckt sich ein lang gezogenes Tal aus weißem Quarzsand, der vom Granit der folgenden »weißen Phase« gewittert ist. Stefan kann nicht mehr fahren und ist komplett am Ende, also machen wir eine Pause, indem wir einen kurzen Trip in die vom Windschliff verwüsteten Granitboulder machen. Wer hinfällt und über das scharfkantige Gestein schubbert, braucht einen Schönheitschirurgen.

»Footprints, that's all we leave behind«, sage ich zu Stefan, »schau mal, unsere Fußabdrücke sind im Granit zu sehen, so alt ist das hier. Wir sind wahrscheinlich die Ersten, die hier durchlatschen. Es muss in der letzen Saison ganz schön geregnet haben. Ist ziemlich viel weggespült von der Straße.«

Das Tal wird immer enger. Gefährlich ragen die zerklüfteten Wände über uns auf. Von beiden Seiten des Canyons führen Wanderpfade der Tiere aus winzigen Schluchten Richtung Ugab. Dort müssen sie trinken.

Der Brandberg oder Dâureb – »der Berg, der aussieht, als ob er brennt«

Je weiter wir uns das Rivier hinaufquälen, desto breiter wird es wieder, bis sich plötzlich hinter einer Biegung der Blick in die rotbraune Weite öffnet und sich das Tal in eine Ebene verwandelt. Eine braune Schotterwüste und dazu, wie hingemalt, der Brandberg mit einer Wolke über dem Königstein direkt vor uns, davor die Goboboseb-Berge und der erste Tafelberg – Sinnbild für das Damaraland und Kaokoveld.

»Gemälde, braune Phase in Öl, Natur«, frotzele ich. »Voilà, der Brandberg!«

»Mann, ist das heiß, gibst 'n Bier aus?«

Plöp!

Die Spur wird noch schlechter, aber ich kann zumindest weit genug sehen und muss mich nicht noch auf möglicherweise aus den engen Schluchten stürzende Elefantenhorden konzentrieren. Das beruhigt, und der Brandberg »zieht«.

Die erste Erscheinung des Brandberges ist schon dadurch imposant, dass man zunächst ahnungslos von der Küste in die Wüste fährt. Dann sieht man plötzlich, wie heute, einzelne Wolken über der Wüste schweben. Nähert man sich weiter, wächst unter dieser Wolke ein flacher rotbrauner »Gebirgszug« heran. Öde und kahl wirkt er aus dieser Entfernung. Die Wolken umkreisen die höchste Erhebung des Brandberges, den Königstein (ca. 2574 m – scheinbar pulsiert der Berg, da die Angaben von 2570 bis 2609 m reichen). Bewegt man sich weiter auf diesen Gebirgszug zu, fällt buchstäblich die Wüste unter ihm zurück und es schält sich ein gigantisches Gebirge aus der Wüste empor. 2000 Meter ragen diese Ellipsoiden 650 km^2 wild zerklüftetes Granitgestein aus der Fläche der Zentralen Namib empor. Dieses Gebirge ist vor 130 Millionen Jahren dadurch entstanden, dass große Mengen magmatischen Gesteins (Granit) aus den Tiefen der Erde unter die Oberfläche gedrückt worden sind. Das darüber liegende, sie jetzt umgebende Gestein ist mit den Jahrmillionen erodiert. Somit blieb der Komplex stehen, den wir heute als Brandberg kennen. Der typische rote Granit lässt den Berg im Morgen- und Abendlicht erscheinen, als ob er brennt – daher gaben die ersten Siedler ihm den Namen Brandberg.

Halb rechter Hand taucht der dunkelviolette Messumkrater auf, der aus vulkanischem Gestein besteht, daneben die helleren Gobo-boseb-Berge. Doch trotz dieser grandiosen Kulisse erregt etwas anderes mitten auf der Pad meine Aufmerksamkeit: Ein grünes filigranes Netz liegt dort, an dessen Fäden dicke grüne Kugeln hängen: Tsammas (*Citrullus spec.*) – Melonen. Es ist die einzige Pflanze weit und breit.

Ich bin kaputt und will aus der Kiste raus. Eine, vielleicht anderthalb Stunden noch. Wir brettern aus dem »Tal« heraus über die Fläche auf den Brandberg zu. Dabei durchqueren wir eine Senke, bei der Gott sich wohl nicht über seine farbliche »Phase« ganz klar war – vielleicht hat er hier aber auch den Dadaismus erfunden. Ich halte in einer olivgrünen Staubwolke an, davor dominiert Hellgelb, gleich dahinter eher ein Zinnoberrot, etwas weiter in die Fläche Ockergelb und Violett gemischt. Komplett abgefahren stehen in dieser Fläche Baumskelette – irreal, unwirklich, spaced-out. Direkt neben dem Wagen thront auf einem massiven, meterhohen Granitboulder ein grüner *Commiphora*-Busch. Der Messumkrater hat einst das »Ende der Welt« eingeläutet und verläuft bis 170 Kilometer in den Norden. Der Meteoriteneinschlag hat vor ein bis zwei Millionen Jahren alles mit einer zwei Kilometer dicken Lavaschicht überzogen. Auf den Resten stehen wir jetzt noch. Die Tafelberge dokumentieren lediglich die damalige obere Schicht.

Wir erreichen den Abzweig runter zum Ugab und nach Gai-As, einer Quelle inmitten der Zentralen Namib und einer uralten Buschmann- oder Damarasiedlung. Dies ist eine relativ unbekannten Route ohne Namen (ich nenne sie M108-Gai-As-Junction), die wir nach der Brandbergexpedition fahren wollen. Ich kreuze wenig später die D 2303/Meile 108 zur Brandberg West Mine und kürze über den Flugplatz ab – mehr ein Stück Wüste ohne Steine – und stoße auf die D 2342 nach Uis. (Der Flugplatz wird jetzt vom Naturschutz genutzt, da die Mine geschlossen wurde.)

»Ich habe dir doch erzählt, dass ich einmal in der Wüste einen halben Meter Wasser auf der Straße gehabt habe, das ist genau hier gewesen. Diese Straße ist innerhalb von fünf Minuten zum Fluss geworden. Als das Wasser am nächsten Morgen weg war, war auch die Straße verschwunden.«

Eine halbe Stunde noch, und wir sind »zu Hause«. Die Straße nach Uis ist in einem erbarmungswürdigen Zustand, und so wird auch die letzte halbe Stunde nicht weniger anstrengend.

Der Brandberg wird immer mächtiger, je dichter wir an ihn herankommen. Bald füllt er den gesamten Horizont aus. Noch haben seine Flanken nicht die charakteristische Farbe angenommen, sondern schimmern gelb und gräulich in der heißen Spätnachmittagssonne. Er liegt in der Fläche der Wüste wie ein übrig gebliebener Anachronismus (der er ja eigentlich auch ist), wie etwas, das eigentlich nicht hierher gehört.

Über die Gravelroad führen kleine Trockenbäche in nördliche Richtung – hinunter zum Ugab, einem großen Rivier mit eigenen Löwen (seit 2004), Elefanten und Rhinopopulation – der nur noch fünf Kilometer weit weg ist. Schroffe Schluchten und steile Canyons haben diese kleinen »Manchmalrinnsale« in den Wüstenboden geschnitten. Die Landschaft ähnelt plötzlich wieder dem Khomas-Hochland mit seinem gekippten ehemaligen Meeresboden.

Bald können wir die teilweise langen Schluchten sehen, die in den Berg bis zu 15 Kilometer weit hineinführen, wie die schräg nördlich vor uns liegende Numas-Schlucht. Oben auf dem Berg thront der Numas-Fels (2518 m), der zweithöchste Berg des Massivs. Die Pad knickt nach Süden etwas ab, und wir fahren an der Flanke des Brandberges entlang.

Gammler, Zen und Hohe Berge

Die vielen Bäume um uns herum sind ein eindeutiges Zeichen: Endlich haben wir den Anfang des Messum-Riviers erreicht und können von der Hauptpad nach Norden in eine verwischte Sandspur im Rivier zum Brandberg und der Hungorob-Schlucht einbiegen.

Das trockene Rivier nimmt uns auf. Vor uns ragt gigantisch der langsam die Farbe ins Rote wechselnde Brandberg auf. Linker Hand ist die Amis-Schlucht einsehbar. Direkt vor uns liegt eine 900 Meter lange, spitz zulaufende Granitplatte: der Trichter. Die Hungorob-Schlucht liegt für uns noch versteckt links daneben. Ich drehe den Schlüssel herum und lasse den Wagen ausrollen. Stefan ist komplett von dem Berg fasziniert und »erschlagen«, deshalb hat er die vier Löffelhunde noch nicht gesehen, die querab 100 Meter bei ihrem Bau im Gras stehen, die »Löffel« auf uns gerichtet. Kaum wendet Stefan den Kopf, geben zwei in die Wüste hinein Fersengeld, die beiden anderen verschwinden im Bau. Wir steigen aus und stiefeln steif zum nunmehr scheinbar verlassenen Bau. Bei dem sensationellen Gehör der Löffelhunde können wir lange warten, bis sie wieder hervorkommen.

»Die kommen nie raus, solange wir uns hier herumtreiben«, flüstere ich, »vielleicht hören wir sie heut Nacht.« In weitem Bogen wandern wir zurück zum Auto, froh, endlich etwas Bewegung zu bekommen und die durchgeschwitzten Rücken und Hintern zu lüften.

Ich entdecke noch diverse Schlafstellen und verlassene Baue vom Erdferkel, finde aber leider keine frischen Spuren.

»Erdferkel sehen einfach dermaßen blöd aus«, erkläre ich Stefan. »Sorry, anders kann man es nicht ausdrücken! Es hat die Form eines VW-Käfers mit langem, dickem Schwanz und einer schweineähnlichen Schnauze. Die gelb-graue Haut sieht aus wie die eines Hepatitiskranken, ist nur spärlich behaart, wie etwa nach einer zusätzlichen Chemotherapie. Die Vorderpfoten haben extrem starke Krallen, die zum Aufbrechen und Ausgraben von Termitenhügeln dienen. Nicht gefährlich«, füge ich hinzu, »wenn du eins siehst, kackst du dich ein vor Lachen!«

Eigentlich suche ich ja auch etwas anderes.

»Hast du die platt gefahrenen Strohhaufen in der Spur gesehen?«

»Nö!«

»Das ist entweder Rhino- oder Elefantenkacke! Beides eigentlich zu weit südlich, ich habe die letzten zehn Jahre nie gehört, dass sie so weit vom Norden herunterwandern.«

»Schlimm?«

»Schlimm und gut. Elefanten und Rhinos zu sehen wäre schon doll, allerdings ist dann definitiv zu wenig Platz für uns.«

»Die Viecher sind zuerst hier gewesen. Es gibt Regeln.«

»Naturschutz!«

Ich lache lautlos auf.

»Djerryschutz wäre wohl treffender!«

Spitzmaulnashorn (Diceros bicornis), *Syn.* **Schwarzes Nashorn,** *Black Rhino: Dies ist die kleinere der beiden afrikanischen Nashornarten. Das andere, das Weiße Nashorn, wird fälschlicherweise so genannt. Dieser Fehler rührt von der falschen Übersetzung Wide als White, so manifestierte sich Weißes anstelle von Breitmaulnashorn. Die Farbe ist ein weißes Grau oder im Damaraland ein Rotbraun wie die Erde. Gewicht: bis zu einer Tonne. Habitat: Buschsavanne mit Wasser. Sie suhlen sich in Wasser, Schlamm und Sand und ruhen sich während der heißen Tageszeit im Schatten von Bäumen aus. So sind sie leicht mit grauen Steinen zu verwechseln! Das Sehvermögen ist schwach, der Geruchssinn sowie das Gehörn exzellent! Sie sind immer stinkig drauf und greifen blindlings an, Vorsicht! Nahrung: Blätter, Zweige und die giftigen, stacheligen Euphorbien. Feind: Löwe. Laute: Schnauben, Brüllen und Knurren.*

Neben der alten Reifenspur finde ich einen alten Haufen Rhinokacke und knie nieder, um sie zu untersuchen.

»Rhinokacke deshalb, weil Reste vor *Euphorbien* drin sind, und die werden hier nur von Rhinos gefressen. Kudus sollen angeblich ebenfalls Gourmets dieser Cuisine sein, aber momentan gibt es hier keine Kudus mehr. Eigentlich sind diese Pflanzen hochgiftig.« Ich komme hoch und blicke mich suchend um. »Da hinten, der blaugrüne Strauch, der wie ein Büschel Antennen (*Euphorbia damarana* – Kuib) aussieht, und da gibt es noch eine andere Art, die die sich reinziehen, die sieht aus wie ein Kaktus (*Euphorbia virosa* – ǀkhaob). Damit ist wirklich nicht zu spaßen! Anfang der Siebziger sind elf Kavangos aus dem Caprivi-Zipfel nach Uis gekommen, um in der Mine zu arbeiten. Am ersten Abend haben sie draußen gegrillt und dazu die trockenen Triebe von der ›Antennenpflanze‹ benutzt. Sie sind alle elendig verreckt. Alle tot!

Kein Wunder, dass Rhinos immer mies drauf sind, wenn sie so ein Zeugs fressen müssen, … obwohl, da gibt es noch einen anderen Grund. Wie du siehst, ist die Kacke vollkommen zertreten. Rhinos machen das aus folgendem Grund: Als der liebe Gott die

Haut der Tiere verteilte, schlief das Rhino natürlich unter einem Baum. Als es endlich erwachte und beim lieben Gott nach Haut für sich nachfragte, waren nur noch Reste übrig. Der liebe Gott überlegte und steckte diese Reste kurzerhand mit Nadeln zusammen. Voilà, das ist der Grund, warum Rhinos so hässlich sind. Schon allein deshalb sind sie immer grantig. Doch das Rhino wollte sein Schicksal nicht hinnehmen und versuchte, die Falten zu glätten und die Nadeln umzustecken, dabei verschluckte es dummerweise eine Nadel und hatte fortan Schmerzen im Bauch. Wenn das Rhino nun also kackt, sucht es nach der Nadel, um sie wieder an die richtige Stelle in die Haut zu stecken, da diese nun runterhängt. Tja, und deshalb hat ein Rhino die vielen hässlichen Falten und die permanent schlechte Laune. Und wenn in dieser Schlucht ein Rhino ist: ›Be somewhere else!‹ Egal wo, nur nicht dort. … Der Haufen hier ist Wochen alt, wie man an den bereits von der Sonne geblichenen Stellen sehen kann. Es ist erstaunlich, dass es hier jetzt schon wieder Rhinos gibt. Vielleicht sehen wir nach dem Brandberg eines auf dem Huab-Plateau, dort habe ich sie öfter gekriegt.«

»Was'n mit Elefanten und Löwen?«

»Von Elefanten habe ich noch nie etwas gehört. Löwen waren definitiv hier! 1996. Fünf Stück!«

Wir kommen an einer Stelle vor der Amis-Schlucht vorbei, die ich Hippo-Pool nenne – sie sieht nämlich tatsächlich aus, als ob dort Hippos baden. Viele runde Felsen haben die Form von Nilpferden, die im Schlamm baden. Diese runden Granitfelsen sind mit einer schwarzen, matt schimmernden »Veredelung« überzogen. Wüstenlack, er entsteht durch starke Sonneneinstrahlung und das Zusammenspiel von Feuchtigkeit und Verdunstung. Die Feuchtigkeit löst Eisen- und Manganverbindungen, und die Sonne lässt sie wieder verdunsten. Zusam-

Löwe (Panthera leo): *Es sind die größten Katzen Afrikas. Die etwas jüngeren haben noch die typischen »leopardenähnlichen« Rosetten, ältere Männchen entwickeln stattliche Mähnen (Ausnahme: Die Männchen im Tsavo-Nationalpark in Tansania), die farblich recht unterschiedlich sind. Der Schwanz endet in einer schwarzen Quaste. Gewicht: bis 250 kg. Feinde: Krokodil. Habitat: sehr anpassungsfähig, sie sind die einzigen Katzen, die in Rudeln von 3 bis 12 Tieren mit 1 bis 2 dominierenden Männchen und einem dominierenden Weibchen leben und bevorzugen wildreiche Gegenden. Einzelgänger sind extrem gefährlich. Löwen schlafen während der heißen Tageszeit. Nachts ist Showtime, und wenn der König Afrikas ausgeht, bleibt man als Mensch besser zu Hause.*
Die Weibchen jagen, die Männchen ruhen sich meistens aus. Kluge Tiere! Nahrung: Fleisch! Vegetarier unbekannt. Lautäußerungen: Stöhnen, Brüllen. Unheimlich.

20

21

20 *Das »dream team« oder »die vier von der Tankstelle«: Jonny, Collin, Detlev, Stefan.*

21 *Verstecktes Camp hinter faszinierenden Steinformationen. Wir befinden uns auf dem Vogelfederberg, mitten in der Zentralen Namib.*

22 *Ein schöner, eisiger Morgen vor der Schlangenhöhle auf dem Weg zum Königsstein.*

22

23

23 *»Südwester-Edelweiß«, Namib Edelweiß aus der Familie der Strohblumen (Helichrysum roseo-niveum).*

24 *Erhebend: Sonnenuntergang vom Spreetshoogte-Pass über der Zentralen Namib.*

25 *Collins Zuhause am Brandberg bei der »White Lady« – Damaraland pur!*

24

26

27

26 *Ein Sonnenaufgang taucht die Gipswüste beim Vogelfederberg in Gold.*

27 *Ein Köcherbaum (Aloe dichotoma) in voller Blüte in der Hungorob-Mulde (Brandberg).*

28 + 29 *Felsmalereien bei der Schlangenhöhle.*

28

29

30 Wenn im sanften Wind die Rinde des »Butterbrotpapierbaumes« (Cyphostemma currorii) raschelt, ertönen die charakteristischen Geräusche des Brandbergs.

30

31

32

33

31 Die Nadelbäume Welwitschia (mirabilis) haben den größten Teil ihrer Stämme unter die Erde verlagert. Am Horizont erhebt sich der violette Messum-Krater und dahinter thront der Brandberg.

32 Lagerleben und Ausrüstungscheck in der Hungorob-Schlucht am Tag vor dem Aufstieg.

33 »Jonny B Good« neben einem »Fetisch« am Eingang zur Hungorob-Schlucht.

34

35

34 Trotz eisiger Temperaturen die schönsten Stunden des Tages: Lagerfeuer beim Taubenwasser vor dem Königsstein auf über 2200 m Höhe.

35 Achtung, Mamba! Kurz vor dem Königsstein sind die Reptilien nur schwer zu entdecken.

men mit Sauerstoff reagieren die Metalle und bilden einen schimmernden schwarzen »Lack« auf der Oberfläche der Steine.

Vor uns taucht die Hungorob-Schlucht auf und windet sich durch den rot-schwarz-violetten Basalt- oder Doleritgürtel des Brandberges. Stefan muss raus, um mich mehrmals einweisen, ein Platten reicht für heute. Ich will so weit wie möglich in die Schlucht wegen des Schattens, denn ich weiß, dass dort ein riesiger Kameldornbaum steht. Und genau da will ich hin. 50 Meter hoch zerklüftete und steile Abbrüche nehmen uns auf, der Doleritgürtel, der sich um die Intrusion des eigentlichen Berges bei der Entstehung gebildet hat. Hier findet man sehr schöne Kristalle, doch sind die Schotterhalden leider von Skorpionen und Schlangen geradezu verseucht.

> **Intrusion** *(= Eindringen): geol. Aufsteigen basaltischer Magmen aus dem Bereich des oberen Erdmantels und die lokalen Aufschmelzungen tieferer Bereiche der Erdkruste.*

> **Kristalle** *entstehen folgendermaßen: Die geschmolzene Lava schließt Gas ein, welches bei der Abkühlung der Lava als Gasblase bestehen bleibt. In diese so genannten Drusen ist heißes Silikat eingedrungen. Bei der Abkühlung wuchsen dann die Kristalle ähnlich wie Eiskristalle bei gefrierendem Wasser. Durch verschiedene mineralische Einschlüsse sind die schönsten farblichen Varianten zu finden: kristallklar wie ein Diamant, braun-rauchig – durch radioaktive natürliche Bestrahlung, Amethyst – purpurn durch Mangananteile, um nur einige zu nennen.*

Wir fahren in die maximal 50 Meter breite Schlucht hinein. 100 Meter noch, dann ist Schluss für heute. Vor zwei Jahren habe ich sogar dieses Rivier laufen sehen, und der Brandberg ist der Garten Eden gewesen. Wasser satt.

Ich parke den Wagen und kille die Maschine. Ruhe. Raus aus der Kiste und ein eiskaltes Anlegerbier! *Plöp* und Prost, was für ein Tag.

Wir legen den Kopf in den Nacken und schlürfen das Getränk. Mir treten die Tränen in die Augen, so wund ist mein Hals, Stefan ergeht es nicht anders.

Zum zweiten Mal legen wir den Kopf in den Nacken und sehen uns ehrfürchtig die steilen Hänge an.

Ehrfurcht ist das richtige Wort für das, was ich immer noch für diesen Berg empfinde. Aus unserer jetzigen Position sieht er schroff und unbegehbar aus. Die Hänge des Berges bestehen hauptsächlich aus Blockschuttfeldern in der Größe differierend von Fußball bis Einfamilienhaus. Als ich das erste Mal vor zehn Jahren genau hier gestanden habe, hatte ich noch dieses Buch von Jack Kerouac

»Gammler, Zen und Hohe Berge« im Kopf gehabt: Jack war *der* Kiffer vor dem Herrn und hat vor seiner ersten Bergbesteigung das Gefühl gehabt hat, der Berg falle auf ihn drauf. Eben dieses Gefühl überkommt mich gerade wieder. Der verdammte Berg sieht so steil und mächtig aus, als falle er gleich auf mich. Allerdings beruhigt mich, dass Jack ja tatsächlich bei seiner Besteigung »auf den Weg in den Himmel« gewesen ist. Puhh, was für seltsame Gedanken nach so einem Tag.

Die Hungorob-Schlucht – unser Zuhause

Ich hole vier Bierdosen aus dem Wagen, reiche allerdings keine an Stefan weiter, sondern schreite zehn Meter im Quadrat auf unserem Lagerplatz ab und stelle je eine Dose an die Ecke.

»Stefan, sei bitte so gut und zähle einmal die Löcher in der Erde in dem markierten Quadrat, ich scanne mittlerweile das Terrain.«

Hier bin ich schon zweimal fast auf eine Schlange getreten. Auch wenn's nur eine Peitschennatter (*Psammophis sp.*) war, die längst nicht so giftig ist wie eine Kobra, habe ich mich jedes Mal erbärmlich verjagt. Beim Sondieren unseres Lagerplatzes entdecke ich etliche Steine mit verräterischen Löchern darunter. Genau genommen verdecken hier alle Steine diese Löcher …

Als ich zurückkomme, meint Stefan nur »86«, als er mir das zweite Anlegerbier zuschmeißt.

Plöp!

In jedem Loch wohnt entweder ein Skorpion, eine Schlange oder eine Spinne – 86 auf 100 Quadratmeter.

»Willkommen im Damaraland«, sage ich zu Stefan, wobei ich mich nicht einmal bemühe, meinen sarkastischen Tonfall zurückzuhalten. »Die Schonzeit ist jetzt endgültig vorbei. Prost, nick, nick.«

»Pfft, pfft, Indianer.«

Wir grinsen uns an.

»Ich mache Feuer, was essen wir denn heute, Brust oder Keule?«

»Brust!«

»Gut, dann also die Kudusteaks.«

> **Kudu** (Tragelaphus strepsiceros): *Kudus sind große, majestätisch anmutende Antilopen. Sie sind grau bis blaugrau mit weißen Streifen, und die Männchen haben korkenzieherartige Hörner. Gewicht: bis 300 kg. Feinde: Tüpfelhyäne, Gepard, Leopard, Löwe, Afrikanischer Wildhund. Sie bevorzugen dichte Savannetypen, mit Vorliebe in hügeligem oder bergigem Gelände in der Nähe von Wasser. Sie leben in Herden von 5 bis 12 Tieren. Kudus haben ein unglaubliches Sprungvermögen für ihre Größe und Gewicht. Ich selbst habe sie aus den Stand über Wildzäune (>2 m) setzen sehen. Nahrung: Blätter, Tiere, Schoten, Gras. Laute: als Schrecklaut ein tiefes Bellen.*

Wir haben noch eine gute Stunde Licht, also schichte ich schnell das Feuer auf und stelle den Potjie mit Reis drauf. Heute möchte ich ungern im Dunkeln herumhantieren. Lieber rechtzeitig fertig sein, Beine hoch und gut. In unserer Aktivität vergessen wir sogar den ansonsten obligatorischen Sundowner.

Ich schlage die Steaks platt und mache grüne Bohnen mit

Majoran und Thymian an, die kommen dann nur kurz auf das Feuer, wenn der Reis gut ist.

Von den 50 Meter hohen Felshängen schallen das Gurren der Felsentauben und das Lachen der Dassis auf uns nieder. Die Sonne färbt die über 2000 Meter hohe Hungorob-Spitze über uns zinnoberrot. Wir befinden uns auf etwa 650 m. Ich zeige mit dem Finger nach oben: »Da müssen wir rauf!«

Der Reis kocht, und Stefan hat in der Zwischenzeit unser Nachtlager bereitet. Entspannt setzen wir uns. Ich ziehe ostentativ meine Fellis an und lege die Beine auf den Tisch. In Besprechungslaune gucken wir uns an.

»Prost!«

»Prost!«

»Planung?«

»Planung!«

»Aber erst einmal essen, viel essen, muss nicht schmecken, muss nur viel sein heute.« – Danke, Stefan, für das Kompliment!

»Dann müssen wir als Erstes noch Geräusche aufnehmen, das geht in etwa einer Stunde los. Bellgeckos werden wir sicher hören und vielleicht noch anderes. Mal sehen, was noch so kommt!

Anschließend sollten wir ›den Berg besprechen‹ und wie wir das machen.

Morgen früh sollten wir um fünf Uhr raus, Töne aufnehmen. Dann können wir eine Wanderung in die Wüste machen. Ich kenne da eine kleine antike Buschmannwerkstatt auf einem Hügel vor dem Brandberg. Das alles sollten wir schlauerweise tun, bevor die Sonne rauskommt, weil's hier mächtig heiß wird. Danach Frühstück und dann fahren wir nach Uis und suchen uns Träger. Jeder – uns eingeschlossen – muss etwa 30 kg schleppen. Am Nachmittag düsen wir hierher zurück. Auf dem Weg gibt's noch eine Kletterei mit ›off-road‹ par excellence – wenn wir dann noch können und wollen. Danach müssen wir die Ausrüstung in vier gleiche Teile splitten, checken und verpacken. Und dann mache ich die Ziegenkeule, das dauert gute drei Stunden. Volles Programm also. Prost.«

»Es wird bald dunkel.«

»Ich mache das Essen fertig, du baust die Tontechnik auf!«

»Orreith!«

Gerade als Stefan hochkommt und die Tontechnik aufbauen will, ertönt in unmittelbarer Nähe der Ruf des Bokmakierie (*Telephorus zeylonus*), der ihm seinen Namen gegeben hat: *Bok Bok*

Kiiik. Es ist ein wunderschöner kleiner gelber Vogel mit schwarzem Lätzchen vor der Brust.

Ich springe auf und helfe Stefan beim Rauskramen und Aufbauen des hoch empfindlichen und 8000 Euro teuren 4 π Mikrophons. Normalerweise werden damit nur extrem komplizierte Dinge aufgenommen wie Luftverwirbelungen bei Flugzeugen oder das langsame Fallen von Schneeflocken während einer lauen Winternacht in Japan vor einem Kloster, wo gerade eine Teezeremonie zelebriert wird. Wir frotzeln schon die ganze Zeit herum, wie das Ding auf unsere Knoblauchblähungen reagiert. Gerade als wir die Anlage aufgebaut haben, hat sich der Piepmatz entschlossen, woanders nach seiner Braut zu suchen.

»Mist!«

»Der kommt wieder, 100 Pro!«

Stefan montiert weiter an den Tongeräten herum, und ich nehme den fertigen Reis aus dem Feuer, stelle die Bohnen noch mal drauf und lege die Steaks auf den Rost. Sofort verbreitet sich im Tal ein göttlicher Duft.

»Jetzt wissen die anderen Fleischfresser auch, dass wir da sind! Komm mal mit!«

Ich zeige Stefan die frischen Leopardenspuren im Sand, die ich auf meinem Rundgang gefunden habe.

»Vorsicht beim Spatengang! Ab heute nicht so weit und am besten auch nicht im Dunkeln, auch wegen der Schlangen!«

Die Sonne verschwindet, und die kurze Dämmerung beginnt. Sofort fangen die Bellgeckos (*Ptenopus garrulus*) an zu lärmen. Kleine, bis 15 Zentimeter lange »Eidechsen«, die plötzlich aus allen Winkeln »bellen« und sich zurufen. Schon immer ist *das* der Brandberg für mich gewesen. Wir stellen die Tontechnik auf Aufnahme und verduften zurück zum Lager.

Das Essen ist fertig, und endlich können wir uns entspannen. Aber zuerst mache ich noch den Sundowner an. »Just to make the evening official« und suche nach dem Pfund Knoblauch. »Prost!« Danach streiche ich etwa einen Zentimeter dick gehackten Knoblauch auf meine beiden fertigen Steaks. Stefan macht es mir nach.

»Gut gegen Vampire!«

Ich nehme die Maglite und leuchte in die Luft. Ab und an fliegt eine Fledermaus durch den Lichtkegel. Natürlich keine Vampire. Das helle Zirpen erfüllt die Luft. Die Bellgeckos rufen sich immer noch verschlüsselte Nachrichten zu.

Während des Essens erzähle ich zwischen den Bissen und beim Kauen, was ich so über den Brandberg weiß.

»Ich bin das erste Mal am 12. Januar 1994 am Brandberg gewesen. Zusammen mit Matthes, unserem alten Landi, dem Rhino. Wir sind damals die gleiche Route wie wir gefahren. Die Strecke, die wir heute zurückgelegt haben, haben wir in vier Tagen geschafft. Das Stück von der Küste rauf hat zwei Tage gedauert, und die Pad mussten wir erst suchen. Unsere Spur ist die erste gewesen. Dann sind wir zwei Tage auf der anderen Seite in der Numas-Schlucht rumgekraxelt. Mann, ist das eine Schinderei für mich gewesen. Das werde ich niemals vergessen. Ich habe damals Malariatabletten eingeschmissen und mir damit den gesamten Urlaub, die Augen und meine Leber versaut. Schlimm.

Der Brandberg ist sogar für die Einheimischen etwas Besonderes und eine außergewöhnliche Sache. Kaum jemand ist damals auf dem Brandberg gewesen, außer dem Prospektor, vom dem ich dir bereits erzählt habe und der sich einbildet, der Berg gehöre ihm, sowie einer Hand voll Forscher aus Köln, die Felszeichnungen kartiert und abgepaust haben.

Der Brandberg ist als der Bilderberg bekannt oder als eine Insel in der Zeit. Er muss seit jeher für die Ureinwohner etwas Überlebenswichtiges gewesen sein – etwas Göttliches oder so. Der Mt. Everest der Buschleute, wenn man so will. Ein zentraler Punkt für alle, die in den Flächen der Wüste lebten und jagten. Auf dem Berg haben sie genug Nahrung und vor allen Dingen Wasser gefunden, wenn's in der Wüste einmal wieder etwas trockener zuging: Der Brandberg oder Dâureb, wie die Buschleute ihn nennen, hat ein eigenes Klima – ein richtiges Paradies. Mit bis zu 100 mm Niederschlag im Jahr kann gerechnet werden. Selbst wenn ein Schauer nur zwei mm bringt, das Wasser kann nicht versickern – der Berg besteht aus purem Granit. Daher läuft hier noch mehr als anderswo das überlebenswichtige Nass überall in Senken, Spalten, Schluchten und Tümpeln zusammen. Der Brandberg ist ein einziger Granitklotz von über 650 km^2, selbst bei Tau reicht das Wasser für einen kleinen Tümpel aus.

Davon abgesehen ist der Brandberg aber auch ein einzigartiges, riesengroßes Museum. 45 000 bis 60 000 Felszeichnungen soll es geben, auf denen die Ureinwohner ihre Welt der Jagd und ihr Leben auf Granit verewigt haben. Wir werden bestimmt noch unentdeckte finden, du wirst sehen! Schon nach einer Stunde Klettern in der Schlucht, am Springbockwasser, geht es los. Stell dir mal die Sensation vor, als das entdeckt wurde! Seitdem sind alle ziemlich aus dem Häuschen, so fantastisch sind diese Hinterlassenschaften. Manch einer verliert angesichts der Darstellung allerdings auch den Überblick – oder den gesunden Menschenverstand. Irgend so ein Soldat hat die ersten Malereien vor fast hundert Jahren gefunden.«

A »White Lady« ... mit Pimmel?

»Da hat zum Beispiel mal einer, Maack hieß er, weitere Zeichnungen in einer Schlucht auf der westlichen Seite des Massivs, der Tsiseb-Schlucht, entdeckt. Eine einzige Zeichnung war ganz in Weiß gehalten, und schon war die Mär von einer weißen Frau, Königin aus fernen Landen, Herrscherin über die Negerlein geboren. Der Entdecker muss wohl schon lange keine Frau mehr gesehen haben, denn er hat bei seinen Beobachtungen glatt den Schniedelwutz übersehen, der der vermeintlichen Frau zwischen den Beinen baumelte. Die Zeichnung ist außerordentlich schön, und die Person, die dort dargestellt worden ist, ist reich geschmückt. Ich nehme an, dass die Jungs damals noch nichts über Dragqueens und Travestiten wussten, und so hat er trotz des Pimmels gedacht, es sei eine Frau dargestellt. ›White Lady‹ heißt die Zeichnung seitdem – bis heute. Und seit dem Fund, seit dem Jahre 1917, wird ununterbrochen mit impertinenter Penetranz über diese weiße Königin aus fernen Landen gerätselt, die ja gar keine Frau ist. Generationen von Wissenschaftlern machen das, was sie am besten können, entwickeln komplizierte Theorien und Gegentheorien über die Bedeutung dieser einzigen weißen Darstellung eines Menschen unter ca. 50 000 anderen, ohne zu einem Schluss zu gelangen.

Die Darstellung ist komplett touristisch erschlossen, und einige Idioten, anders kann man sie einfach

Reinhard Maack *fand die »White Lady« 1917.*

Die **Farbpigmente** *dieser Bilder sind genauso dauerhaft wie der Granit, auf dem sie angebracht sind. An manchen Stellen bietet der Brandberg eine breite Palette von Farben, die man nur vom Boden auflesen muss. Alle Schattierungen von einem tiefen Rot über Violett bis zu blassem Rosa finden sich als Farbsteine, auch Ocker und strahlendes Gelb. In ihrer großen Mehrzahl sind die Malereien in roten Farbtönen gehalten, die man aus Hämatit (Rötelstein) gewann ... Eine solche aus einem eisenhaltigen Mineral bestehende Farbe verblasst nie ... Denn es ist eine der besonderen Eigenschaften dieser Farben – mit Ausnahme von Weiß –, dass sie in den Felsen eindringen und mit ihm gleichsam eins werden. Es verbleibt kein Farbauftrag an der Oberfläche, sondern das Gestein selbst ist dort, wo es bemalt wurde, verfärbt.*
Dabei spielt die Flüssigkeit, in der das Farbpulver gebunden ist, eine wichtige Rolle. Es mag häufig Blut oder Blutserum verwendet worden sein, denn davon berichten Völkerkundler; möglich wären auch Eiklar von Vogeleiern, Honig oder Pflanzensäfte ... Auch das trägt zur Dauerhaftigkeit der aufgetragenen Farbpigmente bei.
Das trifft jedoch nicht auf alle Farben zu, denn Weiß hat besondere Eigen-

→

nicht nennen, haben diese Einzigartigkeit mit Cola übergossen, um so den Kontrast fürs heimische Fotoalbum zu verstärken. So etwas kann mich krank machen, ehrlich. Im wahrsten Sinn ist die ›Queen‹ jetzt ganz schön versaut. Inzwischen hat sie zum Schutz ein Gitter verpasst bekommen. Die eingesperrte Weiße Dame (mit Pimmel) hinter Gittern, wie im Zoo. Ich bin noch nie da gewesen, das muss ich mir nicht antun.

schaften. ... Unabhängig vom Ausgangsmaterial (Sinter, Gips, Vogelkot, Porzellanerde) kann das weiße Farbpigment nicht beliebig fein wie die anderen Farbstoffe gemahlen werden ... Daher hat die weiße Farbe stets eine relativ grobe Textur, liegt auf der Oberfläche des Felsens auf und ist so für Wind- und Wassererosion anfällig. Viele Bilder weisen heute eine bizarre Form auf, weil die weißen Bestandteile der Darstellung verschwunden sind. Dasselbe gilt manchmal für schwarze Malereien ... Als Pinsel kommen Stöckchen mit daran befestigten Tierhaaren oder eigens zurechtgeschnittene Vogelfedern in Frage ...

Aus: Lenzen-Erz, T. & M.-T. Erz (2000)

Ansonsten sind auf dem Brandberg hauptsächlich Jagdszenen und Menschen dargestellt. Man findet die Zeichnungen an den unglaublichsten Stellen, in Nischen, Höhlen, Spalten, an Bouldern oder einfach an Felswänden. Die Farbe stammt aus gemahlenen Steinen: Rot, Rötlich, Gelb, Rosa, Lila. Weiß wurde wohl unter anderem aus Straußeneierschalen gewonnen.

Die Bewohner des Brandberges sollen über zweitausend Jahre ihrem Malfetisch gefrönt haben. Es wird also nicht gerade ihre Hauptbeschäftigung gewesen sein, ich mein', als Maler hätten sie kaum existieren können – bei fünfzig- bis sechzigtausend Gemälden macht das alle zwei Monate ein Malereignis oder so ... Genaues weiß man allerdings auch diesbezüglich nicht. Im Grunde genommen ist seit Anbeginn der Forschung alles ein einziges Rätselraten. Nur in einem scheinen sich alle einig zu sein: Es wird angenommen, dass kein Bild auf dem Brandberg zur ›Erbauung des optischen Genusses gefertigt‹ worden ist, warum, bleibt aber ein Geheimnis der untersuchenden Wissenschaftler. Ich meine genau das Gegenteil, nämlich dass sich die Männer der Malerei durchaus als Hobby bedient haben. Wenn es ihnen gut erging und sie einen prallen Bauch gehabt haben – und natürlich genug Wasser, könnte man es sich am Feuer bequem gemacht haben und die Geschichten von den Jagden erzählt haben. Die Künstler des Klans haben diese Storys dann später auf Stein verewigt. Wer Kohldampf hat, hat andere Probleme, als Steine zu bepinseln und Tiere an die Wände zu zeichnen, die man lieber gebraten vor einem liegen hat.

Aber welcher Wissenschaftler in Deutschland kann sich das schon vorstellen und hat schon jemals derartig elementar Hunger gehabt.

Nein, bei uns werden Dinge in die Bilder hineininterpretiert, von anderen widerlegt und aufs Heftigste über eine Lösung gestritten. Puh, wer weiß schon, was Picasso in seiner Blauen Phase gedacht hat? Wahrscheinlich ist er genauso zugedröhnt gewesen, wie Castaneda auf einem LSD-Trip bei seinen Wahrheitsdefinitionen. Ich mein', ich weiß es ja auch nicht. Aber ich glaube, wenn man etwas über die Leute auf dem Berg erfahren will, muss man mit den San sprechen, die noch leben, am besten natürlich lange Zeit mit ihnen leben und die Sprache sprechen. Vielleicht kommt man dann der Lösung näher. Wenn man das allerdings machte und tatsächlich eine Lösung fände, würde sie vermutlich ziemlich unwichtig sein, weil man mit dem Verstehen der einfachen Lebensweise bestimmt einen anderen Horizont bekommt und eine andere Wahrnehmungsstufe erreicht, eine, wo profane Sachen unwichtig werden.

Was allerdings in der Tat am Brandberg und seiner Umgebung gesichert ist, ist die Tatsache, dass die damaligen Bewohner ihre Umwelt rein äußerlich genauso gesehen haben müssen wie wir jetzt. Der Brandberg liegt und lag seit Ewigkeiten 80 Kilometer von der Küste entfernt in der Wüste, und da hat sich in den letzten 20 000 Jahren kaum etwas bis gar nichts verändert. Obwohl ihre Wahrnehmung damals mit Sicherheit anders gewesen ist als unsere heutige.

Vielleicht lernen wir oben auf dem Berg in den nächsten Tagen etwas. Irgendwie lernt man immer was, wenn man's zulässt.

Dort oben soll es sogar Rinderherden gegeben haben. Keine Ahnung, wie die da hochgekommen sind, einen Weg gibt es nicht, und das Terrain ist definitiv kuhfeindlich! Dennoch ist das mit den Kühen bewiesen – es gibt extrem viele Rinderknochenfunde. Allerdings findet man auch ab und zu menschliche Gerippe mit Handschellen dort oben. Während der Besetzung Südwest-Afrikas sind die südafrikanischen Truppen nicht gerade zimperlich gewesen …

Die Buschleute früher waren als Clans zusammengeschlossen und haben in den einzelnen Schluchten gewohnt. Offensichtlich hat man sich vertragen und geholfen, weil es nur wenige Malereien mit kriegerischen Motiven gibt. Die Clans umfassten je nach Ergiebigkeit ihrer Umwelt in der Regel zwischen 20 und 40 Personen, große Gruppen wurden von 80 bis 150 Menschen gebildet. Eine ›Fressgruppe‹ innerhalb der Gruppe hat so zwischen sechs und zwölf Personen umfasst. Diese haben bis zu zehn Kilometer weite Streifzüge in die Wüste unternommen und haben alles mitgenommen, was verdaubar gewesen ist. Morgen früh werden wir einfach einmal das Gleiche machen«, lasse ich Stefan wissen. »Ich zeige dir dann mehrere antike San-Werkstätten. Die Jungs haben aus dem roten Basalt um uns herum vor Ort ihre Steinwerkzeuge angefertigt. Nix von wegen 30-kg-Rucksack; sie hatten nur ein Straußenei voll mit Wasser und vielleicht die kleinen fiesen Bögen mit vergifteten Pfeilen dabei. Übrigens ist es erst in den letzten Jahren aufgrund modernster Technik gelungen, das Pfeilgift zu bestimmen, was nicht heißt, dass es jetzt auch ein Gegengift gäbe. Nein, wirst du getroffen, hast du keine Überlebenschance. Du stirbst, wenn du nur mit einer mit dem Gift bestrichenen Pfeilspitze geritzt wirst.

Das **Pfeilgift** *wird von den verschiedenen Stämmen auf unterschiedliche Weise gewonnen. Zum Beispiel ist das Gift (Diamphidiatoxin) aus zermahlenen Pflanzen fressenden Käfern wie der Larve von* Diamphidia simplex *(San: Ngwa), die auf* Commiphora *oder/und* Sclerocarya *leben, sowie einer Fleisch fressenden Laufkäferart (Lebistin). Die Pfeilspitze wird damit bestrichen und anschließend mit Harz versiegelt.*

Die San sind damals wie heute allerbeste Jäger und nicht schwarz, sondern eher gelblich, verknittert und im Größenverhältnis zu uns von zwergenhaftem Wuchs. Im Krieg gegen die ›schwarzen Guerillas‹, wie die Ovambos der SWAPO genannt worden sind, gab es eine Einheit, in der San ihre verhassten Feinde jagten, denn die ›Schwarzen‹ haben sie vor Jahrhunderten auf ihrer Völkerwanderung in den Süden genauso wie die später kommenden Weißen verdrängt, getötet, versklavt und so weiter – das Übliche eben. Die Geschichte wiederholt sich immer wieder aufs Neue. In der Philosophie ist übrigens die Vergangenheit die Gegenwart. Alles soll so bleiben, wie es ist – nur besser, so die Worte unseres Altbundeskanzlers Schröder.

Die Sprache der San ist bis heute einzigartig mit den vier bis fünf Klicklauten.

Über das Alter der Zeichnungen hier auf dem Brandberg rätselt man ebenfalls seit 100 Jahren heftig herum. Es müssen ja Planstellen in der Forschung geschaffen und Drittmittel gesammelt werden. Allgemein geht man wohl von vielleicht 2700 Jahren für die Zeichnungen aus. Doch wie gesagt, nichts Genaues weiß man nicht. Auf dieses Alter ist man eigentlich nur gekommen, als man ein Stückchen abgewitterten Granit gefunden hat, das in einer

Schicht zusammen mit Holzkohle gefunden worden ist. Diese Holzkohle ist nach der C-14-Methode (Methode zur Altersbestimmung) untersucht worden und eben 2700 Jahre alt gewesen. Für mich ist das nur ein Beweis dafür, wann das Bild beschädigt worden und nicht, wann es gemalt worden ist. Es gibt auch Angaben darüber, dass die ältesten Bilder vier- bis sechstausend Jahre alt sein mögen. Wie man darauf kommt, ist genauso unklar wie die Tatsache, dass man im Süden Namibias in einer Höhle auf das sagenhafte Alter von 27 000 Jahren für eine Felszeichnung gekommen ist. Aber, hej, was sind schon 20 000 Jahre Unterschied angesichts der 130 000 000 Jahre des Bodens, auf dem wir stehen? – Noch ’n Bier?«

»Woll.«

Plöp!

»Prost, Detlev!«

»Prost, Stefan!«

Chick-chick, Hu-huuu und ein Sperlingskauz

»Wie stellst du dir das mit den Trägern vor? Hast du da schon etwas organisiert?«

»Hörst du das?«

»Die Löffelhunde!«

Hu-huuu!

»Die sind wieder zurück!«

»Mit den Trägern stelle ich mir gar nichts vor. Das ist Afrika! Unzuverlässig allesamt! Planung mit anderen ist hier ein höchst dynamischer Prozess. Wir fahren morgen auf ein Bier in die Stadt und schauen einfach, was so abgeht!«

»Stadt?«

»Uis! Ein paar Häuser und 'ne Kneipe, die besser ist als jede Nachrichtenbörse. Alle Infos über den Berg kriegen wir morgen dort. Übrigens haben sie mir dort damals den Reifen zerschnitten. Damaras sind schnell mit dem Messer! Sie sprechen eine ähnliche Klicksprache (Dâurebdaman) wie die San, sehen aber anders aus, mehr schwarz als gelb. Die Bergdamaras, wie sie auch genannt werden, haben seit einigen Jahren ein Camp mit Bergführern bei der ›Weißen Lady‹, da versuchen wir unser Glück. Ich bin gespannt, wer von den Schlitzern jetzt Bergführer geworden ist.«

Löffelhund (Otocyon megalotis): *Durch die fledermausartigen Ohren kaum mit Hyäne und Schakal zu verwechseln, wenn auch die Färbung ähnlich sein kann. Er bevorzugt offenes Gelände und Trockensavannen. Man trifft sie paarweise und im Familienverband an. Sie sind tag- und nachtaktiv, ruhen meist während der heißesten Zeit in verlassenen Erdferkellöchern oder selbst gegrabenen Höhlen. Sie haben einen so feinen Geruchs- und Gehörsinn, dass sie Larven unter der Erde aufspüren können. Ich sah sie in der Namib, im Damaraland, Kaokoveld und am Brandberg vor der Ga-Aseb-Schlucht, wo ich vergeblich vor einem Bau gesessen habe, vermutlich haben sie meinen Herzschlag gehört (!) und sind deshalb nicht herausgekommen.*
Gewicht: bis 5 kg, Feinde: Schabrackenhyäne, Leopard, Löwe. Nahrung: Insekten, Skorpione, Spinnen, Mäuse und Früchte. Laute: keckernder Alramruf oder Hu-huuu.

Etwas weiter das Tal hinauf fängt ein Perl-Sperlingskauz (*Glaucidium perlatum*) an zu trällern. Mein Lieblingsvogel. Ein Stakkato-Pfeifen, welches immer höher tönt, sich überschlägt und dann wieder langsamer wird. Direkt vor uns geht neben dem Trichter der Vollmond auf.

»Mit der Unzuverlässigkeit ist das in Afrika so eine Sache, keine Ahnung, ob das mit der Hitze zusammenhängt oder einfach nur in sechs Millionen Jahren so gewachsen ist, wobei ich da den weißen Teil der Bevölkerung ausdrücklich nicht ausschließen möchte. Zuverlässigkeit wird einfach anders definiert als bei uns.

Als ich das erste Mal hergekommen bin, habe ich präjudizierend gedacht, dass die Weißen alle Rassisten sind. Aber wenn man hier leben will, muss man sich an die Gepflogenheiten des Landes anpassen, ansonsten hat man keine Chance: Man verzweifelt glattweg.

Ich will dir einmal ein paar gelebte Beispiele geben. Heino kennst du ja jetzt. Als ich ihn das erste Mal 1994 besucht habe, redete er immer von seinen ›Negern‹, was mir natürlich gar nicht gepasst hat. Und jetzt, zehn Jahre später, redet er immer noch von seinen ›Negern‹, aber jetzt stört es mich nicht mehr so. Ich habe mich daran gewöhnt und seine Angestellten auch: Er ist de Baas, der Boss, er zahlt ihren Lohn. Damals zeigte er mir etwas Wichtiges von Afrika, und zwar so:

›Detlev, siehst du da hinten den Schwarzen, der da auf dem Metall rumhämmert?‹

›Klar!‹

›Komm, wir gehen einmal hin, und du passt auf, was er macht!‹

Als wir näher kommen, legt der Schwarze etwas hin und nimmt etwas anderes vom Boden auf, ängstlich zu Heino blinzelnd.

Im Näherkommen sehe ich, dass er einen großen Stein weggelegt und stattdessen einen großen Hammer aufgehoben hat, mit dem er das Metall jetzt bearbeitet.

Als wir wieder verschwinden und uns unerwarteterweise noch mal umdrehen, legt der Arbeiter gerade wieder den Hammer weg und nimmt lieber den Stein.

Heino meint: ›Das ist zum Verzweifeln, die sind so stur, die wollen nicht!‹

Ich sage, dass es ihm doch scheißegal sein könne, wie er den Rost abbekommt. Heino erwidert: ›Na klar ist mir das scheißegal, aber der kloppt sich alle vier Tage einen Finger breit und kommt dann zwei Wochen nicht zur Arbeit, und ich finde keinen Ersatz! Krankengeld gibt es zwar nicht, aber ich schaffe meinen Job nicht! – Das Gleiche habe ich mit dem besten Schweißer im südlichen Afrika, der sagt, dass er nicht mit Brille schweißen könne! Alle zwei Tage ist er vom Schweißen fast blind und kommt vier Tage nicht! Wenn pay-day ist, kann ich den nächsten Tag zumachen, da meine

Leutchen erst wieder auftauchen, wenn das Geld alle ist. Es ist zum Verzweifeln.‹

Im letzten Jahr hat sich einer seiner Arbeiter – ich bin zufällig dazugekommen – einen Daumen abgeschnitten, da hat Heino regelrecht geweint, da das sein bester Mann gewesen ist! Ich versuche das alles gar nicht mehr zu verstehen, … aber selbst akzeptieren ist manchmal ziemlich schwer!

Ich habe monatelang bei Matthes gewohnt, und da lag immer dieser Ovambo vor dem Haus unter einem Baum, den ganzen Tag lang. Irgendwann quatschte Matthes ihn an, was er denn so mache: ›Arbeit suchen (auf Afrikanisch)!‹ Nach drei Wochen – der Ovambo hat jeden Tag unter dem Baum vor dem Haus gelegen – sagte Matthes zu ihm: ›Okay, wenn du willst, kannst du den Rasen bei mir mähen!‹ Doch statt freudiger Zustimmung bekam mein Freund zu hören: ›Nö, heute ruhe ich mich aus!‹

Ein anderes Mal bin ich von einer Tour wiedergekommen und habe meine beiden Landrover bei der Tanke für den Service abgegeben: waschen, legen, föhnen, wobei ich sie auch von innen gewaschen haben wollte. Das war dumm von mir, Stefan! Blitzblank sauber sind die Karren ja gewesen und gewaschen selbstverständlich auch … selbst innen! Denn natürlich ist der schwarze Autowäscher mit dem Schlauch durch den Wagen gegangen, denn ›waschen auch innen‹ hat der Baas (Boss) gesagt!‹ Unten ist noch das Wasser aus dem Wagen gelaufen, aber sauber ist er gewesen, auch innen …

Oder in Katutura, damals vor zehn Jahren noch ein Stadtteil im fortschreitenden Stadium der Verwesung (Katutura [Herero] = ›Wir haben keinen permanenten Platz zum Leben‹), das ist der ehemalige Slum oder Township von Windhoek. Dort sind also öffentliche Wasserhähne angebaut worden, sodass endlich jeder freien Zugang zum Wasser hat.

Was ist gemacht worden – Wasser ist sehr knapp überall in Namibia? Die Farbigen haben alle Wasserhähne aufgedreht und laufen lassen. Was meinst du, was da los gewesen ist! Ich hatte zu der Zeit gerade an einem Projekt zur Trinkwasseraufbereitung in Tsumeb mitgeholfen. Auf meine fassungslose Frage hin, warum sie alle Wasserhähne aufgedreht haben, ist geantwortet worden: ›Na ja, es ist noch da! Wenn kein Wasser mehr kommt, müssen wir anfangen zu sparen!‹ – Außerdem sind richtige Häuser gebaut worden, damit die armen Neger darin wohnen können. Doch niemand hat sie gefragt, ob sie das auch wollen. Was gut für die weiße Zivilisation ist, *muss* auch gut für die Farbigen sein. Niemand hat sie je gefragt, was sie wollen – die Banalität der Guten hat ihnen Häuser beschert. Sie haben aus den Dächern der Häuser Blechhütten gebaut und ihr Vieh in die Häuser getrieben, weil sie deren Bedeutung nicht (er)kannten.

Für mich ist das einfach das komplette Unverständnis und die Ignoranz von uns Weißen. Wir denken, wir müssen die armen Negerlein bekehren. Vollkommener Blödsinn. Wozu? Denen ging es doch gut, bevor wir hergekommen sind! Schau dir doch nur die beiden Südwester-Helden an, die den Krieg in der Wüste überleben wollten! Die haben hier gelebt und wussten nicht einmal, dass sie einfach den Grassamen gegen Vitamin-B-Mangel hätten essen können!

Schau dir doch unsere Subventionspolitik an. 120 Jahre lang wird Geld nach Afrika gepumpt, und selbst jetzt erreicht dieser ganze Kontinent mit 52 Staaten (auch wenn die Anzahl täglich wechselt) noch nicht einmal die Wirtschaftskraft von Italien, aber alle hiesigen Präsidenten haben Milliarden-Dollar-Guthaben in der Schweiz. Außerdem sterben jetzt mehr Kinder in Afrika als vor 120 Jahren. Deutschland schenkt Namibia pro Kopf jedes Jahr 13 120 Euro, wenn man das Geld verteilen würde, hätte jeder Einwohner Namibias etwa 100 000 Nam-$ und damit könnte jeder hier König spielen. Wo bleibt denn das ganze Geld? (2005 werden mit deutscher Entwicklungshilfe deutsche Farmer in Namibia enteignet!)

Für mich ist es unverständlich, was es in der Politik für Idioten gibt. Aber, na ja, wenn sogar Taxifahrer Außenminister werden können …

So, und jetzt brauche ich noch 'n Bier! Auch eines?«

»Klar!« – *Plöp.*

»Morgen fahren wir locker und entspannt nach Uis und schauen mal, wie das laufen kann. Großer weißer Mann kommen und sagen: brauchen Träger! Zack, zack!‹ Die Zeiten sind vorbei, und meinetwegen ist das okay!

Ich meine, diese Unzuverlässigkeit von Farbigen wird immer so raushängen gelassen, glaube mir. Ich habe hier mit Weißen zusammengearbeitet, und die sind wirklich genauso – mit der Ausnahme von Heino vielleicht. Aber Matthes zum Beispiel, da schnallst du ab: Auf einer Tour beispielsweise sollte er morgens früh um 7:00 Uhr die Touris wecken und das Frühstück vorbereitet haben. Und was war? Er schläft seelenruhig, bis die Touris *ihn* wecken. Als ihn seine Kunden anpflaumen, pöbelt er auch noch zurück: ›Dann müsst ihr nicht nach Afrika kommen!‹

Der Kerl ist echt ein Phänomen. Inzwischen steht er zwar regelmäßig um 7:00 Uhr auf, rennt dann aber bis zwei Minuten nach elf herum, immer in Bewegung, nur: Schaffen tut er nichts. Gar nichts! Irre. Aber immer pünktlich zwei Minuten nach elf, sagt er: ›Fertig!‹ Er verfolgt scheinbar jeden Morgen einen bestimmten imaginären Plan und Schedule, keine Frage, aber wie der aussieht, bleibt im Verborgenen – geheimnisvolles Afrika!«

»Und wie kommt er damit klar?«, fragt Stefan.

»Er wunderbar, alle anderen nicht! Das Letzte, was er zu mir gesagt hat, als wir getrennte Wege gehen wollten, war: ›Detlev, das Leben ist voller verpasster Chancen!‹ Afrika eben …

Dieses weiße Überheblichkeitsgefühl rührt auch von der irrigen Ansicht her, dass wir die Weisheit mit Löffeln gefressen haben. Als ich unseren zweiten Landrover ›Mfu‹ (Ovambo: Nilpferd) vom Lackieren aus Katutura abgeholt habe, lagen da mindestens sechs grinsende, lallende ›Neger‹ mit roten Augen um den Wagen, während sechs weitere um die Kiste herumstanden und mit kleinen fleißigen Händen die Farbe von den Fenstern und Reifen rubbelten. ›Einmal lackieren bitte‹, hatte ich bestellt, und dann wird eben der komplette Wagen lackiert und anschließend alles, was nicht farbig sein soll wie Fenster, Scheinwerfer usw., wieder frei gerubbelt. Leider mit Terpentin bei 45 °C im Schatten und selbstverständlich ohne Handschuhe und Atemschutz.

So entsteht die Mär vom dummen Neger. Niemand aber spricht von den dummen Helden, die beim Krieg in die Wüste gegangen sind und fast an Vitamin-B-Mangel krepiert sind, weil sie nicht wussten, dass das Grasmeer um sie herum reines Vitamin B war. So ist das eben in Afrika.

Nichtsdestotrotz reizt unsereinen manches zum Grinsen: Paddy, den kennst du ja, versorgt mich immer mit den neusten Storys aus Namibia. Kurz vor unserer Abreise hat er mir folgende E-Mail geschickt.« Ich blättere in meinem Tagebuch, in das ich die Nachricht geklebt habe.

»*My colleague, Chamwe, noticed this new trend of names of children born after the mobile services were introduced in the northern region of Namibia. Parents, mostly in Oshakati, named their children after some of the terms used by mobile services providers. Some of the names are as follows*

Network Haimbodi
Subscriber Nujoma
Nokia Shiimi
Siemens Hamutenya
Motorola Hijarunguru
Dial ya Toivo
Vodafone ya Kasita
Call Later Ndoroma
Voicemail Angula
Simcard Alweendo
Scratchcard Ipangelwa
Talktime Shivute
Send Indongo
Paging Amadhila
Message Heita
SMS Iyambo
Phonebook Katoma
Ringtone Iitana
Ericsson Muatunga
No-network Kapia
Recharge Kapenda
Unavailable Lilonga«

Wir lachen uns halbtot und verjagen alles Wild in der Gegend. Obwohl, wissen wir immer, wenn wir unseren Kindern exotisch – ausgefallene Namen geben, was sie bedeuten? Eine Bekannte zu Hause hat ihr Kind nach einem nordamerikanischen Indianerstamm benannt: Cheyenne, das wäre so, als ob ein Indianer sein Kind »Sachsen-Anhaltiner« mit Rufnamen nennen würde.

Diese ganzen Pöbeleien zwischen weiß und schwarz, braun und schwarz, schwarz und schwarz, gelb und schwarz, weiß und weiß sind doch gar nicht so schlimm. Ich mein, wir pöbeln auf die Ostfriesen, auf die Bayern, die Österreicher, die Blondinen. Ich sehe da keinen Unterschied. Afrika kriegt es genauso wenig gebacken wie Deutschland, was soll man sich aufregen. Die Schwarzen nennen uns Mehlsäcke, die Weißen nennen die Schwarzen Kaffer, und wir nennen unsere weißen Brüder in der Zone Ossis – wo ist da der Unterschied?

Zu Hause reißen wir Witze über diverse Gruppen wie Ossis, Blondinen und so weiter, aber hier ist das dann Rassismus, wenn man einen Schwarzen Kaffer nennt. Komisch, dabei ist er noch stolz darauf, wenn jemand seine Stammeszugehörigkeit erkennt.

Chick-chick. Ich zeige Stefan einen gelben Skorpion der schnell in seinem Loch, welches am Rande des Feuerscheins liegt, verschwindet. Leise stemme ich mich aus dem Stuhl, fange eine Heuschrecke, die gerade am Stamm des Kameldornbaumes hochklettert und stake zu dem Loch hin. Vorsichtig lege ich dann die platt gemachte Heuschrecke davor ab, schütte etwas Sand in das Loch und präpariere das Ganze mit einem Grashalm, den ich in den losen Sand des nun zugeschütteten Eingangs stecke.

»Pass auf«, weise ich meinen Kumpel an, »wenn der Grashalm wackelt, kommt der Skorpion bald raus und greift sich sein Abendbrot.«

Wenige Augenblicke später bewegt sich der Grashalm und verschwindet in der Erde, dann schiebt der Skorpion wie vorhergesagt wie ein Bagger den losen Sand aus dem Loch und schnappt sich den toten Hüpfer.

»Ganz schön schnell das Vieh!«, staunt Stefan.

»Das wollte ich dir zeigen! – Wüstenspielchen.«

Der Vollmond scheint so hell, dass man Zeitung lesen kann. Vor uns erstrahlt die Wüstenfläche in einem fahlen, unheimlichen Licht.

Der Kauz quält sich wieder irgendwo in den Felsen mit einem Ruf ab, und weit, weit weg ertönt das *Hu-huuu* der Löffelhunde, die scheinbar Party machen.

Wir legen uns ab, und Stefan lässt einen brüllenden Rülpser in der Luft stehen:

»Das Wort zum Abschluss ist der Rülpser am Morgen!«

Unglaublich, was die Wüste so mit einem Stadtmenschen machen kann denke ich mir grinsend.

Ich lasse das Zelt auf, stecke den Kopf heraus und zähle die Sterne. Kein Lüftchen weht. Der Kauz ruft, das *Chick-chick* der Skorpione ist zu vernehmen, ebenso das Zirpen der Fledermäuse. Überall scheint es zu rascheln, und irgendwo rollt ein Stein. – Afrika, herrlich!

Expeditionsvorbereitungen – Schluss mit lustig

Es ist noch dunkel, als ich aufwache. Wie gewohnt liege ich eine Weile bewegungslos und lege meine Sinne aus, um einzufangen, was draußen los ist. Natürlich ist das Erste, was ich realisiere, der fürchterliche Knoblauchgeschmack im Mund. Immerhin: Das Zelt hat sich nicht zersetzt. Glück gehabt. Dann bemerke ich meinen Brand, Knoblauch macht einen irren Durst. Ansonsten ist noch nichts los in unserem Tal. Totenstille. Ich wecke Stefan. Nachdem wir Feuerwehr gespielt und den »Knoblauch« gelöscht haben, packen wir noch im Dunkeln unsere Kamerautensilien und machen uns lautlos auf den Weg in die Wüste. Wie abgemacht und bereits besprochen, wollen wir zu der Buschmannwerkstatt, die ich vor Jahren auf einem Granithöcker in der Fläche vor dem Brandberg entdeckt habe. Leise schleichen wir aus dem Tal. In der Wüste beginnt schon der Tag. Ein silberner Streifen am östlichen Horizont lässt die Sterne verblassen. Mit dem Licht kommt der Wind, der in der Fläche reichlich bläst. Immer noch gaukeln düstere Schatten Bewegungen in Senken und hinter Felsen vor. Ich bin auf jeden Fall alarmiert. Man weiß ja nie, wann und wo genau sich der Leopard herumtreibt, denn das ist jetzt eigentlich seine Zeit, um nach Hause zu kommen. Wir streifen unbehelligt etwa eine Stunde durch das Gras in die Wüste hinaus. Stefan ist richtig verwundert, wie interessant das Relief der Fläche erscheint. Überall Lunken, winzige, einen Meter tiefe Täler, Abflussrinnen, und genau in diesen »tanzt der Bär« und das Leben, konzentriert sich das Wasser bei Regen, und bei Wind sammeln sich die Samen der Pflanzen. Nach einem Regen blüht dann alles. Allerdings poke ich immer mit dem Snakeslammer im Gebüsch herum. Puffottern liegen gerne in solch schönen Verstecken. Gut, dass es so früh am Tag noch zu frisch für Schlangen ist … eigentlich. Es hat anscheinend schon vor mehreren Monaten geregnet, denn hier blüht nichts mehr, und sogar die Früchte der Pflanzen sind schon aufgebrochen, aufgefressen und verschwunden. Mit den Viechern ist scheinbar alles in der Gegend zusammen mit dem einst grünen Gras verduftet.

Meine Buschmannwerkstatt schält sich als Granitgnubbel in einem Tal vor uns aus dem Halbdunkel. Wir kraxeln auf den nur 20 Meter hohen Hügel. Kaum dass wir den Gipfel erklommen haben, explodiert die Sonne in einem Meer aus Rot- und Goldtönen über dem Horizont. Super Timing!

Mit einer fantastischen Aussicht können wir in einer winzigen Senke auf der Kuppe sitzend die Wüste beobachten, hinter uns beschützt uns der »Trichter« des Brandberges. Unsere Gedanken gehen auf eine Zeitreise. Wir können quasi sehen, wie die kleinen gelben Buschmänner mit ihren flinken Händen die Basaltbrocken zu Faustkeilen bearbeitet haben, um damit auf die Jagd zu gehen. Überall liegen die Splitter des Basalts herum, obwohl es hier nur Granit gibt. Sie müssen Brocken vom Brandberg herübergeschleppt haben, um sie erst hier zu bearbeiten. Warum nur diese Mühe? Dieser Platz scheint besser zu verteidigen zu sein als die engen Schluchten des Brandberges. Vielleicht lockte sie auch der Sonnenaufgang, wer weiß. Egal. Jedenfalls fühlen wir uns ihnen nahe. Sie erwarteten die Wärme der Sonne bestimmt so wie wir und hatten ebenso Hunger wie wir, nur nach Knoblauch werden sie wohl nicht so dermaßen gestunken haben.

»Wunderbar«, seufzt Stefan.

Ich halte mich heute nach meinem gestrigen Monolog zurück, es ist einfach zu schön, um zu reden.

Nach einer Genusspause, man könnte auch sagen »Andacht«, nehmen wir unser Gepäck auf und tapern zurück zu unserer Schlucht, wo uns ein ausgiebiges Frühstück erwartet. Danach packen wir alles zusammen und machen uns auf den Weg nach Uis; es ist mal gerade 8:00 Uhr.

An der Pad nach Uis befindet sich noch ein Riesenklotz von über 100 Meter Höhe, ebenfalls reiner Granit. Dennoch habe ich auch hier Bearbeitungsstücke der Buschleute gefunden. Bemerkenswert, denn bis zum Brandberg, wo der Basalt vorkommt, sind es 10,2 Kilometer – Luftlinie, wohlgemerkt.

Als Stefan mich fragt, wie ich auf die genaue Entfernung komme, antworte ich: »GPS. Vor Jahren bin ich hergelaufen … vom Brandberg … und wieder zurück. War wieder so ein Machoding wegen Matthes und Holger! War aber auch cool! Was ist, woll'n wir rauf?«

»Klar!«

Als wir uns dem Trumm nähern, wird die Wüste immer grüner, und als wir am Orawabfelsen, so heißt der Klotz nämlich, sind, steht das Gras einen Meter hoch. Wir befinden uns in einem silbrig glänzenden Meer, das sich sanft im Wind bewegt. Wahnsinn. So etwas habe ich selbst in zehn Jahren Namibia noch nie gesehen.

Mittlerweile ist es 9:30 Uhr, und die Sonne knallt schon ziemlich auf die Platte, doch die Kletterei lohnt sich, denn von hier aus ist der Blick geradezu überwältigend. Der Brandberg liegt mit seiner gesamten Schönheit im Morgenlicht vor uns. Oben auf unserem kleinen Gipfel liegen wieder die bekannten roten Bearbeitungsfragmente der Buschmänner herum, allerdings finden sich auch einige schwarze darunter. Auf Stefans Frage hin erkläre ich.

»Drüben bei der Tsiseb-Schlucht bei der ›Weißen Dame‹, da gibt es diesen schwarzen Basalt. Das ist scheinbar ein Thingplatz für die Buschmänner oder so etwas gewesen. Vermutlich haben sich Stämme, die unterschiedliche Schluchten bewohnten (Hungorob die südlichen, Tsisab die östlichen), auf diesem Brocken getroffen und vielleicht ihre Jagdabsichten diskutiert. Eine Art Powwow!«

Wir schliddern wieder von dem glatten 100 Meter hohen Felsen hinunter und setzen unseren Weg nach Uis fort. Unterwegs sind nach nunmehr zwei Jahren immer noch die Verspülungen der »Großen Flut«, in der ich einst steckte, zu erkennen: Die Straße hat ein neues Bett bekommen – so ist das eben in der Wüste. Einen kleinen Abstecher zu den Aloe (*Aloe asperifolia* – ||gores) an der Straße kann ich mir dennoch nicht verkneifen. Sie stehen Halbpad (Südwesterdeutsch: Hälfte des Weges) nach Uis.

Kurz vor Uis kreuzt die Hauptpad von Hentiesbaai, und wir biegen auf sie ein. Als Willkommensgruß von Uis leuchtet die mächtige Abraumhalde der geschlossenen Mine. Gleich an der nächsten Kreuzung stehen wartend die Klippen verkaufenden Reifenschlitzer. Wir fahren vorbei. Uis ist einmal eine blühende Diggerstadt gewesen, jetzt ist sie nur noch ein Abglanz ihrer Vergangenheit. Ein paar Häuser, die obligatorische Tanke mit Shop und der Nachfolger des geschlossenen »Brandberg Restcamps« – in den letzten zehn Jahren noch zentraler Anlaufpunkt. Während der Minenzeit war hier die Hölle los, und die Minenarbeiter löschten hier unter anderem ihren Durst. Das Brandberg Restcamp muss erst im letzten Jahr dichtgemacht haben. Stattdessen hat auf der anderen Straßenseite ein touristisch adaptierter »New-Style-Laden« ohne Minenflair aufgemacht. Nicht mein Ding. Normalerweise fallen sofort Klippenverkäufer wie in einem arabischen Basar über einen her, jetzt aber gibt es vor der neuen Kneipe einen Damarawächter, der alle Leute beschützt, die ihn beauftragen, auf ihr Auto aufzupassen. So hält sich das »Herfallen« in Grenzen und hat einem vorsichtigen Fragen: »Mooie Klippen, Mister?« Platz gemacht.

In der Kneipe nehmen wir die Chance wahr, mit einem zweiten Gesundheitsfrühstück unsere Knofifahnen gänzlich zu vertreiben und währenddessen den Wüstennews zuzuhören. An unserer Wüstenpatina, gebildet aus einer Woche ohne Wasser, Sonnenschutzcreme und Staub sowie dem Geruch von all den Litern Schweiß, die durch unsere Klamotten gesickert sind und weiße Salzränder hinterlassen haben, stört sich hier niemand; so etwas gehört in der Wüste einfach dazu. Leider funktioniert in der Kneipe das fließende Wasser nur zwischen 14 und 16 Uhr, und da sind wir schon auf Pad. Also fällt Waschen aus. Die wichtigste Neuigkeit für uns ist, dass die Damaraguides jetzt endlich ihre Station an der »Weißen Dame« bekommen haben und dort zu erreichen sind – vielleicht, denn wir sind ja in Afrika. Außerdem gibt es auch eine relativ neue Brandbergstation in Uis, etwas die Straße runter, wo die Verwaltung der Guides sitzt. Dort sollten wir zuerst fragen, wo sich die Guides herumtreiben. Probleme haben wir keine mehr, der Berg hat massig Regen abgekriegt, und die Reifenschlitzer sitzen jetzt im Knast.

Und die Damaras gegenüber, bei der Tankstelle, wollen uns, als wir frisches Gemüse und Feuerholz kaufen, lediglich schlechte Klippen verscherbeln – ohne Erfolg.

Die Guidestation in Uis ist tatsächlich besetzt, und nicht nur das, sie haben sogar Telefon, Fax und Internetanschluss, wow! Uns wird bestätigt, dass die Guides an der Station bei der »Weißen Dame« sind, und so machen wir uns auf den Weg dorthin – eine Stunde Fahrt: erst in Richtung Khorixas, dann westlich abbiegen gen Berg. Alles einfach, kein Verkehr, gute Pad … Dennoch halten wir ständig an, um den Berg, den wir halb umrunden müssen, zu bewundern.

Collin !Uiseb und Jonny B Good

Zwei Kilometer vor uns läuft jemand mit Rucksack auf der Straße einen strammen Schritt – 35 Kilometer von Uis entfernt und fünf Kilometer von der Station, mitten auf der Fläche. Es ist Mittag, und die Hitze mitten in der Wüste ist mörderisch.

»Das ist unser Guide!«

»Kennst du den, Detlev? Der ist doch noch viel zu weit weg, um ihn zu erkennen!«

»Die Seinen erkennt der Herr im Schlaf, oder man könnte auch sagen: ›Meine Schweine erkenne ich am Tritt!‹«

Wir rollen langsam von hinten an ihn heran, um ihn nicht noch mit einer Staubfahne zu bepudern. Er marschiert auf meiner Seite und hat tatsächlich die Klamotten der Damara-Dâureb-Guides an, olivfarbenes Hemd und Hose und richtige Wanderschuhe. Dass er ein Guide ist, habe ich am Schritt erkannt. Damaras laufen gemächlicher und in der Mittagshitze überhaupt nicht, das ist der Grund, warum sie so lange hier überlebt haben.

»Matissa, matissa, !gaseb!« (Damara: Alles nawa, Bruder.)

Er sieht mich ziemlich skeptisch mit seinem salzverkrusteten pechschwarzen Gesicht an und kommt zum Schluss, dass ein vermeintlicher Touri wohl eher nicht auf Damara grüßen kann und antwortet »ǁkhaija!« (ja, gut) mit einem überwältigenden Lachen schneeweißer Zähne.

»Tlamme audere ida a!« (Damara, etwa: Hast du Wasser für mich?), fragt er.

Wir steigen aus. Die nächsten Minuten entscheiden über den Preis, den wir zahlen müssen, um ihn als Guide gewinnen zu können. Er ist etwa 1,65 Meter groß, zäh, vielleicht maximal 55 kg schwer und hat natürlich die obligatorische dicke Wollmütze auf – man gönnt sich ja sonst nichts bei 40 °C im Schatten, den es hier natürlich nicht gibt.

Ich mache hinten auf und fülle Wasser in eine Tasse. (In Englisch geht's weiter.) »Du bist weit von zu Hause weg, !Gaob« (Damara: Chef, eher im Sinne von: alter, ehrwürdiger Mann, wobei der Mann nicht wirklich immer alt ein muss. Ein Begriff wie Tate in Ovambo). Er grinst wieder und wartet ab, was wir wollen, obwohl er es natürlich offensichtlich schon ahnt. Normale Touris sind nicht so schmutzig wie wir und riechen auch anders. Ich reiche ihm ein Stück Biltong und meine: »Komm, wir fahren zur ›White Lady‹, willst ’n Lift?«

Auf dem Weg unterbreite ich Collin (Diego !Uiseb; 34), dass wir für mehrere Tage auf den Brandberg wollen, und frage ihn, ob er nicht zufällig einen geeigneten Guide kenne, der momentan Zeit habe, sowie einen Träger. Wir haben 120 kg Gepäck, was 30 kg für jeden ausmache – am ersten Tag. Er lacht viel, und ich habe ein gutes Gefühl, außerdem kann er sehr gut Englisch und kennt alle Pflanzen mit lateinischem Namen, was ich sonst nur von Lukas auf Palmwag kenne. (Kein weißer Guide hat mich jemals in zehn Jahren damit überrascht! Okay, vielleicht Matthes noch.)

Ich frage Stefan auf Plattdeutsch, welches Gefühl er habe, eventuell zehn Tage auf »Schwanzlänge« (Soldatendeutsche Gossensprache: dicht zusammen zu sein) mit Collin zusammen zu sein. Plattdeutsch, weil ich mir nicht sicher bin, ob Collin auch Deutsch versteht. Besondere Betonung lege ich auf das Wörtchen »sein«. In der Wüste spielt die Wahrnehmung des eigenen Seins eine besondere Rolle. Stefan grinst total unverschämt, als er Heino nachäfft: »Detlev, du weißt doch, wir haben hier keine Probleme!«

Wir erreichen den schwarzen Basaltring und sind damit in der Tsisab-Schlucht. Als wir aussteigen, knallt die Sonne auf unsere Köpfe, kein Windhauch birgt die Illusion von Abkühlung.

Ich bespreche mit Collin die Route. Er ist schon mehrere Male dieses Jahr oben gewesen, und es gibt massig Wasser, was für unser Vorhaben nur gut sein kann. Allerdings kostet es mich Geduld, Geschick und ein Säuseln wie mit Engelszungen, die Hungorob-Schlucht als Route durchzubekommen. Er würde lieber hier hoch, die Hungorob wäre zu steil. Ich kann ihn jedoch mit meinem Fachwissen über die Hungorob überzeugen und einen Weg nennen, der noch flacher ist als der der Tsisab-Schlucht. Der Preis, den Collin für seine Dienste haben will, ist noch zu hoch, aber nachdem ich ihm erzählt habe, was es zu essen gibt – und Tabak! –, nickt er anerkennend und geht auf die Hälfte runter. Gleich darauf will er los und einen Kumpel als Träger holen. Der bekomme wiederum ein halbes Salär. Stefan und ich sind uns einig, eine gute Wahl getroffen zu haben. Collin zockelt los, wir halten uns zurück, denn es gibt ein Riesenhallo, als Collin die anderen Guides trifft, die im Schatten der aus Brandbergklippen gebauten Station dösen und Radio hören. Die folgende Diskussion hört sich mit den Stakkato-Klicks an wie ein Gelage, bei dem alle wild durcheinander schmatzen und tsutschen.

Collins Wahl fällt schließlich auf einen vollkommen zugekifften Träger. Als die beiden näher kommen, weil Collin ihn uns vorstellen will, fange ich an zu lachen. Und auch der stramme Träger. Vor fünf Jahren hat selbiger mir doch tatsächlich an der Tanke in Uis abgeschliffene Becks-Bier-Flaschenböden als Turmaline verkaufen wollen. Jonny ist 32 Jahre alt, anscheinend dauerdun und noch dürrer als Collin. Insgeheim nenne ich ihn Jonny B Good, nach dem ebenfalls ständig zugedröhnten Jimmy Hendrix.

Immer noch lachend, erzähle ich Collin die Story, woraufhin es für Jonny einen Tritt in den Hintern von Collin gibt. Obendrein setzt unser Guide dessen Trägergehalt noch einen Tick weiter runter. Wir werden uns einig, und ich bestimme, dass Jonny morgen früh nüchtern zu sein habe und dass es keine Drogen auf dem Berg gibt. Collin verspricht es. Dann möchte er gerne einen Vorschuss haben, doch statt zu antworten, grinse ich nur. Das genügt: Collin hat gecheckt, dass ich nicht das erste Mal mit Farbigen zusammenarbeite. Heinos Schule: Vorschuss gibt es nicht, sonst wären alle morgen früh besoffen und sowieso niemand mehr hier.

Wir verabreden uns für morgen Nachmittag gegen 15:00 Uhr an der Station, dann verschwinden wir wieder zurück in unsere Schlucht. Ich wähle einen anderen Weg, direkt am Berg entlang durch das Grasmeer, das wir von der Hauptpad aus gesehen haben. Es ist später Nachmittag, und irgendwo müssen sich doch irgendwelche Viecher herumtreiben. Im Windschatten und bei niedriger Geschwindigkeit ist die Hitze im Wagen fast unerträglich – ein Vorgeschmack auf den Berg.

An der Tsisab-Schlucht hat es anscheinend kaum geregnet, denn das Gras wächst nur sehr spärlich. Weiter Richtung Hungorob befinden wir uns plötzlich in einem grünen Meer aus Gras, in dem hunderte von Springböcken, zig Zebras und jede Menge von Trappen (Laufvögel) herumlaufen. Sogar die riesigen Kori Bustards (*Ardeotis kori*) mit ihren 135 Zentimeter Größe rennen mit flach gestrecktem Hals herum, um sich vor uns zu verstecken. Wenn sie stehen bleiben, beugen sie den Hals fast bis auf den Rücken zurück. Es wirkt, als würden sie ausholen, denn kurz darauf lassen ihn wieder vorschnellen, um dann weiterzulaufen. Baggern auf Trappisch. Es ist ein überwältigender Anblick, gegen die Sonne in diesem wogenden Meer von Silbergras zu schweben. Immer wieder halten wir einfach an und beobachten die Tiere. Der Wind steht gegen uns, und damit haben wir die besseren Karten. Sie können uns nicht wittern.

In unserer Hungorob-Schlucht fühlen wir uns schon richtig zu Hause, und das Lager steht genauso schnell, wie das Feuer brennt. Allerdings verschandelt ein metallicgrüner VW-Syncro die Landschaft: Wir sind nicht mehr allein.

Doch bevor wir uns ausruhen können, erwartet uns noch einiges an Arbeit, und so fangen wir gleich an, sämtliche Ausrüstungsgegenstände für die Expedition aus dem Wagen zu räumen, sie auf einer Plane auszubreiten und in vier gleiche Teile zu splitten. Dabei muss beachtet werden, dass durch das tägliche Essen auch alle Beteiligten jeden Tag das Gleiche an Gewicht aus den Rucksäcken verlieren. Das dauert eine ganze Weile, da wir uns Gedanken darüber machen müssen, wer was wann macht. Stefan will die schwere TV-Kamera in der Hand tragen, ich bin dagegen, da es keinen richtigen Weg auf den Berg gibt, sondern wir klettern müssen und er dafür beide Hände brauchen wird. Dennoch überzeugt sein Argument, dass sein Hiersein darin begründet läge, dass er filme, und das gehe schließlich nur mit der Kamera in der Hand. Obwohl ich eher skeptisch bin, gebe ich mich geschlagen. Ich habe schließlich auch meine Fotokamera um den Hals, und eine Leica mit Tele wiegt ebenso viel wie die Fernsehkamera.

Endlich nach zwei Stunden haben wir vier gleiche Stapel gebaut und alles in die X-tremer-Säcke gepackt. Den Rest wollen wir morgen Abend zusammen mit den Guides Collin und Jonny erledigen.

Heute Abend ist Resteessen angesagt, da wir den Freezer im Wagen während unserer Tour auf den Berg nicht laufen lassen können. Der würde die Batterie leer ziehen, und wir wären nach unserer Rückkehr vom Berg hier gestrandet. Wehmütig denke ich an meinen alten Landrover, den konnte man noch ankurbeln, wenn die Batterie leer war. Bei den neuen Autos ist alles automatisch, aber eben nur, wenn die Kiste auch läuft. Das ist der Nachteil.

Das Resteessen wird aus 2 kg gegrillter Ziegenkeule bestehen, zu der ich einen Curry-Reis-Wasserlilienstängel-Eintopf im Potjie (ein Burenrezept: Waterblommetjiebredie) machen werde, erkläre ich Stefan, der den obligatorischen Sundowner mischt. Während ich die Ziegenkeule mit dem Messer bearbeite, um Löcher für die Knoblauchfüllung zu schaffen, bin ich wieder in Erzähllaune. Der Bokmakierie pfeift, und Stefan kommt mit den »Gin-Tonites«.

»Weißt du, dass die Buren eigentlich gar keine Weißen mehr sind? Die haben fast 10 % (genau genommen 7,2 %) ›schwarzes Blut‹ in sich. Sie haben irgendwann vor 300 Jahren die Buschmänner von den Ovambostämmen befreit und auch ›schwarze‹ Frauen geheiratet, wie die Bastards in Rehoboth beweisen. Nur sagen würde ich das keinem ins Gesicht, denn dann hast du Kak. Die Deutschen pochen allerdings immer noch auf ihre ›reine weiße Weste‹.

Ja, die Deutschen, die sind schon eine Marke für sich. Da wird auf Partys gesoffen, bis der Arzt kommt, und Kak gemacht wie die Springhasenjagd. Wenn alle richtig breit sind, kann es schon einmal passieren, dass dann der Elefantengang geübt wird. Vielleicht hast du schon im Zirkus gesehen, dass sich Elefanten mit dem Rüssel am Schwanz anfassen und so in Rotte laufen ... Oder auf Farmen werden Schweine mit Öl übergossen und dann wird ›Schweinefangen‹ gespielt, das kenne ich allerdings auch schon von zu Hause an der Küste: Schweinerodeo ist Kult.«

Stefan sieht mich mit großen Kulleraugen an, da er offenbar tatsächlich glaubt, was er hört.

»Egal, ich setze mal Tee auf.« Die Keule ist fertig vorbereitet und ich lege sie aufs Feuer. In zwei bis drei Stunden wird sie gar sein.

Ernst im Ernst?

Ich höre das Geräusch viel früher als Stefan, und als plötzlich ein verwegen aussehender Typ und eine alte Frau vor uns stehen, verjagt sich Stefan mordsmäßig. Er stellt sich als Ernst, ein Guide aus Swakopmund, vor, sie als österreichischer Wanderfreak Marke: auf den Königstein (den höchsten Berg Namibias) in zwei Tagen, bis die Knochen platzen, der Watzmann lässt grüßen. Und das haben sie anscheinend auch getan, denn sie ist mit ihren Turnschuhen umgeknickt. Den Kak hat natürlich der Guide. Ernst ist gekleidet wie ich. Safariklamotten in Wüstencamouflage, Hut, Snakeslammer und noch zusätzlich Stulpen um die Waden. Sie: als ob sie auf einer österreichischen Alm zum Frühschoppen geht. Ist ja nur ein 2600-Meter-Berg(chen), dachte sie. Jetzt ist sie zwar klüger, aber das hilft ihr natürlich auch nicht mehr. Ernst ist um die 45 und anscheinend immer gut drauf, wie seine vielen Grinsfalten dokumentieren.

Ich hole kalte Biere raus und gebe eine Runde aus, die dankbar angenommen wird. Es zischt förmlich, als Ernst das Bier kippt. Ernst ist heute Morgen zusammen mit Terry, einem Freund von Collin, und einer Gruppe Wanderer auf den Berg aufgebrochen. Auf halbem Weg hat sich die Dame den Fuß verstaucht, und Ernst hat beschlossen, sie zurück nach Uis zu bringen. Die anderen werden heute unterwegs übernachten, und Ernst will in den nächsten Stunden tatsächlich wieder zurück zu seiner Truppe. Acht Stunden rauf, fünf Stunden runter, vier Stunden Auto fahren, fünf Stunden wieder rauf. Dann wird er morgen früh wieder bei der Gruppe sein. Guideleben eben.

Wir laden ihn zur Keule ein: Wenn er es in drei Stunden nach Uis und zurück schafft, kann er mit uns essen. Sonst halten wir etwas für ihn warm. Er freut sich wie ein Schneekönig, und sie düsen mit dem grünen Syncro los.

Stefan baut die Tonanlage auf, und wir richten uns auf den Abend mit einem Gast ein. Abwechslung in der Wüste. Ich hole vorsichtshalber noch zwei kalte Biere raus.

Die Abendstimmung in dieser Schlucht ist genauso wie vor wahrscheinlich etlichen zigtausend Jahren. Die Sonne geht unter, die Felsentauben und Bellgeckos lärmen, *Chick-chick* ist zu hören, irgendwo kriechen Schlangen herum, und der Leopard lauert wahrscheinlich im Verborgenen.

»Sag mal, Detlev«, fragt Stefan plötzlich in die Abendstimmung hinein, als ich gerade mit einem Bier in der Hand vor dem Feuer sitze und aufpasse, dass die Keule nicht zu knusprig wird, »was ist deine gefährlichste Situation in Namibia gewesen?«

»Für mich persönlich oder überhaupt?«

»Beides!«

»Die langen oder die kurzen Versionen?«

»Die langen!«

Stefan macht es sich am Tisch bequem, Füße auf der Platte, und ich rutsche am Feuer in die richtige Position.

»Prost!«

»Prost!«

»Also, es war einmal …«

Der Löwe und der Tampon

Ich war damals noch Tourguidelehrling und auch noch nicht so abgebrüht wie heute. Wir hatten von langer Hand eine Brandbergexpedition vorbereitet.

Wir, das waren Matthes, Hans, ein Schweizer Gebirgsjäger i.R., Power-Andrea, Skilehrerin, und ich, der passionierte (und gerade pensionierte) Naturwissenschaftler.

Da Matthes und ich schon seit mehr als vier Monaten im Land waren und Hans und Andrea aus dem winterlichen Europa in den afrikanischen Hochsommer kamen, wurde die geplante Safari mit einer kleinen Akklimationsphase von einigen Tagen begonnen, bevor es richtig ans Eingemachte gehen sollte – so dachten wir jedenfalls. Wir hatten vorher diverse Touren direkt von Windhoek auf den Brandberg gemacht, aber das ging buchstäblich in die Hose, da die Leute durchweg aufgegeben haben.

Den ersten Kulturschock galt es zu überwinden, und darüber hinaus ist es unbedingt nötig, sich an die Hitze und das trockene Klima zu gewöhnen, wie du selbst gemerkt haben wirst.

Unser Motto war damals wie heute: Warum immer im Landrover auf der Jagd nach Motiven sein? Raus aus der Kiste und im Angesicht des Schweißes selbst zum Gejagten werden. Dies ist die einzige Möglichkeit, physisch und psychisch ein Maximum an Nähe zur Natur zu erleben. Keine Sorge, das wirst du ab übermorgen tatsächlich selbst ausleben können.

Die einzige Art, wie dies geschehen kann, ist die Methode der San: zu Fuß in der Wüste gehen und lernen, die Dinge um sich herum zu lesen und zu verstehen – die Tierfährten, das Gestein, Tierverhalten, den Pflanzenwuchs und vieles mehr – und last but not least am besten keine Fehler machen.

Sagen wir mal, damals wurde die Idee geboren, die du jetzt erlebst: Du selbst entscheidest, ob du es zulässt.

Das Kennenlernen der Wüsten auf diese Art ist um so vieles einfacher; man kann sich akklimatisieren und viele der interessanten Dinge des Landes und der jeweiligen Region erleben ... oder man wird von ihnen erlebt! Das ist natürlich auch immer drin.

Wir fuhren damals auf die Palmwag-Lodge, wo wir die ersten Wanderungen in den Uniab (Rivier) machten und die legendären Wüstenelefanten beobachten konnten.

Einen Tag später, nach einer interessanten Geländewagenfahrt, die einiges mehr zu bieten hatte, als das, was wir bis jetzt gesehen haben, und den alten Landis und uns alles abverlangte, erreichten wir gegen Abend unser Lager an der berüchtigten Aub-Quelle kurz vor einer Horde von 50 Pavianen, die mit Sicherheit unser bereits seit dem Vormittag bestehendes Lager zerlegt hätten. Berüchtigt ist die Quelle deshalb, weil des Nachts alles zusammenläuft, was etwas in der Wüste auf sich hält, und das sind eigentlich alle, denn alle haben Durst! *Mega-in* momentan und das Beste ist, dass wir beide nach unserer Brandbergexpedition dort auch noch vorbeischauen werden.

Natürlich hielten Matthes und ich uns zunächst mit Erklärungen zurück. Es sollten ja auch einige Überraschungen stattfinden. Was ist schließlich schöner als Weihnachten mit Weihnachtsmann, der dann auch tatsächlich kommt? Mal seh'n, wer ihn diesmal spielt, dachten wir uns.

Drei Wochen zuvor hatten wir jagende Löwen in etwa ein bis zwei Kilometer Entfernung ums Lager schleichen gehört. Ein gruseliges Ambiente, denn die Löwen verständigen sich untereinander durch kurzes oder langes grollendes Brüllen, während sie ihr Abendessen in die Enge treiben. Zumeist endet dieses Geräusch dann recht abrupt mit einem markerschütternden Todesschrei des ›Menühauptgangs‹.

Bei prasselndem Feuer, jeder Menge Braai und einer wachsenden Menge Gin-Tonite ein schauriges Erlebnis, da damals noch in kleinen Zwei-Mann-Zelten auf dem Boden genächtigt wurde. Später kamen noch die irrsinnig ›lachenden‹ Hyänen dazu. Es wurde eine wahre Symphonie – oder Orgie, je nachdem.

Unser Abend verlief sehr ruhig, ausnahmsweise ohne unser ständiges Lachen. Eigentlich geradezu erschreckend ruhig. Es war so ruhig, dass man die Stille wie einen rauschenden Wasserfall in den Ohren hören konnte. Matthes und ich fühlten diese unheimliche Ruhe und tauschten bedeutungsvolle Blicke aus. Beunruhigen wollten wir unsere Gäste nicht, denn wie alle Gäste sind sie selbstverständlich 100%ig überzeugte Antialkoholiker und Vegetarier, die nie im Leben nicht Alkohol trinken und schon gar nicht Gin. Dabei dezimierten sie gerade unsere Vorräte in erschreckender Weise ...

Nachdem das Feuer heruntergebrannt war und die beiden in den Zelten verschwunden waren, genehmigten Matthes und ich uns noch unseren Absacker, da wir sonst nie ungestört waren und uns nur in dieser kurzen Zeit bei einer Totenstille leise raunend unterhalten konnten. Matthes schlief wie immer ohne Zelt im Südwesterschlafsack als ganz harter Mann auf dem felsigen, steinigen Wüstenboden. Wir vermuteten Hyänen oder Löwen in der Nähe, doch Matthes wollte trotzdem draußen pennen. Vorsichtshalber bauten wir noch ein zusätzliches Zelt auf, in das er flüchten könnte … für alle Fälle.

Mir war das damals wie heute alles zu unheimlich – ich hatte Schiss –, deshalb schlief ich auf dem Dachgepäckträger unseres Landis. Mein immer noch mieses Gefühl besänftigte ich mit Schmitt .38, meinem besten Freund, unter dem Kopfkissen. Johnny Walker lag in der Kühlbox und war erst zwölf, also noch minderjährig. Das Kreuz des Südens als Letztes im Auge, döste ich weg. Irgendwann nachts erwachte ich, weil … es war einfach zu still.

Durch dies Erwachen wurde leider auch mein Kreislauf in Gang gesetzt, und ich musste pinkeln. Vom Landidach pinkeln hatte mir schon des Öfteren Beschwerden eingebracht, da durch das Plätschern die Leute wach wurden. Eigentlich wollte ich ja auch runter vom Dach, aber es war einfach zu unheimlich. Irgendetwas war hier oberfaul, und wie Fräulein Smilla ein besonderes Gespür für Schnee hatte, besaß ich schon immer ein solches für ›Kak‹.

Erinnerungen von Mambas, die unter dem kuschelig warm abstrahlenden Motor des Landis lagen und mit geifernden Kiefern nächtliche Pinkler in die Fesseln bissen, schossen mir durch das Hirn. Die Angst wurde größer, und der Druck exponentiell stärker. Alle schliefen, zumindest hörte ich die ruhigen Atemzüge. Nun gut.

Die Beine vom Dach runterbaumeln lassend, schlug ich das Bier trotz meiner Bedenken vom Wagendach ab. Seufzend legte ich mich danach wieder zurück: Der Druck war weg, das bedrückende Gefühl blieb. Mit mittlerweile fahrigen Händen tastete ich nach meinem Freund Schmitt. Der war da. Gut.

Ich kuschelte mich in meinen Schlafsack und versuchte Sternchen zu zählen. Etwa zwei Minuten später, ich war gerade wieder am Wegdösen, brüllte genau dort, wo ich meine Duftmarke hinterlassen hatte, ein Löwe; maximal drei Meter von mir entfernt.

Dieses Gebrüll – vergleichbar mit dem eines Tyrannosaurus aus Steven Spielbergs ›Jurassic Park‹ – in dieser absoluten Stille der Wüste ließ meine Eier auf die Größe einer Erbse schrumpfen, als ich nach Schmitt griff.«

Am Feuer beginne ich für Stefan zusätzlich zur Erzählung sozusagen live zu gestikulieren und zu schauspielern.

»Leise rief ich: ›Matthes!‹

Normalerweise hört er diesen leisen Ruf auf 100 Meter Entfernung. Wir waren bereits ein eingespieltes Team.

Nichts!

Ich rief lauter: ›Matthes!‹

Scheiße. Wieder nichts. Wo ist das verdammte Vieh!?

Weiterhin Totenstille.

Die Gäste?

Null – die atmeten nicht einmal mehr.

Ich spannte den Hahn des Revolvers – ein kaltes Geräusch in der heißen Stille – und setzte mich auf.

Scheiße, dachte ich zum wer-weiß-wie vielten Mal, den Matthes hat der Löwe geholt. Was mach' ich jetzt?

Matthes schlief auf der anderen Seite des Landis etwa fünf Meter weg neben dem vollkommen heruntergebrannten Feuer – nur die Glut glomm noch.

Ich lehnte mich leise auf die andere Seite des Daches und versuchte Matthes zu erkennen – oder, was ich vorzufinden befürchtete, seine Reste.

In diesem Augenblick sah ich den Löwen direkt unter mir um die Ecke des Landis kommen. Schemenhaft schlich die Großkatze auf Matthes zu, der immer noch den Schlaf der gerechten Gintrinker pennte. Inzwischen haben sich meine Augen an die schwummerige Dunkelheit der Glut gewöhnt. Bis zur U-Hose hängt er mit nacktem Oberkörper aus dem Schlafsack, die Hände hinter dem Kopf verschränkt. Alles an ihm signalisiert ›Ich bin der Held, lass mich in Ruhe!‹

Schießen konnte ich nicht, die gerade für diesen Grund geladenen ›full metal jacket‹ (Hardkerngeschoss mit dickem Mantel) wären durch den Kopf des Löwen hindurchgegangen und hätten Matthes ebenfalls erwischt. Ein anderer Treffer kam sowieso nicht infrage.

Ich wusste nicht, was ich machen sollte, also wartete ich erst einmal ab.

Aus fünf Meter Entfernung schieße ich normalerweise einem Löwen selbst bei dem diffusen Licht noch ein Auge aus, wenn's sein muss – Matthes allerdings auch.

Die Angst war, als ich endlich wusste, was abging, einer Abgebrühtheit gewichen, die mich heute immer noch erstaunt.

›Mann, die Mähne ist noch nicht richtig entwickelt‹, fiel mir auf.

Es war ein junger, männlicher Löwe, der wahrscheinlich wegen pubertierend-überschäumender Hormone aus dem Rudel fortgejagt wurde. Das bedeutete richtigen Ärger. Mit Schmitt trotz allem auf den Löwen zielend, den Hahn mit dem Finger am Druckpunkt gespannt, pulsierte pures Adrenalin durch meine Blutbahnen, wie meine prickelnde Kopfhaut zeigte.

Mit einer Nase so groß wie ein Handball schnüffelte der Löwe kurz Richtung Matthes' Kopf und wendete sich sofort – scheinbar angeekelt – wieder ab.

›Wenn Matthes jetzt aufwacht, ist er tot, der steht wohl nicht auf Ginfahne‹, dachte ich mir. Der Löwe schlich lautlos weiter zu Andreas Zelt, schnupperte kurz am Boden und verschwand schmatzend aus meinem Blickfeld. Den Hahn und mich entspannend, leuchtete ich Matthes eine Minute später mit unserem 1000-Watt-Strahler in die verquollenen Augen.

›Matthes, Löwe im Lager!‹, schrie ich.

Mit noch fast geschlossenen Augen und als ob man einen Pickel ausdrückt, schoss er aus dem Schlafsack und hechtete ins vorsorglich am Abend zuvor aufgebaute Zelt.

Nach einer weiterhin interessanten und schlaflosen Nacht gestand mir Andrea am nächsten Morgen beschämt, dass sie einen gebrauchten Tampon vor ihr Zelt gelegt hatte, weil: Auch sie hatte zu viel Schiss, um alleine im Dunkeln zum Feuer zu laufen.

›Tolle Wurst‹, dachte ich, obwohl ich angeordnet hatte, dass auch die kleinen Dinge des Lebens unbedingt im Feuer zu verschwinden hätten.

Lara Croft gab es damals noch nicht und ›try again?‹ leider auch nicht.«

»Und wie ging die Tour weiter?«, fragt Stefan.

»Super, nachdem die Einnordung gut überlebt worden ist, hat sich jeder an die Regeln gehalten. Der Brandberg ist klasse gewesen, und auf dem Weg dorthin haben wir ›Mad Max‹, einen damals etwa 18 Jahre alten Rhinobullen gesehen, einen Leoparden, 20 Elefanten und morgens bei Buschmanngarden – da kommen wir auch noch hin – haben wir sogar einen Geparden nach seinen Jungen rufen gehört. Niemals wieder habe ich so viele ungewöhnliche Tiere auf einer zweiwöchigen Tour gesehen!«

Von .357 bis zur .577 Nitro Express

Ich drehe die Ziegenkeule um, die einen fantastisch verführerischen Duft in unserem Lager in der Hungorob-Schlucht verbreitet. Die Bellgeckos lärmen noch, die Felsentauben haben Feierabend gemacht.

»Kann man eigentlich einen Löwen mit einer Pistole schießen?«

»Revolver, Pistole ist das Ding ohne Trommel!«

»Revolver dann eben!«

»Keine Ahnung, wir mussten mal einen Kudu mit einem vereiterten Steckschuss im vorderen Oberschenkel erschießen; auf 20 Meter mit einem .357-Revolver mit langem Lauf. Den Kudu hat es voll gelegt, Kopfschuss nachgesetzt und gut. Aber einen Löwen … wohl eher nicht! Eine .38 mit Vollmantelgeschossen hat eine gute Durchschlagskraft auf fünf Meter und dann in den Kopf ... allerdings ist ein Durchschuss, wegen Knochen und so gewollt, deshalb hatte ich ja auch diese Patronen drin. Matthes meinte, es wäre besser. So habe ich die Dumdum ausgewechselt. Die zerlegen sich nur und machen ein so großes wildes Viech nur noch wilder. Löwen sind zwar nicht so schussfest, aber 'ne .38 ist in der Regel zu schwach!

Einen Löwen schießt man mit dem gleichen Kaliber wie einen Elefanten. Kein Witz! .375 Riby, .458 Winchester. Alles Kaliber, die dir eine blaue Schulter hinterlassen, oder du nimmst gleich eine .577 Nitro Express, da bekommt sogar ein Elefant Angst, wenn er in die Läufe blickt; alles Geschosse mit einem Gewicht um die 20 g. Aber wir hatten nun einmal nur die alte .38er.«

»Warum hatte Matthes denn nicht die Knarre, sondern du?«

»Er meinte, ich könne besser treffen.«

»Und jetzt hast du die .357?«

»Hmmm, der Waffenschmied hat mich gefragt, *wen* ich umlegen will, und ich habe geantwortet: Hyäne, Leopard, Löwe – in der Reihenfolge. Er fragte noch einmal nach, weil er mir nicht glaubte, und ich erklärte ihm, wenn ich zu Fuß in den Bundus wäre und frottes Wasser trinken würde und mir irgendwo einsam und hilflos die Seele aus dem Leib kotzte, bräuchte ich einen guten Freund. Die Hyänen sind sofort da, denk mal an den Springbock vor ein paar Tagen. Allem, was in einer solchen oder ähnlichen Situation näher als zehn Meter an mich rankommt, will ich eine verpletten. So hat er gemeint, eine .357 mit kurzem Lauf sei das Beste. Ich hoffe, ich muss das nie ausprobieren.

Schrot gibt es auch dafür, und die erste Patrone ist immer Schrot, wegen der Schlangen – zumindest wenn ich nicht schlafe. Du erkennst die Patrone an der Plastikkappe. Als ich dann bezahlt und er die Papiere zum Verschicken fertig hatte, meinte er noch ganz beiläufig: ›Auf 100 Meter legst du damit auch noch einen Schwarzen um!‹ Tja, Stefan, das ist eben Afrika.«

»Und was ist mit ’nem Leopard?«

»Ja, für den Leopard reicht die .38 sicher, man kann auch eine .22 nehmen, ein besseres Luftgewehr, dann musst du ihm ins Ohr schießen ... wenn er denn stillhält. Normalerweise nimmt man ein Kaliber 7x64; 7 mm Remington Magnum, ein schöner Klopfer, oder die .308 Winchester, eine Riesenpatrone, die dir die Schulter massiert, Geschossgewicht 11–15 g, damit du die richtige Auftreffenergie hast. – Hast du schon einmal geschossen?«, frage ich Stefan. »Nöööö!«

»Lust?«

»Mehr auf’n Bier!«

Plöp. Nick, nick!

»Indianer!«

»Und was hältst du vom Jagen?«

»Hm, eigentlich nichts, weil die Viecher nie wirklich ’ne Chance haben, da die Technik mit riesigen Zielfernrohren zu ausgereift ist. Ein Zebra kannst du noch auf 300 Meter aus dem Auto abknallen, das ist keine Jagd. In Namibia sieht das noch ein bisschen anders aus, denn in der Regel wird noch zu Fuß gepirscht oder angeludert (Köder ausgelegt)! Das ist übrigens auch der Grund, warum es durch die Jagd mehr Löwen gibt als ohne. Hört sich paradox an, ist aber wirklich so. Wenn es keine Jagd gibt, wildern die Leute, und bald sind alle Löwen ausgerottet. Gibst du aber den Farmen oder Stammesclans das Recht, über das Wild zu verfügen, und lässt das von der Naturschutzbehörde kontrollieren, dann passen sie ihren Yard auf, verhindern Wilderei und pflegen das Wild. Ist dann ein Viech alt genug und wird sowieso bald von Hyänen entsorgt oder es vergreift sich an Menschen, weil diese so einfach zu jagen sind, wird die Abschussgenehmigung erteilt. Natürlich erst nach der Prüfung durch die Behörde. In der Regel werden die Rechte an professionelle Jäger versteigert, und die geben das dann an die Kunden weiter, die letztendlich das Tier abknallen dürfen, das sowieso auf der Abschussliste vom lieben Gott steht. Das Geld fließt zurück zur Farm oder ins Stammesgebiet. Bei großen Tieren wie

Elefanten gehört das Fleisch dem Stamm, wo es fällt (nach dem Abschuss stirbt), sodass es dann auch noch ein Fest gibt. So läuft das im Großen und Ganzen … theoretisch.«

Stefan sieht ein bisschen nachdenklich aus.

»Pass auf, ich hab noch ein paar lustige Geschichten!

Norbert, auch ein Kumpel, ist Chirurg und musste während seiner Ausbildung ein halbes Jahr in Katutura Dienst machen, um Hieb-, Stech- und Schussverletzungen behandeln zu lernen – das ist auch Afrika! Norbert habe ich immer gerne zum Essen eingeladen, seine Storys sind unschlagbar gewesen. Der konnte erzählen; *unglaublich*!

Eines Tages, er hatte gerade wieder Dienst bei Vollmond und zudem war pay-day (Zahltag), wurde ein Vambo eingeliefert, der ein Messer im Kopf stecken hatte, das wie eine Hutfeder aus seiner Birne ragte. Oder besser: Der kam einfach mal auf einen Sprung mit einem Freund vorbei. Das Messer steckte in einer Sutur im Schädel (Sagittalnaht), und die beiden hatten es nicht herausbekommen.

Stefan, so etwas ist normal! Messer, Panga (50 Zentimeter langes Buschmesser), Speer und Pfeil und Bogen sind keine Waffen, sondern Stammesinsignien, und die hauen sich die Jungs gerne und recht häufig um die Ohren, besonders, wenn sie besoffen sind.

Also legte Norbert den mit dem Messer im Kopf auf eine Trage und arretierte den Kopf. Trotzdem bekam er das Messer nicht alleine heraus. Schon ziemlich genervt, fragte Norbert den anderen Schwarzen, der alles interessiert beobachtete, wer er eigentlich sei. Seine Antwort: ›Ich? Ich will eigentlich nur mein Messer wiederhaben!‹«

Ich sehe Stefan an und zucke mit den Schultern: »Afrika!«

»Ein anderes Mal kam ein Bure mit schmerzverzerrtem Gesicht vorbeigeschlichen, der einen Hoden so groß wie einen Handball hatte. Norbert dachte schon, dass es Hodenkrebs sei, bis der seine Story erzählte. In Afrika ist es ja immer ziemlich heiß, und so tragen die Männer zu Hause beim Braai oft nur lockere kurze Sprinthosen und sitzen auf Stühlen, die als Sitzfläche nur ein Eisendrahtgeflecht mit drei Zentimeter großen Rechtecken haben – das ist schön luftig. Irgendwann beim Biertrinken rutschte ein Hoden aus der Hose durch eines dieser Drahtrechtecke und blieb so unbemerkt unter den Stuhl hängen. Dann klingelte das Telefon, und der Unglücksvogel stand mit Schwung auf … der Stuhl ging mit und hing an seinem Gemächt. – Dumm gelaufen!« Wir beide verziehen schmerzhaft das Gesicht und feixen uns eins.

»Norbert ist nicht auf dem Karneval gewesen, oder?«

»Neee, der hat seine Chance im Leben nicht verpasst! Ist jetzt Doc in Australien!«

»Ein anderes Mal kam ein Vambo zu ihm in die Sprechstunde und wollte nicht so richtig raus damit, was ihm fehlte. Er druckste rum, seine Frau schicke ihn. Eigentlich fehle ihm nichts. Norbert tippte schon auf Aids, weil das die meisten seiner Patienten hatten. Endlich, nach langem Löchern, meinte dann der Schwarze, er sei seit zwei Jahren verheiratet und, dabei fing er bald an zu weinen, seine Frau wolle sich von ihm trennen, sie meine, er liebe sie nicht mehr. Norbert war schon wieder reichlich genervt, als er meinte, dann müsse er zum Psychiater latschen, er könne da nichts machen. Nein, nein, bat der Vambo und gestand: Früher konnte er noch siebenmal pro Nacht und jetzt nur noch fünfmal und seine Frau sei nicht zufrieden mit ihm, aber er müsse doch so viel arbeiten, ob es denn nicht Tabletten gebe.« (Viagra war damals noch nicht erfunden.)

Stefan und ich sind beide sichtlich von der Story beeindruckt … Afrika eben!

»Hörst du das *Klick-Klick*? Das sind solche ähnlichen schwarzen Käfer wie wir schon von Kriess se russ kennen (Tenebriden). Sie klopfen mit dem Abdomen (Hintern) auf den Boden. Man hört das relativ laute *Klick-Klick* und nicht das *Chick-chick* der Skorpione, was aber letztlich *Klick-Klick* in der Käfersprache bedeutet« Die Viecher nennt man auch Toktokkie (Klick-Klick in Afrikaans ist Tok Tok in Umgangssprache).

Entspannt sitzen wir am Feuer und genießen das Land. Nirgendwo sonst fühle ich mich so wohl.

Stefan kann noch nicht so tief eintauchen. »Hast du noch eine Geschichte?«, fragt er.

»Klar! Irgendwann tauchte mal eine total verwahrloste und ziemlich gestörte Himba (das ist der Stamm, der sich mit einer Paste aus Ziegenfett und Rötelstein am gesamten Körper einschmiert und nie wäscht. Die Haare sind ein Gemenge aus Haar und eben ranzigem Tierfett) bei Norbert in der Sprechstunde auf, aber er war nicht in der Lage, sie zu untersuchen, da sie zu schmutzig war. Er hatte Mitleid und schickte sie nicht weg, sondern beauftragte eine Schwester, sie zu waschen. Kurze Zeit später rief die Schwester verzweifelt an und fragte, was sie machen solle. Das arme Mädchen habe sogar in der Vagina Maden. Norbert antwortete nur, dass er sowieso zum Angeln fahren wollte. Afrika eben …«

Von weitem höre ich das Auto von Ernst zurückkommen, und so fange ich an, den Tisch zu decken und die Keule zu verschneiden. Pünktlich mit Ernsts Eintreffen stehen das Essen, die verspäteten Sundowner sowie ein kühles Bier auf dem Tisch. So ist das eben in der Wüste, der Mensch und Gastfreundschaft zählen noch etwas in dieser Gegend. Ernst ist ein Swakopmunder Original, doch bevor er uns seine Geschichten erzählt, stoßen wir erst einmal an, um auch für ihn offiziell den Feierabend einzuläuten. Da seine Gruppe morgen auf den Königstein will, muss Ernst leider das Arbeitsende relativieren. Er müsse heute noch rauf bis zur Krimm (ein Punkt, den ich unter dem Namen Springbockwasser kenne), etwa vier bis sechs Stunden Weg. Bei Vollmond gehe das schon.

»Na, dann hau rein«, meint Stefan, und wir mampfen das aromatische Vampir abwehrende Ziegenfleisch mit Waterblommetjies-Curry-Gemüse-Reis. Ernst kennt als Swakopmunder die gesamte Palette meiner Freunde. Was mich verwundert, ist, dass ich jetzt zum ersten Mal in zehn Jahren einen anderen Tenor höre als jenen vom deutschen, besten, größten und schönsten Helden. Außerdem redet Ernst nicht über Kaffer, sondern über Damaras und Farbige. Extrem ungewöhnlich für einen Tourguide ist das. Es zeigt mir, dass zumindest einige langsam, aber sicher in der Zukunft ankommen. Wenige Ewiggestrige in diesem Land versuchen immer noch der Vergangenheit hinterherzulaufen und schwenken am 20. April mit Tränen in den Augen ihre Hakenkreuzfahne. Aber die Zeit zurückzudrehen, das hat noch nicht einmal Einstein geschafft – und der hatte schon was drauf! Allerdings mosert auch Ernst über die Unzuverlässigkeit der Farbigen rum. Er wollte eigentlich mit Collin und nicht mit Terry auf den Berg, aber Collin sei heute Morgen um vier Uhr einfach nicht aufgekreuzt. Entweder war er betrunken, oder seine Frau wollte ihn nicht gehen lassen, vermutet Ernst.

»Collin? Also wenn du Collin !Uiseb meinst, den haben wir vollkommen salzverkrustet vom Dâureb-Camp mitgenommen. Demnach ist er in Uis gewesen!«

»Dann war er besoffen! Du weißt doch, Detlev, wenn die Jungs Geld haben, brauchen sie nicht zu arbeiten.«

Ich schweige und denke: Geht mir nicht anders! Arbeiten ist lebensgefährlich und gefährdet die Gesundheit.

»Sag nicht, dass ihr mit ihm hochgeht!«

Wir grinsen: »… und mit Jonny, da wir viel Ausrüstung haben!«

»Na, dann treffen wir uns ja vielleicht noch, dem werde ich in den Arsch treten! Wo wollt ihr rauf?«

Wir erzählen unsere Geschichte und kommen dann zu immer allgemeineren Geschichten und Figuren dieses Landes.

Dorer vor 3000 Jahren bereits an der Skelettküste?

Ein Wort ergibt das andere, und schon sind wir bei der Erschließung der Skelettküste und da kommt man an Karloff eigentlich nicht vorbei. Ich selbst habe Karloff 1994 kennen gelernt, als mich Matthes zu ihm nach Walvisbaai schleppte. Matthes' Familie war gut mit ihm bekannt, und so ergab sich das eben, nach dem Weißmuschelsuchen am Pelikan Point vor Walvisbaai auf einen Sprung bei ihm vorbeizufahren.

Karloff ist auch eine Deutsch-Südwester Legende. Er hat als Stuka-Pilot den Zweiten Weltkrieg überlebt. Sein Geburtsort war Gobabis, im Pass stand ›Südafrika‹, das hat ihm den Hintern vor den Alliierten gerettet, wie er selbst in seinem Buch beschreibt. Eigentlich ist er derjenige, der den Skelettküstenpark erschlossen und aufgebaut hat. Der Grund für diesen Park war natürlich primär nicht die Liebe des Volkes zur Natur, sondern beinharte Ökonomie: Diamanten, Erze und diese Bahnlinie, die schon die Deutschen im Norden bauen wollten, um das »Negerland« vor 100 Jahren zu erschließen. Selbstverständlich brauchte man auch einen Hafen, und eben den sollte Karloff finden. In seinem Buch beschreibt er die Fahrt mit zwei alten Leyland-LKW die Küste rauf bis Cap Fria. Und da kommt Walter, ein Freund von mir, ins Spiel, da seinem Bruder die LKW gehörten. Walter ist ein Nachkomme der ersten Siedlergeneration. Walter hat einmal erzählt, wie sie mit den schwer beladenen LKW durch den Sand 1000 km in den Norden gefahren sind, Straßen gab es 1965 noch nicht. »Dicke Baumstämme haben wir zwischen die Zwillingsreifen gelegt und dann ein Baum und noch 'n Baum und so weiter. Blöd war nur, dass es immer der gleiche Baum war. Viel Arbeit!« Aber all diese Geschichten kann man auch in Karloffs Buch nachlesen. Was hingegen nicht drinsteht und auch nicht in Bildern dokumentiert ist, sind die Dinge, die er jenem Abend erzählt hat, als ich ihn mit Matthes besuchte – Walvisbaai gehörte damals noch zu Südafrika.

Ernst beendet sein Essen – jeder andere wäre geplatzt, soviel hat er heruntergeschlungen. Der Mond geht auf, und der Sperlingskauz ruft wieder. Alles ist so, wie es sein sollte.

»Karloff konnte gut erzählen, und ich war ein dankbares Medium – kaum zu glauben, wenn man bedenkt, dass jetzt ich die meiste Zeit quatsche. Er fing mit der Geschichte mit den Leylands an und wie sich ›seine Neger‹ abgequält haben, die Baumstämme unter die Zwillingsreifen zu legen.

Als er sich dann häuslich an der Skelettküste eingerichtet hatte, unternahm er natürlich viele Exkursionen in die Gegend, und da fielen ihm eines Tages diese seltsamen Holztrümmer in einer kleinen Bucht auf.

Dazu muss man wissen«, ergänze ich, »dass im Gegensatz zu Sylt, Namibias Küsten ins Meer hinauswachsen, sodass alte Wracks nicht an der Küste liegen, sondern teilweise 500 Meter im Inland.

Karloff konnte damals nicht anhalten, weil der Sand zu weich war, also ist er mehrmals um den alten Holzhaufen herumgefahren, da es so aussah, als ob dieses Strandgut nicht natürlichen Ursprungs war. Anschließend fuhr er den Wagen auf festeren Boden und lief zurück. Als er das erste Holzstück umdrehte, hatte er eine Galionsfigur in seinen Händen. Später wurde sie auf über 500 Jahre geschätzt. Ein Boot aus dem 14. Jahrhundert, aber von wem das geschätzt wurde und wer die Fachleute waren, steht in den Sternen. So viel steht auch in seinem Buch. Nicht darin steht aber beispielsweise, dass die Spanier und die Portugiesen keine Auskunft über ein verschollenes Schiff mit einem solchen Galionskopf geben konnten, weil sie keins mit der Galionsfigur vermisst haben. Bis heute ist nicht geklärt, wo das Teil herkommt und welcher Nation es entstammt. Fakt ist aber auch, dass ich das Beweisstück nicht nur gesehen, sondern sogar gestreichelt habe.

Weiter erzählte Karloff noch von einigen anderen Wracks, die bis heute offiziell nicht entdeckt worden sind, außer von ihm:

›Ich fuhr einmal wieder durch die Dünen, als ich ein flaches Stück inmitten des Sandmeeres erreichte. Schon von Weitem fiel mir dieses vermeintliche Holzstück auf, das so groß wie ein Finger aus dem Sand senkrecht in die Höhe ragte. Ich fuhr hin und hielt an. Als ich diesen ›Ast‹, der absolut nicht hierhergehörte, herausziehen wollte, hing eine Bohle dran. Ein weiteres Wrack, 500 Meter vom Ufer weg.‹

Karloff stand damals auf und ging zu einem Schrank, kramte herum, schlurfte zurück zum Tisch und legte den ›Ast‹ auf den Tisch. Es war ein etwa elf Zentimeter langer, quadratzentimeterdicker, viereckiger Bronzenagel mit flacher Spitze. (Elf Zentimeter weiß ich deshalb so genau, weil man nämlich genau wegen solcher

Events immer ein paar seiner Körpermaße zum Abmessen wissen sollte. Handspann zehn Zentimeter, Elle 56 cm usw.!) Ich war natürlich platt, da ich jetzt anfing, die Storys zu glauben. Wir saßen in seinem Wohnzimmer, welches in nichts einem x-beliebigen im tiefsten Bayerischen Wald gelegenen nachstand. Dampfender Kaffee stand auf dem Tisch und Schwarzwälder Kirschtorte. Zwei atemlos zuhörende Jungs und ein alter Mann, der aus seinem Leben erzählt. Dazu eine Frau, die schweigt und Kaffee nachschenkt. Ich hatte das Gefühl, dass Karloff etwas erzählen *musste*. Er drehte einige Bilder um, die bereits auf dem Ebenholz-Tisch lagen. Eines davon faszinierte mich sofort und bis heute. Auf einem schwarzen Tuch war ein 30 Zentimeter großes Peace-Zeichen geformt: aus hunderten von daumennagelgroßen Diamanten. ›Ein paar Tage Arbeit‹, meinte Karloff, ›das Sammeln.‹ Er grinste und legte einen riesigen, 4 cm^2 großen, dunkelroten Cuprit auf den Tisch (Kupferoxid in seiner schönsten Form, Cu_2O): Der Besitz von Diamanten ist natürlich verboten!

Dann schob er noch eine Geschichte nach, ohne auf meine Frage einzugehen, was aus den Diamanten geworden wäre …:

Er fuhr wieder einmal eine neue Pad suchen, um die vielen unsicheren Salzpfannen am Strand umgehen zu können. Mitten zwischen den jetzigen Dünen sah er plötzlich eine Art Fahnenmast aufragen. Er fuhr natürlich hin und konnte sich nicht erklären, was das Ding mitten im Nichts sollte. Niemand ist jemals hier gewesen, zumindest ziemlich sicher nicht mit einem Fahnenmast. Er entdeckte oben an der Spitze etwas Metallisches und stieg auf den Landrover, um zu sehen, was es ist. Es war eine bronzene Plakette. Als er Staub von ihr abwischen wollte, um zu sehen, was darauf stand, zerbröselte sie in kleine Teile. Frustriert stellte er sich auf den Landrover und sah sich um. Dabei entdeckte er eine eckige Sandformation, die es in der Natur eigentlich nicht geben dürfte. Sofort schickte er ›seine Neger‹ dorthin, um nachzusehen, was das nun schon wieder war. Sie fingen an zu graben und fanden eine Art Dach oder besser Sonnenschutz aus Holz. Später entpuppte es sich als Bohlen eines Schiffes. Als sie diese Hütte ausgegraben hatten, war Karloff bei ihnen und half mit, das Innere freizulegen.

Ich weiß noch wie heute, wie Karloff das erzählt hat:

›Meine Neger‹ und ich schaufelten mit den Händen den Sand aus dem Raum unter diesem Dach, und zum Vorschein kamen Lederschuhe, die an der Spitze geringelt waren. Wir gruben weiter. In den Galoschen steckten noch die Beine, das war der Zeitpunkt, wo ›meine Neger‹ grau wurden und schreiend wegrannten. Ich legte die skelettierte Leiche frei. Sie sah aus wie von einem Mann, der schon lange hier gelegen und sich vor einiger Zeit zum Sterben bewusst so hingelegt hatte – den Blick auf das Meer gerichtet (damals, seitdem ist die Küstenlinie 500 Meter weit weg!). Das alles erschien mir noch älter als diese Sache mit der Galionsfigur. Freunde aus dem Museum in Swakopmund meinten, dass die Schuhe von einem Dorer stammen könnten, der dort oben ohne Wasser gestrandet war, welches sich mit der Entfernung der Fundstelle vom Meer decken würde. Das wiederum bedeutet, dass ich ein Schiff gefunden hätte, das vor etwa 3000 Jahren hier gestrandet war.

Die **Dorer** *waren ein griechisches Volk, dessen Etablierung in die so genannten dunklen Jahrhunderte fällt. Diese zeichnen sich besonders dadurch aus, dass es keine schriftlichen Aufzeichnungen über diese Zeit gibt und das Meiste hauptsächlich auf Hypothesen beruht. Eine früher in so genannten Fachkreisen überall verbreitete Theorie besagt (man kann auch Latrinengerücht sagen), dass es eine massive und gewalttätige Dorische Wanderung um 1200 v. Chr. gegeben haben soll – woher diese Theorie kam, ist nicht belegt, da: Genaues weiß man heute genauso wenig wie damals. Die gleichen Fachkreise begegnen jetzt lieber dieser Theorie mit immer größerer Skepsis und Ablehnung – das ist das Ding mit der revolvierenden Theorie für die Drittmittel, von wegen Existenzberechtigung. Funktioniert das nicht, behaupte ich nach Jahren genau das Gegenteil und kassiere zweimal ab. Manche der Fachleute nehmen jetzt eine Einwanderung der Dorer in mehreren Schüben um 1000 v. Chr. an, andere überlegen noch.*
Doch muss man allen solchen Hypothesen mit Vorsicht begegnen, denn nicht umsonst wird die Zeit zwischen 12. und 8. Jh. v. Chr. als das »dunkle Zeitalter« in der Geschichte Griechenlands bezeichnet, denn vieles ist noch unklar, d.h., man hat viel Geld für die Forschung ausgegeben und weiß immer noch nicht mehr!

Was sollte ich tun? Ich begrub die arme Sau und suchte ›meine Neger‹, die gedacht hatten, dort liege ein Geist.‹

Auf mein gespanntes Nachfragen, warum, was, wie und vor allem: wo das genau passiert sei, wurde er ausweichend, murmelte ›irgendwo da oben zwischen den Dünen‹. Nun, die Dünen nehmen und geben in einem ständigen Wechsel. Er hätte die Stelle noch einmal zu finden versucht, was sich als unmöglich erwies. – Schon klar! Mal ehrlich, ich hätte vermutlich auch nicht anders gehandelt. War vielleicht ein bisschen naiv von mir, da mehr wissen zu wollen.«

Natürlich glaubt niemand von uns, dass Karloff die Stelle nicht wiedergefunden hat oder hätte.

Stefan frotzelt plötzlich mit der Quellengeschichte herum, die ich ihm erzählt habe: »Ja, ja, die Wüste gibt ihre Geheimnisse nicht so ohne Weiteres preis, und ganz sicher nicht alles auf einmal!«

Ernst erkundigt sich kauend: »Was?«

Also erzählt Stefan die Geschichte erneut. Ernst nickt nur wissend und meint: »Wieso, ist doch richtig so!«

Immer wieder kommen wir auf Karloff und seine Geschichten zu sprechen. Man muss ihn und seinen »ruhmreichen« Hintergrund ja nicht mögen, doch seine Nachkriegserlebnisse in Namibia sind schon faszinierend. Jeder, der in diesem Land lebt, kennt ihn. Und jeder muss seinen eigenen Weg finden, um mit ihm und seiner Geschichte umzugehen.

»Tja, Karloff und Konsorten, das sind echt Marken«, beendet Ernst die Diskussion.

»Bier?«

»Klar!«

Plöp! Nick, nick!

»Indianer!«

Ernst zuckt nicht einmal zusammen ob unseres Verhaltens, sondern stößt einfach mit uns an und meint nur ungerührt: »Afrika!« So ein Typ wie er ist skurrile Spinner wie uns zur Genüge gewohnt, und er kann damit umgehen.

»Aber ein paar mystische Geschichten sollten auch noch ungeklärt bleiben«, fahre ich fort, »wegen der Forschungsgelder und den ABM in den deutschen Universitäten ...« Ich kann mir ein weiteres Pöbeln über die Forscher auf dem Brandberg und die seltsamen Theorien über die »White Lady« nicht verkneifen.

»Scheinbar sind also doch irgendwann Weiße an der Küste gelandet, und das könnte doch die ›Weiße Dame‹ mit Pimmel erklären! Was mich nur wundert, ist, dass so etwas wie die Geschichte mit den Dorern dem so genannten Forschungskörper nicht bekannt sein soll.

Ich in meiner Naivität würde jetzt einfach einmal alle Fakten und Hypothesen der zweifellos reisefreudigen Dorer sowie der Zeichnungen am Brandberg zusammenziehen, dazu ein bisschen gesunder Menschenverstand und resümieren, dass die ›Weiße Dame‹ mit Pimmel zusammen mit ihrer sehr gut erhaltenen weißen Farbe hervorragend mit den dürftigen gesammelten Erkenntnissen zusammenpasst. Ihre Darstellung ist nicht so alt wie die ältesten Felsmalereien auf dem Brandberg. Diese vier- bis sechstausend Jahre alten Zeichnungen enthalten, so die Fachwelt, in der Regel keine weißen Farbpigmente mehr, weil sich schlichtweg die Farbe nicht mehr hält. Gehe ich einfach mal weiter davon aus, dass die Dorer tatsächlich vor etwa dreitausend Jahren an der Skelettküste gelandet wären, wie die haptischen Beweise belegen, und auf ihrer Völkerwanderung ganz einfach nach 15 000 Kilometer Segelei die 80 Kilometer stumpf den Ugab zum Brandberg gelatscht sind, dann wäre das doch tatsächlich der Beweis für das damalige Auftauchen von Weißen im Lande der Schwarzen. Also könnte die ›Weiße Dame‹ ganz einfach die Darstellung eines verirrten Dorers gewesen sein, der ein ›One-way-Ticket‹ in den dunklen Kontinent genommen hat.«

Ich bin übrigens keinesfalls der Einzige, der auf diese Idee gekommen ist. Wilbur Smith beschreibt in seinem Roman »Sunbird« ein ganz ähnliches Szenario.

»Kennst du eigentlich Goffis?«, fragt Ernst und wechselt damit elegant das Thema. Vielleicht habe ich doch zu viel monologisiert.

»Klar, über Heino! Wir haben mal auf Walters Farm professionell mit Georadar Wasser gesucht. Als ich die Bohrlöcher eingemessen habe, sind Goffis und so ein Major von der südafrikanischen Armee ebenfalls da gewesen, und wir sind zusammen über die Farm, um die Teufpunkte festzulegen. Erst später haben sie mir gebeichtet, dass die Steinhaufen, die wie zufällig immer neben den Einmesspunkten lagen, Markierungen von einem Wünschelrutengänger gewesen sind. Danach waren alle überzeugt, dass es Wasser auf der Farm gibt. Am Abend gab es daraufhin ’ne richtige Party, und am nächsten Tag ist Goffis mit mir in die Wüste los, um mich weich zu laufen.«

»Und?«, fragen Stefan und Ernst beinahe synchron.

»Dumm gelaufen … für ihn! Ich bin zwar weich in der Birne gewesen, das war aber auch schon alles. Seitdem bin ich anscheinend wüstenzertifiziert!«

»Nein, ich meine, haben sie Wasser gefunden?«

»Ach so, ja, eine Menge! 1–2 m^3/Stunde oder so.«

»Toll!«

Es ist 23:00 Uhr, der Mond glüht vom Himmel, als Ernst unvermittelt aufspringt und meint: »Orreith, ich muss jetzt los!«

Guideleben, denke ich mitfühlend. Er bedankt sich für den netten Abend und zockelt los zu seinen mit Terry zurückgelassenen Touris oben bei der Krimm. Bestimmt werden wir ihn in ein oder zwei Tagen treffen, wenn er uns entgegenkommt. Wäre nett. Noch lange hören wir ihn die Schlucht hinaufstapfen, aber es ist ja auch eine helle, stille Nacht.

Stefan hat sich wohl einen Merkzettel gemacht, denn zum Absacker fragt er dann tatsächlich erneut, was denn nun meine ureigenste gefährlichste Situation gewesen sei.

Ich muss lange und intensiv nachgrübeln, bevor ich antworte: »Mit Matthes – wieder einmal – wir kamen gerade aus dem Kaokoveld vom Kunene runter, und die letzte Nacht vor Plamwag, wo es eine Kneipe gibt, ging uns das Bier aus. Das war schon beängstigend!«, grinse ich.

Stefan und ich räumen erst das Geschirr ab und anschließend uns in die Dachzelte.

Eines ganz normalen Tages irgendwo im Nichts

Als mich morgens erneut die Felsentauben mit ihrem Gurren aus dem Reich der Träume zurückholen, geht mir als Erstes die obligatorische Syntax eines Magazins durch den Kopf, das ich schon bestimmt mindestens 20 Jahre nicht mehr gelesen habe: *MAD* mit Alfred E. Neumann: »Eines ganz normalen Tages irgendwo im Nichts.«

Das Gehirn schlägt schon irre Kapriolen, denke ich, als ich mich langsam rumdrehe und gleichzeitig zur Kamera greife. Bin gespannt, was außer mir schon sehen kann. Stefan auf keinen Fall, der ratzt noch leise vor sich hin. So liege ich allein auf dem Bauch und beobachte, wie langsam die Sonne Licht in unseren Canyon bringt. Die Felsentauben baggern wieder ohne Ende, die Dassis braten in den ersten Sonnenstrahlen auf der anderen Seite, und ein Bergstar hockt auf dem Tisch und pickt Krümel auf. Aus dem Augenwinkel entdecke ich, worauf ich insgeheim gehofft habe: Aus einem Loch schiebt sich langsam eine Schlange – es ist eine Peitschennatter. Leider startet sie, nachdem sie die Luft anscheinend als rein befunden hat, sofort durch und ist blitzschnell im spärlichen Gras verschwunden. Stefan zeigt inzwischen ebenfalls erste Anzeichen von Leben: Er dreht sich um, um die Tonmaschine anzuschmeißen. Routine.

Der Kutscher kennt den Weg nach Uis, deshalb lassen wir uns den ganzen Tag Zeit für Wildbeobachtungen und Bauchkriechen durch die Wüste, wie Stefan meine pflanzlichen Bodenuntersuchungen immer nennt. »Gangart 5: kriechen.«

Am späten Nachmittag holen wir Collin und Jonny vom Dâureb-Camp ab und starten durch: zurück zur Hungorob-Schlucht. Jonny hat anscheinend gestern noch sein letztes Geld versoffen oder verkifft. Kaum sitzt er im Wagen, schaltet er auf Energiesparmodus, irgendwann ist der Strom dann ganz weg. Jonny hat die richtige Rastamaan-Frisur für so ein cooles Verhalten, Rastalocken … allerdings nur einen Zentimeter lang.

Collin hingegen erzählt in einer Tour. Stefan und er verstehen sich glänzend, so kann ich die Seele etwas baumeln lassen, mich ausklinken und meinen eigenen Gedanken nachhängen. Endlich liegt die gesamte Verantwortung nicht mehr nur bei mir, den Frischling »Kameramann« lebendig zu seiner Familie zurückzubringen. Das ist eine große Erleichterung für mich.

Als wir in unserem Tal ankommen, bauen Stefan und ich sofort das Lager auf. Ohne viele Worte machen die beiden Damaras unaufgefordert das Feuer, schnappen sich den Teekessel und setzen Wasser auf. Profis, eindeutig! Dann wird die restliche Ausrüstung auf einer Plane ausgelegt und auf vier gleich schwere Berge aufgetürmt, die anschließend in die bereits am Vortag halbgefüllten Rucksäcke verteilt werden wollen. Nach zwei Stunden stehen unsere »Klötze für den Rücken« vor uns. Nicht gut und viel zu schwer, aber wir trösten uns damit, dass der Inhalt jeden Tag weniger wird, da wir die Vorräte aufessen. Doch jetzt mache ich mich erst mal über das Springbockfleisch her und zerteile es in kleine Gulaschwürfel. Heute gibt es einfaches Bergsteigeressen – Springbock-Stir-Frie mit Massen an Gemüse und Reis. Es heißt, Damaras könnten einen Elefanten aufessen, und ich will die beiden schon gleich heute um den Finger wickeln. Sie haben ihre Schlafsäcke etwas weiter weg im Tal ausgelegt, und ich fange eine Diskussion darüber an, warum sie draußen schlafen. Es läuft daraus hinaus, dass das Geld für Zelte fehlt, so krame ich aus den unergründlichen Tiefen unseres 4 x 4 das Ersatzzelt für die beiden hervor und auch zwei Isomatten, die ihnen ebenfalls fehlen.

Während des Essenbereitens unterhalten sich die beiden ausgelassen in ihrer Schnalz-, Klick- und Schmatzsprache. Als ich jedoch beteuere, dass ich wirklich keine Frau bin, verstummen sie beschämt. Ich grinse breit vor mich hin. Verstanden habe ich nur, warum sie das so lustig finden, dass ein Mann so akribisch Essen schnitzelt.

Stefan tourt irgendwo mit der Kamera rum. Der Potjie blubbert bald, und ich mixe vier Sundower, wohl wissend, dass das später kontroverse Diskussionen darüber geben wird, wie der Henschel farbige Guides behandelt – ich mache alles kaputt –, woanders ist manchmal bei solchen Trips die Sklaverei immer noch nicht abgeschafft. Nicht mein Problem. Collin und Jonnys Disput wird immer frenetischer, und als ich, der weiße Sklave, wie ich es nenne, ihnen ihren Drink reiche und nach dem Kameramann »schelle«, sind ihre Augen ziemlich glänzend. So etwas haben sie noch nie erlebt, wie beide beteuern. Wir stoßen auf ein Gelingen der Expedition an. Als wir die Drinks absetzen, reicht mir Collin seine Hand zum »Drei-Hände-Griff«, danach stoßen wir die Fäuste erst zusammen, dann Cäsar-mäßig gegen das Herz und zuletzt in die

Luft, wobei wir laut »Power« rufen. Es ist das Ritual seines Clans. Ich wiederhole die Geste mit Jonny und anschließend beide mit Stefan, der sichtlich beeindruckt aus der Wäsche guckt.

Ich habe einen vollen Potjie für acht Leute gekocht, und die beiden »Skinnies« (Engl. = mager) essen, bis aus ihrem drahtigen Leib eine riesige Beule ausdellt: Anschließend gibt es Tee bis zum Abwinken, und Jonny macht sich an den Abwasch. Stefan checkt zum was-weiß-ich wievielten Male seine Ausrüstung für morgen.

Ich bespreche den vor uns liegenden Weg und bestimme, dass wir zunächst nicht so große Etappen angehen sollten, denn Stefan ist das erste Mal mit Rucksack unterwegs. Darüberhinaus liegt sein Schwerpunkt nicht beim Wandern, sondern beim Filmen. Jonny wird als Bodyguard für Stefan bestimmt, denn wenn mein Kumpel durch die Linse schaut, ist der Rest ausgeblendet. Somit geht unser Rastamaan zuletzt und passt auf Stefan auf. Ich hingegen folge Collin mit angelegter Kamera mit Tele, da ich weiß, dass die Jungs viel bessere Augen haben als ich – es ist ihr Yard hier. Wir wollen etwas weiter als bis zur Krimm, denn danach geht es mörderisch bergauf und in der Nachmittagshitze ist das die Hölle am Berg. Ich kenne dort einen »Versteinerten Wasserfall«, zumindest nenne ich diese Stelle immer so. Collin weiß sofort, wovon ich rede. Dort hat man eine gigantische Aussicht über das Hungorob-Tal.

Collin bemerkt mein Interesse an Pflanzen, und er brilliert buchstäblich mit seinen Kenntnissen, die mich geradezu abschnallen lassen. Er beschreibt mir den Baum am Lager, den ich nur als Weißrindenbaum kenne (*Boscia albitrunca*), und dass man aus der zermahlenen Wurzel einen wunderbaren Kaffee brauen kann, der ein Aroma wie Coca-Cola hat. Aus den zerstoßenen roten Beeren kann außerdem unter Zugabe von Wasser ein herrlich erfrischendes Getränk hergestellt werden. Ich sehe schon: Das wird klasse. Hier bekomme ich Infos aus erster Hand. Collin ist mit seinem Großvater in der Wüste aufgewachsen, hat eine traditionelle und eine »zivilisatorische« Ausbildung genossen, spricht Damara, Englisch, Afrikaans und sogar etwas Deutsch – also doch –, weil er oft für Ernst arbeitet.

»Ach ja, Ernst, den treffen wir morgen oder übermorgen. Der ist sauer, weil du nicht wie verabredet um vier Uhr am Treffpunkt an der Tanke gewesen bist!«

Collin beteuert, dass er da gewesen sei, er habe bei einem Freund in Uis gepennt.

Da war er bestimmt, geht mir durch den Kopf, die Frage ist nur, wo da gewesen ist …!

Ich werde müde, und auch die beiden Damaras legen sich ab. Jonny sieht sowieso aus, als würde er jeden Moment aus den Latschen kippen. Ich frage mich wie weit der mit dem Gepäck morgen kommt …

Als ich endlich liege, bleiben die Augen dennoch lange offen, und ich schaue dem Mond zu, wie er über den Horizont wandert. Stefan sägt schon leise vor sich hin, und einer der Damaras redet im Schlaf. Ich bin mir sicher, dass es Jonny ist.

Mattissa, mattissa, mattissa und los!

»Mattissa, mattissa mattissa!«, (Damara: Wie geht's! hier: im Sinne von: Matisko !khae – Bist du gut aufgewacht?) von den beiden Damaras holt mich aus dem Schlaf. Es ist noch dunkel, und ich muss erst einmal meine Gedanken sortieren, ehe mir das Richtige einfällt und ich »!khaija!« antworte. Stefan murmelt verschlafen: »Was'n los!« Jonny hantiert schon draußen rum und macht Feuer.

»Collins Sklave!«, pöbele ich zu Stefan mit dem Kopf aus dem Dachzelt hängend und zu Collin »So, Gaob, wie sieht der Plan aus?«

Collin sieht mich misstrauisch an, und ein Schwall Damara überflutetet mich mit Klick-, Schmatz- und Tsutschlauten. Ich lache los und erkläre unserem Führer, dass ich wirklich nur wenige Worte kenne. Darüber hinaus sind die Worte »Tate«, »!Gaob« und »Baas« (Afrikaans: alter Mann in der ehrfürchtigen Bedeutung von Chef) Dialekt übergreifend gültig und in Afrika schlicht existenziell. Wir lachen alle los, besonders Jonny, dem alles scheinbar völlig egal ist – Hauptsache, es gibt genug zu essen.

Stefan sieht reichlich verknittert aus. Kein Wunder, er muss nervös sein wie beim ersten Mal, denn von ihm hängt jetzt wirklich viel ab. Mit seiner Arbeit können wir die langweiligen Passagen aus unserer Tour herausschneiden und später nur das Interessante zeigen. Ein Knochenjob mit der Fernsehkamera in der Hand, 30 kg Gepäck auf dem Rücken, einer unfreiwilligen Diät und 30 °C im Schatten.

Nach einem kurzen Tee zum Frühstück räumen wir routiniert das Lager und machen uns auf den Weg das Tal hinauf. In der Wüste dämmert es schon. In unserem Tal ist es noch dunkel. Der anfängliche Pfad zeigt mir, dass sich auch am Brandberg die Dinge geändert haben und mehr und mehr Leute dieses einmalige Erlebnis eines Aufstiegs wagen. Wie besprochen führt Collin, klein, drahtig, souverän und gnadenlos. Ich muss erst einmal mit meinem Rucksack warm werden. Die Kamera steckt griffbereit vor der Brust in der Weste, und hinter mir schnauft Stefan. Das hört sich weniger gut an! Ganz hinten träumt Jonny ziemlich unbeteiligt vor sich hin. Als ich die Karawane stoppe, läuft er glatt auf Stefan auf. Ein Schwall Damara folgt von Collin, aber Jonny, der kurzzeitig richtig schuldbewusst aussieht, schaltet nur zwei Sekunden später wieder auf Energiesparmodus und steht mit seinen mageren 1,67 Meter vornüber gebeugt da, um den 30-kg-X-tremer auszugleichen, und träumt weiter – bestimmt vom Essen.

Ich meine leise zu Collin: »Wir sollten es lockerer angehen, da wir massig Zeit haben. Stefan ist der wichtigste Part unseres Trips, und der hat offensichtlich arge Probleme mit dem Tempo. Er braucht Zeit für shots und Einstellungen. Langsamer! Erkläre mir doch einfach alles, was du weißt, Pflanzen, Tiere, Berg, Geschichte … und von deinem Stamm.«

So geht es dann gemächlich weiter, und Stefan prustet nicht mehr so herzzerreißend, außerdem hat er bei seinen Einstellungen Zeit, sich zu erholen. Mich wundert nur, dass ich überhaupt keine Probleme mit meinem reparierten Knie habe. Da hat der Knorpelbrecher, wie ich meinen Orthopäden immer nenne, wohl gute Arbeit geleistet. Hoffentlich hält das auch!

Collin bleibt stehen und zeigt auf einen Hauklotz aus Dung – Elefantenkacke. Unglaublich, dass jetzt Elefanten wieder bis an den südlichen Brandberg und sogar die Täler hinauf wandern. Collin erzählt, dass es selbst Nashörner wieder ab und an in dieser Schlucht gibt. Ein toller Erfolg des Naturschutzes. Löwen verirren sich ebenfalls hierher, aber die sind bislang immer wieder vom Naturschutz betäubt und weiter weg ins Kaokoveld gekarrt worden. Ich erzähle Collin von den angeblichen drei Löwen im Ugab, und er bestätigt diese Geschichte, auch er habe davon gehört. Stefan fragt besorgt nach, wie das aussehe mit Löwen auf dem Brandberg und so. Am Brandberg gäbe es sie schon häufiger wieder, grinst Collin, doch auf dem Berg fehle das große Wild, um die Viecher satt zu kriegen – so viele Touristen kämen dann doch noch nicht.

Der anfängliche Pfad auf dem sandigen Grund des Canyons weicht einer apokalyptischen Geröllllandschaft, in der von den Seiten des immer enger werdenden Tales durch Verwitterung Boulder von der Größe eines Hauses bis hin zu tennisballgroßen Steinen auf dem Talgrund deponiert werden. Alles rollt ins Tal und kullert und türmt sich zu einer schier undurchdringlichen Barriere auf. Sofern es wirklich regnet, entsteht jedes Jahr während der Regensaison durch eine »bewegte« Geologie ein neuer Weg in diesem Labyrinth. Manchmal ist sogar Klettern angesagt. Da wir spät dran sind im Jahr – immerhin haben wir schon April, die eigentliche Wandersaison beginnt im Januar/Februar –, markieren zumindest in diesem relativ gut frequentierten Stück kleine Steintürmchen den Weg. Zwischen den Klötzen quälen sich Brandbergakazien

(!arib – *Acacia montis-usti*), Weißrindenbäume und zu Beginn noch Antennenakazien (!nueb – *Acacia robynsiana*) durch das Gestein. Ab und zu stehen außerdem riesige und uralte Kameldornbäume mit vollkommen vernarbten Stämmen, die das ständige Bombardement durch die Klippen an ihren Standorten dokumentieren, mitten im Geröll und spenden Schatten. Andere haben das Bombardement nicht überlebt und ragen als Mahnmal verdörrt in die Luft. Wenn ich einen der trockenen, abgestorbenen Äste abbreche, gibt es ein pistolenschussartiges Geräusch. Andere Bäume wiederum sind regelrecht platt gemacht worden und liegen zertrümmert auf der Seite. Trotzdem ist noch Leben in ihnen, wie die frischen grünen Triebe zeigen.

Über uns glüht rot die Hungorob-Spitze in der Sonne. An einigen Passagen prallt die Sonne schon ins Tal, und dann köchelt es buchstäblich unter der Kleidung und dem Rucksack. Von Wandern ist bald keine Rede mehr, stattdessen klettern wir über die rauen, verwitterten und teilweise scharfkantigen Granitklippen. Für Stefan kein leichter Einstieg in sein »Wanderleben«, aber er macht das bislang bemerkenswert gut – ich bin gespannt, wie weit seine Leidensfähigkeit geht. Jonny scheint seinen Traum fertig geträumt zu haben und ist nach dem zweiten Anschiss durch Collin aufmerksamer damit, unseren Kameramann »zu bewachen«. Richtig glücklich sieht Stefan nicht gerade aus, aber es gehe ihm gut, versichert er mir. Seine Augen sagen allerdings das Gegenteil. Ich hingegen bin froh, dass mein Knie nicht zickt und stöckele mit meinen Snakeslammern durch die Botanik. Bei der letzten Regensaison ist das Tal abgekommen, hat die alten Wege komplett weggerissen und manchmal wohnblockgroße Hindernisse hinterlassen, die wir mühsam umgehen müssen. Trittsicherheit ist gefragt. Es sind zwar nur zehn bis 20 Meter, die man fallen könnte, doch *wenn* man fällt, sind die Karriere und das Leben beendet.

Ein starker heißer Wind kommt auf, der uns vom Berg herunter entgegen weht. Collin und ich diskutieren über den Weg, die Tiere und die Pflanzen. Es ist offensichtlich, dass auch er sich freut, endlich jemanden gefunden zu haben, der sich ebenfalls für solche eher speziellen Themen interessiert. Die meisten Touris, versichert er mir, wollen nur später damit angeben, dass sie auf dem höchsten Berg Namibias gestanden haben. …Und an einer Safari teilgenommen haben, ergänze ich im Stillen.

Collin erklärt mir einen bis dato mir vollkommen unbekannten Busch mit stacheligen Blättern und gelben Beeren »Birds Beeries

Bush« (Aninlleis; nur Vögel können diese Beeren essen, für Menschen sind sie giftig), während wir auf Stefans Geheiß dabei mal hierhin, mal dahin gucken, mal stehen und mal hocken. Er lässt uns regelrecht nach seiner Pfeife tanzen, aber er ist der Chef, was die Aufnahmen angeht. Ab und zu hören wir den scharfen Alarmpfiff der Klippspringer, und Collin sucht die Hänge mit dem Glas ab, aber sie sind nicht zu entdecken. Auch ertönt das feine Geräusch von Geröll, welches sich weiter oben durch die bereits glühende Sonne gelöst hat und leise mit einem charakteristischen Ton den Hang hinunterkullert.

> **Klippspringer** (Oreotragus oreotragus)*: Der Klippspringer ist eine kleine Antilope ähnlich dem Dikdik, mit dichtem Fell. Die Farbe wechselt zwischen Gelblich, Graubraun und Grau mit schwarzen winzigen Punkten, die ihn gut mit seinem felsigen Lebensraum verschmelzen lassen. Sie leben immer auf oder in der Nähe felsiger Hügel, Kuppen oder Bergen in Familien oder allein. Sie brauchen nicht zu trinken. Ich sah sie täglich auf dem Brandberg, Remhoogte-Pass, im Damaraland und Kaokoveld. Man braucht Übung, um sie zu entdecken, da sie oft bewegungslos auf hohen Felsen stehen. Die »Gämsen Namibias«. Gewicht: bis 12 kg. Feinde: Leopard, Löwe, Karakal, Python. Nahrung: Kräuter, Gräser. Laute: lautes keuchendes Pfeifen als Warnruf.*

Plötzlich wird es unruhig vor uns und sofort sind die Alarmtöne der Klippspringer erklärt: Die Truppe von Ernst kommt uns entgegen. Terry, Collins Chef, führt die Gruppe von fünf zünftigen deutschen Wandersleuten mit einem Durchschnittsalter jenseits der 60 und im entsprechenden Alpenoutfit. Terry und Collin begrüßen sich auf Damara. Jonny schaltet nach wenigen Worten wieder auf Energiesparmodus. Als Ernst als Letzter der Gruppe um die Ecke kommt, steht Terry nur grinsend auf seinen Knobkirie gelehnt da und wartet ab. (Ovambo: »Treckingstock«. Es ist ein ca. 1,20 Meter langer, aus Hartholz gefertigter Knüppel, der an einem Ende spitz ist und am anderen eine fünf bis sieben Zentimeter große natürlich gewachsene Kugel besitzt. Damit schlugen und schlagen sich die Stämme bei Fehden die Schädel ein.)

Ernst macht einen Riesenwirbel, weil Collin angeblich nicht am Treffpunkt gewesen sei. Dann tritt er ihm dreimal in den Hintern, wobei er die Unzuverlässigkeit der Schwarzen betont und dass er nie wieder mit Collin zusammenarbeiten will. Schließlich grinsen beide uns an, und Ernst meint: »Alles nicht so schlimm!«, da sie sich sehr gut kennen. Es ist eine gute Wahl von uns gewesen, Collin als unseren Führer zu bestimmen. »Er ist einer der Besten«, bestätigt unser Abendbrotkumpel. »Jonny redet nicht viel, aber er ist ein guter Träger, nur zu essen müsst ihr genug dabei haben!«

Beim Wort Essen horcht Jonny plötzlich auf und sagt lachend: »Jaaaaaa mmmmm.« Jetzt müssen alle lachen. Die Deutschen fragen uns ebenso aus wie wir sie, und ich bin erleichtert zu hören, dass es beim Königstein Wasser gibt. Sie sind auf dem Königstein gewesen, um Wanderkilometer abzuhaken: in zwei Tagen schnell rauf und schnell wieder runter; eine Einstellung, die mir fremd ist und sehr seltsam vorkommt. Wir erörtern unsere Pläne, und sie sind so lange neidisch, bis wir ihnen das Gewicht unserer Rucksäcke nennen, dann allerdings sind sie erleichtert, mit dem Gewicht nicht noch einmal dort hoch zu müssen. Wir verabschieden uns und quälen uns weiter den Berg hinauf.

Als uns die Sonne einholt, sieht Stefan nach vier Stunden reichlich fertig aus, und wir beschließen, an einem Platz, den Collin »Krimm« nennt, für ein bis zwei Stunden zu rasten. (Ich kenne den Platz als Springbockwasser.) Stefan fällt mitsamt seinem Rucksack um. Müde sieht er mich an: »War's das?«, fragt sein stummer Blick. Ich schüttele den Kopf, denn ich will ihn nicht demotivieren, ihm nicht sagen, dass das wahrlich noch nichts gewesen ist. Nachdem Jonny den X-tremer mit der teuren Ausrüstung einfach hat runterplumpsen lassen und dafür einen mächtigen Anschiss von Collin bekommen hat, entfacht er sofort das Feuer und trollt sich hinunter zum Wasser, um den Teekessel zu füllen. Stefan sitzt auf einem Stein und sieht ziemlich verzweifelt aus. Ich weiß nicht, was ich machen soll. Erst einmal die Pause abwarten. Jonny kauert wieder am Feuer und bearbeitet Biltong mit seinen Zähnen, indem er große Fetzen davon abreißt und verschlingt. Ich klopfe mir an meine pralle Wanne. Er lacht nur herzhaft und zeigt mir seinen inzwischen nicht mehr vorhandenen Bauch. Wo sind die am Morgen noch sichtbaren prallen Wölbungen von gestern nur geblieben? Mitleidig reiche ich ihm noch ein Stück Biltong von meinem Budget. Collin turnt irgendwo in den Klippen rum, das Leica-Ultravid-Fernglas ist sein neuer Fetisch, und beobachtet die Landschaft. Stefan will nichts essen.

»Du musst!«, warne ich ihn und »trinken, trinken, trinken«. Ich mixe ihm einen Liter mit Powerbar-Mineralsalzen an und meine: »Langsam und in kleinen Schlucken! Alles! Danach nimm Boerewors, die verdaut sich leichter als Biltong«, befehle ich.

»Wie lange noch?«, fragt er. Ich antworte: »Solange du kannst, wir können auch hier bleiben!« – »No problem!«, meint er.

Im schlimmsten Fall vielleicht noch fünf Stunden, drei davon 70 ° steil bergauf, aber auch das behalte ich lieber für mich.

Springbockwasser und die ersten Felszeichnungen

Das »Erste Wasser«, das Springbockwasser, ist ein gut geschützter, flacher Platz in diesem zerrissenen steilen Gelände und thront ausgesetzt an der Talwand. Er ist umgeben von mächtigen Bouldern, die mit der Zeit durch Verwitterung rund geworden sind. Dieser Platz scheint eine Schlüsselposition der Ureinwohner gewesen zu sein, die unten in der Wüste zur Jagd gewesen sind. Ich kann mir gut vorstellen, wie sie auf dem Rondell gerastet oder die Nacht verbracht haben. Geradeaus führt der Weg die mörderisch lange, trockene und steile Hungorob-Schlucht zur Hungorob-Mulde hinauf, westlich wollen wir weiter Richtung Wasserfallfläche, aber jetzt machen wir erst mal eine Pause.

Grabbesack, Boerewors und Biltong sind unsere Zwischenmahlzeit. Stefan und ich liegen im Schatten eines Brockens und schlürfen Tee. Über uns macht das Männchen einer Agame (eidechsenartiges Tier, Namibische Felsenagame – *Agama planiceps*) Liegestütz, ein Imponiergehabe, weil wir in seinen Yard eingedrungen sind.

Das Männchen der **Felsenagame** *hat einen hellroten Kopf und einen metallisch glänzenden blauen bis violetten Körper. Die Weibchen haben einen schwarz gepunkteten neongrünen Kopf und einen felsfarbenen Tarn-körper. Sie machen »Liegestütz«, indem sie mit den Vorderbeinen wie bei Liegestütz den Vorderkörper mit Kopf auf und ab bewegen = Revierverhalten.*

Nachdem wir alle zusammen so viel Tee getrunken haben, wie es überhaupt nur geht, und wir einer Bauchwassersucht nahe sind, will uns Collin hinunter zum ersten Wasser führen. Jonny ist eingeschlafen, da die Zwei-Minuten-aktionslos-Grenze überschritten worden ist. Ich ärgere ihn, indem ich ihn mit dem Fuß anstoße und »Tatakehâ!« sage (Damara: Gib mir etwas zu essen!). Collin kann sich kaum halten vor Lachen, und Jonnys Lebensgeister flackern für einen winzigen Moment auf. Er sieht mich mit glasigen Augen an, bevor er wieder ins Koma fällt.

Unter uns droht unheimlich dunkel der Basaltring, an dem wir unser Basislager aufgeschlagen haben. Collin führt uns hinunter zum Wasser und den ersten Buschmannzeichnungen. Überrascht bleibe ich abrupt stehen: Es ist das erste Mal in zehn Jahren, dass ich dieses Wasser laufen sehe. Ein winziger Fluss mit glasklarem

Wasser kommt irgendwo vor uns aus den Felsen und verschwindet nicht weit von uns entfernt erneut unter dem Geröll. Binsen umsäumen diesen Bach, und glatt geschliffene Granitplatten zeigen, wie viel Wasser in den letzten Jahrmillionen hier schon geflossen ist. Die Sonne brennt auf uns nieder, und wir bestaunen die ersten Felsmalereien unserer Expedition, die wir unter einem überhängenden Klotz finden. Erinnerungen an meinen ersten Trip werden wach, und ich suche nach dem Straußeneischmuck, den ich hier einst entdeckt und nicht mitgenommen habe, damit sich auch andere darüber freuen können. Er ist weg, klar. Es sind kleine Perlen und knopfgroße Straußeneierschalenscheiben gewesen, die mit einem Loch versehen waren, um daraus Ketten zu machen. Kleine Buschmannhände haben die filigranen Teile wahrscheinlich in einsamer Nacht vor tausenden von Jahren am Feuer gefertigt. Jetzt werden sie wohl in irgendeiner Schatulle liegen und vergessen werden. Schade eigentlich …

Der Wind heult ziemlich aus dem Tal herunter, auf dem Windmesser steht eine 7 – ganz schön, es vertreibt die Hitze, die brutzelnde Kraft der Sonne allerdings nicht.

Die am besten erhaltene Zeichnung zeigt in Zinnoberrot einen einzelnen Buschmann mit Pfeil und Bogen, der etwas über der Schulter trägt und Richtung Bergspitze schreitet. Es ist unschwer zu deuten, was sie darstellt: »Erfolgreicher Jäger kehrt heim«. Weiterhin sind Gruppen von mageren Menschen in Dunkelbraun dargestellt, die in beide Richtungen gehen – ins Tal und auf den Berg. Hungrige Menschen, die auf die Jagd in die Wüste gehen und (vielleicht) erfolglos zurückkommen – Hunger hatte damals wie heute Konjunktur in Afrika. Als Tierdarstellungen erkennen wir Springböcke und auch Kudus, die in Lagen übereinander und in unterschiedlichen Farben auf den Granit gebannt worden sind – von dieser Zeichnung leitet sich vielleicht der Name Springbockwasser ab. Echte Springböcke habe ich in der Schlucht noch nie gesehen.

Collin erklärt uns professionell die Zeichnungen und meint, dass für ihn Damaras, Buschmänner und San das Gleiche sind und »Collectors« bedeuten: Sammler. (Die wirkliche Bedeutung des Namens San ist einfach Menschen, und der Anthropologie nach sind Damaras und Buschmänner unterschiedliche Ethnien.)

An dieser Stelle haben sich zwei unterschiedliche Tribes (Stämme) auf ihren Jagdzügen getroffen und Informationen ausgetauscht. Der Clan von der Numas-Schlucht (sie liegt westlich hinter der Hungorob-Mulde) und jener von der Ga-Aseb-Schlucht (östlich den Berg hinauf), dorthin führt unser Weg. Diese Clans haben sich nicht bekriegt, sondern nur unterschiedliche Territorien gewählt, weil die Wasser- und Nahrungsressourcen auf dem Berg damals wie heute stark begrenzt sind.

Stefan fragt, was das für weiße Farbe sei, die da an den rötlichen Granitfelsen aus Spalten hervorläuft.

»Dassipisse«, erklärt Collin trocken, klettert eifrig ein wenig bergauf, bricht ein Stück von dem kalkähnlichen Felsüberzug ab und erklärt uns ein Rezept gegen Nierenleiden, welches sein Opa immer benutzt hat und deshalb über 100 Jahre alt geworden ist: »Man zermahlt die Dassipisse, mischt sie mit Wasser und trinkt sie!«

Hmmmm, lecker!, denke ich und sage: »Das ist das gleiche Zeug, das nach dem ersten Regen das Wasser in den Pfützen so schön gelb macht, vermutlich habe ich deshalb noch nie Probleme mit den Nieren bekommen!«

»Genau, aber ihr müsst das Wasser unbedingt abkochen. Wir nicht, denn wir sind daran gewöhnt.«

Dassipaste
Dassis benötigen nicht viel Wasser zum Trinken und pinkeln daher mehr eine Paste aus, eben dieses weiße Zeugs. Es sind Mineralstoffe in höchster Konzentration, so kann durch Trinken einer Mischung aus Wasser und Dassipaste der Verlust von Mineralstoffen durch starkes Schwitzen aus dem Körper ausgeglichen werden. Ich weiß zwar, dass die Ovambos Elefantenkacke rauchen, wenn sie Halsschmerzen haben, aber das wusste ich noch nicht. Na denn: »Prost!«

Die Karawane zieht weiter, und die Hitze steigt. Stefan sieht regelrecht unglücklich aus, so leidet er, dabei kühlt der starke Wind schon etwas. Der Weg ist wieder einmal verschwunden, und wir müssen uns einen Tritt durch das Felslabyrinth suchen. Mittlerweile hat sich anscheinend im Berg herumgesprochen, dass wieder Leute unterwegs sind, denn uns begleitet ständig das »Gelächter« der Dassis, die jede unserer Bewegungen genau beobachten. Nach einem ungeschützt der Sonne ausgesetzten, 300 Meter langen und 80° steilen Anstieg fließt der Schweiß in Strömen. Dann endlich stehen wir auf einem Hanggrat. Selbst mit Pressatmung keuchend, kann ich Stefan trösten und ihm das Ende unserer Etappe zeigen: »Schau! Da ist der ›Versteinerte Wasserfall‹, wie ich ihn 1994 getauft habe, als ich an ebendieser Stelle genauso am Ende gewesen bin wie du heute. Damals wollte ich mich einfach nur hinlegen – und wenn's geht, so schnell nicht wieder aufstehen.«

Heute fühle ich mich erstaunlich fit, und auch das Knie fühlt sich gut an. Klar, der Rucksack schneidet unangenehm in die Schulter, aber was soll's. Die beiden Damaras aber sind mir konditionsmäßig weit überlegen: Sie sind von der Kletterei vollkommen unbeeindruckt. Collin springt mit seinem Rucksack wie eine Gämse durch die Klippen. Jonny hat sich komplett ausgeblendet und wankt stoisch hintendrein. Wir rasten kurz unter einer Schatten spendenden Brandbergakazie, und ich diskutiere den angepeilten Übernachtungsplatz mit Collin. Wir sind uns nicht einig, meinen Platz kennt er nicht, und Neues scheint ihm unbequem zu sein. Dennoch kann ich ihn davon überzeugen, denn ich weiß um das wunderbare Abendlicht, das genau an dieser Stelle herrscht und das gegenüberliegende Tal ausleuchtet. »›Wir traversieren gerade einen Hang im wilden Schrofengelände‹ würde man in den Alpen wohl sagen«, raune ich zu Stefan hinüber, um ihn aufzumuntern. »Ich bin nur froh, dass Collin vorgeht, wegen der Schlangen!« Collin hört seinen Namen und bleibt wie eine Gämse auf einem Stein über dem Abgrund stehen. »Was ist?« Ich übersetze das Gesagte ins Englische. »Ja, Schlangen sind ein Problem, Mambas und Schwarze Kobras gibt es hier zuhauf.«

Um zu unserem ausgesuchten Lagerplatz zu kommen, müssen wir aus dem sowieso schon irre schweren Gelände noch über glatte Platten (Kletterei der Stufe 3 –) rutschen. Kein Zuckerschlecken mit 30-kg-Rucksäcken und Kameras um den Hals. Ein falscher Tritt und man geht 50 Meter über die Klippe ab, Überlebenschance gleich null. Auf Hintern und Rucksack rutschen wir die schräge Ebene runter, nur um festzustellen, dass die Kante immer noch vier Meter über Grund liegt. Zu hoch für uns. Ein verstauchter Knöchel wäre das Ende der Expedition. Also retour und einen anderen Weg suchen. Nun führt uns der Weg zwischen Felsen, durch die wir uns mühsam hindurchzwängen, wobei der Rucksack hinterhergereicht wird, so eng sind die Spalten. Dann müssen wir wieder rauf auf einen Drei-Meter-Boulder – ohne Rucksack, das Trageteil wird hinterhergestemmt –, um schließlich auf dem Grat dieses Trumms entlangzubalancieren und über eine Spalte zu springen – rechts und links geht es 15 Meter runter in die zerplatzten Klippen. Der Abschluss besteht erneut aus einer den Hosenboden abnutzenden Rutschpartie eine weitere Abbruchkante hinunter. Dann endlich sind wir da. Vor uns ist ein etwa sieben Meter breites Felsband, vom Wasser glatt geschliffen wie ein Kinderpopo, dann droht die 50 Meter tiefe Abbruchkante des »Versteinerten Wasserfalls«, dahinter winkt die Belohnung: der überwältigende

Ausblick ins Tal. Als Sahnehäubchen – ich habe dafür die Daumen gedrückt – fließendes, glasklares Wasser. »Rock 'n' Roll!« Sogar Collin ist begeistert, denn diese Stelle kannte er noch nicht. Stefan ist am Ende und haut sich in den Schatten, Jonny fährt sich auf ein Minimum seiner lebenserhaltenden Systeme runter, legt sich ebenfalls in den Schatten und schläft sofort ein. Es ist erst 15:00 Uhr, und der Tag ist noch jung. Vier Stunden bis zum Ersten Wasser und drei bis hierher, sieben Stunden insgesamt, resümiere ich, das ist okay, schließlich haben wir auch noch gefilmt und fotografiert.

Der versteinerte Wasserfall und erste Leopardenspuren

Collin geht mit seinem Fetisch auf Exkursion, und ich checke den kleinen Bach im Schatten. Das Wasser fühlt sich bei dieser Umgebungstemperatur von fast 30 °C eisig an. Unsere Gesichter sind salzverkrustet. Ich kühle meine Füße und filtere vier Liter Wasser, dann lege ich mich hin und lasse nach und nach die vier Liter in meinen Mund und durch meine Kehle rinnen, um meinen Flüssigkeitshaushalt wieder ins Lot zu bringen. Der Urin muss immer klar sein, sonst trinkt man in der Wüste zu wenig. Meiner erinnert schon sehr an Dassipaste.

Es fühlt sich gut an, auf dem Granitband zu liegen: Es ist glatt geschliffen wie eine Fensterscheibe, die Aussicht über das Tal ist phänomenal. Ich genieße die Aussicht und entspanne mich. Collin kommt zurück und meint: »Leopardenyard hier!« Er hat nur zehn Meter von uns entfernt hinter dem nächsten Boulder frische Spuren gefunden. Zu viert allerdings ist das kaum gefährlich, bloß beim nächtlichen Solopinkeln sollte man vorsichtig sein. Wir machen uns barfuß auf, um die Spuren zu sichten. Die beiden anderen pennen. Ich trommele Stefan wach, da das Licht gerade super ist. Er springt sofort auf und nimmt die Kamera mit. Die Spuren sind so frisch, dass Collin glaubt, wir hätten die Großkatze unmittelbar vertrieben. Unwohl fixiere ich die Klippen. Irgendwo lauert das Tier mit Sicherheit. Schöne, frische, fette Leopardenspuren direkt hinter unserem Schlaffelsen …

An einer steilen Wand hinter den Fährten erkenne ich eine wunderschöne Felsmalerei. Das dunkelrote, etwa 30 Zentimeter hohe und über einen Meter breite Bild zeigt 16 Männer, die in einer Art Kreisreihe stehen und auf vier Männer, die von rechts oben beziehungsweise direkt von rechts kommend auf die wartenden Männer zuschreiten. Die Malerei ist unglaublich gut erhalten und, wie ich annehme, noch unentdeckt, da ich mir kaum vorstellen kann, dass hier jemand gesucht haben soll. Diese Stelle heute ist recht ungewöhnlich und sehr schwer zu erreichen. Als die Zeichnung angefertigt wurde, sah das hier geländemäßig vermutlich noch anders aus. Die meisten der gut erhaltenen Bilder sind bereits in Büchern veröffentlicht, und dieses hier ist von so einzigartiger Brillanz, dass es bestimmt dort zu finden gewesen wäre. Collin meint,

Männerversammlung, Original am »Versteinerten Wasserfall«.

dass das Gemälde einen Thingplatz oder eine Versammlung zeigen könnte, wo mehrere Männer zu spät kommen. Oder aber es handelt sich bei den vier Einzelpersonen um Kundschafter, die aus verschiedenen Richtungen der Gruppe Informationen bringen: Wild, Gefahr, Wasser? Nachdem wir ausgiebig über diese Darstellung und deren Bedeutung diskutiert haben, suchen wir noch ein wenig, finden aber keine weitere Zeichnung in der Nähe.

Wir bauen die Zelte auf, was sich extrem schwierig gestaltet, da der Boden zwar glatt ist, aber uneben. Mehr recht als schlecht stehen die drei Unterkünfte schließlich. Schlafwandeln sollte man hier besser nicht. Ich zeige auf den Abgrund: »Und tschüss!«

Jonny ist wach geworden und macht Feuer. »Hunger?«, scherze ich. »Mmmmmm!«, antwortet er lachend, und Collin meint, Jonny habe immer Hunger.

Wir räumen unsere Portionen raus, setzen uns um die Kochstelle und mampfen unsere Fertigmahlzeiten – Kabeljau mit Reis. Die Damaras sind sich einig, dass sie nie etwas Besseres gegessen hätten, danach Powerbar, Biltong und Nüsse mit Rosinen. Und literweise Rooibostee.

Die Sonne verschwindet, und da wir 1240 Meter hoch sind und es zudem Herbst ist, wird es augenblicklich kühl. Ich sprinte zum Wasser, fülle einen Kombiwassersack und hänge ihn an einen Ast, um zu duschen. Luxus pur. Es ist eiskalt, oder zumindest fühlt es sich so an. Die Damaras wollen nicht, ihnen ist es zu kalt, Stefan ist zu müde.

Später liege ich mit Collin auf dem Rücken neben dem knisternden Feuer und suche die Hänge nach Tieren ab, während er mir von sich erzählt. Collin ist in Walvisbaai geboren, von seinem Großvater großgezogen worden und hat dort nach Abschluss der

Schule auf einem Fischerboot gearbeitet. 1989 hat er die Schnauze voll gehabt (oder konnte etwas ändern, da 1990 Namibias Unabhängigkeit eingeläutet wurde) und ist nach Khorixas, der »Damarahauptstadt Namibias« gezogen, dann schließlich 1993 zu seinen Großeltern, die mittlerweile an der »White Lady« am Brandberg wohnten. Alles, was er über die Wüste weiß, hat er von seinem Großvater gelernt. Seine Eltern sind bereits gestorben, der Vater hat in der Rössingmine gearbeitet, wo Uran abgebaut wird. Jonny B Good heißt eigentlich !Ovuseb, und Collin kümmert sich um ihn. Jonny nimmt viele Drogen, und der Berg und die Schlepperei werden ihm gut tun. Seine Eltern leben in Uis und haben in der Mine gearbeitet.

Namen
Die farbige Bevölkerung Namibias nannte und nennt selten den Weißen ihren richtigen Namen. Einmal ist dieser oft zu schwer auszusprechen und zu behalten, und dann war da noch der Krieg (SWAPO gegen Apartheid): Wenn jemand unter seinem »Kriegsnamen«, beispielsweise Thomas, unter den Weißen bekannt gewesen ist und die Weißen dann in den Dörfern nach »Thomas« suchten, konnte die Dorfbevölkerung tatsächlich ehrlich antworten: »Weiß nicht, Boss!«

Collin erzählt mir von den Damara und dass sie, anders als die Himbas, die Milch, Fleisch und Blut als Hauptnahrungsquelle haben, sich mehr von Fisch und Maisbrei ernähren.

Die Ovambos, die meistens Mahangu (Getreide) und Fisch essen, mag er nicht, da sie früher sein Volk versklavt haben und einfach zahlenmäßig zu viele sind. Aber jetzt haben die Bergdamaras ja ihren Berg wieder und damit einen Platz zum Leben. Collin meint, dass jeder so leben soll, wie er will, und er will einfach nur noch in der Wüste hocken und sich ausruhen. Das erzählt er mit sehr großem Nachdruck. »Mmmmmm, jaaa, jeder soll so wohnen und leben, wie es ihm gefällt …« Vielleicht bekomme er genug Geld zusammen, um einen Führerschein zu machen, dann könne er nämlich mit Ernst auf Pad gehen und besseres Geld machen. Er lege von jeder Expedition etwas zurück auf ein Sparbuch bei der Post, welches er in Uis unterhält. Er hat eine Frau und ein Baby.

Und Jonny?

Jonny verbrät alles und dröhnt sich zu, bis das Geld weg ist, dann wird gehungert, bis der nächste Job oder irgendetwas kommt. Aber eine ganz heiße hübsche Braut hat er. Lachend ruft Collin etwas zu Jonny rüber, der sich gerade intensiv ausruht.

Ich erzähle von mir und meiner Geschichte, berichte, wie ich nach Namibia gekommen bin und zum Brandberg, und erwähne dabei auch den Hassmenschen in Windhoek, der meint, ihm gehöre der Berg.

»Klar, der ist bekannt, aber wissen tut der nichts über unseren Berg«, meint Collin. Matthes kennt er auch, allerdings nur vom Hörensagen.

Dâureb heißt eigentlich: Berg, der in der Sonne aussieht, als ob er brennt, wenn in der Mitte Rauch aufsteigt. Dâun ist, wenn man sich verbrannt hat, -reb ist die weibliche Form, -res die männliche. Der Berg ist ein weiblicher Berg. Wir quatschen noch eine Weile über das Bierbrauen mit Wüstengrassamen, von dem ich gehört habe. Collin lädt mich ein, ihn nach unserer Reise zu besuchen. Er schicke seine Frau Silbergras (lab) holen, damit sie !hari (Bier) für uns macht oder vielleicht sogar Poga (Schnaps), aber dafür sei es eigentlich noch zu heiß. Man kann aus den Samen etwas zu essen machen. Zusammen mit kochendem Wasser, frischer Ziegenmilch, Salz und Fett ergibt die Pampe Komasamis, ein nahrhaftes Müsli.

Ich verspreche, ihn zu besuchen, und bin schon jetzt mächtig gespannt.

Stefan liegt im Zelt und schläft schon, unruhig, wie ich dem Geraschel entnehme. Jonny hingegen ist erwacht und kommt kauend zu uns ans Feuer, holt mehr Holz und brüht noch einen Tee auf. Wenn er in der weltlichen Welt ist, sagt er zwar so gut wie nichts, lacht aber dafür ständig.

Elefantengeschichten am Lagerfeuer

Die Stimmung um uns herum ist himmlisch, viel zu schade jedenfalls, um jetzt ins Zelt zu kriechen. Das Knistern des Lagerfeuers als Hintergrundgeräusch, erzähle ich eine Elefanten-und-dummer-weißer-Mann-Story, die ich von Paddy gehört habe.

Auf der anderen Seite des Brandberges (also im Westen, die Damaras leben im Osten) führt eine sehr wenig befahrene Pad durch den Ugab. Jonny und Collin kennen sie natürlich, ebenso wie ich. Zunächst fährt man einen ziemlich versteckten Canyon etwa zwei Stunden hinunter. Dieser wird immer enger, sodass man häufig eine Pad bauen muss, damit die Reifen nicht zerschnitten werden und der Auspuff nicht hängen bleibt. Wenn man Glück hat, erreicht man den Ugab, der wie bei einer T-Kreuzung plötzlich vor einem liegt. Collin meint, genau dort an der Wasserstelle sind diese Woche drei Löwen gesichtet worden. (Merken!, befehle ich mir.) Jonny schmatzt auf seinem Biltong rum und ist mit sich und der Welt offensichtlich extrem zufrieden.

Von dort aus muss man die Spur finden, die über einen Grat mit 45° bis 50° Steigung.

Na, jedenfalls haben sich fünf Holländer dorthin verirrt. Niemand, der das erste Mal in Namibia ist, fährt da freiwillig hin. Nun gut, wir alle wissen, dass es dort eine Herde Elefanten gibt. Der Canyon ist schmal, und man kann nicht schnell mit dem

Elefant – *Afrikanischer* (Loxodonta africana): *Riesiges, schweres Tier mit einem Rüssel und halbmetergroßen runden Füßen. Die Farbe ist ein weißes Grau oder wie die Wüstenelefanten im Damaraland und Kaokoveld rotbraun wie die Erde. Der Rüssel dient als Nase und Greifer. Gewicht: bis über 7 Tonnen, es soll vor 100 Jahren Monster von 12 t gegeben haben. Nahrung: Gras, Blätter, Rinde, junge Sträucher und Bäume, Früchte. Habitat: sehr anpassungsfähig, liebt Gegenden mit viel Bäumen, Gras und frischem Trinkwasser. Feinde: Löwe. Elefanten sind Tag- und Nachttiere und bilden Herden von 6 bis 200 Tieren, die von einem weiblichen Tier angeführt werden. Ungestört sind es friedliche Tiere. Kühe mit Kälbern oder verwundete Tiere können der Weltuntergang schlechthin sein! Am Wasserloch baden sie ausgiebig. Gehör und Sehvermögen sind nicht so gut entwickelt wie der Geruchssinn. Klar, bei dem Rüssel! Lautäußerungen: Sie trompeten, und ihr Magen macht ziemlich laute Geräusche (meiner auch manchmal!), außerdem »unterhalten« sie sich über weite Strecken mit sehr tief frequentem »Raunen«, dass man gut hören kann, wenn man sich ihnen zu Fuß nähert (nur für Profis!!!), und das Wohlbefinden signalisiert. Hört das auf, sollte man besser verschwinden, sonst hat man Kak!*

Wagen umdrehen, man muss, wenn man Pech hat wie ich einmal, weiter bis zur Kreuzung Ugab – Gai-As oder wieder den gesamten Weg zurück, anders geht es nicht. Jedenfalls fahren die Holländer viel zu dicht an die Herde von 15 Elefanten heran. 15 Elefanten – mit Babys. Elefanten pflegen in der Mittagshitze im Stehen unter Bäumen zu dösen, die Holländer sind sichtlich enttäuscht, dass sich die Viecher nicht bewegen, denn sie haben eine Videokamera dabei und man will ja etwas geboten kriegen für sein Geld. Nicht genug des Glückes, dass sie noch unversehrt sind, wird mit geradezu übermenschlicher Intelligenz ein Mittagsruhe-Bewegungsmechanismus für die Elefanten entdeckt. Ganz einfach: Jemand steigt aus und schmeißt mit Steinen nach den Dickhäutern.

Collin übersetzt für Jonny, und immer wieder bin ich von dem schnellen Geschmatze und Geklicke begeistert. Wir lachen alle los, da die beiden selbstverständlich wissen, was passierte. Die Elefanten waren natürlich sauer, dass jemand ihre Mittagsruhe in ihrem Schlafzimmer nicht akzeptierte und machten Jagd auf die Touris. Erst hat die Führungsdame (bei Rüsseltieren ist der Anführer immer ein altes erfahrenes Weibchen) sich auf das Auto gesetzt (das stand später bei Paddy auf dem Hof, und so kam ich überhaupt an die Geschichte). Alle vier Reifen samt Achsen haben sich verabschiedet, und der Motor ist aus der Verankerung gebrochen, dann ging sie mit ihren Stoßzähnen auf die Karre los und hat sie buchstäblich zerlegt. Die Holländer dachten, sie könnten weglaufen, doch die Dickhäuter haben eine regelrechte Treibjagd auf die Idioten gemacht und sie auf die Felsen an der Canyonwand getrieben. Dann haben es sich die Dickhäuter gemütlich gemacht, nach Wasser gegraben und gewartet. Nach zwei Tagen ist zufällig ein Ranger vom »Save the Rhino Trust« durch diesen Canyon gekommen und konnte die Elefanten »besprechen« – ihn kannten sie ja. Alle Touris haben überlebt, waren aber fast verdurstet. Stupid white man!

Jedenfalls möchte ich nicht wieder unbedingt mit einem weißen Toyota durch das Rivier fahren und die Elefantenherde treffen. Die denken wahrscheinlich, die Holländer kommen zurück, und dann gibt es eine Stampede, das ist das Schlimme an der Sache. Sie sehen seitdem vermutlich weiße Menschen und weiße Autos als ihren Feind an, und zwar unterschiedslos alle.

Stefan ist durch das Gelächter wach geworden, kriecht aus dem Zelt, und ich muss die Geschichte noch einmal erzählen. Danach berichte ich, wie es mir damals ergangen ist, als ich die Pad fand und sie das erste Mal befuhr.

Das allererste Mal habe ich mit Matthes im Januar 1994 versucht, diesen Weg über den Steilhang zu finden, aber wir mussten unverrichteter Dinge umkehren. Damals haben wir keine Chance gehabt, die Passage zu erklimmen. Das Padbauen hätte zwei Tage gedauert, und bei der Januarhitze wären wir dort wahrscheinlich krepiert. 1997 im Februar habe ich dann mit Katrin das zweite Mal versucht, die Passage zu erklimmen, was mir tatsächlich beim ersten Anlauf gelang. Aufgeregt und glücklich stand ich dann mit Katrin auf der anderen Seite dieser Felsblockade, wo die einzige ein Jahr alte Spur vor einer dichten Wand aus Tamarisken endete. Mit Schmitt folgte ich der alten Spur, und wirklich führte auch eine Passage durch das Dickicht.

Als ich glücklicherweise im low range durch das Unterholz brach und auf der anderen Seite herauskam, merkte ich, dass der Landrover »schwamm«. Das Rivier war kurz vorher abgekommen und nur die obersten 20 cm waren fest, darunter befand sich flüssiger Schlamm. Da wir allein unterwegs waren, war die Aussicht auf Hilfe am Mors (Norddeutsch für Hintern) der Welt oder am Busen der Natur – wie man will – gleich null. Die einzige Möglichkeit bestand darin, Gas zu geben und draufzuhalten. So bretterte ich im dritten Gang low range schwimmend über das Rivier. Raus aus dem Flussbett konnte ich nirgends, da die Uferkante fast einen Meter hoch war. Es war zwar nur Sand, aber immerhin. Na, jedenfalls wurde der Elefantenkot immer frischer, die Herde war wohl gerade erst vor ein paar Stunden durch das Unterholz gebrochen, um zu fressen – und ich war im Begriff dort mitten hineinzufahren. Dumm gelaufen.

Da es schon bedrohlich »nach Zoo« roch, meinte ich zu Katrin: »Stütz dich an der Decke ab!« und fuhr mit vollem Karacho gegen die Sandkante. Der Landi, unser Rhino, machte einen Satz, und in einer Wolke aus Sand standen wir auf dem Ufer. Obwohl wir vor Schiss eine Gänsehaut hatten, stieg ich aus und testete den Boden im Rivier. In der Spur stand schon das Wasser, und es roch noch mehr nach Zoo. Na, glücklicherweise war nichts passiert, und so fanden wir dann auch gleich durch Zufall die versteckte Pad nach Gai-As, denn zurück wollten wir diesen Weg auf gar keinen Fall.

An Stefans Augen kann ich ablesen, was er unweigerlich sagen wird, und tatsächlich: »Da will ich auch hin!«

»Nu mal langsam!«, bremse ich ihn, »erst mal den Berg schaffen, mein Guter. So wie du aussiehst, wird's schwer genug.«

»Ein Kumpel von mir, Paddy«, fahre ich mit einer neuen Geschichte fort, »wollte eigentlich einmal Elefantendompteur werden, er ist im Gegensatz zu mir der Elefantenkneter, während ich ja dagegen als Hundekneter und Schweineflüsterer bekannt bin.« Nachdem ich meinen Begleitern die beiden selbstkreierten Begriffe erklärt habe, erzähle ich die Geschichte von dem Hippie, der auszog, um mit Elefanten auf Pad zu gehen.

Paddy wollte sich »ausgediente« Zirkuselefanten kaufen und mit ihnen Safaris durch das Okavango-Delta (Botswana) machen. Man hätte auf ihren Rücken reiten oder einfach neben ihnen her gehen können. Sämtliche Utensilien hatte er bereits gekauft, war in Amerika in einer »Elefantenknetschule« gewesen, um den Umgang mit den Tieren zu erlernen, und wartete nur noch auf seine Approbation als Elefantenguide durch die hiesige Regierung. Und wartete. Und wartete. Und sah irgendwann ein, dass sie vermutlich nie kommen würde. Ohne Erlaubnis kein Touren – Afrika eben!

Ich fand ja allein schon die Idee klasse. Paddy konnte wirklich hervorragend mit den Dickhäutern umgehen, wie er mir anhand von Fotos zeigte. Eines Tages begab er sich auf die Suche nach einer Herde – einer wilden, wohlgemerkt. Nach seiner bewegten Vergangenheit muss ihn irgendetwas missioniert haben, denn er glaubt jetzt an das Gute im Tier …

Na, jedenfalls suchte und fand er eine Herde Elefanten im Hoarusib (ein Rivier weit im Norden Namibias), parkte sein Auto weit weg, nahm sich eine Schaufel und einen Eimer Wasser und spazierte auf die wilden Elefanten zu. Er sah sie nicht an, ignorierte sie, und seine Marschrichtung ging 20 Meter an dem Pulk vorbei. Die Elefanten sahen ihn kommen und wurden natürlich unruhig, Ohren aufrichten, »Wagenburg« bauen und so weiter – das ganze Programm spulten sie ab. Doch er marschierte weiter, bis er in den Wind kam und die Elefanten den Menschen rochen … und das Wasser in dem Eimer. Paddy stellte den Eimer Wasser ab und begann einfach seelenruhig mit seiner Schaufel zu graben. Die Elefanten wurden neugierig und kamen immer näher. Paddy ignorierte sie weiter und buddelte das Loch tiefer. Die Elefanten umstanden Paddy nach einer Weile – ich mein', die Teile wiegen bis zu sechs Tonnen und werden über 4,50 Meter groß. Mit ihren Rüsseln riechen sie neugierig über Paddys Schultern hinweg, was es denn mit dem Loch auf sich hat. Paddy nimmt den Eimer, stellt ihn in das Loch und geht einfach durch die Reihen der Dickhäuter zurück zum Auto.

Um mich herum herrscht andächtiges Schweigen. Keiner meiner Begleiter glaubt mir. Doch Paddys Frau hatte damals alles fotografiert, und ich habe die Bilder gesehen. Die Bilder und sein trauriges Gesicht, weil er seine Idee nicht verwirklichen durfte. Diese Geschichte ist tatsächlich wahr! Nun sitzen wir alle in Andacht versunken und staunen.

Plötzlich weist Collin mit dem Finger auf die Felswand: Er hat einige Klippspringer entdeckt – auch ohne Fernglas –, ich finde sie kaum mit Sehhilfen, da sie zur Salzsäule erstarrt auf einer Klippe stehen und uns ihrerseits beobachten. Über uns türmt sich der Orabes-Kopf (2299 m) auf, ein Bokmakierie und ein African Redeyed Bulbil (*Pycnonotus nigricans*) mischen sich in die Stille ein.

Der laue Wind lässt noch mehr nach, und das Licht verändert sich. Es wird langsam totenstill in unserem Tal. Nur ab und an ertönt noch das Lachen der Dassis, ansonsten ist nur das zarte Geräusch der Butterbrotpapierbäume (Buttertree – *Cyphostemma curroii* – Kowas) zu hören, deren Rinde knistert. Die papierartige Rinde dieser Bäume pellt sich beim Wachstum vom Stamm ab und hat die Konsistenz von fettigem Butterbrotpapier. Im Wind raschelt sie, als ob jemand Geräusche mit eben diesem Papier macht.

Stefan trollt sich wieder ins Zelt, Jonny träumt wohl wieder vom Essen und verdaut. Collin und ich genießen die Stille, das schwindende Licht und das leise knisternde Feuer.

Als ich noch spät allein im Dunkeln vor meinem Zelt sitze, den Tag reflektiere und die Stimmung genieße, kann ich von meinem Blickwinkel aus zwar das Feuer, nicht aber direkt die beiden Damaras sehen. Allerdings tanzen ihre Schatten an der blutroten Granitwand hinter ihnen einen wilden Reigen. Ihr klickendes Gespräch weht zu mir herüber.

Genauso muss es gewesen sein – damals, vor 6000 Jahren.

Longipolis oder Psalm 23 (Der Herr ist mein Hirte, mir wird nichts mangeln)

»Mattissa, mattissa mattissa!«, holt mich wieder aus dem Schlaf. Es ist noch dunkel. Jonny und Collin lachen schon, als ich endlich »!khaija!« antworte und verschlafen aus dem Zelt krieche. Das Feuer lodert bereits – Jonny hat Hunger. Morgens gibt es Wittbrix mit heißem Wasser und einen Schlag aus dem Grabbesack. Es wird schnell hell, und die Dassis verständigen sich bereits darüber, dass jemand in ihrem Yard ist.

Wir hocken uns um das Feuer, um heißen Tee zu trinken und unser Müsli herunterzuschlingen. Im Schatten ist es noch recht frisch. Beim Essen ist Jonny voll in seiner Welt und lässt sich auch nicht von Collins Lästereien ablenken. Er ist so sehr in seine Portion vertieft und voller konzentrierter Andacht, dass wir aufpassen müssen, dass er nicht aus Versehen oder aus Gier den Plastikteller mit aufisst oder den Löffel verschluckt.

Wir diskutieren den vor uns liegenden Weg. Collin will unbedingt zuerst zur Wasserfallfläche, weil er den Weg am besten kennt. Ich dagegen möchte zuerst nach Longipolis, da wir dann einen Rundkurs auf dem Berg laufen können. Wir einigen uns, erst einmal bis zur Kreuzung Wasserfallfläche – Longipolis zu wandern und dann erst zu entscheiden.

Stefan sieht heute besser aus, nur die Schultern sind arg blau verfärbt. Er hat den Rucksack gestern nur mit den Schultern getragen. Ich korrigiere die Einstellungen und meine, dass es jetzt besser gehen werde. Wir rödeln unsere Ausrüstung in die Trageteile und lassen nicht einmal unsere Fußabdrücke zurück, so sauber ist unser Rastplatz. Die Feuerstelle wird der nächste Wind vollkommen verwehen. Gut.

Müde, vom Vortag noch verspannt und mit Blessuren von den allgegenwärtigen Dornen übersät, geht es mit der Kletterei ohne Warmwerden sofort zur Sache. Hundertprozentige Anwesenheit ist gefordert, ein falscher Tritt und man hat Kak. Ich weiß gar nicht, wie Jonny das macht, der wie ein Schlafwandler hinter uns herwankt. Wir finden den normalen Steig an der rechten Talseite, der uns nach einem heftigen Aufstieg zum »Crossing«, dem normalen

Rastplatz der normalen Leutchen, auf die andere Talseite bringt. Ab jetzt ist die Sonne schon dabei, und das gemütliche, lebensgefährliche Bergwandern macht mehr und mehr einer Kombination mit lebensgefährlichen Klettereinlagen Platz. Einen Weg gibt es ab jetzt nicht mehr, auch nicht andeutungsweise. Abenteuerliche Felsformationen mit noch irreren Verwitterungsformationen säumen unseren Weg, oder sollte ich ehrlicherweise schreiben, dass wir uns durch sie hindurchquälen? Oft müssen wir die klobigen Rucksäcke abnehmen und in einer Kette hochreichen. Oder einer klettert vor, nimmt die Teile an, trägt sie zur nächsten sicheren Position und so weiter. Die anderen kommen nach, Rucksäcke wieder auf und los. Collin zeigt mir einen Brennnesselbaum, einen Baum mit Blättern wie die einer Brennnessel (*Obetia carruthersiana*), und einen anderen Baum mit einem glatten Stamm, eine Euphorbie (*Euphorbia guerichiana* – Antes), ebenfalls ein Gewächs mit dem extrem giftigen Milchsaft. Nichtsdestotrotz gehört er zur Lieblingsspeise der Rhinos. Es ist schon irre, was die Natur so hervorbringt, und ich bin glücklich, dass wir Collin und Jonny dabeihaben. Ich lerne viel dazu, und Jonny passt mit schlafwandlerischer Sicherheit auf Stefan auf, der kaum die Kamera vom Auge nimmt. Stefan hält sich gut, und das Rucksackproblem ist scheinbar erledigt, wie er mir versichert. Heute sind 800 Höhenmeter zu machen, am besten vor der Mittagssonne. An der Kreuzung Wasserfallfläche und Longipolis machen wir eine kurze Rast und beschließen, die Namis-Schlucht hinauf Richtung Longipolis weiterzugehen. Es folgt eine wilde Kletterei in die Schlucht hinüber, denn sie beginnt auf der anderen Seite des Tales. Wir werden allerdings dadurch belohnt, dass wir einen kleinen See entdecken, der noch fließendes Wasser hat. Jonny schafft es, den Rucksack abzusetzen, ein Stück Biltong zu bearbeiten und Feuer zu machen – alles in einer Bewegung. Er hat wieder Hunger. Wir lachen uns halbtot, ungerührt kramt Jonny aus seinem Rucksack nach mehr zu essen. Er kommt mir vor wie ein kleiner Junge, der hungrig am Tisch sitzt und den Löffel senkrecht in der Faust hat, das Essen erwartend. Er mampft ungerührt weiter und macht Tee.

Unzählige Autoren würden unseren Aufenthaltsort folgendermaßen beschreiben: »Nach langer, schmerzhafter und entbehrungsreicher Wanderung durch die Hölle des Schwarzen Kontinents finden die armen, zerschundenen, hungernden Menschen ein Tal mit kristallklarem Wasser und blühenden Wiesen; das Paradies, in dem wir uns laben können« – oder so ähnlich. Genau so ein Tal haben wir entdeckt. Es ist wunderschön, und alles steht in voller Blüte. Wir sitzen am Wasser neben einer Wiese aus Lemongras (ǀenaǁuis). Es duftet nach Zitronen und sei nicht giftig, erklärt Collin, und es vertreibe die Moskitos. Ich erkenne die steilen Granitplatten über uns wieder, auf denen ich das erste Mal nach Longipolis gewandert bin. Hoch und gefährlich – es ist der direkte Weg, den ich vor zwei Jahren mit einer Truppe versucht habe, bis einer nicht mehr weiterkonnte und wir umdrehen mussten. Felsentauben und der Redeyed Bulbil rufen, es ist unglaublich schön. So voller Blütenpracht habe ich den Brandberg noch nie gesehen. Stefan und ich filtern Wasser für unsere Ortlieb-Wasserkatzen (Camelbag), Collin und Jonny trinken es pur, da sie abgehärtete Mägen und Verdauungsapparate haben.

Als wir weiterziehen, bin ich froh, nicht vorgehen zu müssen. Hohes Gras und Wasser sieht für mich nach Mambagebiet aus. Collin bestätigt das und stakt entsprechend vorsichtig durch das Gestrüpp.

Hier muss in den letzten beiden Jahren ein ganz schöner Regen durchgekommen sein, denn in den Bäumen hängt Gras vom letzten Abgang des Riviers in über zwei Meter Höhe. Schon von weitem entdecke ich etwas Türkisblaues im Gesträuch blinken. Die Farbe gehört definitiv nicht hierher. Ich finde eine Fischdose und kann nur den Kopf schütteln: Es ist eine Fischdose aus Cuxhaven, der Stadt nahe dem Kuhdorf, wo ich geboren wurde.

Am Busen der Natur, an der Wiege der Menschheit auf dem Brandberg muss ausgerechnet ich eine leere Fischdose »Hering in Tomatensoße« aus Cuxhaven finden. Ich halte sie hoch und meine, dass die Strafe dafür nur »Hände abhacken« sein sollte, was alle bestätigen. Unglaublich! Was denken sich die Leute dabei, hier etwas wegzuschmeißen. Wahrscheinlich denken sie gar nicht. Dummheit ist wahrlich die einzige Krankheit, an der nicht der Kranke leidet, aber alle anderen.

Für die Ureinwohner müssen hier oben nach einem Regen oasenhafte Lebensbedingungen geherrscht haben. Alles gibt es im Überfluss – außer Wasser auf Dauer, versteht sich. Wir schleichen durch das Tal, denn in der Mittagssonne ist das Ambiente total unirdisch. Die Wände des Tals sind steil und von Rissen durchzogen, als ob Thors Hammer sie bearbeitet hätte. Blanke Trockenheit herrscht dort, nur bei uns auf dem Talgrund ist es anders, hier sieht es aus, wie in Psalm 23 beschrieben: »Der Herr ist mein Hirte, mir wird nichts mangeln.« Aus einer der zehn Zentimeter breiten Felsspalten wächst ein 30 Zentimeter dicker Baum senkrecht in die Höhe – in dem Riss ist der Stamm platt wie ein Kuchen, erst danach verdickt er sich plötzlich. Abgefahren.

Auf einer flachen Sanddüne im Rivier glühen uns die gelben Morgensterne (*Tribulus terrestris*) entgegen. »Blumen«, die eine Frucht besitzen, die einem Morgenstern gleicht: kugelförmig und mit spitzen Stacheln besetzt; das Grauen eines jeden barfuß Laufenden in der Wüste. Diese spitzen Teile liegen überall in Namibia herum, und das tut weh, wenn man nicht aufpasst.

Wir machen eine weitere Pause in einem »Dom«. Vor Jahrtausenden ist ein doppelhausgroßer Fels auseinander gebrochen, dann sind die beiden Bruchkanten nach unten weiter verwittert und innen abgebrochen. Dadurch hat sich eine Höhlung entwickelt, die das statische Gleichgewicht der beiden Hälften ins Trudeln gebracht hat, und so sind beide Hälften wieder zusammengesackt. Was bleibt, ist die Höhle, in der wir Shelter finden. Überall liegen abgewitterte Platten herum. Wir hauen uns auf den Boden, und es ist uns völlig egal, ob sich unter den Platten Skorpione befinden. Wir sind »well done« gedünstet. Die Hitze in dem Tal ist abgefahren – stickig und brütend. Wir sind in Schweiß gebadet, die Kleidung und unsere Gesichter salzverkrustet. Bei Collin und Jonny ergibt die weiße Kruste einen starken Kontrast zu den schwarzen Gesichtern. Stefan hat sich mit seinem Rucksack arrangiert und kommt jetzt, wo er das Meiste mit dem Hüftgurt trägt, besser klar.

Ich erzähle den Leutchen in der Trinkpause, wie das hier vor zehn Jahren ausgesehen hat. Kein Grashalm, kein Wasser und jede Menge Hasen, die vor uns geflüchtet sind.

Felsenhase *(Jamesons -)* (Pronolagus spp.)*: Der Felsenhase ist eigentlich ein Kaninchen, aber das fällt kaum auf. Der Unterschied besteht darin, dass Hasen mit offenen Augen und Fell geboren werden, Kaninchen dagegen mit geschlossenen Augen und fast nackt. Bei den auf dem Brandberg entdeckten Kaninchen handelt es sich wahrscheinlich um die kleinste Art, den Jamesons Felsenhasen. Man trifft diese Hasen, die Kaninchen sind, und auch die Hasen, die Hasen sind (Kaphase –* Lepus capensis, *Buschhase –* Lepus saxatilis), *recht häufig. Die Unterscheidung der Arten ist schwer, es sei denn, man hat die Chance, sie vor dem Braai ausgiebig zu begutachten, sonst laufen sie in der Regel flugs weg. Sie sind Einzelgänger, gehören zu einer Gruppe mit gleichem Kotplatz (da kann man sie auch am besten im Ansitz beobachten). Sie schlafen tagsüber in Felsspalten und -ritzen oder im dichten Gras, wo sie schwer aufzuscheuchen sind. Gewicht: bis 3 kg, Feinde: Leopard, Karakal, Python, Wildkatze. Nahrung: Gras. Laute: schriller (Todes-)Schrei.*

Vielleicht eine leopardenfreie Zone oder so. Danach versuche ich mich zu orientieren, und nachdem wir zur Ruhe gekommen sind, hören wir augenblicklich dieses betörende Plätschern. Irgendwo ist ein Wasserfall. Collin sieht einen Riesenbaum versteckt zwischen den gigantischen Klippen, der kann sich natürlich nur mit Wasser entwickeln. Wir schleppen uns hin. Unter dem Baum im Schatten plätschert leise ein bleistiftstarker Strahl aus dem Felsen. Der Baum hat eine düstere Höhle feuchten Umfelds geschaffen, und wir tun gut daran, erst einmal zu checken, wer der Besitzer ist. Es raschelt fies im Laub, und wir melden uns geräuschvoll an, bevor wir eintreten. Unter dem 40 m^2 großen Laubdach hat sich ein regelrechter Feuchtbiotop entwickelt, grüne Pflanzen, Moos, Flechten, Insektengesumm, aber so recht will außer mir niemand dahin. Fadenscheinige Gründe werden vorgeschoben. Gespannt schiebe ich mich langsam unter diesen Dom und beobachte vorsichtig, was kommt. Und es kommt … nichts! Ich wasche mir meine Stoppelhaare in voller Montur. Stefan will nicht, filmt allerdings alles aus sicherer Entfernung. Jonny schläft – die Zwei-Minuten-Grenze Bewegungslosigkeit ist überschritten –, und Collin hantiert mit seinem neuen Fetisch, dem Fernglas, herum. Ich bewege mich nur einmal schnell, als ich ein Bein aus dem Spreizschritt nehme, und sofort raschelt es unten im Laub. Die Haare sind sauber, und mein Mut ist weg. Ich verschwinde da besser. Wir beschließen, da unser Tagesziel noch 1000 Meter Luftlinie und 100 Höhenmeter entfernt ist, eine weitere Rast zu machen. Denn was jetzt folgt, ist übelste Kletterei durch dorniges Gestrüpp und raue Granitplatten. Die Sonne steht im Zenit. Das köchelt.

Als wir weiterziehen, findet Collin noch einen Busch, den er !kanap nennt (ich habe nicht herausbekommen, wie der auf Lateinisch heißt) und der als Medizin von seinem Volk benutzt wird. Der Busch riecht extrem gut. Langsam, aber sicher stehe ich mit meinen botanischen Kenntnissen »in der Wüste«.

»So wie unsere Klamotten mittlerweile riechen, sollten wir etwas davon mitnehmen!«, rufe ich den anderen zu. Gequältes Schnaufen und Lachen ist die Antwort.

Wir klettern, zerren und ziehen unsere Ausrüstung durch eine enge Passage. Dann geht es eine schmale Schlucht hinauf. Am Fuße ist sie zehn Zentimeter, oben zwei Meter breit. Immer wieder müssen wir ausweichen, weil Klippen unseren Weg versperren, und uns einen neuen suchen. Wie gesagt, 1000 Meter Weg bei 100 Höhenmetern bedeuten drei Stunden Wegzeit!

Plötzlich, am Ende einer Platte, stehen wir auf einem Plateau, und Longipolis liegt unter uns. Der Boden ist von einem Blumenmeer und Sträuchern bedeckt, das sich auf einer Fläche von etwa 800 x 400 Meter ausdehnt und 1840 Meter hoch liegt. Rund um diesen Garten Eden sind die Hungorob-Spitze – braun verbrannt im Süden –, der Orabes-Kopf im Osten sowie ein unbenannter 2346 Meter hoher Berg im Norden zu sehen. Dort, an dessen Hängen, hat der liebe Gott anscheinend gewürfelt – zumindest sind die Flanken der Berge mit riesigen Bouldermassen übersät. Sie sind zurzeit grün, auch sie müssen erhebliche Mengen Regen abbekommen haben. Direkt unter uns liegt die kleine Höhle mit ihrer spiegelglatten Granitfläche davor, die jahrmillionenlang vom Wasser bearbeitet worden ist. Der kleine Bach davor fließt sogar noch und verschwindet irgendwo unter den Felsen. Ein Paradies, anders kann man es nicht ausdrücken. Vor dem Eingang dieser Höhle liegt ein Granitklotz, so groß wie ein Auto, davor werden wir unser Camp aufschlagen.

Als wir über die Platten hinabsteigen, fällt mir in einem Felsen so groß wie ein Haus ein etwa 20 Zentimeter im Durchmesser großes Loch auf, in dem ein runder Stein liegt, der das Loch fast vollständig abschließt – eindeutig nicht natürlich! Ich frage Collin, was das sei, und er meint, dass in dem Loch ein Bienennest gewesen sein muss. Dies Tal sei die ehemalige Heimat des Ga-Aseb-Clans gewesen, und da seine Vorfahren kleine Leckermäuler waren, haben sie Bienennester ausgeräumt, um an den Honig zu kommen. Damit es die Bienen leichter hatten, wieder in dem Nest weiterzumachen (und damit sie es später erneut ausräumen konnten), wurde ein runder Stein vor die Öffnung gelegt. Verdammt aggressive Bienen seien das, meint Collin, aber mit dem Rauch eines Feuers seien sie orientierungslos. Allerdings ist dieses Nest nicht mehr bewohnt. Ich finde es irre, solche Zeichen einer vergessenen Zivilisation nach so langer Zeit noch unberührt vorzufinden.

Wir erreichen den Auto-Granitboulder und entledigen uns der Rucksäcke. Unsere Klamotten sind klitschnass. Jonny liegt schon und ist im »Stand by«-Modus, bis Collin ihn aufscheucht, um Feuer zu machen. Ich frotzele, dass es gleich etwas zu essen gibt, und Jonny lacht wieder und setzt den Tee auf. Dann rollen sich beide aus dem Tabak, der zu ihrer Expeditionsverpflegung gehört, eine Lulle, natürlich standesgemäß mit Zeitungspapier – das ist eben so.

Ich erkläre Stefan das Phänomen dieser Klippe, vor der wir stehen, denn dieser Brocken wird von einem kleinen Baum gespalten.

Man muss sich das einmal vorstellen. Dieser tonnenschwere Stein liegt auf einer spiegelglatten Granitfläche, und ein Baum wächst auf diesem Teil. Zunächst keimt ein zufällig gelandeter Samen aus, wobei sich die haarfeinen ersten Wurzeln in schon vorhandenen Kapillaren festsetzen. Dann, im Laufe der Jahre, werden die Wurzeln immer dicker, und schließlich wird der Klotz regelrecht gesprengt. Das ist eine Rock-Splitting-Fig (*Ficus cordata*), ein Baum, der tatsächlich Granit spalten kann.

Granit ist ein hartes, magmatisches, kristallines Gestein, welches hauptsächlich aus Quarz, Feldspat und Muskovit besteht. Trotzdem muss sich Granit in dieser harten Umgebung wie jeder andere Stein der Verwitterung stellen. Sonnenlicht, Wasser, Temperaturschocks und Wind bearbeiten das Gestein, sodass teilweise abenteuerliche Formationen in den Millionen von Jahren entstanden sind. Angefangen hat es meistens damit, dass Wasser in die Oberfläche des Gesteins eingedrungen ist und zunächst winzige Rinnen ausgewaschen hat, die sich beständig vergrößerten. Dann begann zusätzlich das Verwittern mit der bereits erwähnten Exfoliation am Federvogelberg. Besonders hier auf dem Brandberg gesellen sich dann noch die so genannten Wollsack-Formationen dazu. Durch die beständigen klimatischen Wechsel werden die Granitblöcke abgerundet und immer kleiner und liegen dann buchstäblich wie »verlassene Wollsäcke« in der Gegend herum. Einige dieser Granitboulder sehen aus, als ob sie von einem Hackebeil in der Mitte gespalten worden sind. Das kann einmal recht schnell geschehen, wenn bei der unglaublichen Hitze der Wüste ein plötzlicher Schauer niedergeht und danach wieder die Sonne glüht. Eine andere Verwitterungserscheinung sind die »Badewannen« an der Basis der rund gewitterten Steine. Dies ist auf Lösungsprozesse des Wassers zurückzuführen, welches über zehntausende von Jahren von den jetzt runden Bouldern abgetropft ist, und zwar immer genau in die jetzt entstandene »Badewanne«, die auch gerne von mir auf dem Brandberg so benutzt wird, sofern sie mit Wasser gefüllt ist. Wind und andere chemische Prozesse wirkten an der Formung des Berges mit.

Nach dem Lunchtee betten wir uns alle zum Nickerchen und dösen zwei Stunden, bis die gröbste Hitze ausgestanden ist und das Licht auch zum Fotografieren besser wird. Das Solarpaneel arbeitet während wir ruhen und lädt die Akkus auf.

Nach der Pause lege ich mich mit der Leica und dem Makroobjektiv auf eine Klippe und experimentiere mit einem Polfilter (mit einem Polarisationsfilter kann das Spiegeln der Wasseroberfläche neutralisiert werden), um die fetten Kaulquappen im nahen Teich zu fotografieren. Das Wasser fließt ausnahmsweise über 150 Meter oberirdisch, und sogar ein kleiner See ist entstanden. Auch das ist selten hier auf dem Brandberg, wo das Wasser meist irgendwo zwischen den Steinen verschwindet. Außerdem gibt es eine Menge Algen in dem Bach, bestimmt hat die noch nie irgendjemand bestimmt. Möglicherweise eine neue Art?

Vor zwei Jahren ist das Max-Planck-Institut hier oben gewesen, mit dem Helikopter natürlich, man gönnt sich ja sonst nichts. Bei dieser Expedition wurde eine neue Insektengattung »entdeckt« (*Mantophasmatodea* – Gladiator), so war es den Medien zu entnehmen. Seit 86 Jahren eine Neuentdeckung – eine internationale Sensation. Im Taumel des Glücks haben die Jungs natürlich glatt vergessen, dass Matthes das Teil schon viel früher entdeckt hatte. Auch ich fand zusammen mit Matthes dieses kleine Monster schon vor zehn Jahren, aber damals maßen wir dem Teil nicht allzu große Bedeutung zu, womit wir übrigens keinesfalls allein dastanden. Denn auch 120 Jahre zuvor ging es einer Gruppe von Wissenschaftlern ebenso wie uns. 1909 kroch anscheinend ein Deutscher namens Seewald hier auf dem Brandberg herum, sammelte das Tier ein und übergab es dem Berliner Museum, wo es noch heute liegt. Dessen ungeachtet hat das Max-Planck-Institut natürlich den Ruhm für sich in Anspruch genommen … nun denn.

Ich begebe mich wieder auf Exkursion und finde in den unzähligen Felsspalten der kargen Landschaft der Hänge immer wieder botanische Kleinode wie eine rote Gladiolenart (*Gladiolus saccatus*), deren Blüten so aussehen wie ein gefräßiges Maul. Sogar ein Auge und die Zunge sind zu erkennen. Auch rot blühende Aloen (*Aloe litoralis*), die aussehen wie ein Mittelding zwischen Palme und Forke, an denen sich Kolibris genüsslich tun und Nektar schlabbern, entdecke ich. Stefan gesellt sich zu mir, und wir streifen in der Gegend rum und filmen Dassis, die uns ständig »auslachen«, sowie jede Menge Piepmätze, alle einfarbig, grau und unbekannt. Die beiden anderen Jungs hängen ab, Collin raucht und beobachtet mit dem Glas die Natur, und Jonny schläft mit einem Stück Biltong in der Hand. Der ist wirklich ein Unikum. Ich sehe, wie aus der Höhle bei unserem Lager eine ein Meter große Felsenechse (Giant Plated Lizard – *Gerrhosaurus validus*) auf einen Rucksack zuschleicht und mache Collin ein Zeichen, aber er nickt nur. Als sie den einen Rucksack erreicht, folgt ihr eine zweite. Beide versuchen an dem Rucksack zu nagen, offensichtlich riecht da etwas sehr gut. Aus meinem Rucksack hängt ein Stück Plastik aus einer Seitentasche raus, und die beiden Echsen machen sich daran zu schaffen. Sie zerren so lange daran, bis die Tüte mit Trocknobst herausfällt. Augenblicklich verschwinden getrocknete Aprikosen in den hässlichen Echsenmäulern – und ich muss mich um mein Essen kümmern, indem ich aufstehe. Sofort verziehen sich die »fetten Salamander« in einer Felsspalte.

Stefan und ich haben noch Arbeit vor uns, denn bevor es dunkel wird wollen wir etwas zu dem Thema »Weißt du, dass die Bäume reden?« aufnehmen. Seit zehn Jahren geht mir dieses allnächtliche feine Geräusch des Butterbrotpapierbaumes nicht aus dem Kopf, es steht für mich für »Brandberg bei Nacht«. Wir bauen unsere Tontechnik mit dem Hochleistungsmikrofon von Brüel & Kjær direkt bei einem Baum auf und machen die Tonaufnahmen. Eine vorbeikommende Biene hört sich an wie ein Hubschrauber im Tiefflug. Als auch das erledigt ist, wecke ich Jonny: Essenszeit. Freudig lacht er und kramt seine Abendportion raus. Essen, Rauchen, Schlafen – auch ein geregeltes Leben.

Es gibt wieder Astronautentrockensupernahrung extra – braune Soße mit Reis und Bröckchen. Beim Köcheln, was ja eigentlich nur »Wasser heiß machen, zusammenschütten, fertig« bedeutet, fängt Collin an zu erzählen. Andächtig lauschen wir seinen Ausführungen.

Von !ktotorotorozen, ǂabbas und dem Sägen eines Leoparden

Bienengesumm und Vogelgezeter untermalen das ständige Dassigelächter. Stefan hat die Kamera aufgebaut und nimmt das Interview auf.

Dieses Tal gehörte einst dem Ga-Aseb-Clan, der Big Boss (Gaob) war Gaseb (ǁgaseb), der befreundet mit dem Hungorob-Clan weiter unten im Tal war.

Selbst bei Trockenheit konnte hier im Tal noch Wasser gefunden werden, indem man in der Mitte der Fläche Löcher grub. Collin zufolge lebten hier oben seit 20 000 Jahren Menschen, sogar noch bis ins 19. Jahrhundert (was wohl die Rinderknochen erklären würde), die Wissenschaftler haben andere Ideen, aber nichts Genaues weiß man natürlich besser nicht.

Irgendwie kommen wir auf Collins Familie zu sprechen, und ich frage, wie eigentlich eine Hochzeit bei den Damaras aussieht. Er meint, dass man zuerst einmal den Vater der Tochter fragen müsse, ob die geplante Ehelichung okay sei. Dann muss man einen Oryx oder Kudu erlegen – das kann schon bis zu zehn lange Tage dauern, da man zu Fuß unterwegs ist. Das erlegte Wild schenkt man dem Vater der Tochter, und sofern er das Geschenk annimmt, kann geheiratet werden. Dann gibt es ein Fest. So war es zumindest früher. Heutzutage ist es ein bisschen einfacher, man schlachtet lieber eine Ziege, statt tagelang auf die Pirsch zu gehen, denn Wild ist selten geworden. Außerdem darf man nicht mehr einfach überall jagen. »Manchmal klauen wir auch eine Kuh«, meint Collin grinsend. Dann gibt es noch einen bestimmten Tee, den man seiner Frau unbedingt aufbrühen muss, denn dann kann sie »laufen« (arbeiten) wie eine junge Kudu. Verständlich, dass Stefan und ich Interesse an dem Rezept haben. Collin beschreibt den Grundstoff für seinen !ktotorotorozen (*Myrothamnus flabelifolius*)-Tee als eine ziemlich charakteristische Pflanze, die komplett verdorrt aussieht. Wenn sie jedoch Wasser (Regen) bekommt, entfalten sich innerhalb von Stunden die im »Stand by«-Modus verharrenden Blätter.

»Wie Jonny, wenn er etwas zu essen sieht«, lästert Stefan. Die Pflanze muss jene Pflanze sein, die ich unter dem Namen »Wiederauferstehungsbusch« kenne (später stellt sich heraus, dass dem tatsächlich so ist). Die oberirdischen Teile der Pflanze, auch die holzigen, werden klein zerbrochen und aufgebrüht, das ist alles.

»Müssen wir unbedingt ausprobieren!«, meine ich. Um uns herum ist noch immer Vogelgezwitscher, wobei der Redeyed Bulbil und der Bokmakierie dominieren.

Irgendwann kommen wir auf das Huab-Plateau zu sprechen und auf meine erste Tour mit Matthes und dem ersten Rhino, das ich gesehen habe. Collin lenkt mich ab und lehrt mich sogleich das Damara-Wort ǂabbas – Rhino, dann zeigt er auf das Feuer und grinst, als er sagt: »ǀais – Feuer«. Jonny kann endlich einmal über mich und Stefan lachen, was er auch herzhaft ausnutzt. Diese Laute zu bilden ist wirklich zu und zu schwierig. Wer weiß, was ich da auf Damara von mir gebe, wenn ich das Tsutschen, Klicken und Schnalzen falsch betone? Heute bin ich der Clown, und Collin bestimmt: Wenn ich wieder Tee haben möchte, müsste ich zu Jonny »!ktotorotorozen dochoba audere ida â – ǁkha î tsku!« (»Mach mir mal 'nen Tee! – Hörst du, was ich sage!«) sagen. Ich lache mich halb tot beim Üben, dann erkläre ich den beiden, dass unser »Präsident« (Bundeskanzler) so etwas Ähnliches vom Stapel gelassen hatte, und jetzt müssen zur Abwechslung mal die beiden Damaras üben: »Ho' mir ma' 'ne Flasche Bier!«

Zwei Damaras auf dem Brandberg beschäftigen sich mit dem (inzwischen Ex-) Bundeskanzler, wenn das keine PR ist!

Nachdem wir uns die Tränen vom Lachen aus den Augen gewischt haben, erzähle ich endlich die Geschichte, wie ich mein erstes Rhino erlebt habe.

»Vor zehn Jahren tourten Matthes und ich schon drei Wochen in der Gegend um den Ugab, Huab, Brandberg herum und suchten nach einem ǂabbas. Endlich fanden wir frische Spuren und sind ihnen den gesamten Tag zu Fuß und im Landi gefolgt. Als es später Nachmittag wurde, mussten wir ein Camp suchen, das sicher war, denn es gab Löwen und Hyänen in der Nähe. Das Rhino hatten wir immer noch nicht gesehen. Matthes kletterte in der Dämmerung noch in den Felsen rum, während ich im Lariam-Delirium (Lariam ist ein extrem fieses Malariamittel und mittlerweile verboten) am Feuer saß und mit dem Tele Aufnahmen vom Sonnenuntergang machte. Plötzlich hörte ich unweit des Lagers, wie sich Steinplatten bewegten, und wunderte mich noch: Matthes schleicht doch eigentlich sonst immer so leise durch die Gegend. Als ich jedoch hochschaute, stand nur zehn Meter vor mir ein dickes, fettes, zwei Tonnen schweres Nashorn. Oh, Scheiße, dachte ich, und jetzt hast du das Tele drauf! Ich wusste, dass Nashörner fast blind sind, dafür aber extrem gut hören und riechen können. Riechen konnte es mich glücklicherweise nicht, da der Wind günstig stand, sonst wäre es wohl schon über mich hergefallen. Rhinos haben die dumme Angewohnheit in ein Feuer zu laufen und es auszutrampeln, niemand weiß, warum sie das machen.«

Ich mache eine kleine Kunstpause, weise auf die vor uns flackernden Flammen und schlürfe genüsslich an meinem Tee. Jonny und Collin hören atemlos zu und nicken. Dann fahre ich fort.

»Das Feuer konnte das Rhino nicht sehen, da ein Granitklotz zwischen ihm und mir lag. Das Rhino stand zur Salzsäule erstarrt da. Nur die winzigen Trichterohren peilten mich an. Das Rhino sah also einen Granitklotz mit einem Kopf, der Geräusche macht wie ein Feuer, aber nicht riecht ... Das Tier drehte sich so, dass es mit seinem VW-Käfergroßen Körper und seinem 30 Zentimeter langen Horn direkt auf mich zielte.

Das **Horn** *eines Rhinozerosses ist im Übrigen gar kein Horn, sondern zusammengewachsene Haare, die nur wie ein Horn aussehen! Aber was ist schon das, wonach es aussieht?*

Zeit zu verschwinden, dachte ich und drehte mich gaaanz langsam um, um nach einer Fluchtklippe zu schielen. Direkt drei Meter hinter mir war eine. Der Klops stand immer noch so da, und mich ritt plötzlich der Teufel. Ich wechselte unendlich langsam das Objektiv auf normal um und drückte ab. Das war dann wohl doch nicht so gut, denn den *Klick* hat das Rhino gehört und stürmt prompt und ohne Vorwarnung direkt fünf Meter auf mich zu. Ich war schon halb auf der Klippe, als das Rhino eine Vollbremsung machte, seine zwei Tonnen in der Luft eine graziöse Pirouette beschrieben und es galoppierend in der Pampa verschwand. Ich konnte es noch einmal mit dem schnell nochmals ausgetauschten Tele ablichten und habe jetzt ein Rhino in einer Staubwolke mit allen vier Beinen in der Luft auf Zelluloid. Als ich mich halbwegs wieder beruhigt hatte, schrie ich aus voller Kehle: ›Matthes, das Rhino ist da!‹ Ich glaube der Schrei hallt dort immer noch hin und her.«

Ich grinse. Die Story ist damals in ganz Namibia rund gegangen. Stefan bekommt schon wieder glänzende Augen. Ja, denke ich, ja, da fahren wir auch noch hin.

Jonny hat einen seiner wenigen lichten Momente und lässt sich darüber aus, dass er Rhinos nicht mag, weil sie immer eine Scheißlaune haben, und er erzählt noch einmal die Geschichte mit der Nadel und dem zertretenen Kot. Nur Gott kam nicht vor, sondern ihr Götze, dessen Namen ich nicht verstanden habe, der aber trotzdem Gott sein muss, denn bekanntlich gibt es ja nur einen.

Matthes hatte sich damals Malaria eingefangen, aber das erfuhr ich erst zwei Wochen später durch ein Fax des Krankenhauses, in dem er im Koma lag. Diese Chance hatte er dann anscheinend doch nicht verpasst ... Ich hingegen kam mit einem blauen Auge und ziemlich erhöhten Leberwerten davon – eine der vielfältigen Nebenwirkungen des Malariamittels Lariam.

Als wir am nächsten Tag den Rhinospuren weiter folgten, trafen wir auf einen Wilderer mit Kalaschnikow, der uns als harmlos einstufte, sonst hätte er uns mit an Sicherheit grenzender Wahrscheinlichkeit erschossen (heute weiß ich, dass er damals ebenfalls hinter dem Rhino her war, besser dem Horn). Wir gaben ihm Wasser und Biltong.

Später ließen wir uns von der Spur eines riesigen Elefanten ablenken, der wir folgten. Sie führte uns direkt in ein Dorf, das es gar nicht geben dürfte. Du Riet hieß das Gebiet der ehemaligen Farm, und der Elefant hatte sämtliche Gärten in dem Dorf, das es offiziell nicht gab, platt gemacht, weil er an das Wasser nicht herankam. Dann hatte er die Wasserpumpe zerbrochen: deutsche Wertarbeit von 1908, hergestellt in Indien. Wir wurden mit lautem Hallo empfangen, und eine ganze Kinderschar umringte uns. Matthes verteilte Bimbolekkers (Süßigkeiten), wie er sie nannte, und der Dorfälteste kam, um uns zu begrüßen. Ich hatte das Gefühl, in Livingstons Zeitalter zurückversetzt worden zu sein. Der Tate (Dorfschulze) wurde von einer Meme (alten Dame) begleitet, die uns in fließendem Deutsch ansprach und fragte, ob wir die Pumpe reparieren könnten, außerdem hätten sie eine im neunten Monat schwangere Frau hier, ob wir helfen könnten. Wir waren ja weiß! Puh! Erst einmal gaben wir dem Tate Tabak und ihr ein Stück Biltong. Dann wandte ich mich an Matthes: »Pumpe ich, Schwangere du«, schlug ich vor. Wir einigten uns darauf, zuerst gemeinsam die Pumpe zu reparieren, was sich als unmöglich herausstellte, da die Kurbelwelle zerbrochen war, wie wir nach dem Zerlegen feststellten. Während wir uns mit der Pumpe abmühten, stand das gesamte Dorf schweigend um uns herum, nur die Meme klärte uns über das zweifellos existierende nicht-existente Dorf auf: Sie alle seien

Zwangsdeportierte, die die Südafrikaner hierher umgesiedelt hätten. Ich war ziemlich fassungslos, aber schließlich haben die Engländer in Südafrika während der Burenkriege die Konzentrationslager erfunden. Und dieses hier war zweifellos eines. Ohne Zaun, allerdings mit 100 Kilometer Wüste drum herum. Den Grund für diese Aktion konnte (oder wollte) sie uns nicht nennen (wahrscheinlich aber waren sie einfach zu intelligente und gebildete Unruhestifter, die die Apartheid-Regierung loswerden wollte).

Die Schwangere war zu unserer Freude kein Problem, da sie lediglich ins nächste Dorf nach Bethanis gebracht werden wollte. Dort gab es nicht nur ein Krankenhaus, sondern auch eine Schule, an der sie lehrte. Ob wir sie mitnehmen könnten? Klar, kein Thema.

Während der gesamten Fahrt saß die im neunten Monat schwangere Frau auf der Holzladefläche unseres Landis aufrecht wie ein L. Da es keine Straße gab, zuckelten wir über Stock und Stein, sodass ich sogar in meinem vergleichsweise komfortablen normalen Sitz Kreuzschmerzen bekam. In meinem Kopf spielten sich derweil die wüstesten Befürchtungen ab: Wenn nun bei dem Gerumpel die Fruchtblase platzt, was dann? Doch alles wurde gut.

Nach dieser Geschichte brüstet sich Collin stolz damit, dass auch ihre Frauen hart seien und bis zur Niederkunft arbeiten können und den Tag danach selbstverständlich auch wieder. Ich seufze nur und denke daran, was jetzt Alice Schwarzer gesagt hätte. Stefan grinst unverschämt, und ich entgegne irgendwas mit Sklaverei. Collin erwidert, dass die Frau ja jederzeit gehen könne. – Was auch oft passiert, wie er auf meine Frage hin kleinlaut zugibt. Seine erste Frau nämlich auch. »Scheidung?«, hake ich nach.

»Nein, jeder geht einfach seiner Wege und gut!«

Mittlerweile ist es stockdunkel geworden. Die ersten Fledermäuse zirpen um uns herum und trinken im Flug aus dem nahen Wasser. Nicht nur einmal an diesem Abend spüre ich einen Lufthauch am Kopf, so dicht düsen sie um uns herum. Ganz weit weg höre ich plötzlich das Sägen eines Leoparden. Stefan registriert es nicht, weil er nicht weiß, was das ist. Ich schaue die beiden Damaras an und schüttele den Kopf. Sie sollen nichts sagen. Wir grinsen. Stefan hat das Geräusch nicht gehört. Wir sitzen am Feuer, Jonny legt mehr Holz auf, und der Leopard gibt wieder sein trockenes, raues auf- und abschwellendes Brüllen von sich, das Sägen genannt wird. Jetzt wird Stefan stutzig und fragt, was das sei.

»Ein näher kommender Leopard!«, antwortet Collin.

»Und jetzt?«, hakt mein Kumpel ein wenig ängstlich nach.

»Nichts und jetzt; zu viert ist das kein Problem, der will nur nachschauen, was auf seinem Yard los ist. Es ist gut möglich, dass das der gleiche von letzter Nacht ist.«

Das Sägen kommt immer näher, während wir schweigend am Feuer sitzen, ein zugegeben unheimliches Geräusch. Jonny sagt, dass er jetzt ins Bett müsse, Collin zieht mit. Stefan und ich sind nicht gerade in der Laune, noch allein vor dem Zelt sitzen zu bleiben. So hauen wir uns hin.

Es ist 19:00 Uhr und stockduster. Ältliche Männer wie ich entwickeln nach einem verwegenen Leben schon eine leichte Inkontinenz, sodass ich, wenn ich um sieben mit einem Tee gefüllten Blubberbauch in die Heia krieche, nachts doch schon einmal zum Pullern raus muss. Umso verwunderter bin ich, als ich meinen Reißverschluss vom Zelt öffne, die anderen Jungs fast gleichzeitig aus dem Zelt schlüpfen, als ob sie auf mich gewartet hätten. So ist Mannschaftspinkeln angesagt. Ich messe dem aber keine weitere Bedeutung zu, und wir alle kriechen wieder verschlafen in die Koje.

Die Wasserfallfläche

»Mattissa, mattissa mattissa!«, holt mich ziemlich bald darauf aus dem Schlaf. Es ist noch dunkel, doch Jonny und Collin lachen schon wieder ihr Gute-Laune-Lachen. »!khaija!«, rufen Stefan und ich gleichzeitig.

Das Morgenritual nimmt seinen Lauf. Jonny macht Feuer und Tee, Collin beobachtet mit seinem Fetisch die Hänge, wenige Minuten später mümmeln wir alle an unserem Wittbrix herum und planen den heutigen Tag. Wir haben mit den Rucksäcken nur etwa zwei Stunden bis zu unserem nächsten Lagerplatz zu laufen: der Wasserfallfläche. Von dort aus machen wir dann rucksacklose Exkursionen.

Die Klamotten sind schnell verstaut, und mit quietschenden Gelenken geht es sofort noch einmal über glatte Granitplatten in nördlicher Richtung bergauf. Zuvor finden wir noch neben unserem kleinen See im feuchten Sand extrem frische Leopardenfährten, nur 20 Meter von den Zelten entfernt und nur eine Stunde alt. Nach heftiger Diskussion wird festgestellt, dass, obwohl ich der Fetteste bin, der Leopard Jonny geholt hätte. Ich sei einfach zu schwer, und Jonny schläft am tiefsten. Mit unserem anschließenden Gelächter vertreiben wir die Großkatze gewiss. Collin meint, dass sie uns bestimmt auf einem Felsen in der ersten Morgensonne liegend beim Frühstück zugeschaut hat. Gut möglich.

Wir müssen heute nur diesen einen Hügel erklimmen, allerdings führt uns der Weg wieder durch eine dieser engen Schluchten mit jeder Menge dornigem Gestrüpp. Rucksack ab, Rucksack auf, Hosenboden kaputt – es ist eine endlose Reihe. Ich habe schon Riefen im Hintern. Als Belohnung stehen wir auf der Kuppe und sehen erneut in ein paradiesisches, dreieckiges Tal mit etwa 600 Meter Kantenlänge, die Wasserfläche glitzert, und alles drum herum blüht. Wir stehen am Anfang des Tales (rechter Winkel), und gegenüber liegt der Wasserfall (Hypotenuse), für uns noch unsichtbar, da er von diesem Hochtal hinunterfällt. Da es gerade noch das richtige Licht hat, machen wir von hier oben aus eine Foto- und Filmsession und beobachten das Tal. Collin entdeckt die Klippspringerherde als Erster – natürlich. Jonnys »Zwei-Minuten-Level« ist überschritten, und er hat wieder abgeschaltet.

Ich erzähle von dem schmalen Wildpfad, den es irgendwo am Hang geben muss und der uns jetzt nach unten auf den Hochtalgrund führen könnte. Als wir ihn etwas östlicher gelegen finden, prangen uns die frischen Leopardenspuren entgegen. Der hat vorgelegt und ist schon durch. Nervös suchen wir nochmals das weitere Tal und die Hänge ab und setzen sogar die Rucksäcke ab, aber bei seiner Camouflage ist der nicht zu entdecken, selbst wenn er zehn Meter weiter im Gras hocken würde. Mit Collin allerdings …

Beim Beobachten erzähle ich Collin und Stefan, Jonny liegt bereits wieder im Schatten und schläft, dass beim ersten Mal, als ich diesen Weg runter bin, sämtliche Grashalme, die von den Seiten her über den Weg ragen, von Zecken übersät waren; auf einem zählte ich 150 von den Plagegeistern. Die übertragen leider auch in Namibia Tollwut, Hirnhautentzündung und ekelige Infektionen. Momentan jedoch scheint es keine einzige am Pfad zu geben, und das ist auch gut so!

Wir steigen bergab, vor uns an der Kimm der Numas-Fels (2518 m), der zweithöchste Berg im Massiv. Unten angekommen suche ich sofort am Pfadausgang an den beiden sechs Meter großen »Bowlingkugeln« nach meiner Lieblingszeichnung, einem zünftig ausschreitendem Ahnen Collins mit einem riesigen Rucksack auf dem Rücken – der Mann, der Essen bringt; heute eher:

Jäger kehren mit Beute heim, Original am »Springbockwasser«.

Essen auf Rädern! Wir stehen staunend um den Boulder und freuen uns, dass die Zeichnung so gut erhalten ist und wir die Rucksäcke bald loswerden. Denn heute ist der dritte Tag, und jeder, der schon einmal mit einem so schweren Teil auf dem Rücken durch die Pampa gestrauchelt ist, weiß, dass der Körper am dritten Tag merkt, was ihn trifft. Wir sind alle ziemlich fertig und brauchen diese Pause nach dem knochenharten Aufstieg, um uns auszuruhen. Als wir auf die freie Fläche hinaustreten, fangen alle Klippdachse auf einmal an zu lachen. Es ist, als ob die Gladiatoren die Arena betreten hätten oder so. Wir lachen einfach mit. Der Talgrund ist eben und sandig und von großen zwei Meter hohen Granitrücken durchbrochen. Sie wirken wie Wale im Wasser. Es sieht aus, als ob diese Ungetüme von Netzen gefangen worden sind, denn die hellgrünen bis zu sechs Meter langen Kriechausläufer des Milchsaft tragenden Besenbusches (*Sacostemma viminale* – ǀgûtamaǁôb) liegen auf ihnen. Ich mache Collin darauf aufmerksam und zeige auf die Stelle etwa 100 Meter vor uns, wo ich das letzte Mal eine Mamba gesehen habe. Ohne einen Ton zu sagen, biegt Collin sofort im rechten Winkel zu der Position hin ab. Ich bin beeindruckt.

»Mamba no good, very aggressive!«, raunt er mir beunruhigt zu. Eine Diskussion zu diesem Thema erübrigt sich.

Im winzigen feuchten Bachlauf, in dem wir uns nun befinden, wächst nichts. Dieser Weg ist schlangenmäßig sicherer, allerdings sind da wieder diese Leopardenspuren …

Wir erreichen das Ende des Hochtals, welches zehn Meter vor uns den Blick über die Namib und den violetten Messumkrater bis hin zur Küste in der Ferne öffnet. Der Ausblick ist atemberaubend. Vor uns geht es steil in die Hungorob-Schlucht hinunter.

Wenn man nicht weiß, dass sich direkt unter uns eine Höhle mit Felszeichnungen befindet, würde man nie darauf kommen. Wenn es regnet, fällt der jetzt imaginäre Wasserfall wie ein Vorhang vor die Höhle – wie in dem Klischee, das Generationen von Abenteuerromanschreibern benutzt haben, aber es gibt so etwas offenbar tatsächlich. Irgendwann einmal schlief ich mit einigen Leuten in der Höhle. Dunkle Wolken umwaberten den Brandberg und zogen wie bleiche Finger die Hänge hinauf, um nach uns zu greifen. An jenem Abend floss der Wasserfall plötzlich, und wir alle unterzogen uns einer Reinigung, die wir auch schon damals reichlich nötig hatten. Das war der erste Regen der Saison 1995, und kein einziger

Grashalm war hier oben grün gewesen. Die Zeichnungen in der Höhle sind von so schlechter Qualität, dass sich eine Erwähnung kaum lohnt, da die Motive kaum erkennbar sind. Dennoch wurden sie natürlich wissenschaftlich untersucht. Eine frühere Expedition hatte dabei eine große graue Kiste mit Lebensmitteln einfach zurückgelassen, aber die Dosen waren bereits damals alle abgelaufen, sodass ich die Kiste Jonny gegenüber lieber nicht erwähne. Wahrscheinlich schleicht er sich sonst nach unten und verdirbt sich den Magen, und dann haben wir – genau, Kak.

Doch zunächst klettern wir nicht in die Höhle, sondern bleiben oben auf dem Plateau an einer Stelle, wo weiches, angeschwemmtes Sediment eine angenehme Nachtruhe in kuscheliger Mulde verspricht. Die Zelte wehren sich heftig gegen den Aufbau, denn der trotz der frühen Stunde schon recht heiße Wind ist knapp vor einem Sturm – der Windmesser zeigt 8 Beaufort. Aber wir müssen sie aufbauen – jetzt schon in der Sonne braten zu müssen wäre einfach zu unangenehm. Danach packen wir unsere Ausrüstung in die Zelte, damit sie nicht wegfliegen. Jonny passt den Yard auf, und ich glaube nicht erwähnen zu müssen, dass er schon schläft, als wir zur Höhle hinabsteigen. Es ist eine schräge Platte (4–), die wir hinab müssen. Ich erkläre Stefan, dass die gesamte Sohle beider Füße flach auf dem Granit liegen muss, sonst: Rutschpartie und tschüss. Reibungsklettern nennt man so etwas: Nicht denken, sondern nur darauf konzentrieren, die beiden Quanten auf dem Belag zu lassen, und langsam nach unten schlurfen. Alles klappt wunderbar. Collin turnt natürlich schon in der Höhle rum, die Kiste ist nicht mehr da. (Matthes erzählte mir während eines Telefonats Weihnachten 2005, dass er auf der MPG-Expedition den Heli-Piloten überzeugen konnte, die Kiste mitzunehmen.)

Viel Interessantes gibt es hier unten nicht, so tapern wir recht bald wieder in engen Serpentinen die Steigung hoch und verlängern gleich unseren Weg mit der Platte neben unseren Zelten weiter den anschließenden Berg hinauf. Etwa einen Kilometer entfernt, stehen am Talrand drei oder vier Bäume scheinbar mitten im Granit, da will ich hin. Oben angekommen, hat sich in einer Senke Erde gesammelt, die den Bäumen Lebensraum bietet. Collin findet ganz in der Nähe eine *Hoodia* (*H. gordonii* – !Hobas) und kniet nieder. Er bricht einen der wurstigen Triebe ab (in Afrikaans heißt eine ähnliche Art der Familie Hundsroll – Hundekackwurst) und schabt mit einem Stein die Stacheln ab. Er erklärt, dass der Saft der *Hoodia* gut gegen Verätzungen vom Milchsaft der Euphorbien oder gegen Speikobragift in den Augen ist sowie als Augenmedizin bei Bindehautentzündung verwandt werden kann. Dann grinst er und meint: »Außerdem schmeckt sie gut«, beißt rein und reicht sie mir rüber. Schmeckt tatsächlich nach bitterer Gurke. Auch Stefan möchte kosten. Indem ich ihm die »Gurke« zuwerfe, äffe ich frotzelnd eine Zahnpastawerbung nach: »Damit er wieder kraftvoll zubeißen kann …«

»Gurke, aber eindeutig bitterer!«, stellt auch er fest.

Collin fuhrwerkt schon wieder im Gebüsch und kommt mit einem vertrockneter Buschmannkerzenast wieder: »Den nehmen wir für heute Abend mit!«

Oben auf dem Grat fetzt der Wind und gibt uns das Gefühl, dass die brennende Sonne nicht ganz so hart strahlt, was natürlich nicht stimmt: Meine Nase hat schon eine offene verbrannte Stelle, trotz der Sonnencreme. Wir haben von hier oben aus eine geniale Rundumsicht in die Wüste. Jonny schläft neben dem Feuer, welches vor sich hinraucht. Wir marschieren weiter. Viele blühende, uns allen unbekannte Pflanzen, die möglicherweise endemisch sind und die »nie ein Mensch zuvor entdeckt hat«. Ein Stück weiter an einer extrem dem trockenen Wind ausgesetzten, exponierten Stelle finden wir endlich !ktotorotorozen. Nachher machen wir uns einen Tee und springen anschließend durch die Landschaft wie eine Herde junger Kudubullen.

»Ich hoffe, das wirkt auch bei alten Säcken wie mir und nicht nur bei jungen Frauen«, necke ich Collin.

»Das wirkt!«, nickt er.

Wir steigen runter auf den Talgrund und suchen nach Felszeichnungen, unterwegs finde ich noch eine extrem giftige Pflanze mit dunkelroten Blüten, die ich nie zuvor blühend gesehen habe: Das »Schweineohr« (Pig's ear – Varkoor, Hondeoor – *Cotyledon orbiculata)*, aber Collin kennt sie nicht.

»Schweineohr«
Diese Pflanze enthält Cotyledontoxin, welches auf das zentrale Nervensystem wirkt. Deshalb kann die Pflanze auch gegen Epilepsie und Herzbeschwerden verwendet werden. Nimmt man zu viel davon, bekommt man Lähmungen und Krämpfe. Gegen Warzen hilft die Pflanze ebenfalls, indem man aus einem Blatt ein Loch so groß wie die Warze schneidet und dann das Blatt mit Pflaster auf die Warze klebt und jeden Tag ein neues benutzt, bis die Warze verschwunden ist.

Wir kehren zurück zum Lager. Jonny hört uns kommen und lässt sofort das Feuer auflodern. Es ist Mittagszeit, und er hat Hunger. Wir kramen Biltong, Boerewors und Grabbesack aus dem Gepäck, sitzen gerade auf dem Hosenboden und warten auf den angekündigten Wundertee, der bereits vor sich hinzieht und duftet, als Collin plötzlich aufspringt und auf Damara irgendetwas in das Tal hinunter brüllt.

Unglaublich!, denke ich. Ohne Fernglas hat er nicht nur die beiden weit entfernten Männer, die gerade aus der Hungorob-Schlucht aufsteigen, gesehen, sondern er hat sogar seinen Chef Terry erkannt. Hat der Augen! Sogar Jonnys Lebensenergie flammt auf. Zusammen mit Collin hüpft er neben dem Feuer auf und ab, und beide schreien Terry auf Damara scheinbar sämtliche News der vergangenen Tage zu. In einer Stunde werden die anderen bei uns sein. Wir beenden unser Mittagessen und schlürfen den Wundertee, der eine, na, ich will mal sagen, belebende Wirkung hat, von einem Aphrodisiakum würde ich noch nicht reden, allerdings könnte man ja die Menge Tee pro Liter Wasser erhöhen …

Terry und ein Amerikaner steigen die letzten Platten zu uns hinauf. Der Ami entpuppt sich als Chef der Rössingmine, Uran – Amerika –, klar, aber der sieht reichlich am Ende und keineswegs mehr so aus, als wolle er die Welt retten. Die beiden sind heute Morgen von der Krimm (Springbockwasser) los, wollen heute noch zum Königstein und wieder runter zur Krimm. Klar, einmal auf dem Königstein gewesen sein, dem höchsten Berg Namibias … oder wie Stefan immer mit italienischem Akzent lästert: »Issich klare, Berg abhaken!«

Die beiden wandern weiter. Irgendwie bewundere ich den Ami, der sieht mehr tot als lebendig aus, gibt aber trotzdem nicht auf. Wir stecken ihm noch einen Powerbar zu, den er dankbar annimmt. Ein Hauch von Heimat, denkt er wohl.

Collin, Stefan und ich machen uns nach unserer Mittagspause auf den Weg, die andere Seite des Tales zu erkunden. Jonny verlängert die Mittagspause gleich bis zum Abendbrot und passt den Yard auf. In diesem Tal gibt es eine Besonderheit: spezielle Bäume, die immer paarweise in einer zukunftsweisenden Harmonie eng umschlungen zusammenstehen – einer mit schwarzer und einer mit weißer Rinde. Es sind der Butterbrotpapierbaum, der eine hellgelbe (fast weiße) Rinde hat, und der Cocoontree mit einer schwarzen Borke. Collin bemerkt zum Cocoontree (ǀirie), dass aus den Früchten Rasseln gemacht worden sind, mit denen dann nachts am Feuer um Regen getanzt wurde, bis der Arzt oder besser der Medizinmann kommt. Wir erreichen den oberen Talrand der anderen Seite. Unter uns liegt im herrlich langsam rötlich werdenden Spätnachmittagslicht unser Lager. Jonny sitzt rauchend neben dem Feuer – es ist wie ein Bild aus einer anderen Zeit, einfach harmonisch. Aus dieser Perspektive betrachtet, scheint es, als ob unser Camp auf einem 2000 Meter hohen Grat über der Wüste läge.

Collin entdeckt die Klippspringer natürlich wieder als Erster. Es sind drei, die uns noch nicht entdeckt haben und langsam auf den Talgrund die Klippen hinunterziehen, um zu trinken. Stefan ist in seinem Element, und die Kamera scheint langsam wirklich mit seinem Auge verwachsen zu sein. Der heutige Tag mit Ruhe, ohne Rucksack hat uns allen gut getan – ohne den Klotz auf dem Rücken läuft es sich außerdem viel leichter.

Unten auf dem Talgrund kommen Terry und der Ami vom Berg zurück. Es sieht nicht unbedingt elegant aus, wie sich der Ami bewegt. Selbst gemachte Leiden. Die beiden halten nur kurz bei Jonny an und verschwinden dann über den Abbruch ins Tal hinunter. Bald wird es dunkel, und die zwei müssen noch zu ihrem Schlafplatz auf der Krimm zurück.

Wir beschließen, zum Feuer zurückzuwandern und ein Bad in den immer noch mit Wasser gefüllten »Badewannen« zu nehmen, die hier massig vorhanden sind – ohne Seife geht das schon. Unsere Kleidung steht vor Salz und Dreck, und unsere Beine sind von Schmarren übersät. Dementsprechend brennen die Wunden beim Baden in den 20 Zentimeter tiefen Pfützen. Als ich anschließend die weichen Faserpelzklamotten überziehe und zum Feuer hochlaufe, kommt ein Hauch von Luxus. auf. Wie schön es ist, wieder hier sein zu dürfen!

Einmal mehr sitzt Jonny bereits mit dem Löffel in der Hand und sieht gespannt auf die Teekanne, damit er nicht verpasst, wenn das Wasser kocht und er seine Pasta Bolognese aufgießen kann. Er lacht, als er mich kommen sieht, und klopft sich auf den nicht vorhandenen Bauch.

Collin dreht sich eine und liegt entspannt am Feuer. Es ist offensichtlich, dass er sich freut, mit uns hier oben zu sein – ein Gefühl, das auf Gegenseitigkeit beruht. Der Typ ist echt klasse. Stefan kommt ebenfalls von seiner Waschung und faselt irgendetwas von »Reinkarnation« und »unglaublich, hier im Wasser zu liegen und vor sich die Wüste als Teppich ausgebreitet zu sehen. Irgendwie göttlich. Kein Wunder, dass die Jungs hier oben dachten, sie leben auf dem Dach der Welt im Paradies!«

Die Qual des Aufstiegs ist vergessen, und ab jetzt geht es nur noch auf gleicher Höhe durch Täler, den Abstieg verschweige ich bewusst. Die beiden Damaras baden nicht, zu kalt, zu nass, und überhaupt ist Wasser zum Trinken da und nicht zum Waschen.

Das Essen ist das Feierabendritual der Damaras mit vielen Bekundungen, wie herrlich das doch schmecke, und abschließendem Rülpsen. Jonny sieht traurig aus, weil er die Aluverpackung nicht auch noch essen kann, so scheint es jedenfalls. Beim abschließenden Wundertee fängt Collin wieder an zu erzählen. Er hält die mittags gesammelte Buschmannkerze ins Feuer, anschließend hoch in die Luft und verkündet feierlich, dass er jetzt vom Königstein erzählen werde:

Hier haben sich immer die Clans der Hungorob- und der Numas-Schlucht getroffen und sind dann zusammen mit dem Clan der Ga-Aseb-Schlucht zum Königstein aufgebrochen, um dort gemeinsam für Regen, eine gute Ernte (Grassamen) und reiche Jagd zu beten. Sie tanzten um die Feuer und stampften mit den Füßen auf den Boden. Um die Gelenke hatten sie die Rasseln des Iirie (Cocoontrees) gebunden, was einen ständigen Rhythmus schuf und den Tanz in einem frenetischen Wirbel enden ließ. – Ich weiß, darüber zu lesen ist eine Sache, aber am Feuer in der Dämmerung solchen Geschichten zu lauschen, um sich herum die Gerüche des Bergs und die Geräusche der Nacht, macht sie doch zu einer ganz anderen, zu einem Erlebnis der besonderen Art.

Die Lümmel und ein versenktes Auto

Mitten in dieser mystischen Stimmung lege ich mit einer Geschichte Marke »unvergessene Erlebnisse« nach, die, im Nachhinein betrachtet, ziemlich lustig gewesen ist und mit Collins Reifenschlitzern enden soll – dazwischen liegen lockere 3000 Kilometer, die ich als Koch mitgefahren bin.

»›Käpt'n‹, den ich von einer früheren Brandbergexkursion und von diversen Events auf Sylt und Namibia her kannte, und ›Dillerwurst‹, ein anderer selbst ernannter Safariunternehmer, ebenfalls mit Wohnsitz auf Sylt, wollten mich in die Geheimnisse Botswanas (Moremi- und Chobe-National-Park) und Sambias einführen, da ich noch nie dort gewesen war. Dillerwurst hatte schon 20 000 Kilometer im Geländewagen in Afrika abgerissen, und beide kannten sich mit der Route bestens aus, wie Bilder belegten. Ich war beeindruckt. Meine Bedingung für die Teilnahme an dieser Safari war, dass ich außer mit dem Kochen mit nichts etwas am Hut hatte. Ich wollte endlich einmal sehen, wie richtige Profis so etwas machen, und mich entspannen, da Kochen mein Steckenpferd ist.

Doch bereits als wir in Windhoek ankamen, begann es recht ungewöhnlich zu werden, denn niemand holte uns – wie eigentlich avisiert – vom Flughafen ab. Kann ja mal passieren, is' ja Afrika hier. Eine Safari unter erschwerten Bedingungen, wenn man so will.

Wir fuhren zunächst einen gemeinsamen Freund besuchen, der uns dann zu dem Autounternehmen brachte, das den beiden das Geländefahrzeug vermietet hatte. Den Namen dieser Firma hatte ich noch nie gehört, aber sie hatten tatsächlich zwei Autos: Ford Pick-ups! Hm!, dachte ich zweifelnd, aber egal, ich war ja nur der Koch. Ich kannte diese Art ›Geländewagen‹ aus den USA, wo sie dazu entwickelt worden sind, beim Überfahren hoher Kantsteine nicht gleich kaputtzugehen, andere Hindernisse allerdings …

Etwas stutziger machte es mich dann schon, dass die Einreisepapiere für das Auto für Botswana und Sambia noch nicht fertig waren, obwohl bestellt – davon sollte nie die Rede gewesen sein. Hm!, dachte ich mir wieder. Egal, ich war der Koch und saß unbeteiligt auf dem Sofa, las Zeitung und hörte nebenbei zu. ›Bei uns hat niemand irgendetwas falsch gemacht, da habt ihr wohl etwas vergessen!‹ – So der Originalton der Vermieter. (Auch klar, dachte ich mir, sind ja alles Deutsche hier, Fehler machen immer nur die anderen.) Die beiden Sylter hatten zwei Dachzelte für vier Personen bestellt. Der Offroader hatte aber nur ein Dachzelt, da die Firma nur eines hatte, und das war lediglich 1,40 Meter breit. Und im Vertrauen: So gut kannte ich die Profis nun auch nicht, um mit ihnen ein ›Bett‹ von 1,40 Meter Breite zu teilen. So breit konnte ich gar nicht sein. Ich legte die Zeitung beiseite und folgte interessiert den Dementis des Vermieters und den Beteuerungen der Profis. (Was mich angeht, so wäre ich aus dem Laden ohne etwas zu sagen rausgestiefelt und nie wieder dort aufgekreuzt. Aber als Deutscher ist man ja gewohnt, sich an das Angebot anzupassen und nicht umgekehrt.) Hm!, dachte ich also einmal mehr, aber: Egal, ich war nur der Koch.

Es dauerte dann noch zwei weitere Tage, bis die existenzielle Safari-Ausrüstung komplettiert worden war und bis wir endlich losfahren konnten, da die Profis augenscheinlich ein Auto ohne Ausrüstung gemietet hatten – obwohl natürlich nie geklärt werden konnte, wer den Fehler gemacht hatte: die Jungs oder der Vermieter. Käpt'n jedenfalls wollte in einem normalen Zelt auf dem Boden schlafen. Dillerwurst und ich auf dem Dach (besser ist es, denn in den Parks in Botswana gibt es unheimlich viele hungrige Tiere). Nochmals ›Hm!‹. Aber gut, ich war ja schließlich nur der Koch, und darüber freute ich mich wirklich. Das Ganze versprach richtig interessant zu werden.

Kaum waren wir aus Windhoek raus, wurde auf der Straße der CD-Player rausgeholt und Barry White reingelegt. *Das* allerdings verwirrte mich schon eher: Musik von einem Farbigen in Afrika zu hören, der sich White nennt ... Dunkle Vorahnungen stiegen in mir auf. Richtige Profis hätten Roy Black gespielt, aber: Hej!, dachte ich mir, ich bin schließlich nur der Koch. Die Straße ging bald in eine Schotterpiste über, und dann hatte sich der CD-Player auch ausgeplayt. Kaputt. Klar, bei der Straße. So ein Rüttelfilter muss erst noch erfunden werden (wahrscheinlich arbeiten die Japaner schon daran). Unterwegs fanden wir noch einige platt gefahrene Löffelhunde an der Straße liegen, und beide meinten, dass sie so ein Tier noch nie gesehen hätten. Hm!, dachte ich mir.

Als wir tatsächlich glücklich und ohne White und Black Botswana erreichten, fragte ich nach einer Karte. Die hatten sie vergessen, aber wir könnten ja eine in Maun (Stadt in den Nordterritories von Botswana, etwa 500 km von uns entfernt) kaufen. Wo wir heute Nacht in einem fremden Land in der Wildnis übernachten würden, werde man sehen. Hm!, dachte ich mir – egal, ich war nur der Koch! Da die beiden langsam, aber sicher im Dunkeln standen, fand sich schließlich auf meiner Namibiakarte ein Rivier, das von Namibia nach Botswana hinüber reicht, und mithilfe meines GPS fanden wir es dann noch vor dem Dunkelwerden. Dillerwurst, der souverän die voll beladene Kiste mit 150 km/h über die Asphaltpad und später mit 120 km/h auf der Gravelroad knüppelte, gab zu, dass er noch nie im Gelände gefahren war. Mir wurde schlecht, und ich erkundigte mich nach den in Afrika abgerissenen 20 000 Kilometern. Doch, das stimme schon, aber nur auf Asphaltstraßen.

Na toll, und die Safaris? Straße! Klasse, ich hatte doch gleich das Gefühl, dass da etwas nicht stimmte, als der Safariunternehmer nicht wusste, was Biltong und Droë Boerewors waren. Was sie gegessen hätten?, erkundigte ich mich. Spaghetti mit Tomatensauce. So gut wie jeden Tag. – Im Potjie? – Nein, vom Gaskocher. – Hm!, dachte ich mir. Alles klar, deshalb war ich der Koch.

Obwohl es eigentlich nicht die Aufgabe eines Kochs ist, Fahrlehrer zu spielen, übernahm ich das Steuer und parkte die Kiste fünf Kilometer weiter in der Pampa unter einem Baum ohne Sicht auf die Straße, man weiß ja nie. Schließlich sind ja Schwiegervater und meine zwei Schwäger Fahrlehrer und: Hej, das kann selbst der Koch. Ich baute das Lager auf, kochte – und das kam auch gut an – keine Spaghetti, keine Tomatensauce, nicht auf dem Gaskocher, sondern Stir-Fry im Potjie (Geschnetzeltes, da es schon zu spät für etwas Richtiges war).«

Stefan schüttelte den Kopf und Collin fragte, wie sie eine Lizenz bekommen hätten. Hatten sie nicht, aber für das Sylter Klientel schien das Ambiente okay zu sein.

»Durch die nicht vorhandenen Fahrkünste meiner Safariunternehmer entmutigt, meinte ich am nächsten Tag, dass ich lieber fahren könne, wegen Pad und so. – Ich hatte inzwischen eine Mörderangst bekommen. Komischerweise gab es weder Lamentieren noch Einwände. Als fahrender Koch begann ich während der nun folgenden Stunden auf der Pad zu grübeln. Kurz vor Maun schließlich überschritt ich meine zugestandenen Kompetenzen scheinbar zu sehr, als ich – Lohn meiner Grübeleien – nachfragte, wie viel

Geld wir wohl tauschen sollten fürs Tanken und so. Mit heftigsten Pöbeleien fielen beide über mich her, von wegen: Das sei doch Urlaub hier und totale Scheiße mit ›alles planen‹ und so. Vollkommen überrumpelt (ich hätte nie mit so einer Reaktion gerechnet) sagte ich nur noch kleinlaut: ›Okay, okay, ich bin schließlich nur der Koch!‹ Ich hielt also die Klappe, ließ sie machen und fuhr weiter, sie waren schließlich schon mal hier gewesen, ich war nur der fahrende Koch.

In Maun passte ich den Yard (Auto) auf und ließ die beiden Geld tauschen und die Besorgungen machen. Da wir natürlich auch keinen Ersatztank dabei hatten, mussten wir noch einen kaufen, denn im Moremi- und Chobe-Naturpark kann der Wagen bei den schlechten Straßenbedingungen schon 35 l/100 km benötigen, und dann würden wir es mit dem vorhandenen Tank nicht bis Sambia schaffen. Gute Planung von den beiden … alles wird gut, beruhigte ich mich.

Nach genug Geld fragte ich lieber nicht, da ich reichlich zart besaitet bin und keine Anschisse mehr ertragen konnte. Neuer Anfang, neues Glück, dachte ich mir, denn ich war ja eigentlich nur der Koch!

So fuhr ich dann mit einem Käpt'n von Sylt und einem Safariunternehmer in Afrika, der ebenfalls auf Sylt wohnt und noch nie im straßenlosen Gelände gefahren war, Richtung Moremi-Naturpark, der Klimax des wirklich wilden Wildes in Afrika! Ich ließ mich aufklären, wie die Fahrerei in Wasser zu bewerkstelligen sei, denn das war meine Intention, überhaupt diese Profisafari mitzufahren: Wasser fahren, denn da hatte ich noch große Defizite – Wasser gibt es ja in der Wüste Namibias eher weniger. Moremi und Chobe hingegen stehen zu dieser Jahreszeit (Februar) normalerweise zwischen fünf und 200 Zentimeter unter Wasser. Und das auf zehntausenden von Quadratkilometern. Bei den wenigen Wasserquerungen, die ich bisher machen konnte, schickte ich immer jemanden voraus oder quälte mich selbst durch die Brühe, denn man weiß nie, wie tief die ›Pfütze‹ ist und was alles darin liegt: Baumstämme beispielsweise (die schwimmen nicht immer, da sie manchmal zu schwer sind) oder Steinbrocken, die früher Festsitzende liegen gelassen haben und die den Wagen beschädigen können. So etwas wäre extrem schlecht in dieser Gegend. Natürlich können hier auch Pythons drinliegen, aber die sieht man eigentlich, weil Schlammwolken aufgewirbelt werden, wenn sie sich bewegen –

meistens jedenfalls … In dieser Hinsicht war ich zumindest von Matthes belehrt worden, und das hatte mir bislang nicht geschadet – und dem Auto auch nicht. Außerdem sollte man im zweiten Four Wheel low range durch die Gewässer fahren, da sich der Wagen dann langsam durchwühlt und quasi selbst herauszieht, ein bisschen Münchhausen-mäßig.

Four wheel-Antrieb
Bei guten Geländewagen kann je nach Situation die eine oder andere Achse als Antrieb zugeschaltet werden, sodass im Four wheel-Antrieb gefahren werden kann. Es gibt 6x6 oder 8x8, d.h. sechs bzw. acht angetriebene Räder! Außerdem gibt es das Untersetzungsgetriebe, das den Wagen nicht schneller, sondern langsamer bei mehr Kraft auf den Rädern vorantreibt, dies wird low range oder Donkey genannt.

Meine beiden Profis ermutigten mich jedoch, immer durch jede Pfütze im zweiten Normalgang zu fahren, da die Lachen doch ziemlich flach und sandig waren – meinten sie jedenfalls –, und vorzugehen brauche auch niemand, Gegenstände werde man schon rechtzeitig sehen. Nun ja, obwohl sie sich auskannten, war mir das dann doch zu schnell, und ich war mir auch überhaupt nicht sicher, ob das alles so richtig war und wechselte lieber wieder zur Langsamfahrt über. Denn ist das wassergefüllte Loch tief und verschlammt, kann bei einer Geschwindigkeit um die 20 bis 30 km/h im zweiten Normalgang Wasser in den Vergaser kommen, und das heißt: Motor fest und aus. Und selbst als ›fahrender Koch‹ weiß man ja nie, deshalb kocht er ja eigentlich auch nur. Ich erntete reichlich Spott wie ›mach doch nicht alles so kompliziert‹ und irgendetwas mit ›alter Sack‹. Trotzdem fuhr ich im low range durch die Pfützen, denn manchmal, aber eben nur manchmal bin ich doch ziemlich borniert.

Da wir durch meine langsame, ängstliche Zockelei, den Einkauf und die Geldtauscherei in Maun sehr viel Zeit verloren hatten, erreichten wir den Eingang des Parks natürlich erst sehr spät am Nachmittag, und so beschloss ich, einen schnellen Gemüse-Reis-Stew mit Bullibeef (Corned Beef – dabei handelt es sich in ganz Afrika bei diesem Dosenfleisch um existenzielle Nahrung wie bei uns die ›Eiserne Nato-Reserve‹) zu machen – gerade *hier* will man nämlich nicht wirklich im Dunkeln mit Essen herumhantieren. Als wir das Lager auf dem Zeltplatz an der South Gate aufgebaut hatten und das Feuer loderte, warf ich Dillerwurst, dem Safariunternehmer von Sylt mit 20 000 Kilometer Straßenerfahrung, so eine Dose Bullibeef zu und bat ihn, diese aufzumachen. Ich weiß, ich weiß, ich war der Koch, aber nu ja …«

(Da es um Essen geht, hört Jonny jetzt plötzlich konzentrierter zu!) »Dillerwurst drehte diese Dose wie den von ihm entdeckten Heiligen Gral fasziniert in den Händen und fragte nach einem Dosenöffner. Ich wollte schon etwas erwidern, als mich Käpt'n plötzlich am Arm packten den Kopf schüttelte und sagte: ›Denk doch einmal nach!‹ (Diese Bullibeef-Dosen sind baugleich mit unseren Corned-Beef-Dosen und haben diesen kleinen, aufgelöteten, metallenen Schlüssel mit dem Schlitz auf dem Deckel.) Dillerwurst konnte zunächst nichts mit der Dose ohne den vermeintlichen Dosenöffner anfangen. Ich dagegen bekam nach vier Tagen mit den Jungs tatsächlich meine erste innere Nervenkrise. Nach zahlreichen Hilfestellungen durch Käpt'n loderte endlich ein Hauch von Intelligenz im Gesicht von Dillerwurst auf (ich weiß wie das aussieht, da ich das Gleiche schon einmal bei dem 1½-jährigen Kind meines Schwagers sah), und er begriff tatsächlich, dass er eben diesen Schlüssel abbiegen müsste. Bei mir kam neben dem Koch jetzt der Wissenschaftler durch, und ich erinnerte mich an Analogien aus der Literatur im Kurs für Neurophysiologie, nämlich wie Schimpansen die einfache Handhabung von Hilfsmitteln antrainiert wurde. Fasziniert lauschte ich Käpt'n, der die Sache jetzt im übertragenen Sinne in die Hand genommen hatte.

Inzwischen hielt Dillerwurst stolz die Dose in der einen und den Schlüssel in der anderen Hand und kam nicht weiter. Meine Gemüseputzbewegungen froren wieder ein, aber ich sagte nichts, denn …«

… Ich blicke meine fassungslos zuhörenden Kollegen am Feuer an – »… You were just the cook …«, echoen alle drei. Genau.

Collin, Jonny und Stefan meinen einhellig, dass es so etwas nicht geben könne, jedes Kind könne das. Ich halte dagegen, dass vermutlich jedes Kind auf Sylt Golf spielen und einen Rob Roy mixen kann. Als meine Freunde mich fragen, wie man einen mixt, muss ich passen, denn … genau … ich bin nicht von Sylt. Doch die Geschichte geht natürlich noch weiter:

»Als Käpt'n und ich uns die Tränen aus den Augen gewischt hatten – mein anfänglicher Respekt für die beiden war mittlerweile einem tiefen Mitleid gewichen –, wurde mir die Sache zu peinlich, und ich intonierte Mike Krügers ›Du musst doch nur den Nippel durch die Lasche ziehen‹, da ich annahm, dass selbst die Sylter Elite das Lied leutselig im Champagnerdunst zum Besten gab.

Trotzdem war Dillerwurst nicht in der Lage, selbst darauf zu kommen, das Papier von der Dose zu entfernen, um darunter den Nippel zu finden und die Dose mithilfe des Schlitzschlüssels aufzumachen. Käpt'n half dann schließlich mit einer Idee aus, da ihm offensichtlich die Situation ebenfalls zu peinlich war.

Jetzt steckte dieser Safariunternehmer mit 20 000 Kilometer Fahrleistung auf Afrikas Asphaltstraßen und Wohnsitz auf Sylt nach reichlichem ›hörbaren‹ Überlegen den Schlüssel verkehrt rum auf und verdrehte das Metall des Nippels in der Weise, dass er abriss und man die Dosen nicht mehr öffnen konnte. Vollkommen verzweifelt und völlig ausgepowert ob dieser monströsen intellektuellen Leistung und der bewiesenen Unmöglichkeit, die Dose Corned Beef zu öffnen, sprang er auf und schmiss die Dose wütend in den Urwald.

Da das Essen schmeckte und der Gin in Strömen floss, vertrugen wir uns dann abends wieder, und wir donnerten so laut, dass selbst die immer näher kommenden Löwen Angst bekamen: ›Piep, piep, piep, wir ham uns alle lieb, jeder isst so viel er kann, nur nicht seinen Nebenmann. Hamm, hamm, hamm, jetzt fang'n wir aber an!‹«

Meine drei Zuhörer lachen, und Jonny klatscht sogar, Stefan und Collin schütteln nur den Kopf, aber ich nehme generös beide Hände hoch wie Nero, als er auf dem Balkon stand und dem brennenden Rom zusah, und beruhige mein tobendes Publikum.

»… und es geht weiter und wird noch besser!

… Am nächsten Morgen waren wir alle ziemlich verkatert (ich ganz besonders), hatten uns aber immer noch alle lieb, und Dillerwurst wollte dem Greis, so war jetzt mein von mir akzeptierter Name, zeigen, wie Mann ›Wasser fährt‹ (Südwester).

Vorsorglich schnallte ich mich an, was ich sonst im Gelände nie tue. Irgendwie wusste ich einfach, dass die nächste Pfütze zu tief für den zweiten Four wheel ist. Ich war nie hier, ich kannte die Pfütze nicht, aber trotz ›Piep piep piep‹ hatte ich ein mieses Gefühl, und Gefühle sind einfach nicht belehrbar. Außerdem ging es mir dreckig, da ich auf den Alkohol die Malariatabletten schlucken musste (Weimarquin und Cholorquin, buuaaahh).

Sieben Kilometer und zehn Minuten nach dem Eingangstor in den tiefsten Bundus (Afrikaans: Urwald, Busch) in Botswana, etwas weiter von Sambia und Simbabwe, fuhr also Dillerwurst, der Safariunternehmer mit 20 000 Kilometer Paderfahrung mit 30 km/h in die nächstbeste Pfütze, um es mal richtig spritzen zu lassen. Sie war zehn Meter lang und reichte über die gesamte Straßenbreite. Es gab einen fiesen Rums, als der Vergaser das Wasser ansaugte und gänzlich unspektakulär der Wagen in dem schlammigen Teich stand. Maschine fest.

Ich schnallte mich ab, stieg aus, holte mir eine Flasche Wasser und einen Stuhl, ging mit Schmitt in den Schatten unter einen Baum und sagte nicht ein Wort.

Nachdem wir fünf Stunden versucht hatten, einen zwei Tonnen schweren Wagen mit festem Motor aus einer Pfütze zu wuchten (ich hatte zusätzlich noch den Luftfilter ausgebaut und getrocknet, aber die Maschine stand innen unter Wasser), meinte ich leise, um die Stimmung nicht eskalieren zu lassen:

›Okay, okay, Jungs, gestern hatten wir Löwen, Elefanten und Hyänen im Lager (Käpt'n schlief übrigens nicht im bereits aufgebauten Zelt, sondern im Sitzen im Wagen, und wir mussten auf dem Dach in Flaschen pinkeln, da es von Löwen, Hyänen und Elefanten nur so wimmelte!), ich denke, wir sollten Hilfe holen.‹

Natürlich wollte niemand wirklich in dieser Gegend im Urwald, nichts mit Wüste mit Weitsicht, sieben Kilometer weit laufen, aber alles war besser, als hier in der Wildnis zu übernachten, denn in der Regel zerlegen die Elefanten ein Auto, um an die Fressalien heranzukommen. Also zockelten sie Arm in Arm und mit meinem Knobkirie bewaffnet los. Ich war der Koch, ich passte die Lebensmittel auf (Südwester). Spätestens jetzt, so war ich sicher, drehte sich bei denen die ›Ärzte‹-Platte im Kopf: ›Ich will zurück nach Westerland‹, aber so genau weiß ich das natürlich nicht.«

Collin meint, dass das dumm gewesen ist, zurückzulaufen, Stefan meint etwas, was nicht zur Veröffentlichung geeignet ist.

»Wartet ab«, beschwichtige ich meine Freunde, »das Beste kommt doch erst noch!

…. Sie kamen tatsächlich mit Hilfe zurück. Der Wagen wurde von zwei arbeitslosen Stuttgarter Lehrern, die jetzt Führungskräftetrainer waren (leider kein Witz), zurück zum Camp des Naturparks geschleppt. Käpt'n und ich beschlossen, dass Dillerwurst als Profifahrer und selbstständiger Safariunternehmer Hilfe holt, da er die Kiste auch platt gemacht hatte. Die Hilfe sah dann zunächst so aus, dass er mit dem letzten Transport aus dem Park zusammen mit 40 Farbigen auf der offenen Ladefläche eines Sandkipplastwagens im Regen nach Maun zurückfahren sollte, um in Windhoek anzurufen – ›Hilfe, holt uns hier raus!‹. In zwei bis drei Tagen käme dann der Autovermieter mit einem Ersatzwagen ... vielleicht. Wir passten dann solange den Yard auf.

Zwei Tage später – es regnete in der Zwischenzeit so schlimm, wie es nur in den Tropen regnen kann, das Zelt war eines der Marke Wüste, nicht auf Regen ausgelegt und komplett durch – kam Dillerwurst mit dem Vermieter und einem neuen Auto an (den sich dieser mangels eines Ersatzwagens selbst leihen musste!).

Der Vermieter bekam die Kiste mit dem kaputten Motor wieder zum Laufen und fuhr los. Als wir aus dem Nationalpark hinauswollten, fehlten uns drei Pula (Botswanische Währung, ein Centbetrag), um die durch die Panne überzogene Verbleibzeit im Park nachzuzahlen. Die Botswaner waren stolz und hart und wollten nicht einmal 100 US-$ annehmen, sie bestanden auf den drei Pula. Klar, dass die sich einen Spaß daraus machten, solche Idioten hier zu verarschen. (So weit das Ding in Maun mit dem genügend Geld tauschen und planen!) Wir mussten also auf das nächste Auto warten, das uns vielleicht Geld tauschen könnte. Die Stimmung war auf dem Tiefpunkt, als uns ein weißer Ranger das Geld lieh und mitleidig meinte: ›Fahrt nach Hause!‹«

Unsere anschließende Diskussion über diese Tour am Feuer auf dem Brandberg füllt den gesamten Abend aus …

Der ganze Spaß kostete die Jungs 9000 Märker, die der wahrlich profihafte Vermieter ihnen abzockte. Wir fuhren dann nach Palmwag. Auf dem Weg dahin zerschnitten uns Collins Kumpels noch die Reifen, aber sonst wurde alles gut, es passierte nichts Außergewöhnliches mehr, und alle haben überlebt. –

Wir diskutieren noch über Collins Kumpels und das so etwas wie Schlitzerei nicht mehr passiere, denn sonst werden die Gauner aus der Gemeinschaft der Brandbergdamaras ausgestoßen.

Als es heute Nacht zum erneuten Mannschaftspinkeln geht, mache ich erst den Reißverschluss auf, krieche aber noch nicht heraus. Die anderen beiden Reißverschlüsse gehen hoch, die Köpfe kommen raus, und ich mache den Reißverschluss wieder zu. Niemand kommt aus dem Zelt, bis wir uns der Komik der Situation bewusst werden und explosionsartig loslachen. Da der Leopard jetzt sowieso weg ist, kommen wir aus dem Zelt und zelebrieren gemeinsam das Pullern mit Blick in die fahle unter uns in der Ferne liegende Wüste. In dieser klaren Höhe von 1990 Metern sehen die Sterne in der Wasseroberfläche der »Badewannen« für mich irgendwie wie ertrinkende Glühwürmchen aus.

Die Schlangenhöhle oder: Buschmänner auf Speed?

»Mattissa, mattissa mattissa!«, klingt es lachend, und »!khaija!« tönt es zweistimmig zurück. Die morgendliche Routine unseres Teams hat sich eingespielt, und der Berg hat uns akzeptiert. Alles ist so, wie es sein soll.

Wir haben hier oben keine Probleme, obwohl uns Collin nach seinem Spatengang beichtet, dass der Leopard wieder maximal 20 Meter entfernt vom Camp herumgeschlichen ist, und das erst vor wenigen Stunden!

Der Morgen ist kühl, und auf unseren Badewannen schmilzt gerade das feine Eis an den Rändern. Heute steht mehr Kultur als Anstrengung an, denn zum Königstein ist es nicht mehr weit. Da Collin nicht weiß, ob wir am Taubenwasser direkt vor dem Aufstieg noch Wasser finden werden, füllt er vorsichtshalber zehn Extra-Liter ab. Denn nach dem Königstein wollen wir weiter in den nördlichen oder westlichen Teil des Brandberges oder beides, wenn es Wasser gibt. Dort kennt Collin sich anscheinend nicht so gut aus, und ich bin überhaupt noch nicht dort gewesen. Wir müssen daher immer genug Wasser für die Halbpad (Südwester: halber Weg) mitnehmen, damit wir auch wieder zurück zum letzten Wasser kommen.

Frisch und sehr gut ausgeruht nach einer Nacht auf diesen wunderbar weichen Sandmatratzen, marschieren wir los. Wir durchqueren das Tal zurück zu unserem Ankommenspunkt, biegen dort aber nördlich ab und klettern einen schmalen Riss hinauf. Anschließend geht es über massive Granitplatten östlich weiter ein Stückchen im Zisab-Tal bergan. Kaum haben wir uns warm gelaufen, erreichen wir nach einer Stunde die so genannte Schlangenhöhle auf 2130 Meter Höhe, wo sich Generationen von Malern in Schichten übereinander verewigt haben.

Vor der Höhle legt uns Collin seine Meinung zu den Zeichnungen und den damit erzählten Geschichten dar. Diese Höhle ist Treffpunkt und Station vieler Wanderer gewesen. Obwohl kein Wasser vorhanden ist, bietet sie Schutz vor den Unbilden des Wetters, und so haben anscheinend hunderte von Generationen ihre Definition der Gegenwart aus Langeweile oder als Nachricht ihres Seins in

Schichten übereinander für uns dokumentiert. Diese Schlangenhöhle habe ihren Namen jedoch nicht wegen der Darstellung einer Fünf-Meter-Schlange mit Ohren, meint Collin, sondern wegen der vielen Schlangen in der Gegend. Nach kurzem, aber intensivem Umschauen widmen wir uns dennoch lieber diesen immer wieder faszinierenden einzigartigen Zeichnungen. Verblüffend viel Weiß ist hier bei den Malereien verwendet worden, und sonderbarerweise ist diese Farbe teilweise noch sehr gut erhalten, wie die alles übertönende Darstellung eines riesigen weißen Elefanten zeigt. Weiße Elefanten gibt es tatsächlich, und in Indien haben früher nur Maharadschas ein solches, als Sinnbild für die Göttlichkeit stehendes Tier besessen – aber hier? Hier in der Wüste wäre ein weißer Elefant zwar möglich, aber ich halte ihn aufgrund der fehlenden Pigmente bei der Sonnenstrahlung eher für nicht lebensfähig. Wenn man allerdings bedenkt, welche Kapriolen das Leben spielen kann, findet es immer irgendeinen Weg.

Collin beschreibt die roten Streifen in der Darstellung des Elefanten, die von den Augen und dem Hinterteil des Rüsseltieres hinabreichen, als tränende Augen einer Krankheit beziehungsweise einer sexuellen Erscheinung (Brunft). Bei einem weißen Elefanten würde beides tatsächlich rosa aussehen – ähnlich wie ein Hund mit kurzem weißen Fell, der aus dem Wasser kommt, ebenfalls rosa aussieht. Das ist neu für mich und ziemlich interessant. Allerdings gilt auch hier: Nichts Genaues weiß man nicht, und eigentlich ist alles nur Spekulation – dieses Mal aber auch recht logisch für mich.

Collin weist auf Malereien von schwangeren Frauen mit Gepäck, die zum Teil geradezu monströs fette Hintern haben, sowie andere, die Grassamen in Behältnissen sammeln, oder rennende Männer mit und ohne Bewaffnung. Außerdem erzählt er uns von der wichtigen Bedeutung der Strauße in der Mythologie der Damaras. Die Schamanen und Medizinmänner haben auch heute noch den Brauch, wie die Strauße bei der Balz zu tanzen, um Segen herbeizubeten.

Nur wenig von dem, was wir hier erfahren, findet den Weg in die zumeist wissenschaftlichen Bücher, was wirklich schade ist. Eindeutig beweisen kann man sowieso fast nichts, sodass Erklärungsversuche gleich welcher Art Gehör finden sollten. Collins Ausführungen haben zumindest logische Zusammenhänge, die meiner Meinung nach anderen Quellen fehlen. Als ich ihn darauf anspreche, antwortet er nur lakonisch, dass für ihn das alles sehr einfach zu deuten sei, denn es ist sein Volk, das diese Bilder fabriziert hat, und dieses Volk lebt teilweise auch heute noch so wie vor hunderten von Jahren. Auf jeden Fall kreisen die Geschichten über das Leben ihrer Vorfahren immer noch um die abendlichen Feuer.

Eine Giraffe, die in ihrer Darstellung aufgrund des dort oft vorkommenden typischen Karomusters von den australischen Aborigines stammen könnte, fällt komplett aus dem sonstigen Stil heraus und zeigt mir, dass es schon damals die so genannten »Ausreißer« und Neudenker gab, die sich anscheinend nicht sozialisieren oder verallgemeinern lassen wollten. Viele Tiere, die ich sonst nie in Darstellungen am Berg fand, wie Eland und Gnu, sind an dieser Stelle abgebildet. Oben in der Ecke hat jemand eine überaus schöne Doppelfigur abgekratzt, wahrscheinlich, um zu sehen, ob ein geheimes Zeichen dahinter versteckt ist, wie in der berühmten Sixtinischen Kapelle von Michelangelo in Rom. (Es geht in »Kreisen« die allgemein bekannte Mär um, dass bei der Restaurierung dieser Deckenmalerei verborgene, geheime »Freimaurerzeichen« entdeckt worden sind, die unter der eigentlichen Bemalung zum Vorschein kamen und Hinweise auf den Ursprung der Freimaurer gaben.) Die Strafe, die Collin für so einen Frevel hat, ist eindeutig: Er fährt sich mit dem rechten Zeigefinger über den Hals. »Bist eben auch nur ein kleiner Schlitzer!«, grinse ich. Er grinst zurück und meint, dass alle Damaras schnell mit dem Messer sind. Schon klar!

Giraffe (Giraffa camelopardalis): *Kaum zu glauben, alle Säugetiere haben sieben Halswirbel, auch die Giraffe, genauso wie der Mensch. Giraffen sind tagaktive Tiere, die Herden mit lockerer Struktur bilden. Sie bewegen sich im Passgang, d.h., das rechte Vorderbein und das rechte Hinterbein bewegen sich gleichzeitig nach vorn, wie bei den Kamelen.*
Unverkennbar ist auch die Wellenbewegung, die durch ihren Körper fließt, wenn sie schnell laufen, es aber trotzdem wie Zeitlupe aussieht. Sie bevorzugen Baum-, Busch- und Trockensavanne mit Dornenbäumen, ihrer Hauptnahrung. Ich sah sie sogar bei Donkerhoek (Farm) in der Nähe des Bosua-Passes in den Namib-Naukluftflächen, auf dem Hochplateau zwischen Ugab und Huab am Doros-Krater, im Kaokoveld und der Etosha-Pfanne. Gewicht: bis 1,4 t. Feinde: Tüpfelhyänen, Gepard, Leopard, Löwe. Nahrung: Blätter und Gras. Wehrhaftes Wild: Sie können sich gegen Löwen durch Tritte verteidigen und diese sogar töten. Untereinander hauen sie sich beim Kampf die langen Hälse um die Ohren. Laute: Schnauben und Grunzen bei Alarm.

Wir gehen zehn Meter weiter, wo eine fünf Meter lange Schlange mit Ohren an die Wand gemalt ist und der Definition der Gelehrten nach eine tiefere Bedeutung für Regen und Wasser hat: Schlange – Regen – Wasser. Klar? Für mich eher nicht. Als Begrün-

Eland (*Elandantilope*)
(Taurotragus oryx): *Das charakteristische Merkmal dieser Art sind die gedrehten, geraden Hörner, die bei beiden Geschlechtern vorhanden sind. Auf den Schultern sind ein kleiner Höcker (»Schulterbeule«) sowie zwei bis 15 helle Streifen auf hellbraunem Fellkleid zu sehen.*
Bei Männchen entwickeln sich eine Wamme und auf der Stirn Haarbüschel. Mit bis zu einer Tonne Gewicht sind sie die größte Antilopenart. Die Schulterhöhe beträgt bis zu 1,50 Meter. Sie leben in offenen Ebenen, trockenen Savannen sowie dem bergigen Grasland, wo sie sich in Herden bis zu 25 Tieren zusammenschließen. Ich sah sie häufig auch als Einzelgänger im Buschland in der Zentralen Savanne. Feinde: Löwe. Nahrung: Blätter und Gras. Zudem graben sie Knollen und Wurzeln aus. Gemächliche Tiere, die allerdings ihren gewichtigen Körper auf bis zu 70 km/h beschleunigen können!

Gnu *(Streifengnu)*
(Connochaetes taurinus): *Gnus haben rinderartige Merkmale. Die Hörner sind kurz, kräftig und bei beiden Geschlechtern vorhanden. Die Fellfarbe ist unterschiedlich, meist aber anthrazitfarben mit dunkleren Streifen an den Flanken. Gewicht: bis 200 kg mit einer Schulterhöhe von bis zu 1,30 Meter. Feinde: Krokodile, Löwe, Leopard, Afrikanischer Wildhund, Hyänen. Gnus bevorzugen die offene Savanne (ich sah sie in der Etosha-Pfanne) und leben in großen Herden. Außerdem sind sie für ihre Massenwanderungen (Ostafrika) bekannt, wo sie bis zu 600 km/Tag zurücklegen können. Nahrung: Gräser. Laute: Blöken und Brüllen.*

dung gibt man an, dass diese Symbolik überall auf der Welt zu finden ist. Auf der anderen Seite diskutiert man allerdings wiederum die Einzigartigkeit dieses Terrains zusammen mit der Einmaligkeit der Buschmannsprache und ihren Zeichnungen. Collin hingegen will diese beiden gegensätzlichen Meinungen eigentlich nicht mal kommentieren. Für ihn ist die Schlange einfach ein Weg. Er zeichnet Schlangenlinien auf den sandigen Boden, einen Weg, der der Spur eines großen Felsenpythons ähnelt. Den Weg in der Darstellung kann man doch klar erkennen, meint Collin, da auf der »Schlange« ein Baum (eindeutig *Aloe dichotoma*) wächst und sogar mehrere Leute auf der »Schlange« laufen, die ganz offensichtlich dem Weg folgen. Auch die Ohren hätten eine ganz einfache Bedeutung: Aufpassen (auf dem (unbekannten, neuen) Weg hierher)! Für mich ist auch diese Erklärung ziemlich kausal, obwohl es ja tatsächlich Tiere gibt, auf denen Pflanzen oder gar andere Tiere wachsen. Ein ganzer Baum allerdings wäre in der Tat schon mal was Neues.

Die Tiere sind hier wie am gesamten Brandberg absolut naturgetreu dargestellt und auch in ihrem Verhalten exzellent verewigt, warum sollte also jemand eine Schlange mit riesigen Ohren malen, auf der Bäume wachsen und Menschen laufen? Und noch dazu an so einer exponierten Stelle und fünf Meter lang? »Langer weiter, vielleicht gefährlicher Weg« – Collins Erklärung macht einfach

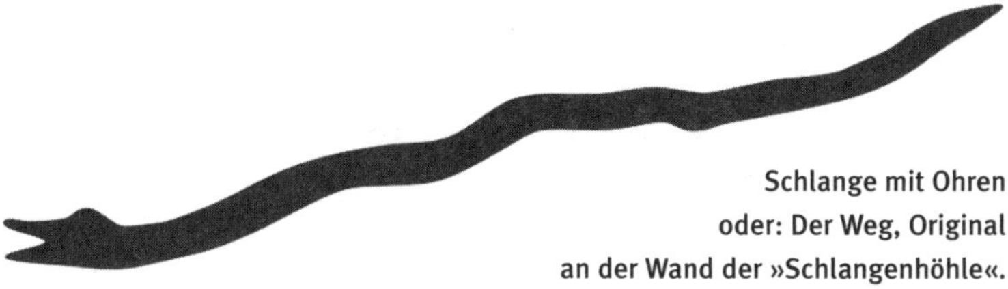

Schlange mit Ohren
oder: Der Weg, Original
an der Wand der »Schlangenhöhle«.

Sinn, jedenfalls deutlich mehr als andere Deutungen von Wasser und Regen. Aber wahrscheinlich waren die Künstler nur auf Speed und haben versehentlich Ohren an die Schlange gebaut. Selbstverständlich gilt auch hier: Nichts Genaues weiß man nicht, so werden weitere Generationen von Wissenschaftlern Bilderraten am Berg spielen können.

Als Grund für die Gesamtdarstellung der vielen Zeichnungen wird angenommen, dass die Jäger in den Darstellungen scheinbar besessen von den Beutetieren waren – warum, wird allerdings nicht erklärt. Wenn ich hier auf dem Berg die meiste Zeit Kohldampf geschoben hätte, wäre ich zwar nicht besessen von den Viechern gewesen, die ich gern aufessen würde, aber einen »Grabstein« hätte ich ihnen vielleicht doch gewidmet, denn sie geben ja ihr Leben für meines.

Jagdszenen oder Kämpfe sieht man selten, und auch Tänze sind nicht gerade häufig zu finden. Stattdessen sind die meisten Menschen einfach in Bewegung, unterwegs von Nirgendwo nach Unbekannt, fast immer in Eile und nahezu nie allein. Vielleicht liegt es daran, dass die »Jungs« ständig auf der Suche nach etwas Essbaren waren, wie ich damals, als ich mit dem Kajak 1352 Seemeilen in 93 Tagen zurückgelegt habe und nur von der Natur gelebt habe. Hunger ohne Ende und immer in Bewegung, um diesem Zustand abzuhelfen …

»Dass hauptsächlich Männer in diesen Positionen abgebildet sind, liegt daran, dass es für Frauen als unschicklich gilt zu rennen, zumindest ist das bei den San heute noch so. ›Null-Markiert‹, so der Name der Wissenschaftler für diese Darstellungen, ›sind Neutren, kein Mann oder Frau, die vielleicht als ›Schrift‹, einfach nur Tätigkeiten oder Handlungen symbolisieren‹. Ruhende Tiere versinnbildlichen eine intakte und harmonische Natur. Die Maler des Brandberges orientierten sich stark am Hier und Jetzt, bezogen auf ihr soziales Universum. Die Menschen entwarfen in den Bildern eine Welt, die sie

tatsächlich erleben oder selber erst erschaffen wollten.« (Aus: Lenzen-Erz, T.&M.-T. Erz (2000)).

Solcherlei Erklärungen sind wirklich erhellend. Warum nur wird nicht auf das Wesentliche verwiesen? Vielleicht liegen Themenwahl und Stilrichtung der Maler ja nur daran, dass Salvatore Dalí noch nicht geboren war und die »Jungs vom Berg« andere Sorgen hatten, als nach ihrem Dadaismus auch noch den Surrealismus und schwierige Erklärungen dafür zu erfinden? Auf der anderen Seite waren natürlich Anfänge unverkennbar, wie die Schlange mit Ohren zeigt, oder vielleicht noch einfacher: Sie hatten einfach nur Spaß daran …

Nachdem wir die Bilder ausgiebig betrachtet und Collins Theorien dazu gelauscht haben, beginnt er, vor der Höhle Utensilien der Buschmänner aufzusammeln: gebrauchte Rötelsteine, Straußeneierperlen mit Loch als Schmuck sowie Straußeneierschalen, an denen noch Malspuren sichtbar sind, und Tonscherben. Außerdem findet er Quarzmesser, mit denen die Künstler schneiden und schaben konnten, denn Quarz ist fast so hart wie ein Diamant.

Collin erklärt, dass der Rötelstein, der die Grundlage für die verwendeten Farben ist, mit Euphorbienmilch gemixt worden ist, was für mich ebenfalls neu ist.

Es tauchen so viele Fragen auf. Eine wichtige ist die des Alters der Bilder – eine Frage, die tatsächlich selbst nach 100 Jahren ausgiebiger Forschung noch immer nicht geklärt ist. Man begnügt sich mit einer Zeitspanne zwischen 27 000 und 2700 Jahren. Die C-14-Methode, die eine relativ genaue Bestimmung zulassen würde, kann nicht angewendet werden, weil man zu viele Zeichnungen für ein signifikantes Ergebnis zerstören müsste. – Obwohl, bei fast 60 000 Zeichnungen wäre das vielleicht doch zu überlegen … unbedarfte Touris machen das ja anscheinend sowieso, wie die Kratzspur uns gezeigt hat.

Vermutlich ist es keiner Erwähnung wert, was Jonny während der zweistündigen Museumsschau gemacht hat? Richtig: Erst ein Stück Biltong gegessen, dann eine geraucht, und jetzt knackt er in der Sonne und passt den Yard auf.

Etwas von der Mystik dieses Berges fühlend, zieht unsere kleine Karawane langsam weiter. Es bläst ein ziemlicher Ostwind (8 bft). Mir gehen Gedanken über die Zeitspanne durch den Kopf, die die Leute hier gewohnt haben. Nimmt man einfach einmal an, dass in jedem Tal 50 Menschen gelebt haben, bei zehn Tälern. Einfach nur mal so, dann lebten also ständig 500 Leute auf dem Berg, und das über einen Zeitraum von … Na, sagen wir einmal … 2000 Jahren. Bei einem Durchschnittsalter von 25 Jahren, die damalige hohe Geburtensterblichkeit nicht eingerechnet, sind das 800 Generationen. Das muss man sich einmal reinziehen! 800 Generationen lang jeweils 500 Leute. Aber, hej, wo verdammt sind die Gräber und Knochen von 400 000 Menschen? Bei der Trockenheit müssen die gut mumifizierten Leichen doch noch irgendwo sein! Collin meint, sie befänden sich durchaus hier auf dem Berg, aber wo, weiß keiner. Ich habe nie etwas über dieses Thema und Funde gelesen, obwohl die Wohnstätten noch erkennbar sind. Am Taleingang der Hungorob- und der Amis-Schlucht sind mehrere bis 1,50 Meter hohe Steinhügel aufgetürmt, die Gräber symbolisieren, aber sonst? Durch Zufall (ich passe immer den Yard auf!) beobachtete ich vor einigen Jahren hier am Brandberg einmal ein Damaraehepaar, welches sein Baby in der Nähe in der Plaine verscharrte. Keine Ahnung, was da abging, aber meine Kumpels meinten, ich solle mich da raushalten … Never mix with the locals!

So grübele ich während des Laufens mit Collin über dieses Thema nach, während Stefan uns einmal mehr in der Botanik herumdirigiert, um Aufnahmen zu machen, und Jonny wie ferngesteuert hinterdreinläuft.

Achtung, Mamba!

Wir biegen vom Zisab-Tal nach Norden in das »Long Valley« ein, welches uns direkt zum Fuße des Königsteins leitet. Das Tal hat im Gegensatz zum glatten Granit des vorhergegangenen einen sandigen Boden, der mit ein Meter hohem Gras und Sträuchern bewachsen ist. In der Mitte des 100 bis 200 Meter breiten Einschnitts ist der gut begangene Pfad ausgeprägt zu erkennen, ebenso wie die Leopardenspur, die uns anscheinend den Weg zeigen will.

Das Licht steht gut, und ich gehe voraus, um ein Foto von der Karawane zu machen. Der Pfad führt schnurstracks 100 Meter geradeaus und macht dann einen leichten Knick. Und genau in diesem Knick steht ein Busch, der die Einsicht auf den weiteren Verlauf des Weges unmöglich macht. Bis zu eben diesem Busch will ich. Ich fummele an meinem 28–90-mm-Objektiv herum, als ich den Strauch erreiche und den weiteren Weg sehen kann. Doch vor allem stehe ich plötzlich etwa einen Meter vor einer Mamba, die gerade dabei ist, von links nach rechts über den Weg zu kriechen – Schwanzende und Kopf jeweils im Gestrüpp –, nur der Mittelteil des anthrazitfarbenen Körpers schimmert in der Sonne.

Die folgenden Gedanken flitzen in nur einer Tausendstelsekunde durch meinen Kopf: Oh Scheiße! – Was mache ich jetzt! – Erst mal den für den nächsten Schritt schon in der Luft hängenden Fuß wieder zurücksetzen, der mich nur noch näher an die Mamba heranbringen wird. – Du bist viiiieeeeel zu dicht dran! – Ein Foto wäre nicht schlecht! – Ich hebe die Kamera. – Mamba in Großaufnahme, während sie zubeißt! – Der etwa 2,50 Meter lange Leib kommt zur Ruhe und zieht den Kopfteil in S-Form zurück auf den Weg! (Normalerweise heben sie den Vorderteil des Körpers in einem Winkel von etwa 45° hoch, um mit ihrem hervorragenden Sichtfeld umherzuspähen. Doch das funktionierte nicht, da sie im Gestrüpp steckte, also zog sie den Vorderkörper zurück, um den vermeintlichen Angreifer zu attackieren.) – Jetzt die Kamera vor die Augen und abdrücken! (Meine Beine befolgen allerdings einen anderen überirdischen Befehl und bewegen sich plötzlich rückwärts.) – Die Schlange kommt jetzt anscheinend stinkiger und schneller zurück auf den Weg. Einen Meter zurückziehen dauert eine Weile. (Ich bewege mich schneller rückwärts, da die offensichtliche Aggressivität der Schlange bei mir den Fluchtreflex auslöst.)

Noch während ich mich umdrehe und dann so schnell es der 27-kg-Rucksack erlaubt zurückrenne, schreie ich: »Mamba! Mamba!«, hoffend, dass der Schlangendoktor Buys Recht hat: Keine Schlange ist so schnell wie ein Mensch …

Stefan hat die Sache so erlebt: Henschel geht den Weg allein weiter, da er ein Foto machen will. Plötzlich: Vollbremsung. Ich denke nur: Schlange! Henschel schmeißt sich herum und schreit …

Collin ist plötzlich grau im Gesicht. Jonny ist im »Stand by«-Modus und bekommt nichts mit.

In den nächsten 20 Minuten entbrennt eine heftige Diskussion, da Collin sich weigert weiterzugehen und immer fahler im Gesicht wird. Er meint, dass dies das Revier der Mamba sei und da sie jetzt schon sauer ist, will er da nicht durch. Wir müssen einen Umweg machen. Zurück zur Schlangenhöhle, dann östlich das Tal hinauf Richtung Tsiseb-Schlucht und später von der anderen Seite zum Königstein … sechs Stunden oder so. Nachdem ich mich bereit erklärt habe, mit erhobenem Snakeslammer voranzugehen, quälen wir uns durch das dichte Gestrüpp des Tales zur Talwand. Ich habe Schiss bis zum Geht nicht mehr, aber trotz verzweifelter Bemühungen mit Brille und Argusaugen taucht keine Schlange mehr auf. Die anderen folgen in sicherem Abstand: Stefan hat komplett vergessen zu filmen und sieht sich dauernd um, Collin ist immer noch grau um die Nase; nur Jonny hat von alledem überhaupt nichts mitbekommen und träumt mit verschleiertem Blick wahrscheinlich von etwas Essbarem.

Wir erreichen das Talende, ohne noch einmal einen Schwanz zu sehen zu kriegen, und niemand ist deswegen traurig. Naja, Jonny vielleicht, Schlange in Aspik oder so…

Nach einem flachen Sattel, auf dem mitten auf dem Weg extrem frische dampfende Leopardenkacke liegt (der scheißt uns was!), befinden wir uns im Gebiet des Königsteins, und ich kann bekannte Punkte wie Leopardenhöhle und Pilzstein ausmachen. In der Mitte des fast kreisrunden Talkessels liegt eine Raststelle mit Felszeichnungen, mir bekannt als Taubenwasser (2311 m). Das Tal ist dicht mit Büschen und hohem Gras bewachsen, das allerdings schon verdorrt ist. Dennoch bin ich hocherfreut, denn die vorherigen Male war hier kein Halm mehr sichtbar. Zehn Minuten später sind wir da und schmeißen unser Gepäck in die Ecke. Es gibt sogar noch fließendes Wasser. Während Jonny Feuer für den Tee macht, doziert Collin, dass er weniger Angst um sich hatte als um mich. Wenn es nicht so früh am Tag gewesen wäre, hätte die Mamba mich wahrscheinlich erwischt. So hat sie noch nicht ihre volle Temperatur gehabt, um blitzschnell reagieren zu können. Den Umweg wollte er machen, damit die Schlange nicht denke, wir stellten ihr nach. Das hätte Kak gegeben. Jonny denkt an Essen und kriegt nichts mit, oder ihm ist alles egal. Collin erzählt ihm die Geschichte, und ich lerne ein Wort, das ich besser nicht vergesse: !Khaeseb – Mamba. Ich jedenfalls habe Angst gehabt: Ich bin mördermäßig überrascht worden. Stefan flucht lauthals, da das Laden der Akkus für die TV-Kamera mit seiner Filmerei nicht richtig nachkommt.

Nach einer kurzen Tee- und Biltongpause werden die Aufgaben verteilt. Jonny passt den Yard auf, und wir düsen auf den Königstein rauf. Jonny ist sofort einverstanden. Etwas trübt allerdings die Aussicht auf dem Gipfel: Auf dem Nebengipfel ragt ein Sendemast hervor, das ist neu für mich. Collin meint, das sei eine Wetterstation von Nam Power (Namibias Elektrizitätswerken). Das will ich mir merken, vielleicht sind die im Internet zu finden, sodass man den Regen checken kann! (Der Sendemast von Nam Power kann leider nicht übers web angewählt werden. Stand: 2005.)

Kaogû+nû!ais: Der Königstein und three kings!

Ohne Rucksack zu laufen ist nach der Quälerei hier herauf geradezu eine Erholung: die neu erfundene Leichtigkeit des Seins.

Wir passieren den Pilzstein, einen haushohen Stein, der geformt ist wie ein riesiger Steinpilz. Genau hier hatten wir vor neun Jahren unseren Lagerplatz aufgeschlagen. Der Stein steht direkt vor dem Einstieg, und ich erzähle die kurze Story:

»Als ich das erste Mal am Königstein gewesen bin, gab es hier in der Fläche nicht einmal einen Grashalm. Das ist zu einer Zeit gewesen, in der der Trockenzyklus Namibia am meisten geplättet hat. Es hat selbst im März keinen Tropfen geregnet und die Jahre davor offensichtlich ebenfalls nicht. Beim Taubenwasser fehlte jeder Tropfen Flüssigkeit, und wir mussten sparen.

Allerdings kreisten ständig gigantische Gewitterwolken um den Brandberg, und zwar auf Wüstenniveau, das heißt: Wir waren auf dem Brandberg auf 2500 Meter Höhe mittendrin. Die ›Wände‹ sahen so bedrohlich aus, als ob Riesen einen Zwerg einschüchtern wollen, und sie starrten regelrecht auf uns herunter. Wir mussten einen Unterschlupf finden. Die einzige Möglichkeit, sich hier vor den angedrohten Fluten und Blitzen eines ersten Regens auf dieser Fläche zu schützen, war eben dieser Stein, denn wir hatten keine Zelte mit – und ich nur einen Moskitodom. Unter dem überhängenden Dach schufen wir eine einigermaßen glatte Fläche, sodass vier Leute darunter schlafen konnten, allerdings war mir das nicht so ganz geheuer. Zu viele kleine fiese Löcher überall, das sah nach Kak aus. Egal, die anderen tourten auf der Fläche herum und suchten nach neuen Felszeichnungen, derweil ich ›Jonny‹ spielte: Feuer machen und den Yard aufpassen.

Während ich entspannt auf meiner Isomatte lag, das Feuer lustig knisterte und ich die sich ständig verändernden Formen der nahen Unwetterwolken beobachtete, hörte ich ein plötzliches Rauschen. Zuerst dachte ich, es sei der Wind, aber das konnte eigentlich nicht sein, wie ich aus den Augenwinkeln an der Rauchsäule des Feuers erkennen konnte: Wir hatten Windstille. Bewegen wollte ich mich nicht. Nicht, dass ich unseren Jonny damals schon kannte, aber man weiß ja nie. Es war einer dieser Abende, wo man das Gefühl hat, die Luft förmlich greifen zu können, so dick und schwül war sie. Langsam drehte ich mich zur Quelle des Geräusches hin und sah direkt dort, wo wir unser Zuhause für die Nacht geebnet hatten, Wolken von Termiten aus den besagten Löchern kommen. Sie schwärmten aus (anfänglich haben sie noch Flügel, die sie später, wenn sie demokratisch eine Königin gewählt haben, abschmeißen). Nun, da die Bedrohung offensichtlich nicht gravierend war, stemmte ich mich hoch und näherte mich mit einer gewissen Neugier. Was ich dann sah, war allerdings alles andere als lustig: Rund um die Löcher, aus denen ein steter Strom von hunderttausenden von Termiten schwärmte, hatte sich das Who's who der Skorpione des Brandberges versammelt und pickten die Termiten vom Locheingang mit ihren kleinen Scheren regelrecht ab. *Das* war eine gravierende Bedrohung, ganz abgesehen davon, dass von überallher neue Spinnenteile über unsere Ausrüstung zu den Löchern marschiert. Kak pur! Da meine Begleiter irgendwo in den Bundus herumkrochen, verlegte ich das Lager allein in die Fläche, ohne von einem Scherentier gestochen zu werden. Dann beobachtete ich die Sache aus sicherer Entfernung. Als die anderen wiederkamen, hießen sie meine Aktion gut (ich war ja damals noch das Greenhorn) und machten sich daran, ein Termitensoufflee zu bereiten. Die Teile wurden einfach in die Pfanne mit etwas Öl gehauen und kurz angebraten. Schmeckte gut, überhaupt nicht termitig, sondern eher nach Karamell.

Regen gab es in der Nacht nicht, aber es donnerte und blitzte ohne Ende, sodass unser Camp wie mit riesigen Stroboskoplampen erleuchtet wurde. Ein Rotluchs schlich ums Lager und lamentierte über unser Eindringen in seinen Yard, sonst war alles nawa.«

Unsere Karawane zieht weiter, und der wirklich einfache Anstieg über die letzten 250 Meter zum Gipfel des höchsten Berges Namibias macht überhaupt keine Schwierigkeiten (Grad: 1+). Da anscheinend viele Leute zurzeit auf den Brandberg pilgern (bis zu 40 pro Jahr), ist der Pfad gut zu erkennen (vor zehn Jahren waren es, wenn's hoch kommt, zehn pro Jahr!). Da wir uns ja bisher immer in einem Tal befunden haben, ist die überwältigende 360°-Rundumsicht ein Gefühl, als ob man aus dem Spaceshuttle auf die Erde blickt. Ich beglückwünsche Stefan zu seinem ersten Berg, 2573,1 Meter, so die Karte, und er hat Tränen vor Freude in den Augen und seilt sich eine Weile zehn Meter entfernt ab. Wir alle genießen den Augenblick – three kings.

Dann hocken wir zusammen am Gipfelkreuz, und Collin erklärt uns die Gegend. Unter uns befindet sich die Tsiseb-Schlucht mit seinem Zuhause und der »White Lady« mit Pimmel. Das ist der Weg, den er sonst immer geht. Links (nördlich davon) der Ugab, der als dunkelgrünes Band seiner Bäume in der gelben Wüste liegt, und hinter uns dehnen sich die anderen 90 % des Brandberges aus, die wir noch nicht auf unserer Expedition gesehen haben. Collin zeigt mir ein abgestürztes Flugzeug, das an dem gegenüberliegenden Hang als weißes Kreuz schimmert. Um 1970 sind ein gewisser Botha und sein Sohn auf dem Weg zu ihrer Farm dort notgelandet. Beide haben überlebt. Das Flugzeug sei aber total auseinander genommen, meint Collin und grinst. Nichts mehr von Wert ist erhalten. Klar.

Aus einer Nische unter dem Gipfelkreuz krame ich die Gipfelutensilien heraus: Eine Plastiktüte enthält ein Buch über die Biodiversität des Brandberges. »For the ones who made it so far!« steht dort drin. Schön! Dann die etwa 100 Jahre alten Blechdosen mit dem Gipfelbuch. Ich bin enttäuscht, neben dem Neuen Testament liegt ein neues Gipfelbuch, gerade einmal eine Woche alt.

Biodiversität *ist die Vielfalt der biologischen Organismen.*

Am 03.05.2004, so steht da, *wurde ich gebeten, das alte Gipfelbuch zu sichern und gegen ein neues auszutauschen, jedem, dem das nicht passt, kann das alte bei der Naturwissenschaftlichen Vereinigung in Windhoek einsehen. Felix.* David, der Chef der Rössingmine, hat sich mit extrem zittriger Schrift verewigt (kaum zu entziffern), ebenso wie Ernsts Gruppe und einige andere. Wir tragen uns ebenfalls ein: *Einmal sehen sind mehr als 1000 Worte*, schreibe ich. Laotse steht neben Sprüchen wie *endlich geschafft, heiß, trocken, Schweiß, Dornen, schön, endlich, mein X. Berg* und so weiter. Eine andere Welt … für mich.

In der anderen Dose sind ein paar vergilbte S/W-Fotografien, ein altes Afrika-Korps-Zeichen der Wehrmacht und ein Neues Testament – soooo schwer ist der Berg nun auch wieder nicht.

Stefan ist immer noch ganz hin und weg, Collin beobachtet die Gegend mit seinem Fetisch und lacht: »Jonny liegt am Feuer und raucht!« Er reicht mir das Glas. Stefan fragt mich, was ich gedacht habe, als wir hier oben angekommen sind. Ich überlege kurz und meine: »Nichts!«

»Nichts?«

»Nichts, so wie es sein soll!«

»Aber nichts?«

»Nichts! Ist doch genug, hier oben Nichts zu genießen, warum soll ich mich ablenken!«

»Aber …?«

Ich schüttele den Kopf. »Nichts!« und zucke mit den Schultern. Da ihm meine Antwort offensichtlich nicht gefällt, tröste ich ihn: »Auf dem Mont Blanc war ich zu fertig, um überhaupt an etwas zu denken, und auf dem Kilimandscharo war's zu dunkel. Wenn es mir wichtig erscheint, mich zu erinnern, kann ich ja jederzeit wieder hochgehen, die Berge sind immer noch da. Aber jetzt bin ich einfach nur hier!«

Ich schaue auf mein GPS: »Hej, Leute, der Brandberg ist gerade um zwölf Meter gewachsen, so stolz ist der auf uns, oder die Amerikaner verbreiten gerade wieder die Freiheit und fangen einen neuen Krieg an.« (Wenn die Amis wieder einen neuen Krieg anfangen, dejustieren sie ihr GPS-System, um ihre genauen Positionen zu verschleiern!)

Wir stiefeln wieder zu Jonny hinunter, der mit Sicherheit sehnsüchtig auf uns wartet, denn es ist Essenszeit.

Unten angekommen, rufe ich erst einmal über Satellit den Ballonfahrer an, mit dem wir eine Ballonfahrt über den Brandberg vereinbart hatten. Leider wird daraus nichts. Noch immer weht es mit sieben Windstärken, und da funktioniert Ballonfahren nicht. Mein Gesprächspartner am anderen Ende der Leitung ist nicht gerade begeistert, weil ihm das Geschäft durch die Lappen geht, aber das ist eben höhere Gewalt. Kann man nichts machen.

»Na, Jonny, hungry?«

»Mmmmmm!« Er lacht. Seine Essensutensilien hat er schon für das Mahl aufgebaut und den Löffel bereitgelegt.

Die Sonne sinkt schnell tiefer – es wird bestimmt eine eisige Nacht. Wir haben schon unsere Faserpelzklamotten an und ich sogar eine Mütze auf.

Das Feuer ist heute auch größer als an den vorangegangenen Tagen. Im Westen schiebt sich die Venus über die Kimm. Im Osten ist es schon fast dunkel, und die Sterne ziehen auf.

Im letzten Licht weise ich hinüber zu der nur noch schemenhaft erkennbaren Höhle am 200 Meter entfernten Hang. Als ich das erste Mal am Brandberg war, inspizierten wir die Höhle und fanden einen frischen Klippspringerriss dort drin. Leopard oder der Rotluchs, der uns damals nachts besucht hat, deshalb mussten wir den Pilzstein umbauen. Wir glaubten an Leopard, da die Haare des Risses komplett abgeleckt waren, das machen eigentlich nur Leoparden.

Von Zebraschlangen, Feuerkäfern und Mopanefaltern

Wir sprechen noch einmal über die Schlangensache von heute und kommen schließlich auf die noch aggressivere Zebraschlange (Western Barred Spitting Cobra – *Naja nigricollis nigricincta*) zu sprechen.

»Wir haben gerade eine bei uns am Dâureb-Camp in der Mauer leben gehabt«, meint Collin. Collin hat Benzin in die Mauer geschüttet und es angesteckt. Die Schlange kam erst heraus, als sie schon richtig angekokelt war, und sie hat fürchterlich mit ihrem Gift herumgespritzt, bevor sie gestorben ist. Er hat sie zum Abend aufgegessen. Also doch! Ich schiele zu Jonny. »Mmmmm, good meat!« (Sehr weißes Fleisch, schmeckt wie Hähnchenfleisch. Kobra habe ich zwar noch nicht gegessen, aber Klapperschlange. Ist okay.) Es hört sich vielleicht grausam an, aber Zebraschlange und Mamba werden sofort eliminiert, wenn sie gesehen werden. Beide sind extrem giftig und aggressiv. Sie greifen in der Regel sofort an, statt zu fliehen.

Bei der **Zebraschlange** *mit ihrem dunkelbraunen Kopf und dem schwarz-weiß gestreiften Körper wirkt das mit dem Gift folgendermaßen: Man stirbt nicht sofort, sondern man verfault bei lebendigem Leib. Von der Bissstelle ausgehend, bildet sich nekroses Gewebe, welches sich wie ein Flächenbrand über den gesamten Körper langsam ausbreitet. Mit anderen Worten: Von dem Biss hat man etwas. Ein Gegengift gibt es nicht in dem Sinne, denn jede Schlange hat ihr eigenes Gift. So muss jeweils mühsam ein exakt zugeschnittenes Antidot zusammengemixt und die Bissstelle sehr großflächig und tief herausgeschnitten bzw. amputiert werden.*

Nach dieser Geschichte kann ich mich natürlich nicht zurückhalten und gebe ebenfalls meine Erfahrungen mit diesem extrem fiesen Tier zum Besten.

»Ein Kumpel von mir, Enjo, ist lange Zeit Manager auf der Farm Palmwag gewesen (800 000 ha groß, in Worten: achthunderttausend Hektar! Für die Nichtlandwirte unter den Lesern, das sind 8000 km^2). Wir fuhren gerade auf seinen Hof, als er besorgt mit seinem Freund Schmitt und einer Glasscheibe ohne zu grüßen an mir vorbei in die Küche rannte. Dann gab es ein kleines Feuergefecht. Als er wieder herauskam, hatte er eine reichlich zerfetzte 1,67 Meter lange Zebraschlange in der Hand.

›Na, Detlev‹, meinte er, ›da haste eben was verpasst!‹ Dann betrachtete er traurig die Reste in seiner Hand. ›Sorry, aber zum Hutband taugt sie auch nicht mehr: Die ist moff (aus dem Afrikaans, hier Südwester für: kaputt).‹ Ich hatte ihn nämlich vor einiger Zeit darum gebeten, beim nächsten Event dieser Art – passiert auf Palmwag nämlich öfter – die Haut in den Kühlschrank zu legen, weil ich mir ein Hutband daraus gerben lassen wollte.

›Was ist denn passiert?‹, frage ich höflich-interessiert nach, ›eigentlich bist du doch sonst nicht so ein Metzger!‹

›Na ja, alle Gäste lagen am Pool und dösten in der Mittagshitze, da kroch plötzlich diese befockte (Südwester: beschissene) Zebraschlange aus dem Löwensträuchern auf den Rasen. Killt einen Bergstar in cold blood auf dem Rasen und schlingt ihn runter. Soweit fanden die Touris das ja noch ganz lustig. Dann aber meint dieses befockte Vieh, es müsse in die Küche. Und als dann die Köchin schreiend angerannt kam, na, da war's vorbei mit der Mittagsruhe (von 13:00 bis 15:00 Uhr liegen nahezu sämtliche Farmer Namibias im Koma; Farmers Mitternacht ist gegen 22:00 Uhr).‹

Um es abzukürzen: Enjo schnappte sich daraufhin Schmitt und eine Glasscheibe und ist in die Küche, wo ihn die Schlange sofort angegriffen hat. Peng! Anschließend musste die ganze Küche neu gestrichen werden. Wenn auch nur ein winziger Tropfen des Gifts in eine Wunde gelangt … ade du schöne Welt.«

(Später erklärte Enjo Stefan in einem Interview, dass das doch alles ganz normal sei hier in Namibia: vom Rhino überrannt zu werden, einen Löwenangriff abzuwehren oder vom Elefanten fast in den Boden getrampelt zu werden, weil Mann wieder Kak im Kopp hat. Alles das gehört auf so einer namibischen Farm zum täglichen Brot. Passiert sei ihm eigentlich noch nie etwas Schlimmes, ein paar Kratzer, sonst nichts. »Einmal hat mir eine Zebraschlange in die Augen gespritzt, hat drei Tage nach dem Auswaschen noch gebrannt, und …« Er zuckte hilflos mit dem Schultern, »das ist nichts Schlimmes hier. Detlev! Sach doch auch ma' was, du kennst das doch!«, wendete er sich dann zu mir. Fast scheint es, als würde ihm die laufende Kamera mehr Angst einjagen als alle gefährlichen Tiere Namibias auf einmal. »Black« Sonja, seine Frau, sah sein Dilemma und grinste sich eins.)

Auch Collin kennt Palmwag, aber da kommen ihm zu viele Touristen vorbei. Wieder beharrt er darauf, dass jeder so leben solle, wie er will.

»Jonny!«, drehe ich mich zu unserem ausnahmsweise nicht schlafenden Begleiter um, »ich hab noch eine Geschichte, speziell für dich! Es geht ums Essen, weißt du?«

»Mmmmmmmh!«, lacht Jonny und reibt sich den Bauch.

»Auf irgendeiner Tour kurz nach Neujahr wollten wir auf Palmwag unsere Wunden lecken. Ich brauchte Ruhe, und dort konnten die Touris Gamedrives mit den Leuten von der Farm machen. Zur Feier unseres Besuches wollten Enjo und seine Frau am Abend ein Buschmannfondue bereiten. Dazu werden feinste Fleischarten, Gemüse usw. von dem jeweiligen Teilnehmer auf dekadenten Spießchen in Potjies mit kochendem Fett gegart und mit exklusiven Saucen gewürzt. – Jonny, hörst du? Massen an Fleisch!« Jonny lacht. »Das Ambiente ist einfach einmalig: Die Bar liegt über dem Uniab Rivier, und im Hintergrund befindet sich der so genannte Sonnenuntergangshügel, wo man einen herrlichen Sonnenuntergang erleben kann (deswegen schleppe ich immer einen Rucksack mit entsprechenden Sundownerutensilien mit hinauf: Gin, Tonic, Eis und Limonen sowie die Gläser). Es war eine dieser schwülen 40 °C heißen Nächte im Februar, und die Stimmung war extrem ausgelassen. Als die meisten Touris gut betrunken in die Zelte wankten und der Generator um 23:00 Uhr ausblubberte, blieben wir Tourguides, die Angestellten, Enjo und »Black« Sonja sowie ein deutsches Pärchen noch weiter sitzen. Die Hitze würde den Gin verderben, hieß es. Genüsslich tranken wir also beim romantischen Schein von Petroleumfunzeln weiter. Plötzlich wurde die schwangere Frau des deutschen Pärchens aschfahl im Gesicht und starrte auf meine Schulter. Ein Tourguide beruhigte sie sofort und meinte, es wäre nichts Schlimmes. Ich blieb ebenfalls ruhig, weil ich tatsächlich nichts merkte. Dann flatterte ein Mopanefalter so groß wie zwei offene Hände von meiner Schulter auf meine rechte Wange, weil die so schön von der Funzel angeleuchtet wurde. Irgendwann flog das Teil dann auf die Schwangere zu, die hysterisch zu kreischen begann. Zur Beruhigung mixte ich ihr noch einen schwangerschaftsverträglichen Drink und meinte: »Ganz locker bleiben, das sind nur Schmetterlinge, und die beißen nicht«, in ihr Ohr.

Mopanefalter
Sind eigentlich keine Schmetterlinge, sondern Nachtfalter, aber in dieser Situation wäre das Haarspalterei gewesen.

Der eine Falter war nur ein Scout, und dann fielen die Falter buchstäblich über uns her. Wunderschöne Flügel mit großen rosa Mimikry-Augen auf grün-schwarzem Grund. Es wurden immer mehr. Es war wie die Nacht mit den Termiten auf dem Brandberg: Sie schwärmten alle gleichzeitig aus. Es war wunderbar. Später dann allerdings kamen noch die Feuerkäfer dazu. Dicke fette Käfer von drei bis vier Zentimeter Länge, die so schwer waren, dass sie kaum fliegen konnten, und mit tiefem Gebrumm um unsere Köpfe sausten. Wichtig bei diesen Feuerkäfern ist, dass man sie nicht platt hauen darf, wenn sie sich auf den Arm oder so setzen: Diese Insekten haben eine Säure in ihrem schwarz-orangefarbenen Körper, der bei Hautkontakt hühnereiergroße Brandblasen ergibt.

Es war ein so wunderbarer Abend, dass wir noch lange brauchten, bis wir endlich verstanden, dass der Kognak nicht schlecht werden kann (der Gin war lange alle). Katrin und ich wankten zu unserem alten Landrover und krochen aufs Dach. Katrin fiel sofort ins Koma, und ich beobachtete die Sterne, die sich wie der Kugelsternhaufen M 86 um mich drehten. Ein Schakal heulte auf dem Sundownerhügel, und ein Perlkauz saß einen Meter über mir in der alten Akazie und trällerte sein an- und abschwellendes Lied. Ganz spät oder früh, mir fielen schon die Augen zu, schlenderte ein Elefant an unserem Landi vorbei. Er sah mir ganz tief in die Augen, denn wir waren auf dem Landi-Dach auf einer Augenhöhe. Selig lächelnd beobachtete ich, wie er dann weitertrottete, er wollte wohl nur trinken. Ich hingegen hatte auf jeden Fall genug.«

»Hhhhmmmm!«, lachten Collin und Jonny. Sie mochten die Geschichte und fanden nichts Besonderes dabei. Stefan friert und hätte jetzt auch gern einen Gin Tonic, am liebsten ohne Tonic. Es wird wirklich kalt. Bevor wir in die klammen Zelte kriechen, ziehen wir alles an Klamotten über, was wir mithaben. Ich konsultiere Collin, warum der Leopard heute nicht gesägt hat. Er hat die gleiche Antwort wie ich: »Entweder weit weg oder zu dicht dran!« Wir tippen beide auf Letzteres.

»Ach, Stefan«, hebe ich an, »du hattest mich doch bei unserem ersten Camp am Spreetshoogtepass gefragt, was Natur für mich sei!«

»Ja und?«, kommt er interessiert auf mich zu.

»Das alles hier!«, antworte ich und verkrümele mich endgültig ins Zelt.

In dieser Nacht ist niemand zum Manschaftspullern rausgegangen, es ist einfach zu kalt.

Obere Kaskaden

Das gewohnte »Mattissa, mattissa mattissa!« holt mich aus dem Schlaf. Diesmal ist es schon hell und das Zelt noch von innen bereift. Es ist immer noch saukalt.

»!khaija!«, rufen Stefan und ich gleichzeitig, allerdings ohne Überzeugung.

Jonny werkelt schon am Feuer, und wir gesellen uns zu ihm. Collin untersucht die Landschaft mit seinem Fetisch. Wir frieren alle.

Die Sonne erlöst uns, als sie durch ein Tal scheint und auf unseren Rastplatz trifft. Sie erwärmt wohlig unsere Knochen. Mein Knie schmerzt etwas und der Knöchel des gleichen Beines auch. Ob das noch an der Kälte liegt oder an der OP, wird sich zeigen. Meine Beine sehen ziemlich zerkratzt aus, ab und an kann ich noch einen tiefen Dorn finden und ihn herausziehen. Nylons werde ich wohl eher nicht mehr tragen können, bei den Narben, grinse ich leise.

Heute wollen wir weiter zu den Oberen Kaskaden. Der Name rührt wohl von den wasserfallähnlichen Stufen her, die hier entstanden sind – meist liegen sie trocken. Es wird kein schwerer Weg, die Rucksäcke sind merklich leichter geworden, und es geht ausschließlich bergab. Die Wissenschaftler, die sich vor uns in der Kladde oben auf dem Königstein verewigt haben, sind genau den gleichen Weg gegangen, erkennen wir an den Fußabdrücken. Aber wir nehmen nicht an, sie zu treffen, denn sie haben einige Tage Vorsprung. Bevor wir losziehen, diskutieren wir noch die Möglichkeit, von hier aus zum Mason Shelter zu wandern, allerdings müssten wir dann das Gepäck hier lassen und ausschließlich Wasser schleppen. Nördlich und westlich unserer Position hat es nicht mehr geregnet, wie die spärliche, verdorrte Vegetation zeigt. Hin und zurück wären es wohl acht bis zehn Stunden. Wir entschließen uns dagegen. Schade, dass nicht immer alles auf einmal geht, geht mir durch den Kopf.

Von unserem Talkessel aus führt der nicht mehr vorhandene Weg (hier kommen Königsteintouristen nicht mehr her!) gleich über eine Kante nord-westlich bergab. Ich erkenne die Topografie sofort wieder.

Es ist ein enges Tal mit schroffen Hängen, an denen Gott wieder seiner Würfelleidenschaft gefrönt hat und das sich nach Süden hin langsam öffnet. Etwa zwei Kilometer von unserem letzten Camp entfernt, wird der ferngesteuerte Jonny plötzlich abgenabelt und macht sich selbstständig. Er weicht zielstrebig von der Marschroute ab und hebt dann lachend Äste vom Wundertee-Baum in die Luft und ruft: »!Ktotorotorozen, !ktotorotorozen!« – Stoff, damit die Frauen springen können wie ein junger Kudu. Er bringt einen Vorrat mit. Das Kraut ist in dieser Gegend völlig trocken und verdorrt. In diesem Tal ist in diesem Jahr kein einziger Tropfen Wasser gefallen.

Oben auf den Graten stehen unheimlich aussehende Halbmenschen (*Euphorbia monteiroi ssp. brandbergensis*) und Aloe, die uns mit ihrem Habitus nicht nur einmal zum Narren halten und Menschen vorgaukeln. Unsere Klamotten stehen durch die Salzkruste und den Dreck von selbst, der Geruch ist nicht gerade das, was Hugo Boss attraktiv finden würde, aber ... na ja. Sogar Napoleon schrieb einst seiner Geliebten: »Wasche dich nicht mehr, Liebste, ich komme in drei Wochen nach Hause!« Außerdem scheuert die Kleidung unsere Haut wund. Irgendwo entdecke ich wieder ein blühendes Kleinod in der Trockenheit. Eine mir unbekannte lila Blume, also muss es doch ein wenig geregnet haben, oder der Tau hat für sie ausgereicht. Die roten Felsen liegen in abenteuerlichen Klumpen zusammen, ein herrlicher Kontrast zu dem ewig türkisblauen Himmel. Als sich das Tal zu einem Kessel erweitert, steht dort eine riesige, wie vergessen wirkende Akazie als einziger Baum. Über dem linken Bergrücken geht gerade der Vollmond neben einem Baum auf, der ebenfalls einsam auf dem Grat thront. Durch das Teleobjektiv sieht das Motiv aus wie auf dem Mars. Vor uns halb rechts ragt der Numas-Fels auf. Auch ihn können wir nicht besteigen, da unsere Wasser-vorräte knapp geworden sind und wir nun sparen müssen. Collin macht uns auf Siedlungsartefakte seiner Vorfahren aufmerksam und zeigt uns in dem Talkessel Steinringe. Diese wurden ehemals gegen mit Tierfellen überzogene Baumstämme gehäuft, damit die »Deckel« nicht wegfliegen konnten. Lange her. Collin kriecht herum und findet Tonscherben und Steinwerkzeuge. Wir lassen aber alles liegen. Collin wundert sich, wo seine Vorfahren die Diamanten versteckt haben, um damit das Lochspiel zu spielen. Erst bin ich geistig etwas blockiert ... Lochspiel ... Lochspiel, aber dann fällt mir wieder ein, was es damit auf sich hat. Ich frage ihn, ob er es mir heute im Camp beibringen kann. Jonny kommt dazu und beteiligt sich eifrig auf Damara an unserem Gespräch, er will auch mitspielen. Stefan grinst nur wegen Jonnys eifrigem Wortschwall, weiß aber eigentlich nicht, worum es geht. Ich erkläre es ihm. »Das ist so etwas wie die Kurzfassung von Schillers ›Die Glocke‹: ›Loch in Erde, Bronze rin, Glocke fertig, bimm bimm bimm!‹ – Löcher in die Erde, Diamanten rein und auf mir unverständliche Weise dem anderen die Juwelen klauen«, ergänze ich. »Obwohl ich öfter schon zugeschaut habe, blieb es bisher ein Spiel mit sieben Siegeln für mich. Mehr weiß ich darüber nicht. Vielleicht bringen Collin und Jonny nachher Licht ins Dunkel.«

Wind kommt auf, als wir weiterzockeln, und die an den Hängen stehenden Butterbrotpapierbäume rascheln uns den Weg frei. Wir finden an den üblichen exponierten Stellen Mengen von Zeichnungen, meist Darstellungen von Menschen. Dünne, die laufen, und dicke, die tanzen. Für Collin klar: Die Dünnen laufen ins Tal und holen etwas zu essen – Jonny macht wieder »Mmmmmmm« – die Dicken haben gegessen und tanzen, weil sie sich freuen. Klingt logisch für uns. Wir wissen natürlich nicht, was der gemeine Forscher als Lösung empfiehlt, aber vielleicht findet man ja, nachdem man alle Zeichnungen abgepaust hat, hinter der letzten ein Zeichen, auf dem die Lösung steht: Angeschmiert, das waren alles nur Malkurse der Buschmann-Künstlerakademie zu Dâureb. So etwas Ähnliches gibt es ja auch in einem tibetischen Kloster. Die Jungs zählen seit Anbeginn der Zeit die Sterne, und der Sage nach geht die Welt unter, wenn sie fertig sind. Ich kann nur hoffen, dass die Mönche vor meiner nächsten Steuererklärung endlich zu Rande kommen.

Vereinzelte verdörrte Bäume ragen bleichen Knochen ähnlich aus dem kargen Bergland hervor wie drohende Mahnmale, die auf die Vergänglichkeit des Lebens verweisen. Ich finde einen mir unbekannten dicken toten Nachtfalter in einem Gebüsch hängen. Bestimmt zehn Zentimeter Flügelspannweite. Daumendicker rosa-schwarz-weiß gestreifter Leib. Hier treiben sich noch einige Viecher rum, die auf Entdeckung warten – wie die von mir einst gefundenen Frösche, die ausgewachsen so groß wie ein Streichholzkopf sind.

Plötzlich stolpere ich im Trockenrivier über das Mega-Holger'sche Nelkengras. Ich traue meinen Augen kaum. Irre, dass das Teil hier immer noch steht, nach mehr als zehn Jahren, wo ich es erstmals entdeckte. Nur ein einzelnes dichtes, 30 Zentimeter durchmessendes Büschel steht hier. Schon damals habe ich mich mit meinem Begleiter darum gestritten, ob es sich botanisch wirklich um ein Gras handelt millimeterbreite, lanzettliche Blätter weisen darauf hin, allerdings hat es auch wunderschöne zartrosa und tief eingeschnittene Blüten, deren Form mit einiger Sicherheit auf eine noch unbekannte Nelkenart verweist. Wie gesagt, in der gesamten Gegend stand nur dieses einzige Aggregat. Wir einigten uns dann damals darauf, die Pflanze »Mega-Holger'sches Nelkengras« zu nennen und vergaßen die Sache. Jetzt ist sie wieder da, genau wie das Gras auch.

Meine Nase ist mittlerweile außen komplett gar, und das rohe Fleisch ist zu sehen. Die Sonne hat die Schmutz- und Sonnenschutzmilchschicht geknackt. Hier oben herrscht UV-Faktor zwölf und da reicht Schutzfaktor 30 wohl doch nicht, Stefan hat 60 benutzt. Pech für mich. Die trockene Luft lässt trotz des benutzten Nasenöls die Schleimhäute immer öfter aufplatzen und lässt blutigen Schorf zurück, der bröckelnd aus der Nase fällt. Die uns begleitenden Talränder sind auf den Graten zu Granitkegeln verwittert, zwischen denen Akazien stehen. Am Abzweig zum Numa-Fels bespreche ich mit Collin unsere Chancen auf Wasser. Es sieht schlecht aus. Wir sollten im Tal bleiben. Die Hänge sind verbrannt, kaum Wasser.

Ich denke nach, ob ich in der Gegend schon einmal anderswo Wasser gefunden habe, und erinnere nur noch drei Stellen: Katarakt, Fledermauswasser und Zebrawasser, die beiden Letzteren liegen in der Numas-Schlucht und sind reichlich bis zu zwei Tage entfernt. Wir wollen das Risiko nicht eingehen und beschließen, die Alternative Katarakt sacken zu lassen, indem wir eine Pause einlegen.

Plötzlich hören wir Stefan wild fluchen. Ich denke das Schlimmste, eine versaute Aufnahme oder ein moffes Gerät, aber er kommt grinsend zu uns herüber und zeigt mir einen ausgebissenen Zahn seiner Kauleiste. »Biltong!«, nuschelt er.

Schließlich erreichen wir die Oberen Kaskaden. Es ist ein kleines, auenhaftes Tal im Tal, welches noch einmal drei Meter tiefer als der eigentliche Talgrund liegt. Hier hat sich ein 20 x 4 Meter und 0,5 Meter tiefer Teich gebildet, der das Leben hier brodeln lässt. Weiter unten im Tal gibt es noch einen weiteren kleinen Tümpel. Die Wissenschaftler haben hier eine Nacht zuvor gerastet. Wir wollen es ihnen nachmachen.

Auf einer Sanddüne neben dem einen Wasser bauen wir unsere

Zelte auf. Jonny hat Hunger und macht Feuer. Stefan kommt zerknirscht herüber und verteilt sein Biltong an uns. Ich habe noch genug, und so wird es nur zwischen Collin und Jonny aufgeteilt. Ich sehe förmlich, wie es in Jonny arbeitet, indem er überlegt, wie groß die Chancen sind, dass ich mir auch einen Zahn ausbeiße und mein Biltong verschenken muss. Mit uns und der Welt zufrieden, liegen wir mit unserem aufgebrühten Wundertee im Schatten und dösen vor uns hin. Der Tee schmeckt wieder vorzüglich, aber dass ich jetzt auch noch springen muss wie ein Kudu … ich weiß nicht so recht, schon allein der Gedanke ist momentan grausam. Den anderen ergeht es wohl genauso wie mir, der Tee wirkt wohl anscheinend doch nur bei Frauen. Jonny schläft, Stefan spielt mit der Zunge an seiner Lücke und hat die Augen geschlossen. Collin spielt mit seinem Fetisch, und ich ziele mit dem Teleobjektiv auf die vielen Vögel, die zum Trinken kommen. Ich setze mich zu Collin, und er erklärt mir die Schluchtennamen in Damara, was bis auf Ga-Aseb auch nicht so schwer auszusprechen ist.

Die Schluchten und ihre Damaraaussprache (nach Collin):
Hungorob – Hungorob
Amis – !Amis
Numas – !Numas
Naib – !Naib
Umoab – !Umoab
Nuwuarib – !Novuarib
Sunuseb – Sunuseb
Tsiseb – Tsiseb
Ga-Aseb – ||Ga-Aseb

36 Kameramann Stefan und Jonny (»B Good«) am Berg.

37 Ein idyllischer Lagerplatz an der Buschmannwerkstatt beim Orawab-Felsen, im Hintergrund der Brandberg.

36

37

38

39

38 Schau'n wir mal, wer da so vorbeischaut. Wüsten-Beobachtungen des Autors.

39 Der Blick von Longipoolis hinunter in die Hungorob-Schlucht, im Vordergrund eine blühende Aloe.

40 Der »Pferdefriedhof« in den Sanddünen bei Swakopmund.

41

42

41 *Traumhaft und doch gewöhnlich: Einer von unzähligen Sonnenuntergängen in der Namib.*

42 *Eine bunt schillernde Agame.*

43 *Zwei Springböcke kämpfen auf Leben und Tod, direkt neben unserem Auto.*

44 *Ein einsamer Baum auf dem Plateau über dem Grootberg Pass.*

43

44

45 *Collin, einer der besten Führer am Brandberg.*

46 *Die nördliche Namib im Abendlicht, zwei Monate nach einem der seltenen Wüstenregen.*

47 *»Mamaaa!« Plötzlich bemerkte das Elefantenbaby, dass die Mama zu weit weg war (Olifantsbad/Etoscha-Pfanne).*

45

46

48

49

48 Lagerleben auf der Wasserfallfläche (Brandberg) auf etwa 2000 Metern Höhe, im Hintergrund die Flächen der Zentralen Namib.

49 Das Diamantspiel – wenn man auch mit gewöhnlichen Steinen (in unserem Fall Dassikötel) vorlieb nimmt, ist es quasi überall schnell »aufgebaut«.

ǁgûs, das Spiel mit daumennagelgroßen Diamanten

Als die schlimmste Hitze in diesem windstillen Tal vorüber ist, komme ich auf die Idee von dem für mich reichlich unverständlichen Spiel zurück, wo zwei Damaras sich gegenübersitzen und sich gegenseitig Steinchen klauen.

Sofort sind Collin und Jonny begeistert und setzen sich in den noch glühenden Sand. Ich staune. Jonny (aha: ausruhen, rauchen, essen *und* spielen) formt mit den drei ersten Fingern seiner rechten Hand sehr professionell 24 kleine Trichter in den weichen Sand. Zwölf für Collin und zwölf für sich selbst. Dann sammelt er trockene Dassikötel und legt je zwei in die jeweils ersten neun Löcher.

»Unsere Vorfahren auf dem Brandberg haben das natürlich 2000 Jahre lang mit Diamanten gespielt, die so groß wie ein Daumennagel waren«, grinst Collin, als Jonny den Kot auf die Löcher verteilt, »aber es geht auch so.«

»Man kann bis zu 28 Löcher machen und mit bis zu vier Leuten spielen.« (Ich habe an einigen Stellen in Namibia diese Vertiefungen sogar im Granit entdeckt. Das Spiel ist wirklich ziemlich alt.)

Man beginnt mit zwei Kugeln innerhalb seiner zwölf Felder zu setzen. Es geht immer nur gegen den Uhrzeigersinn. Es ist egal, mit welchen Kugeln man innerhalb seines Spielbereiches anfängt. Man nimmt die (zwei) Kugeln aus einem seiner Löcher und verteilt sie auf die nächsten beiden Löcher – immer nur eine. Also ist ein Loch leer, im nächsten Loch befinden sich drei und in dem übernächsten ebenfalls drei. Sobald mindestens drei Kugeln in einem Loch liegen, ist es sicher: Der andere darf dort keine Kugel entnehmen. Sind nur zwei oder eine Kugel im Loch, darf der Gegner diese Kugeln plus die in dem dahinter liegenden Loch klauen und für sich verwenden, indem er sie wiederum auf seine Löcher aufteilt. Über leere Löcher kann ein Gegner nicht springen. Dies Klauen kann er so lange machen, bis er keine geklauten Kugeln mehr in der Hand hat. Ein Zug heißt ǁoe (Damara, hier für: Leg hin). Man zählt immer beim Setzen !ui (eins), !am (zwei), ǂnona (drei), haga (vier) ab. Gewonnen hat derjenige, der dem anderen alle Steine geklaut hat, man sagt dann ǂoa!nâtaô – fertig, was mit Lachen und Klatschen begleitet wird. Sofort werden die Kugeln wieder verteilt. (Schwer? Genau! Schwer!)

Ich schaue eine Weile zu. Jonny gewinnt meistens. Schließlich wage auch ich mehrere Spiele, verliere aber alle, sehr zur Freude der Damaras. Stefan filmt nur. Ihm ist es heiß in der Sonne und das Spiel zu kompliziert und überhaupt, der Zahn.

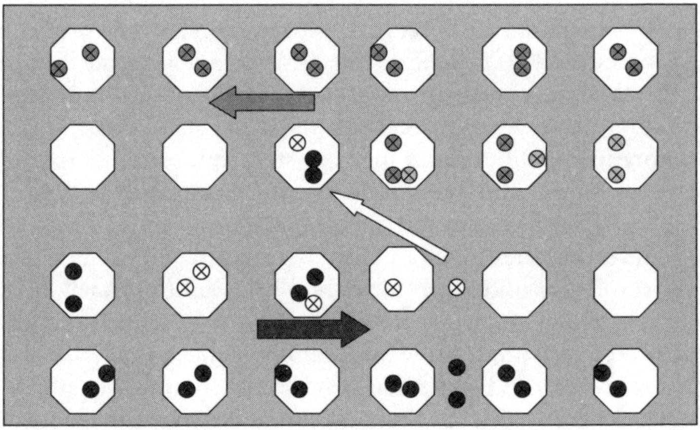

Als es auf den Abend zugeht, streift Collin wie üblich umher und kommt freudestrahlend zurück. Er hat ein Taschenmesser gefunden und zeigt es mir. Es ist sehr flach, ziseliert und hat »Siemens« eingraviert. Dann holt er mich und Stefan ab, um uns seine Entdeckungen zu zeigen. Im weichen Flusssand erklärt er uns die Spuren des Rockmonitor (*Varanus albigularis*), einer Rieseneidechse, die über einen Meter lang wird. Dieses Monster hinterlässt neben den Schlangenspuren eine dicke Schleifspur von seinem Schwanz im weichen Sand. Eigentlich ist er sich sicher, dass es hier bestimmt auch den Felsenpython gibt, doch er hat keine Fährte gefunden. Beim Python fehlen die Klauenabdrücke, ansonsten gleichen sich die Spuren. Ich meine, dass es nachts schon viel zu kalt für Schlangen ist. Collin setzt dagegen, dass die Felsen die Wärme lange speichern, damit hat er Recht. Wenn wir auch keine Schlangenspuren finden (»wie beruhigend«, sagt Stefan), sind aber doch massig Spuren von den Felsenratten zu erkennen und von Dassis, die im Sand gebadet und dort ihre Wohlfühlfurchen hinterlassen haben. Unterwegs haben wir jede Menge Skelette und abgezogene Häute von ihnen gefunden – sie scheinen das bevorzugte Wild auf dem Berg zu sein. Kein Wunder, es gibt sie ja überall in Massen. Hat sich eine Schlange einen Dassi einverleibt, bleibt lediglich eine Wurst mit Zähnen über.

Die anderen sitzen ums Feuer und bereiten sich auf das Essen vor, und ich zockele etwas den Talhang hinauf, wo ich mich auf einen Felsen setze und mit dem Glas die Wildnis abscanne. Das Tele (560) steht auf einem Stativ montiert vor mir. Auf einem Felsen etwa 200 Meter weit weg sitzt ein Untier von einer Eule, so groß wie ein Uhu (Spotted Eagle Owl – *Bubo africanus*) und beobachtet mich ihrerseits. Als ich langsam nach dem Tele hangele, fliegt sie sofort weg. Schade, das wäre ein schöner Schnappschuss gewesen. Das Licht ist perfekt, allerdings hält die Phase nicht lange an, und das Tele ist mit Blende 8 schon bald nicht mehr lichtstark genug. Ich trolle mich zum Feuer, wo die anderen schon erhobenen Löffels hungrig warten. Stefan mault so lange über seine Zahnlücke, bis ich interessiert frage, ob ich operieren soll, wobei ich die Zange meines Leathermans auf- und zuschnappen lasse.

»Das ist nicht witzig!«, nuschelt er, aber alle lachen. Ja, wer den Schaden hat, braucht für den Spott nicht zu sorgen.

Plötzlich fällt die Dunkelheit über uns her. Irgendwie unheimlich, wie schnell das hier geht. Es ist ganz wunderbar ruhig, nur die Fledermäuse kommen im Tiefflug herunter und streifen zweimal mein kurzes Haar. Stefan und ich schleichen zum Teich und legen uns auf die Lauer. Es ist schon immer mein Traum gewesen, einmal nachts Fledermäuse beim Trinken zu fotografieren. Eine entsprechende Lichtschranke mit automatischem Auslöser war nirgendwo aufzutreiben, und fürs Selberbauen hat die Zeit vor der Abreise nicht mehr gereicht. So leuchtet Stefan mit der Maglite übers Wasser, und wenn eines dieser winzigen Pelzteile im Sturzflug über die Wasseroberfläche fetzt, drücke ich auf gut Glück den Auslöser der auf ein Stativ montierten Kamera. Nach einer Stunde geben wir frustriert auf. Auf das Ergebnis sind wir wirklich gespannt, aber das wird bis zu Hause warten müssen. (Ergebnis: kleine, unscharfe, pelzige U.F.O.s auf den Dias.)

Müde von der letzten Nacht – aufgrund der Kälte haben wir uns die meiste Zeit nur frierend herumgewälzt – verziehen wir uns bald in die Zelte. Hoffentlich wird's heute besser. Zwar sind wir immer noch in 2100 Meter Höhe, aber unser Platz heute ist geschützter. Zuvor stelle ich noch einen Ast des Wundertees in Wasser, morgen früh werden die Blätter grün sein. Das schmatzende Klicken der sich unterhaltenden Damaras ist Stefans und mein Schlaflied.

Katarakt

»Mattissa, mattissa, mattissa!« – »!khaija!« – Routine. Collin erzählt lachend, dass Jonny Sehnsucht nach seiner hübschen Damaraprinzessin habe und nach Hause wolle. Wir lachen alle, nur Jonny mault rum und macht sich aus Trotz Nudeln zum Frühstück. Collin bereitet uns einen Wundertee aus den Ästen und den tatsächlich grünen aufgegangenen Blättern. Wir hoffen alle, dass der Tee auch wirkt, da wir mittlerweile nicht mehr wirklich frisch sind und schon gar nicht mehr frisch riechen. Der Tee schmeckt bitter und aromatisch. Merken tue ich nichts, aber das kommt auch ohne Tee manchmal vor. Meine Sorgen wegen der Gelenkschmerzen sind unbegründet gewesen. Alles nawa, nichts quietscht mehr. Stefan kommt rüber und fragt mich, wie ich das mit den Unterhosen mache. Morgens bin ich immer ziemlich langsam und verstehe nicht, was er meint. »Hä?«

»Unterhosen wechseln und so?«

»Ich habe Slipeinlagen für Männer mit, die schmeiße ich doch abends immer ins Feuer«, antworte ich. Als er mir fast glaubt, relativiere ich die Sache dann doch lieber, indem ich sage: »Ich habe keine Unterhosen mit, nur eine Badehose, und die wasche ich abends immer kurz aus, wenn es Wasser gibt!« Was für ein Frühstücksgespräch …

Gleich nach unserem Aufbruch entdecke ich die Fährte einer Wildkatze. Während Collin sich interessiert runterbeugt und die Spur untersucht, sehe ich das Tier nur 20 Meter vor uns durch das hohe Gras hüpfen. Ich sprinte hinterher, verliere es aber gleich wieder. Als wir dann später aus dem engen Teil des Tals heraus sind und sich die Gegend weitet, schwärmen wir aus. Unvermittelt sehe dann ich das Tier direkt vor meiner Nase. Nur zehn Meter von mir entfernt steht es wild fauchend auf einem Felsbrocken und macht einen Buckel wie Fat Freddys Cat. Ehe ich mein Tele hoch habe, ist es wieder im Gebüsch verschwunden.

Wir folgen dem mäandernden Tal nach Süden. Hohe Klippen engen es immer wieder ein, spiegelglatte Passagen wechseln sich mit sandigen Bereichen ab. Was muss hier für Wasser durchgeflossen sein, um dieses Resultat zu erzielen.

Stunde um Stunde vergeht, als vor uns eine sehr enge Stelle auftaucht, an der sich drei Meter hohes Schilf im starken Wind wiegt.

Ich erinnere mich an diesen Durchlass und auch, dass es dort Wasser gibt. Ein ziemlich ungewöhnlicher Butterbrotpapierbaum mit sehr vielen Verzweigungen steht dort. Er sieht aus wie ein Blumenkohl. Wir machen eine Weile Rast und füllen unsere Wasservorräte auf. Danach öffnet sich die Schlucht in eine Talsenke, in der die Köcherbäume zitronengelb in voller Blüte stehen. Ein herrlicher Kontrast zum blauen Himmel. Das Tal macht einen weiteren s-förmigen Schlenker, dem wir aber nicht folgen. Durch den Katarakt gibt es an der engsten Stelle einen nur sehr schwer passierbaren Abschnitt. Wir kürzen ab und überqueren ein weiteres flaches Tal, in dem wir eine Herde von vier Klippspringern aufscheuchen.

Inzwischen ist es Mittag und sehr heiß, sodass wir eine Pause einlegen wollen. Auf den glatten Felsen im Schatten des Kataraktes beraten wir, wie es weitergehen soll. Weitermarschieren runter ins Tal bis zur Krimm oder hier irgendwo nächtigen und darauf hoffen, Wasser zu finden. Wasser gibt es auf jeden Fall in der Numas-Schlucht, was einiges an kraxeln bedeuten würde: zwei Stunden runter, drei Stunden wieder rauf. Durch die Schlucht selber können wir es nicht wagen, vom Brandberg abzusteigen. Es ist die längste Schlucht des Berges, und sollte das Zebrawasser am Schluchtausgang kein Wasser führen, hätten wir wahrlich Kak und stünden mitten in der Wüste westlich vom Brandberg – ein EdeKa-Fall. Das letzte Mal, als ich diesen Abstieg wagte, hatten wir ein Rendezvous mit Leuten vom Brandberg-Restcamp vereinbart. Die hatten sich leider etwas verspätet, lediglich eine Stunde, aber diese Stunde ist für uns kein schönes Gefühl gewesen, denn das Zebrawasser war trocken.

Der Leopard

Ich erzähle von dem Lager, das wir öfter an dieser Stelle gehabt haben, bevor wir die Numas-Schlucht runter sind. Es ist eine denkwürdige Stelle. Einmal habe ich beim Holzsammeln plötzlich einen Skorpion über meinen Arm krabbeln sehen, der unvermittelt aus der Borke hervorgeschossen war. Ein anderes Mal saßen wir noch lange am Feuer auf diesen wunderbar glatten Steinen. Ein Teilnehmer hatte es sich auf seiner zusammengerollten Isomatte bequem gemacht. Als wir alle schlafen gingen, hörte ich, wie meine Begleiter fluchend im Zelt herumtrampelten. Alarmiert huschte ich hinüber: Sie hatten sich einen schwarzen *Parabuthus* (Skorpion) in der Isomatte eingefangen und ihn so mit ins Zelt geschleppt. Das hätte verdammt ins Auge gehen können. Gut, dass sie sich ihre Klamotten im Licht der Taschenlampe zurechtgelegt hatten, sonst hätten sie ihn vermutlich gar nicht bemerkt – oder erst, wenn es zu spät gewesen wäre. Hier ist man tatsächlich am Busen der Natur.

Nach den gestrigen Erlebnissen mit der Raubkatze glaube ich, dass wir nun in dem Revier eines anderen Leoparden sind, eines Männchens, schätze ich. Hier in der Nähe habe ich sogar mal einen Springbockschädel gefunden. Ein großer Leopard muss ihn den gesamten Weg (für uns ein strammer Tagesmarsch ohne Gepäck) vom unten in der Wüste befindlichen Zebrawasser hier herauf geschleppt haben.

Außerdem hatten wir hier früher öfter mal Begegnungen mit Leoparden. Auf Drängen von Stefan erzähle ich: »Einmal sind Matthes und ein Gast eines Morgens dort hoch zur Höhle«, ich deute auf ein schwarzes Loch weit oben an der Wand des Hungorob-Sattels, »das sind zwei bis drei Stunden Weg hin und zurück. Manchmal ist der Weg allerdings auch für die Ewigkeit. Wir sind damals schon ein Weilchen auf dem Berg herumgetourt, und entsprechend abgerissen haben wir alle ausgesehen. Wasser hat es so gut wie gar nicht auf dem Brandberg gegeben. Während die beiden loszogen, habe ich Jonny gespielt und mich um die wunden Gäste gekümmert, die moffe Füße gehabt haben und mehr oder weniger am Ende waren. Als Matthes und ein Gast schneller als erwartet wiedergekommen sind, haben sie käseweiße Gesichter gehabt und einen flackernden, unsteten Blick. Auf dem Weg zur Lufthöhe sind sie um einen riesigen Felsen gelaufen, hinter dem ein großer Leopard gerade einen Klippspringer gerissen hatte. Nur fünf Meter von ihnen entfernt. Schon im Ratgeber für alle Tourguides dieser Welt und insbesondere für solche auf dem Brandberg steht unter Punkt eins in fetten Lettern und mit Leuchtschrift: Laufe niemals, überhaupt gar nicht und unter keinen Umständen um einen Felsen, hinter dem ein Leopard gerade sein Frühstück zerlegt. Nimm immer einen anderen Weg, auch wenn er dich einen halben Tag kosten sollte! Als Erste-Hilfe-Maßnahme ist angegeben: Beten, beten, beten oder Schmitt befragen. Reines Glück, dass die beiden das Zusammentreffen überlebten. Schmitt war gut und sicher im Rucksack verstaut, und die Bibel lag auf dem Nachttisch des nächsten Hotels – etwa 150 Kilometer weit weg. So stehen sie sich gegenüber: die beiden und der Leopard mit der Pranke auf der toten Beute. Die Katze weiß, was sie ihrem Ruf schuldig ist, und zeigt ihnen fauchend ihre blutverschmierten sieben Zentimeter langen Zähne Marke Dr. Best, damit er auch wieder kraftvoll zubeißen kann. ›Der Leopard hat komplett anders ausgesehen als die üblichen normal stark gepunkteten Leoparden des Flachlandes‹, meinte Matthes mit bebender Stimme nach seiner Rückkehr. Eher wie ein Löwenjunges, beigefarben und die Punkte ziemlich verschwommen, fast einfarbig. Na, jedenfalls nimmt das Katzentier seine Beute und springt mit einem Satz auf einen fünf Meter hohen Felsen, wo es den Buckel macht. Matthes und sein Gast haben sich daraufhin gaaaaanz langsam zurückgezogen. Normalerweise greift ein Leopard in einer solchen Situation sofort an und zerfetzt beide Gegner, indem er zwischen seinen vermeintlichen ›Feinden‹ rotiert. Ein Löwe hingegen beschützt eher seine Beute und verteidigt sie mit einer Pranke drauf.

Komisch daran war, dass ausgerechnet Matthes diese Geschichte passiert ist, weil der sonst eigentlich immer ziemlich wach ist für so etwas. Jedenfalls sind die beiden lieber nicht mehr zur Höhle hoch, da auch sie vermutlich Leoparden-Yard gewesen ist.« Ich grinse, als ich sage, dass wir auf unserem Weg zum Hungorob-Sattel recht nahe daran vorbei müssen. Wer will, kann dann ja ein Foto von dem Tierchen beim Mittagsschlaf machen. Allerdings sind wir zu viert kaum gefährdet; auch ein Leopard mit Dr.-Best-gepflegten Zähnen kennt seine Grenzen.

Welcome to hell

Wir beschließen aufgrund der Wasserknappheit, heute noch abzusteigen. Außerdem will Jonny in der Tat heim zu seiner Damaraprinzessin. Hier sieht alles so megatrocken aus, und wir sind auch müde. Der Berg ist wirklich nicht so einfach. In der schlimmsten Hitze machen wir uns auf, um zunächst auf den Hungorob-Sattel zu steigen. Dort wird sich letztendlich zeigen, ob wir es am heutigen Tag überhaupt noch bis ganz runter zur Krimm und damit zum Wasser schaffen. Der Weg zum Hungorob-Sattel ist zu dieser Tageszeit (früher Nachmittag) wie ein Parabolspiegel exakt auf die Sonne ausgerichtet, sogar der Winkel stimmt. Für uns heißt das, obwohl die Rucksäcke jetzt leichter sind, schwitzen, schwitzen, schwitzen, was wiederum trinken, trinken, trinken bedeutet. Stefan ist so fertig, dass er die Kamera am langen Arm hängen hat und sie einfach laufen lässt. Auf der Halbpad zum Sattel prägt er einen Begriff, der unserem Gefühl recht nahe kommt: »Welcome to hell«, prustet er.

Es ist windstill und brütend heiß. Der Schweiß fließt in Strömen, einen richtigen Weg gibt es nicht, und wir müssen insgesamt noch einmal 250 Meter rauf. Das sind drei Stunden – zusätzlich zu den fünf heute Morgen zum Katarakt. Hinter uns öffnet sich die Numas-Schlucht in ihrer ganzen Weite, davor liegt die Wüste. Überall müssen wir uns durch Gestrüpp quälen und um Felsen klettern, darüberkriechen oder uns durch enge Passagen zwängen. Rucksack ab, Rucksack auf. Trinken. Die Wasservorräte schrumpfen schnell, von den zwölf Litern haben Stefan und ich das Meiste verbraucht. Verfettete Djerrys sind wir, die zu viel Wasser für die Wüste im Fettgewebe speichern müssen. Collin und Jonny stecken die Hitze und das Laufen viel besser weg. Richtig schlimm wird's für uns, wenn kein Wasser mehr da ist. Wir müssen zweimal Pause machen und im Schatten rasten. Stefan friert, kein wirklich gutes Zeichen bei 45 °C in der gleißenden Sonne. »Trink!«, befehle ich.

»Kein Durst!«

»Egal, trink! Wenn man keinen Durst hat, ist das Nächste Durchfall und das ist …«

»Kak«

»Richtig, Flitzekak!«

Stefan trinkt. Die beiden Damaras rauchen, was mir zeigt, dass sie auch erschöpft sind. Solange wir zu trinken haben, ist alles nawa, aber die schwere Ausrüstung zehrt. Endlich, endlich erreichen wir den Hugorob-Sattel auf 1915 m. Ein flaches Rondell, in dem ich ebenfalls schon einige Male genächtigt habe. Nach Westen hin öffnet sich die Numas-Schlucht, nach Süden die Hungorob-Schlucht: unser Weg. Weit in der Ferne gibt es Wasser und unser Lager mit allen Annehmlichkeiten des Westens.

Mörderabstieg

Erneut rasten wir eine Stunde. Ich berate mich mit Collin. Wir müssen jetzt und heute weiter. Wir haben nicht mehr genug Wasser. Selbst wenn wir hier bleiben würden, könnten wir nichts mehr essen, da Wasser zum Kochen benötigt wird, drei Liter in etwa, und dann noch mehr Flüssigkeit für das Verdauen, insgesamt vielleicht fünf oder sechs Liter, und das ist auch alles, was wir noch haben.

»Orreith! Na, dann mal los, Jungs«, zitiere ich Günter Netzer, aber ich glaube kaum, dass das jemand registriert. Was für ein Weg. Sofort geht es steil hinunter. Das Problem beim Bergauflaufen ist, dass der Rucksack nach hinten und unten zieht, das geht aufs Herz. Jetzt, beim Hinabgehen, schiebt der Rucksack, und das geht auf die Gelenke. Der Weg ist mir bekannt, leider, denn er ist grausam. Einfach runter, egal wie. Am besten in Serpentinen, damit es nicht ganz so steil ist. Immer wieder rutscht einer von uns auf losem Gestein aus. Überall huschen Dassis herum, und wir finden viele Schlangenhäute. Dassis und Schlangen, eine gute Kombination. Da die schlimmste Hitze langsam verschwindet und wir außerdem die Sonne jetzt im Nacken haben, kommen die Schlangen gerade jetzt heraus. Essenszeit. Keine gute Kombination mit uns. Collin geht voraus, da habe ich 100 % Vertrauen, der sieht alles. Stefan lässt die Kamera immer noch am langen Arm hängen, meine ist mit Salz verkrustet. Jonny wird ferngesteuert. Ich bewundere ihn, mit welchem stoischen Gleichmut er das alles erträgt. Weiter unten in der Schlucht wird der Weg immer komplizierter, und wir müssen immer öfter umdrehen, den Rucksack absetzen und eine andere Pad suchen. Collin oder ich suche, die anderen beiden warten. Aber die Sackgassen mehren sich. Ein wahrer Mörderregen muss hier durchgezogen sein und alles verändert haben. Vor zwei Jahren sah das alles im Vergleich doch ziemlich gepflegt aus. Jetzt sind Felsen, groß wie Häuser, verschoben, und alles ist einem albtraumhaften Szenario gewichen. Die Kletterstücke werden für uns häufiger und gefährlicher. Nicht gerade erbaulich mit zunehmend weichen Gelenken, abnehmender Kondition, Konzentration und Trittsicherheit. An einer ausgesetzten Passage bricht plötzlich und unvermittelt einer meiner Wanderstöcke (Ermüdungsbruch). Unter mir geht's 20 Meter runter. Es ist ein peitschenartiger Knall, und mehr aus Reflex greife ich mit aller Kraft des anderen Armes in die Felsen und balle meine Hand in einer Felsspalte zur Faust, die mich hält und mich vor dem Absturz rettet. Allerdings hat sich meine Hose verabschiedet, der gesamte Hintern ist auf dem verwitterten Granit hängen geblieben sowie die Hälfte meiner Daumenkuppe mit Nagel der linken Hand. Ansonsten ist glücklicherweise nichts passiert. Ich blute wie eine abgestochene Sau, aber das ist schnell verbunden. Die ziehenden Schmerzen haben mich wieder wach gemacht. Wir sehen alle nicht mehr glücklich aus. Das Wasser ist seit zwei Stunden alle, und es wird nur noch für maximal eine Stunde Licht herrschen. Mit Glück schaffen wir es bis zur Krimm, sonst dürfen wir im Sitzen schlafen. Zum Hinlegen fehlt hier der Platz. Mein Mund fühlt sich wund an, die Zunge geschwollen. Ich stecke mir einen Kiesel in den Mund und deute Stefan, das Gleiche zu machen, das sammelt etwas Speichel. Zum Reden fehlt mir die Spucke, und das ist selten. Stefans und meine Beine sind blutig zerkratzt, überall hängen noch die Dornen im Fleisch. Wir haben kurze Hosen an, die Damaras tragen »das kleine Lange«; das wäre mir zu heiß.

Irgendwie kommen wir unten im Tal an und schleppen uns durch den tiefen Sand auf die Krimm zu. Noch 20 Minuten, noch zehn Minuten. Wir sind da. Etwas flashed durch mein Gehirn, der Erlkönig: »Erreicht den Hof mit Müh und Not, der Knabe lebt, das Pferd ist tot.« Die Rucksäcke fliegen in den Staub, die Wassersäcke werden hastig rausgesucht und die fünf Minuten runter zum Wasser in – besonders für unseren Zustand – erstaunlich kurzer Zeit zurückgelegt. Collin und ich erledigen das. Jonny macht inzwischen ein Feuer. Stefan ist erst mal durch mit dem Thema und sitzt mit flackerndem Blick da. Die ersten Schlucke lassen mir vor Schmerzen die Tränen ins Gesicht schießen. Mein Hals fühlt sich an wie rohes Fleisch, Collin ergeht es nicht besser. Wir lachen rau laut auf. Ein unirdisches Geräusch in der Stille zwischen Dämmerung und Dunkelheit. Wir tapern zum Lager zurück. Stefan hat sogar schon mein Zelt aufgebaut. Ich bin dankbar. Wir reichen das Wasser rum. Gefiltert habe ich es nicht. Keine Zeit, scheißegal, noch drei Stunden bis zum Auto. Morgen.

Afrikanischer Durst

So ziemlich jeder Dichter singt
Vom Durst und wie man stillt ihn,
Vom Becher, draus der Zecher trinkt
Und wie man wieder füllt ihn.
Doch, Freund, kommst Du nach Afrika,
Vergiß die Alkoholika
Und lern' die Kehle netzen
An seinen Wasserschätzen-

Wie mancher, der im Überschwang
Auf's Wasser schimpft nach Noten,
Hätt' gern für einen kühlen Trank
Ein Königreich geboten.
Und naht sich ihm die Wasserstell',
Beflügelt er die Schritte schnell,
Säuft liegend auf dem Bauche
Die schmutziggelbe Jauche.

Fühlst Du glutheißen Sonnenstrahl
Durch Deine Adern dringen,
Hörst Du, verzehrt von Fieberqual
Die Himmelsengel singen,
Dann hast Du dieses Affenland
Mit seinen Schrecken erst erkannt. –
Wenn alles Dir ganz Wurst ist,
Dann, Freund, weißt Du, was Durst ist.

(Aus: Demokritos africanus [1912]: Im Affenland, Reimereien aus Südwest, Kolonie und Heimat Verlagsges. m.b.H., Berlin)

Krimm, wir sind am Ende!

Das Feuer lodert, und ich kann Stefan gerade noch eine Warnung zurufen, eher er trinkt. Er sieht aus, als würde das Wasser, das er trinkt, kochen, so tut ihm der Hals weh. Wir lachen alle laut auf. Wir sind einen Tag zu früh vom Berg heruntergekommen, was eine gute Nachricht ist, denn es bedeutet eine doppelte Portion heute Abend. Jonny ist natürlich überglücklich. Ich will vor dem Essen auf alle Fälle noch zum Wasser hinunter, da ich meinen Daumen und die Wunden an den Beinen versorgen muss. Außerdem würde ich durch den Dreck und Schweiß mit Sicherheit im Schlafsack festkleben, und die anderen müssten mich morgen früh herausschneiden. Stefan kommt mit, und wir plaudern über den Abstieg. »Hart!« ist das beste Wort, das uns einfällt, auch für mich. Aber der Durst, Mensch! Dieser Durst. Stefan hatte das erste Mal so ein Gefühl, ich leider nicht. Ich wäre auf Kreta schon fast zweimal verdurstet. Dagegen ging es heute direkt noch. Am Wasser ist es unheimlich still, und ich gehe jede Wette ein, dass uns ein Tier beobachtet. Den Leoparden haben wir schon lange nicht mehr gehört, und Spuren haben wir auch keine mehr gesehen. Das Wasser plätschert verführerisch, trotzdem sage ich zu Stefan: »Du zuerst, ich passe auf.« Er ist jetzt ein Kind der Wüste, so erübrigt sich die Frage, worauf! Als wir mit unserer Körperkultur fertig sind, ist es dunkel, und wir schleichen im Licht der Taschenlampe die fünf Minuten zurück zum Lager. Ich mit Gänsehaut am Mors. Irgendetwas schleicht hier rum! Die Damaras haben das Wasser gar gekocht, und wir träufeln es in unsere Suppen. Herrlich.

Endlich komme ich dazu, Collin nach ein paar Neuerungen am Berg zu fragen, beispielsweise nach der Dâureb-Organisation, der er angehört, und nach ihrer Intention. Collin erklärt mir, dass sie versuchen wollen, den Brandberg als Weltkulturerbe anerkennen zu lassen.

Dann müsste jeder, der auf den Berg will, einen Dâureb-Guide mitnehmen, der aufpasst, dass keine Cuxhavener Fischdosen auf dem Berg herumliegen und Felszeichnungen abgekratzt oder mit Cola übergossen werden, um den Kontrast zu steigern. Die Leitung dieser Organisation sitzt in Windhoek und nennt sich Council Monument Brandberg, dann kommt die nächste Instanz, die Tsiseb Community, die vor der »White Lady« und Uis in der Wüste in

Blechhütten lebt, und schließlich die DMG, die Dâureb Monument Guides, deren Sprecher Collins Freund Terry sei.

Damals, im Januar 1994, saßen Matthes und ich vor dem Eingang der Numas-Schlucht auf der anderen Seite des Brandberges neben einem riesigen Felsen, den ich Leoparden-Felsen genannt hatte, weil so viele Zebraskelette in der Gegend herumlagen. Wir träumten von der Gründung eines Safariunternehmens im südlichen Afrika, welches Abenteurern und anderen nicht eben zart Besaiteten die Chance eröffnen sollte, Expeditionen mitzumachen. Wir wollten den Brandberg als Konzessionsgebiet erschließen und das Exklusivrecht erwerben, um ihn in seiner Schönheit zu erhalten. Ich kann mich noch genau an die Nacht erinnern. Als wir davon fabulierten, hörten wir von weitem einen dicken Käfer mit tiefem Gebrumm auf das Feuer zufliegen. Das Insekt war so groß wie ein Spatz und hing an seinen Flügeln schwer in der Luft. Scheinbar ohne Gespür für Gefahr flog er geradewegs in unseren Landi hinein, klatschte auf der gegenüberliegenden Seite gegen die Fensterscheibe und drehte sich anschließend wie ein Brummkreisel auf dem Rücken auf der Ablage. Das Echo unseres Gelächters kann man vermutlich heute noch in der Schlucht hören. Aus unserem Plan wurde dann leider nichts, Matthes hatte sich auch damals schon dazu entschlossen, Chancen lieber nicht wahrzunehmen.

Heute legen wir uns recht früh hin, direkt nach dem Essen. Ich bin total erledigt, und meine Beine zittern. Erschöpft schicke ich ein Dankgebet an meinen Orthopäden, der die Sache mit dem Knie so gut repariert hat. Wie ich es geschafft habe, den Schlafsack zuzumachen, weiß ich nicht, denn ich bin sofort eingeschlafen.

Four kings!

»Mattissa, mattissa, mattissa!«
»!khaija!«
Wir lachen heute noch mehr als sonst und nehmen Jonny mit seiner Sehnsucht nach der Damaraprinzessin auf die Schippe. In drei Stunden sind wir beim Auto, dann wollen wir unser letztes Frühstück genießen.

Als wir loslaufen, merken wir alle, wie unsere Knochen quietschen. Zehn Stunden wandern gestern: 400 Meter runter von den Oberen Kaskaden zum Katarakt, dann wieder fast 300 Meter Aufstieg zum Sattel und dann der Abstieg von 1900 Meter auf 800 Meter. Der restliche Weg ist die reinste Erholung. Bald sind wir im Talgrund, und der weiche Sand auf gerader Fläche tut uns gut. Kurz vor dem Auto hat der Leopard einen letzten Gruß hinterlassen. Frische Fußabdrücke Richtung Wüste, so als hätte er die gesamte Zeit auf uns aufgepasst und uns angeführt. Komisch. Unten am Basislager fliegen die Rucksäcke in den Wagen, und wir räumen das komplette Frühstücksensemble raus. Jonny macht Feuer. Dann hält Collin eine kurze Ansprache: »Es war eine schöne Tour mit euch. Wir haben viel gegessen und gut geschlafen. Wir haben viel gesehen und viel erlebt. Nichts Schlimmes ist passiert, und ich habe sogar ein Taschenmesser gefunden.«

Wir schütteln uns die Hände, hauen die Fäuste zusammen, schlagen mit der rechten Faust gegen unsere Oberkörper, strecken die Hände in die Luft und schreien befreiend »Power« in die ruhige Luft der Hungorob-Schlucht. Dann bediene ich die Jungs mit Cola und Zitronenscheiben und gebackenen Bohnen mit Bullibeef.

Anschließend klaren wir gemeinsam auf, und Stefan und ich bringen die Damaras nach Uis, füllen unser Wasser auf, tanken, laden Frischfleisch und verschwinden wieder in den Weiten der Wüste.

Da waren doch noch die frischen Löwenspuren im Ugab, und das wär's doch jetzt noch …

Abgesang – two kings

An einem ganz normalen Abend in der Wüste sitzen »Two Kings« selbstzufrieden mit prallen Bäuchen am Ugab. Auf unseren Zungen haben wir noch den Geschmack einer mit Knoblauch gefüllten Ziegenkeule. Natürlich habe ich die alte Pad wiedergefunden. Am Ende der Spur, wo der eigentliche Weg endet und der Ugab quer vor uns liegt, haben wir unser Lager aufgeschlagen und sind zu Fuß im Rivier herumgestrolcht. Selbstverständlich haben wir auch die Spuren von den Löwen gefunden. Etwas älter schon, aber immerhin.

»Two Kings« rauchen die eigens für dieses Event mitgebrachten Havanna-Zigarren und genießen das eisgekühlte Bier und etliche Sundowner, um die verpassten Drinks auf dem Brandberg nachzuholen. Lange sitzen wir so da. Reden brauchen wir nicht, die Wüste vor uns erzählt mit ihren Geräuschen genug Geschichten.

Alles soll so sein, wie es ist, vor uns der Ugab mit Wasser, um uns herum steile, schroffe Klippen, ab und an rollt ein kleiner Stein den Hang hinunter, weiter oben im Canyon ist Hufgetrappel zu hören, über uns prangt das Kreuz des Südens, und ich, ich bin wieder einmal der Silver Surfer zwischen den Sternen da oben … und morgen?

Morgen sehen wir vielleicht die ersten Löwen im Ugab seit langer Zeit, aber das ist eine andere Geschichte. Wie gesagt, nicht immer gleich alles auf einmal.

Reise, Reise

Natürlich kann ein Abenteuerbuch, das so verquer angefangen hat, jetzt nicht einfach sang- und klanglos mittendrin aufhören.

Stefan und ich sind noch 14 Tage weiter in den Norden gefahren. 4 x 4 vom Feinsten: Rhinos, Elefanten und anderes Getier haben wir zur Genüge erleben dürfen. Löwen satt und hungrig, die ungerechterweise zu sechst ein Gnu zerlegten, sodass wirklich die Fetzen flogen. Dann habe ich auch noch das Getriebe mitten in der Wüste festgefahren. Es war ein Produktionsfehler, die Dichtung war vergessen worden, und das bei einem Neuwagen. Ich habe zwei Tage auf Ersatz gewartet, während mich die Mopanefliegen fast aufgefressen haben. Ein Farmer hat mich mit Bier versorgt – da wir eigentlich schon in Windhoek sein wollten, waren unsere Ressourcen aufgebraucht.

Stefan flog mit dem Farmer und dessen Flugzeug noch einmal über den Brandberg, ohne Türen wohlgemerkt, um weitere Aufnahmen zu schießen, dann kam der Ersatzwagen und wir konnten unser Versprechen einlösen, Collin und Jonny zu besuchen.

Als wir mit dem anderen Wagen schließlich das Dâureb Tourguide Camp erreichen und nach Collin und Jonny fragen, wird uns gesagt, sie seien zu Hause. Wir fahren sofort los, es ist nur zehn Minuten entfernt. Auf einem kleinen Hügel unterhalb des Brandbergs thront in der kargen, baumlosen Landschaft Collins Haus. Es ist eine drei mal drei Meter große Hütte aus alten Ölfässern. Berge von Müll sind in der Landschaft verweht. Ein Bett steht davor. Auch andere Hütten stehen in der Steinwüste verteilt. Kein Lokus, kein Brunnen – nichts. Kein Collin weit und breit. Es ist Mittag, und es herrscht eine grausame Hitze. Ich hupe und fange an zu wenden. Plötzlich springt Collin wild gestikulierend aus der Hütte. Wir steigen aus und liegen uns in den Armen, und Collin weint vor Freude. Dann kommt seine Frau raus, auf dem Arm den kleinen Sohn von Collin. Beide Erwachsene sind stramm wie eine Axt und sehen reichlich verwahrlost aus. So habe ich Collin noch nie gesehen. Er trägt ebenso wie seine Frau zerrissene schmutzige Klamotten, der Kurze ist nackt. Ehe ich's mich versehe, habe ich das Baby im Arm, Stefan verschwindet hinter seiner Filmkamera, und Collins vollkommen besoffene Frau holt irgendetwas aus der Hütte.

Einen Eimer sowie eine Tasse. !hari. Da wir zwei Tage zu spät sind, hat Collin gedacht: Wieder nur so zwei fuckin' Mehlsäcke, die ihr Versprechen nicht einhalten und nicht kommen. Also muss das Bier, das seine Frau für uns gebraut hat, eben allein mit ihr ausgetrunken werden. Bevor die Wiedersehensfreude überschwappt, müssen wir die abgeheilten Furunkel am Hintern des Kleinen begutachten. Eines drückt Mama noch schnell aus. Klar, habe ich Penicillinpulver dabei und gebe auch gerne davon ab. Aber zuvor wird die einzige Tasse mit etwas Wasser ausgewaschen (natürlich mit der Furunkelhand!), und dann gibt's ne Runde Bier. Das Zeug sieht aus wie Rotze und ist schleimig-sämig, aber dass das Gesöff breit macht bei der Hitze, kann man unzweifelhaft an unseren Gastgebern sehen. Collin reicht mir die Furunkeltasse, und ich nehme einen großen Schluck, während ich im Geiste meine letzten Impfungen rekapituliere. Stefan filmt mein Gesicht und grinst gehässig, bis ich ihm meinerseits grinsend die Tasse weiterreiche – auch er trinkt, ohne zu zucken. Afrikarabel, denke ich. Collin fängt wieder an zu weinen. Er hat nämlich allen erzählt, dass wir ihnen die drei Zelte geschenkt hatten und dass wir sie besuchen wollen. Da wir gestern nicht kamen, weil das Getriebe frott war, hatten ihn alle ausgelacht und ihn angepöbelt. Er war sehr traurig, aber jetzt wären wir ja da. Nun sollen wir unbedingt zu Jonny und seine Prinzessin kennen lernen. Es sind nur ein paar hundert Meter. Die Hitze ist mordsmäßig, und Jonnys Hütte liegt in einem kleinen Tal. Sorgsam hat er die überall herumliegenden Steine weggesammelt und »seinen Yard« mit weißem Sand ausgefüllt. Sieht richtig schnieke aus, genauso wie das Haus. Zwar ist es ebenfalls aus Fassblech gebaut, aber überall sorgsam mit Pappe abgedichtet. Jonny ist standesgemäß zugedröhnt wie nichts Gutes. Seine Prinzessin liegt noch im Bett und ist tatsächlich so hübsch wie eine Prinzessin. Als sie uns sieht, zieht sie sich beschämt das Laken über den Kopf.

Es gibt nicht viel zu erzählen, da Jonny sowieso nicht der große Redner ist, und außerdem kann er sich kaum auf den Beinen halten. Wir verabschieden uns sehr schnell und tapern zurück zu Collins Hütte. Er kann sich gar nicht beruhigen, so freut er sich. Leider müssen wir heute Abend in Windhoek sein, um den Wagen abzugeben, so wird das nichts mit dem Fest, der Ziege und dem Tanz heute Abend. Diesmal nicht! Nach einer erneuten Runde Furunkelbier verteilen wir unsere restlichen Lebensmittel und Medikamente, dann geht es auf den Heimweg. Collin steht vor seiner

Blechhütte und winkt, bis wir ihn nicht mehr sehen. Seine Frau trinkt weiter Bier.

Stefan sieht mich entsetzt an, ich kann nur mit den Schultern zucken: »Afrika, eben! Jeder soll so leben, wie er will!«

Sehnsucht

Lass mich deine Träne reiten
übers Kinn nach Afrika
wieder in den Schoß der Löwin
wo ich einst zu Hause war …

…
Sehnsucht versteckt
Sich wie ein Insekt
im Schlaf merkst du nicht
wie es dich sticht
Glücklich werd ich nirgendwo
Der Finger rutscht nach Mexico
Doch er versinkt im Ozean
Sehnsucht ist so grausam

Sehnsucht.
(von der Rammstein-CD »Sehnsucht«)

PS: Ach ja, was Stefan angeht: So wurde sein Traum Wirklichkeit – und er ist 2007 wieder dabei!

Selbstverständlich sind die in diesem Buch beschriebenen Geschichten und Abenteuer nicht unbedingt wahr, genauso wie die beschriebenen Personen non existent sind. Dies alles gibt es genauso wenig wie wilde Tiere in Afrika. Sie existieren nur in meiner Fantasie und bekannterweise in Zoos …

Schon Einstein merkte doch an: »Fantasie ist wichtiger als Wissen« – allerdings: Nichts wissen macht auch nichts!

Es kann aber durchaus möglich sein, dass man bei Vollmond in Afrika das Brüllen eines Löwen in der Nacht vernimmt – die digitale Tontechnik hat sich weit entwickelt heutzutage … in der wirklichen Welt, meine ich.

ANHANG

Ausrüstungsliste für den Brandberg
(je nach Wasser 6–11 Tage)

Private Ausrüstung
Leichte Canvas-Wanderklamotten mit kurzer Hose am Leib
Combat-Weste mit unglaublich vielen Taschen
Schwere Bergstiefel mit extra gepolsterten Strümpfen
Rotes Halstuch (so wichtig wie das Handtuch und die Zahnbürste bei »Per Anhalter durch die Galaxis«)
1 kompletter Satz warmer Faserpelz-Schlafklamotten
Hut
Sonnenbrille
Sonnencreme
Zahnbürste mit Zahnpasta (Waschklamotten entfallen)
Schlangenbissset
Schmitt
90-l-Rucksack oder 130-l-X-tremer-Ortlieb-Rucksäcke
Multiwerkzeug
Isolierband
Schnur
VA-Sörvival-Box Marke: Meins + Geheim
Windmesser
Wasserfilter
Wasserentkeimungstabletten
Diodentaschenlampe
Tagebuch

Allgemein auf vier Leute verteilt:

3	Einfach-Zelte gegen fiese Viecher
4	Einfach-Schlafsäcke Marke: »zu kalt«
4	Einfach-Isomatten Marke: »zu dünn«
1	Satellitentelefon
4	Klopapierrollen
1	Säckchen Tabak (für die Guides)
40	Fertigmahlzeiten
2 kg	Biltong
2 kg	Droë Wors
	Rooibos Tee

8	Pakete Wittbrix
2 x 4 kg	Grabbesack (Ein Sack gefüllt mit Nüssen, Rosinen und Trockenfrüchten)
80	Powerbars
4	Ortlieb-Rotkreuztaschen klein
2	Ortlieb-Rotkreuztaschen groß
4	Ortlieb-Wasserkatzen mit Trinkschläuchen
2	Ortlieb-Wassersäcke 10 l mit Duschvorsatz
4	Ortlieb-Wassersäcke 4 l
4	Ortlieb-130-l-Riesentaschen zum Überziehen über die Rucksäcke, damit keine kleinen Viecher in die Säcke kriechen und keine großen Viecher mit den Rucksäcken stiften gehen. Wir haben sie nämlich zusammengebunden.

Tonausrüstung

Mikrofonspeisegerät	Brüel & Kjær Typ 5935 L
1/2"-Mikrofonkapsel	Brüel & Kjær Typ 4165
1/2"-Mikrofonverstärker	Brüel & Kjær Typ 2669 L
Mikrofonverlängerungskabel 30 Meter	Brüel & Kjær Typ AO0416
1/2"-Mikrofonwindschirm	Brüel & Kjær Typ UA0237
1"-Mikrofonwindschirm	Brüel & Kjær Typ UA0207
Mikrofonhalter für Stativ	Brüel & Kjær Typ UA1317
SONY-DAT-Recorder TCD-D100	
Rohrrichtmikrofon-Vorsatz	

Voice Recorder dnt

TV-Kamera-Ausrüstung

3 CCD – Panasonic MX 500	
Canon XL 1s	
DVC Panasonic Linear Plus	
Solar-Ladevorrichtung für Akkus	Eigenbau
Mächtig schweres Stativ	
Ziemlich leichtes Stativ	

Fotoausrüstung

2 Leica-Gehäuse R 9
Motor-Winder
APO-EXTENDER R-2

Objektive
15 mm 2,8/SUPER-ELMARIT-R ASPH
28 – 90 mm 2,8-4,5/VARIO-ELMARIT-R ASPH
60 mm 2,8/MAKRO-ELMARIT-R
180 mm 2,8/APO-ELMARIT-R
280 mm 4/APO-TELYT-R
Kodak-Filme 100 Elite-Chrome DX

Leica-Fernglas Ultravid 8 x 42
Leica-Fernglas Ultravid 10 x 42

Erste Hilfe bei Schlangenbissen (nach: Buys)

1. Ruhig bleiben und den Gebissenen *ruhig stellen, egal wie!* Sofort mit einer Giftsaugpumpe (Aspivenin) Bissstelle behandeln. Wenn man das mit dem Mund durchführt und offene Stellen (Zahnfleischbluten) im Mundbereich hat, hat man selbst das Problem. Wunde kühlen: Eispackung, Bierdose etc.! Die Bissstelle NICHT einschneiden, dem Gebissenen keinen Alkohol zu trinken geben und nie allein lassen. Sofort auf den Weg zum Arzt machen oder Hilfe (Satellitentelefon) holen!
2. Wurde auch wirklich gebissen oder nur so getan? (Viele Schlangen machen das, um Gift zu sparen!)
3. *Schlange identifizieren.*
   Zur Not die Schlange töten und mitnehmen, ABER keine Schlange verfolgen, die sind nach einem Biss schon stinksauer und können noch mehrere Personen beißen. Mambas greifen heftig an!
4. Stammt der Biss von einer Giftschlange?
   Von welcher?
   Wird die Schlange *eindeutig identifiziert,* gilt:
   Viper (Puffotter & Hornvipern): Wunde nicht abbinden, unterstützend gegen Schock und Schmerzen behandeln.
   Kobra & Mamba: Wunde abbinden (Abbinden = Tourniquet: flaches, drei bis vier Zentimeter breites Band (Gürtel) um das gebissene Glied möglichst hoch anlegen; kein Nylon verwenden!). Man muss so fest abbinden, dass die Hauptschlagader komprimiert wird. Alle 15 Minuten für 5 Sekunden lockern. Das Abbinden ist eine wirksame, aber potenziell gefährliche Maßnahme. Es gilt zu entscheiden, ob die Lebensgefahr so groß ist, dass der mögliche Verlust eines Gliedes riskiert werden kann. Während der folgenden 72 Stunden ist die Atmung aufmerk-

> ***Hornvipern*** (Bitis caudalis) *leben in der Namib und Kalahari (Angola bis Transvaal, jetzt: Gauteng). Der Kopf hat die Form eines Herzens. Bei den meisten Exemplaren steht über jedem Auge aufrecht eine kleine, hornartige Schuppe. Die Schlange erreicht eine Länge von ca. 40 cm. Die Körperfärbung ist lehmfarben, blaugrau, weißgrau, graubraun oder braunrot. Rote, dunkelbraune oder schwarze Rautenflecken bedecken den Rücken und die Flanken. Sie leben in trockenen und sandigen Gebieten, bis zur Schnauze im losen Sand vergraben, wo sie oft tagelang bewegungslos ausharren. Dabei ist ihr Körper zumeist eingerollt, die Schwanzspitze liegt in Kopfnähe. Bei langsamem Kriechen richten sie den Kopf ein wenig empor. Hornvipern bewegen sich wie eine Raupe oder aber mit seitlichen Windungen vorwärts. Bei Gefahr blasen sie laut zischend ihren Körper auf. Das Gift ist wie bei der Sandviper ein Hämatoxin und nicht tödlich. Ihre Nahrung sind hauptsächlich Echsen.*

sam zu beobachten. Man halte sich bereit, jederzeit mit künstlicher Beatmung zu beginnen, besonders bei Mambas. Das Gift wirkt innerhalb von Minuten. Behandlung konsequent fortführen, BIS DER ARZT ERREICHT WIRD! Bei Herzstillstand Herzmassage nicht vergessen,
Baumschlange: Nicht abbinden. Beobachten, sofort zum Arzt.

Ist die Schlange *NICHT eindeutig identifiziert:*
Bissstelle abbinden, falls die *Schmerzen zunehmen* und örtliche Schwellung mit Blutung auftritt, das Tourniquet abnehmen und auf Puffotterbiss (Vipern) behandeln.
Hat der Patient gar keine oder nur geringe Schmerzen ohne wesentliche Schwellung oder Blutung, muss der betroffene Körperteil weiter abgebunden bleiben. Auf Kobra- oder Mambabiss behandeln.

5. Keine Bisswunde, aber Schlangengift in den Augen oder auf der Haut: Die Augen müssen sofort mit fließendem Leitungswasser ausgespült werden. Falls kein Wasser zur Hand ist, kann Milch oder sogar Urin verwendet werden.

[Das gebissene Körperteil sollte mit festen Bandagen umwickelt und stillgelegt werden, damit sich das Gift nicht ungehindert ausbreiten kann (Lymphsystem, Blutbahnen). Was man allerdings macht – außer beten –, wenn man von einer Mamba in den Bauch gebissen wird, ist fraglich. Anm. des Autors.]

Erste Hilfe bei Skorpionstichen (nach: Leeming)

Skorpionstiche sind extrem schmerzhaft und sollten sofort mit einer Giftsaugpumpe behandelt werden. Das neurotoxische Gift kann Krämpfe, Kontrollverlust über die Gliedmaßen, Taubheit, Probleme mit Atmung und Blutdruck hervorrufen. Keine Schnitte vornehmen und kühlen, wenn die Möglichkeit besteht. Sofort zum Arzt, die Möglichkeit eines Herzstillstandes in Betracht ziehen und ggf. künstliche Beatmung und Herzmassage durchführen.

Leider spritzen einige Parabuthus-Arten auch Gift in die Augen. Sofort auswaschen, zur Not auch mit Urin.

[Eine traditionelle Art, einen Skorpionstich zu behandeln, ist, die Rinde eines Marula-Baumes (*Sclerocarya birrea sub. caffra)* über die Stichstelle zu reiben. Die Möglichkeit würde ich erst dann in Erwägung ziehen, wenn andere Mittel versagen, da der Weg in den Norden Namibias manchmal sehr weit ist, denn nur dort kommt der Baum vor. Man kann alternativ aber eine Flasche Amarulaschnaps trinken, der aus den Früchten des Baumes gebrannt wird. Das hilft allerdings auch nicht, aber die kann man in jedem Laden in Namibia kaufen, die Rinde leider nicht. Anm. des Autors.]

Erste Hilfe bei Spinnenbissen (nach: Leroy)
Das Problem bei Spinnenbissen ist, dass man manche nicht merkt und erst die später auftretende, fiese Infektion erkennt. Umfangreiche Behandlung mit Penicillin ist dann erforderlich. Realisiert man den Biss sofort, sollte man versuchen, das Gift mit heißem Wasser zu immobilisieren, das hilft zwar nicht immer, ist aber einen Versuch wert. Ansonsten die Wunde mit antihistaminhaltiger und antibakterieller Salbe behandeln. Und, ja! Es gibt auch Spinnen, die Gift verspritzen … und Käfer auch!

Sorry, das alles gehört eben auch zur Wüste! Also unabhängig davon: Leben Sie jeden Tag, als sei es der letzte – denn eines Tages wird es so sein!

Danksagung

Das Projekt wurde von folgenden Sponsoren unterstützt, ihnen gilt mein Dank …

Brüel & Kjær GmbH, Bremen (www.bksv.com)
Foto Bischoff GmbH, Bremen (www.foto-bischoff.de)
Leica-Camera AG, Solms (www.leica-camera.com)
Ortlieb Outdoor Equipment GmbH, Heilsbronn (www.ortlieb.com);

Außerdem möchte ich Stefan Bischoff und »Sammis« (mit »zwei K«) für das Lesen des Manuskriptes und die konstruktive Kritik danken.

Etosha
Kamanjab
Palm-
wag
Grootberg
1645
Terrace Bay
Torra Bay
Skeleton Coast Park
Great Table Mountain
738
Khorixas
Gai-As
Brandberg-
West
Löwen im Ugab
»White Lady«
Collins Home
Brandberg
2573
Königstein
Uis
Uisberge
1108
geschlossene Pad
Meile 108
Messum
Orawab
Omaruru R
Cape Cross
Hentiesbaai
Wlotzkasbaken
Swakopmund
Moonlandscape
857
Pferdefriedhof
Langstrand
Gräber der
beiden Soldate
Walvis Bay
Vogelfederberg
Sandwich Bay
ATLANTIK
Weg zum Brandberg
Rückfahrt vom Brandberg
Straßen
C43
C35
C40
C39
C34
D2302
D2628
D2612
D2303
D2342
D1918
Unjab
Koigab
Aba-Huab
Huab
Ugab
Okatemba